U0819904

财经类高等院校研究生专业前沿文献导读系列丛书

中央财经大学研究生专业前沿文献导读教材项目

数量经济学前沿文献导读

苏　治　方　彤　主编

中国财经出版传媒集团

中国财政经济出版社

图书在版编目（CIP）数据

数量经济学前沿文献导读 / 苏治，方彤主编. --北京：中国财政经济出版社，2021.3
（财经类高等院校研究生专业前沿文献导读系列丛书）
中央财经大学研究生专业前沿文献导读教材项目
ISBN 978-7-5223-0163-1

Ⅰ.①数… Ⅱ.①苏… ②方… Ⅲ.①数量经济学－文献－研究 Ⅳ.①F224.0

中国版本图书馆 CIP 数据核字（2020）第 224745 号

责任编辑：孙 琛　　　责任印制：党 辉
封面设计：陈宇琰　　　责任校对：徐艳丽

数量经济学前沿文献导读
SHULIANG JINGJIXUE QIANYAN WENXIAN DAODU

中国财政经济出版社 出版

URL：http：//www.cfeph.cn
E-mail：cfeph@cfeph.cn
（版权所有　翻印必究）
社址：北京市海淀区阜成路甲 28 号　邮政编码：100142
营销中心电话：010-88191522
天猫网店：中国财政经济出版社旗舰店
网址：https：//zgczjjcbs.tmall.com
北京时捷印刷有限公司印刷　各地新华书店经销
成品尺寸：185mm×260mm　16 开　20.75 印张　428 000 字
2021 年 3 月第 1 版　2021 年 3 月北京第 1 次印刷
定价：95.00 元
ISBN 978-7-5223-0163-1
（图书出现印装问题，本社负责调换，电话：010-88190548）
本社质量投诉电话：010-88190744
打击盗版举报热线：010-88191661　QQ：2242791300

中央财经大学研究生专业前沿文献导读教材项目

编委会成员

主　　任：马海涛

委　　员：（按姓氏笔画排序）

白彦锋　冯秀军　陈斌开　李建军

吴　溪　张晓涛　林　嵩　林光彬

贾尚晖

丛书主编：马海涛

丛书副主编：张学勇　肖　鹏

总　序

党的十九大报告指出："建设教育强国是中华民族伟大复兴的基础工程，必须把教育事业放在优先位置"，要"加快一流大学和一流学科建设，实现高等教育内涵式发展"。2020年7月29日，在新中国成立以来的第一次全国研究生教育大会上，习近平总书记强调研究生教育在培养创新人才、提高创新能力、服务经济社会发展、推进国家治理体系和治理能力现代化方面具有重要作用。研究生教育肩负着高层次人才培养和创新创造的重要使命，是国家发展、社会进步的重要基石，是应对全球人才竞争的基础布局。改革开放特别是党的十八大以来，我国研究生教育快速发展，已成为世界研究生教育大国。中国特色社会主义进入新时代，各行各业对高层次创新人才的需求更加迫切，研究生教育的地位和作用更加凸显。

深化研究生教育改革，要重视发挥课程教学在研究生培养中的作用，而高水平教材建设是开展高水平课程教学的基础。2014年教育部发布《关于改进和加强研究生课程建设的意见》；2016年中共中央办公厅、国务院办公厅发布《关于加强和改进新形势下大中小学教材建设的意见》；2017年国务院成立国家教材委员会，进一步明确了教材建设是事关未来的战略工程、基础工程的重要地位；2020年9月，教育部、国家发展和改革委员会、财政部联合发布《关于加快新时代研究生教育改革发展的意见》（教研〔2020〕9号）中明确提出培养单位要紧密结合经济社会发展需要，优化课程体系，加强教材建设，打造精品示范课程，编写遴选优秀教材，推动优质资源共享。

中央财经大学高度重视研究生教材建设工作。坚持"科学规划、突出特色、鼓励创新、择优资助"的原则，围绕立德树人根本任务，以一流学科建设为目标，设立专项资金资助研究生教材建设，推动习近平新时代中国特色社会主义思想和社会主义核心价值观融入教材建设、融入课堂教学，培育学生经世济民、诚信服务、德法兼修的职业素养。从2009年起，先后组织了多批次研究生教材建设工作，瞄准学科前沿，出版各专业研究生前沿文献导读，推进职业能力训练为导向的案例教学与案例库体系，着力组织建设一批国际化、高水平的专业学位研究生教学案例集，逐步形成了以“研究生精品教材系列、专业学位研究生教学案例集系列、研究生专业前沿文献导读系列”为代表的具有中央财经大学特色的研究生教材体系。

呈现在读者面前的研究生专业前沿文献导读系列丛书由多部文献导读教材组成，涉及经济学、管理学、法学三个学科门类，均由教学经验丰富、学术研究能力突出的一线教师组织编写。编者中既有国家级教学名师等称号的获得者，也不乏在专业领域造诣颇深的中青年学者。本系列丛书以“立足中国，放眼世界”的眼光和格局，本着扎根中国大地办大学的教育理念，致力于打造一批具有中国特色，具有较强思想性、科学性、系统性和时代性的适用于高等院校尤其是财经类院校研究生教学的专业教材，力求在各个专业领域内产生一定的影响力。

研究生专业前沿文献导读系列丛书的出版得到了“中央高校建设世界一流大学（学科）和特色发展引导专项资金”的支持。我们希望本套丛书的出版能够为相关课程教学提供基本的教学方案和参考资料，能够启发研究生对专业前沿知识的学习和对现实问题的思考，提高研究生运用理论知识解决现实问题的能力，进而将其培养成为具有良好学术素养、掌握前沿理论、具备国际视野的高层次拔尖创新人才。

编写研究生专业前沿文献导读系列丛书的过程中，我们虽力求完善，但难免存在不足，恳请广大同行和读者批评指正。

财经类高等院校研究生专业前沿文献导读系列丛书编委会
2020 年 10 月于北京

前　言

数量经济学曾被称为经济数学方法，在20世纪五六十年代渐成体系，是富有中国特色的研究领域和经济学科。早期的数量经济学主要探讨投入产出分析、中国宏观计量模型建立和宏观经济预测等问题。伴随改革开放推进和中国经济腾飞，数量经济学发展也在积极融入全球化进程，极大丰富了数量经济学的模型方法和研究范围，也加快了中国经济学者追求世界学术前沿、缩小国内外学科差距、展示中国经济学研究风采的步伐。数量经济学的定位和特色决定了它是一门综合性、交叉性学科，应该从更加宏观和深刻的视角去审视。

本书编写的主要目的，是通过对数量经济学理论和应用文献进行细致梳理，理清数量经济学在中国的发展脉络，明确数量经济学的主要研究领域，为经济学者和入门者提供一张数量经济学发展的蓝图，亦可作为数量经济学方法论工具书。本书并非如传统学科教材那样介绍模型数理推导和估计方法，而在于科学系统的文献归类和梳理。文献归类和梳理是一项繁杂的工作，更是每一位经济学入门者所面临的根本任务。通过本书，经济学研究生和学者能对他们感兴趣的研究领域所涉及的研究方法有一个清晰的掌握。

本书分为绪论和上、中、下篇共四部分。绪论，对数量经济学进行了重新定义，使数量经济学更加富有中国学科特色；对数量经济学的历史沿革和发展进行了梳理；对数量经济学的研究方向演变进行描绘。上篇为经典数量经济学模型方法前沿，介绍传统经典的数量经济学理论和应用文献；中篇为数量经济学模型应用前沿，介绍宏观经济分析中常见的数量经济模型和应用文献；下篇为数量经济学前沿与展望，介绍数量经济学当下前沿和未来展望。

本书感谢中央财经大学“双一流”建设研究生专业前沿文献导读建设项目的资助，该项目是中央财经大学“双一流”建设的重要内容之一，是提升研究生培养水平的基础性工作，通过立足中国实际、放眼全球学术研究前沿，以引导数量经济学研究生的方法学习和学术研究。

本书编写分工如下：苏治（中央财经大学）负责统筹规划、框架构建、组织编写、修撰定稿、学术前沿规范性把控等；方彤（山东大学）负责框架构建调整、组织编写和书稿校对等；刘程程（首都经济贸易大学）负责内容调整、框图设计和书稿校对等；曹业奇、戴丛洲、贺旭、金昕、梁振华、刘鹏、吕彤彤、莫璇、齐霁、秦玉东、徐付伟、易博、张云丽等（中央财经大学）负责各章节文献收集、文献梳理和归纳、文献编排和增删、书稿撰写、文字调整和初稿校对等具体工作。

限于编写人员的知识水平和研究经验，本书缺点和疏漏之处在所难免。欢迎同行和读者提出意见和建议。

苏　治

2020 年 11 月

目　录

下篇　数量经济学前沿与展望

绪 论

数量经济学是极具中国特色的研究领域和学科，既包括数量经济学理论方法探索，又包括数量经济学模型方法在分析解决中国现实经济、金融、管理等问题中的应用。数量经济学的定位和特色决定了它是一个综合交叉性领域，应该从更加宏观和深刻的视角去审视数量经济学的发展。绪论部分从基本定义、历史发展和前沿研究等视角对数量经济学进行了系统性介绍。本导读主要目的，即通过对数量经济学理论和应用文献进行细致梳理，厘清数量经济学在中国的发展脉络，明确数量经济学的主要研究方向，为该领域的学者和入门者提供一张数量经济学研究发展的蓝图。

本文献导读包含上篇、中篇、下篇共十八章内容，上篇为经典数量经济学模型方法前沿（共五章），中篇为数量经济学模型应用前沿（共八章），下篇为数量经济学前沿与展望（共五章）。

一、数量经济学的定义

数量经济学旧称经济数学方法，20 世纪 70 年代更名为数量经济学，之后数量经济学在中国迅速发展起来。中国数量经济学会将“数量经济学”定义为：“在马克思主义的指导下，在定性研究的基础上，运用数学方法以及计算机研究经济的数量表现、数量关系、数量变化及其规律的一门学科。”关于其学科属性，目前仍存在学术争论，主要有以下三种观点：第一种认为数量经济学就是计量经济学。因国外只有计量经济学或者经济计量学，没有数量经济学，此观点认为数量经济学即中国化的计量经济学，数量经济学是对计量经济学的另一种称谓；第二种认为数量经济学是有特定研究对象的规律性学科。具体而言，数量经济学是一门包含了多学科理论、知识和方法的综合性交叉学科，它以科学理论为基础，以计算机科学方法为手段，在质的分析基础上研究经济现象内部的数量表现、数量关系及其变化规律，它既是一门基础性理论与方法论学科，也是一门综合性交叉应用学科；第三种认为数量经济学不是学科而是一个学派。凡是运用高等数学和电子计算技术研究经济数量的学科，都属于数量经济学的范畴，故而它包括数理经济学、计量经济学、经济统计学和经济计划学、经济优化理论、经济预测学等。关于数量经济学的学科属性，主要是以上三种观点并存。本书认为，数量经济学是使用数量方法研究经济、金融、管理等问题的综合性学科或研究领域，既包括对数量方法的理论探索，也包括数量方法在不同领域的实际应用，同时，数量方法也不仅仅局限于数学或计算机技术，凡是基于研究对象特征量化数据的研究方法（甚至物理、化学和生物等领域的模型方法）均可为数量经济学所用。

值得一提的是，数量经济学是极具中国特色的研究领域和学科，因此数量经济学与计量经济学之间的关系则成为学术界长久争论的焦点。总体来说，数量经济学与计量经济学之间有相同之处，但也存在某些差异。就相同点而言，首先，数量经济学和计量经济学都属于经济学范畴，都是以经济理论为基础，不仅是经济学研究的方法论，也是经济学理论体系的重要组成部分（李子奈，1994）；其次，数量经济学和计量经济学的研究方向存在交叉和重合，主要集中在模型方法理论研究上，目前大部分数量经济学方法均以计量经济学模型为基础；最后，数量经济学和计量经济学的方法论均是服务于经济问题研究。就不同点而言，数量经济学在模型方法上包括计量经济学。例如，李子奈（1994）认为数量经济学包括数理经济学和计量经济学，金浩（2004）认为数量经济学是数学、统计学和经济学三门学科交叉产生的学科，张屹山和金成晓（2002）更是将数量经济学看作一种方法论体系，包括计量经济学、数理经济学和模拟经济学等。

关于数量经济学与计量经济学的争论可能会一直持续下去，但本书认为，数量经济学和计量经济学之间存在密切联系，没有好坏和先后之分，更好地服务于中国经济问题研究，才应该是学界关注的根本问题。

二、数量经济学的发展

（一）数量经济学的历史沿革

中国最早的数量经济学学术氛围其实于20世纪五六十年代就已开始萌芽，但都尚未形成体系，而乌家培、张守一、陈锡康、李秉全等17位学者基于建立中国特色的数量经济学（即在中国特殊的经济背景下，主要讨论如何更好地推广投入产出法、建立中国经济计量模型以及广泛开展经济预测等问题）于1979年在西安成立了“中国数量经济学研究会”，标志着中国第一个关于数量经济学研究的全国性学术团体的成形。伴随着中美两国建交，1980年，诺贝尔经济学奖得主与经济计量模型创建人 Lawrence Klein 带领宾夕法尼亚大学教授 Albert Ando、南加州大学教授 Cheng Hsiao、普林斯顿大学教授 Gregory C. Chow、斯坦福大学教授 Lawrence J. Lau 和 T. W. Anderson 以及纽约城市大学教授 Vincent Su 共7位国际著名计量经济学家于北京颐和园开设了“经济计量学讲习班”，授课内容主要涉及计量经济学的理论方法以及理论方法的应用两大块，具体包括计量经济学导论、需求分析理论、生产理论、控制理论、宏观经济计量模型、应用经济计量学与概率论和数理统计等，此次讲习班成为数量经济学在中国源起的重要里程碑。

在颐和园经济计量学讲习班结束后的一年，数量经济与技术经济研究所建立中国第一个数量经济学硕士学位授予点，并在1984年建立我国第一个数量经济学博士学位授予点，培养了我国第一批数量经济学研究生。1982年，中国召开了第一届数量经济学会，并在两年后创办了数量经济学者发表研究成果开展学术交流的重要刊物——《数量经济技术经济研究》，自此计量方法在经济金融研究中得到广泛应用并取得众多颇具影响力的成果，譬如中国社科院的“中国宏观经济年度预测模型”等。实际上，经济预测是数量经济学蓬勃发展的原动力，20世纪80年代初期，经济学者们为研究和编纂2000年中国经济发展规划，开始利用数量经济方法来研究中国经济发展状况，到了80年代中后期，学界掀起研究宏观经济模型的风潮。90年代开始，数量经济与技术经济研究所每年发布中国经济形势分析预测报告，并汇集成《中国经济形势分析与预测蓝皮书》出版，这极大地推动了中国数量经济学研究的发展，并在国内外学术界产生重大的影响。进入21世纪以来，数量经济学更加全面深入地渗透到经济学研究的各个领域，使得利用数量经济方法解决现实经济问题成为当今中国学术研究的主流，并涌现出大量颇具影响力的研究成果，对国内外学术界产生重要的影响，然而近些年特别是2010年以后，越来越多的学者提出对“过度模型化”“滥用模型”“错用模型”的担忧，甚至有学者对数量经济学领域的计量分析方法的合理性与科学性产生质疑，但这并不妨碍数量经济学的发展。伴随着大数据时代的来

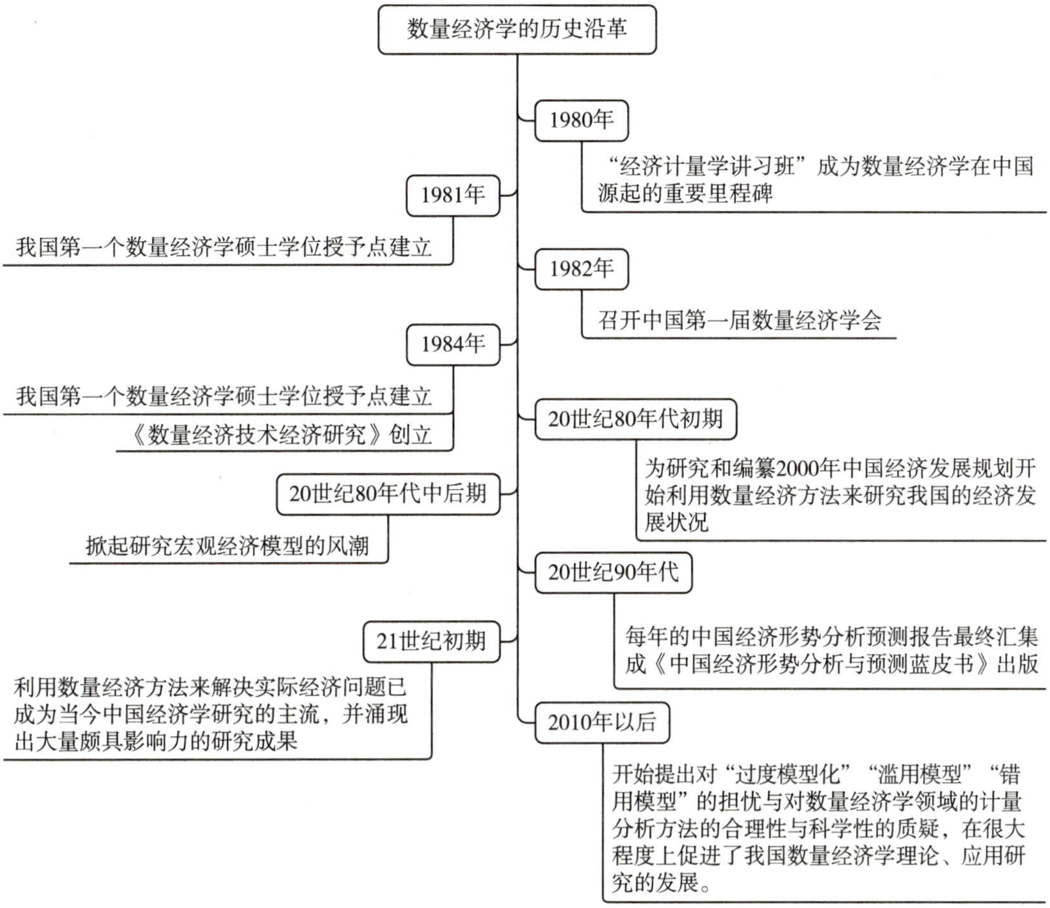

图 0－1　数量经济学的历史沿革

临，经济、金融和管理等数据的规模和质量不断提高，也为数量方法和模型提出了更高的要求，这在很大程度上促进了数量经济学理论和应用研究的发展。

（二）数量经济学的研究方向演变

中国数量经济学的发展主要由数量经济学的理论方法研究和利用数量经济学方法对中国实际经济问题的应用研究两条主线组成，对数量经济学研究方向演变的梳理也从这两个方面进行。计量经济学方法是数量经济学研究的基石。

数量经济学的理论方法研究大致可以分为以下几个阶段：在萌芽阶段，中国学术界对于计量方法的纯理论研究较少。20 世纪 80—90 年代初期，学术界对于计量方法的理论研究成果主要为设计、识别和检验各自经济计量模型，其中涉及的具体研究问题包括经济计量模型的参数估计、时间滞后分析、多重共线性的检验与补救、残差分析、联立方程模型识别问题、宏观经济系统调控模型分析、博弈论等。20 世纪 90 年代中期及以后，学术界对数量经济理论方法的研究日益向纵深方向发展，研究成果质量日渐提升。主要研究成果包括中国宏观经济多部门动态模型、稳定分布假设下的投资组合模型、需求管理定向的小型中国宏观经济模型、基于高频数据的 GARCH 模型等的设计、结构时间序列模型的季节调整方法、保险价格比较静态博弈问题的讨论、金融时间序列数据建模的模型设定、对工具变量法综列单位根检验的有偏性的修正、结构突变时间序列单位根的伪检验问题研究、非线性误差校正模型的阈值协整检验等典型的数量经济方法理论研究成果。21 世纪初期的数量经济学理论方法研究主要是从层次分析法、主成分分析法、投入产出分析过渡到误差修正模型、聚类分析和生产函数，其本质上是对经典经济学方法的研究与应用，2006—2008 年中国数量经济学开始大量涌现出现代计量经济学方法（包括因子分析，ARMA 模型、GARCH 模型、蒙特卡罗模拟等）并且将研究层面从宏观拓展至微观，将横截面数据拓展至时间序列数据、面板数据，开始出现经济预测以及金融计量经济学的研究热潮。2010 年以后数量经济方法理论研究的技术含量进一步提升，主要向模型的复杂性、稳健性以及半参数估计三个方面发展，具代表性的研究成果包括空间误差模型的稳健性检验研究、交互效应面板模型的 EM 和 MCMC 算法研究、带未知异方差广义空间模型的有效估计、部分线性单指数动态面板模型的惩罚二次推断函数估计、DSGE 模型脉冲响应函数估计方法等。另外，数量经济学在 2010 年以后更加注重以金融市场为主的微观大数据的研究与应用，其中包括的研究方法有协整检验、分位数回归、小波分析以及非参数分析等。数据挖掘自 2004 年起在数量经济学中的应用越来越广泛，从遗传算法、神经网络、蒙特卡罗模拟、粗糙集、灰色关联分析、支持向量机再到复杂网络，这表明数量经济学方法在向信息化方向发展。纵观数量经济学在中国发展的 30 多年，其研究成果大多数是基于经济计量原理来讨论模型的参数估计以及检验方法的改进，在一定程度上缺乏创新性。

数量经济学的理论方法对现实问题的应用研究大致可以分为以下几个阶段：20 世纪 80 年代，一些学者开始利用数量经济方法来尝试分析解决当时中国各部门的经济状况，涉及的问题主要包括国民经济中的投入产出问题、宏观经济效益的数量分析、企业生产函数的设计及应用、能源环境经济问题等。20 世纪 90 年代，由于经济背景的转变而使得学界转而研究国有企业改革、公有制企业盈利分配、私有企业、技术创新、通货膨胀、居民消费结构、外债规模、环境资源等问题。21 世纪初期，学术界主要从经济增长、产业结构、利率、资产评估、收入分配、技术进步、全要素生产率、外商直接投资展开研究，2008 年及以后由于金融危机使得经济波动、经济周期、金融发展等关键词加入研究范围。除了宏观经济研究外，以金融市场为主的微观数据研究也是数量经济学应用研究的重要部分，其中有不少研究运用协整检验、小波分析、分位数回归与非参数分析等方法来分析金融市场波动、市场效率与风险等。2010 年以后，伴随着经济全球化进程不断加快，国内经济问题日趋复杂，运用数量经济模型与方法解决实际问题的研究已越来越广泛且深入，经济体制转型、经济增长方式转变、产业集聚、金融风险预警、外商直接投资技术溢出、货币政策、环境污染、企业创新、区域资本配置效率、人力资本投资等问题成为此阶段数量

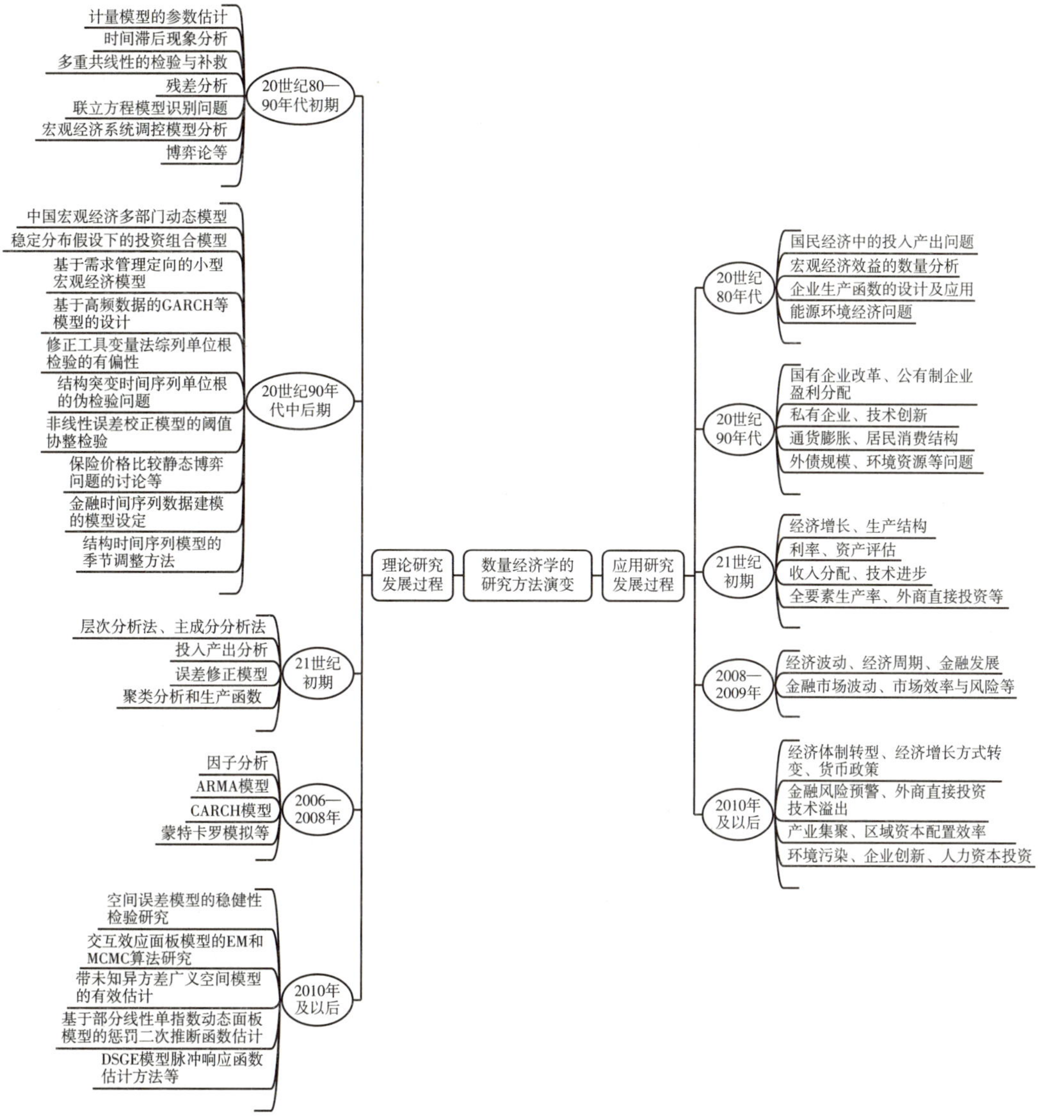

图 0－2　数量经济学的研究方向演变

经济学应用性研究的主要研究方向，包括研究异质性人力资本与经济增长的作用机制、中、美、日实际均衡汇率的模型构建、基于 DPG 方法的中国主导产业演变及其原因、全球最优碳税的定量估算、我国企业年金税惠政策的成本和收益评估、能源价格、效率增进及技术进步对工业行业能源强度的异质性影响研究等具代表性的研究成果。与数量经济学理论研究成果类似，中国数量经济学的应用研究正以精细化、深度化的方向不断推进发展。

（三）数量经济学前沿研究

中国数量经济理论方法研究的最新发展主要集中在三个部分：模型建模方法、模型参数估计、模型检验方法等方面的改进。关于模型建模方法改进主要涉及三个模型：其一是特殊动态利率期限结构模型，它通过约束因子载荷实现因子正交，最终识别出哪个因子的冲击导致了收益率曲线的变动，而且该模型能够较为准确地反映实际经济发展状况；其二是基于宏观因子的混频短期利率模型，它通过引入宏观信息精确拟合与预测短期利率波动行为来验证宏观经济及货币政策对短期利率波动行为的影响，该模型可以将短期利率波动中受宏观因子影响的长期成分辨别出来；其三是含有季节成分的牵拉模型，这是基于防止数据信息失真而提出的以期提高判断经济发展形势的准确度。关于模型参数估计改进的主要包括三阶段非参数核估计法、极大似然估计 EM 算法两个方面。三阶段非参数核估计法是基于中国采购数据结构的特殊性提出的一种非参数识别方法，而极大似然估计的 EM 算法具有良好的有限样本性质与收敛性，其计算过程可以被看作 Kanlam 滤波和平滑过程以及极大似然估计计量之间的简单迭代。模型检验方法的改进主要包括对 ADF 检验方法的改进与模型选择的相关检验的改进。ADF 检验方法的改进方法主要包括消除趋势检验法与 IMS - ADF 检验法，消除趋势检验法可以弥补 ADF 检验法在误差序列相关时存在的不足，而 IMS - ADF 检验法则可以弥补 ADF 检验法在处理携带结构变化的时间序列数据时存在的不足。利用空间 Hausman 检验、LM 检验统计量与 LR 检验统计量来检验空间动态面板模型并利用蒙特卡罗模拟来研究模型的空间滞后效应以及空间自回归误差效应的影响力度。

随着数量经济学理论研究的广度与深度不断加深，依托于理论研究的数量经济应用研究也逐渐走向精细化和深度化。数量经济学与国内经济发展相联系，并为经济决策提供支持。借助数量经济方法作为分析工具来分析：（1）经济增长与宏观经济、金融与货币市场、财政与税收、投资与贸易、能源与环境等宏观经济问题；（2）融资融券投资者的投资收益、竞争企业的技术创新与投资回报、市场需求、技术系数与研发成本、交易费用与套利行为、子女特征与延迟退休等微观经济问题。

在当前大数据时代，由于大数据可以为经济研究提供更为丰富的数据样本，因此数据挖掘逐渐渗透到数量经济研究的各个领域，表明数量经济学方法正处在不断信息化的过程。如 21 世纪初期的遗传算法、聚类分析、神经网络、蒙特卡罗模拟、结构方程模型、粗糙集、灰色关联分析、灰色关联度、灰色系统与马尔科夫链；2010 年以后的支持向量机、复杂网络等。

三、数量经济学的特色与定位

数量经济学的学科定位就是回答其是不是一门独立的学科，是一门什么性质的学科，内容体系如何以及与其他相关学科关系如何的问题。正如前所述，虽然目前我国经济学界对数量经济学的学科性质，以及研究对象等问题的认识仍存在分歧，但基本都认可数量经济学是一种运用数学工具和计算机技术来分析经济问题的方法论体系。该体系包括经济学、数学、统计学，以及由这些学科相互交织形成的计量经济学、统计经济学、数理经济学和数理统计学等，如图3所示。

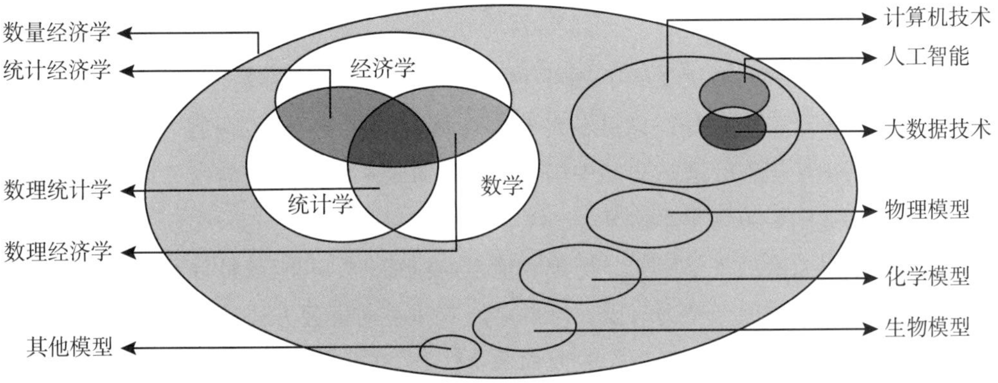

图0－3　数量经济学主要研究内容

数量经济学作为一门方法论和方法论体系，与其他经济学科既有联系又有区别。数量经济学首先是一门经济学，只是数量经济学是数学化的经济学，是用数学的思维方式、论证方式和语言形式对传统经济学进行一番脱胎换骨的改造，完成从旧的研究“范式”向新的“范式”的转变。数量经济学将数学思维方式能动地运用于经济学，促使经济学不断实现质的飞跃。数量经济学与经济学联系紧密，但二者也存在着一定的差别。经济学当中采用了较多的数学工具，但他们之所以成为新古典学派，并不是因为采用了数学表述，而是因为其特殊了理论假设、理性行为假设、个人行为假定、企业（厂商）行为假定。现在的西方经济学借助了较多的数学工具，但它本身并不是讲授如何用模型表达思想，而是用比较科学的方法表达了自己的思想。而数量经济学则不同，它关注的是如何用数学方法表达某种经济学说，即方法论本身，而不是学说本身。数量经济学是研究如何用数学工具去表达某种思想，或者用数学工具去验证某种思想。正因如此，数量经济学才能为各种不同的，甚至是对立的经济思想所接受。

基于其学科定位，在支撑各种经济管理问题的研究过程中，数量经济学具有了不同于其他经济学科的研究特色。首先，数量经济学的研究沿着两条主线进行：一是理论方法的研究，即尝试和探索新的数量经济理论，为解决现实经济问题提供工具和思路；二是实际应用的研究，如经济增长、经济波动、政策调控、金融形势、金融风险与市场监管以及管理学和会计学等方面问题的研究。其次，数量经济学为其他经济学科研究经济关系，解决实际经济工作中的数量问题，提供数量分析的方法和方法论，从而提高经济管理问题研究的科学性、严谨性。数量经济学的研究需要将模型研究与对策研究相结合，就是发展和运用各类经济数学模型和电子计算机技术，对中国经济改革和现代化建设中的各种重大经济问题继续进行定性与定量分析相结合、理论研究与对策研究相结合的深入探讨。

四、数量经济学文献导读的编写目的与定位

数量经济学前沿文献导读受到中央财经大学“双一流”建设博士生专业前沿文献导读建设项目的资助，这一项目是中央财经大学“双一流”建设的重要内容之一，是提升博士生培养水平的基础性工作，通过立足中国实际、放眼全球学术研究前沿，以引导数量经济学博士研究生的方法学习和学术研究。

本导读基于对数量经济学定义、历史和前沿的梳理，尽可能地将数量经济学方法及其应用考虑进来，由于时间和精力有限，不能将所有相关的模型方法纳入本导读。本导读既包括数量经济学基本方法，也涵盖了主要的数量经济学前沿模型，因此，本导读兼具两种功能：其一，作为数量经济学博士研究生深入了解数量经济学基础知识的导读，通过阅读本导读，了解数量经济学的学科发展脉络和历史演进过程，了解数量经济学包含的主要模型方法及其应用领域，形成有关数量经济学的宏观蓝图；其二，引导数量经济学博士研究生在本导读的基础上进行创新性学术研究，对于已经熟悉数量经济学方法脉络的博士研究生，可以根据研究兴趣和研究方向对本导读进行选读，并沿着感兴趣的模型方法进行深入探索和研究，也希望数量经济学博士研究生能在阅读本导读中受到启发，继续在数量经济学学科中探索。

文献索引

蔡跃洲，2015：“大数据改变经济预测范式”，《中国社会科学报》第 4 期。

蔡跃洲，2016：“大数据应用衍生新经济现象”，《中国社会科学报》第 4 期。

陈星星，2014：“数量经济学前沿研究动态——中国数量经济学会 2014 年（杭州）年会综述”，《数量经济技术经济研究》第 11 期。

洪永淼，2007：“计量经济学的地位、作用和局限”，《经济研究》第 5 期。

焦云霞，2017：“近年中国数量经济学研究前沿——兼述中国数量经济学会 2016 年（北京）年会”，《数量经济技术经济研究》第 2 期。

金浩，2004：“数量经济学的内涵及前沿问题”，《河北工业大学学报》第 2 期。

李金华，2016：“对《也谈我国数量经济学发展史》的回应”，《经济学动态》第 8 期。

李金华，2016：“数量经济学在中国的源起、发展及其面临的挑战”，《经济学动态》第 3 期。

李子奈，2010：“见证中国数量经济学的发展”，《中国社会科学报》第 1 期。

黎诣远，1999：“数量经济学与经济学”，《数量经济技术经济研究》第 3 期。

齐建国，1997：“数量经济学发展概述”，《数量经济技术经济研究》第 10 期。

苏畅，2017：“计量经济学与经济学研究的方法论探讨”，《技术经济与管理研究》第 11 期。

吴远仁、沈利生，2015："我国数量经济学学科知识图谱研究——基于 CSSCI（2000 - 2014）数据的文献计量分析"，《经济学动态》第 8 期。

王庆石，2003："数量经济学的学科定位及专业发展问题研究"，《东北财经大学学报》第 3 期。

汪同三、张守一，2000："数量经济学：过去·现在·未来（代序二）"，《21 世纪数量经济学（第 1 卷）》。

王喜峰，2016："国内数量经济学研究前沿——兼述中国数量经济学会 2015 年（福州）年会"，《数量经济技术经济研究》第 2 期。

乌家培，2016："也谈我国数量经济学发展史"，《经济学动态》第 8 期。

张屹山、金成晓，2002："数量经济学的特定内涵与学科定位"，《数量经济技术经济研究》第 11 期。

上篇

经典数量经济学模型方法前沿

第一章

回归模型

回归模型是现代统计学最基础的模型，也是诸多数量经济学模型的根本。虽然回归模型形式简单，仍然有部分主流研究领域依赖线性回归模型实现。回归模型的构建和估计是十分重要的研究领域，本章从最基本的线性回归模型出发，介绍分位数回归模型和半参数与非参模型，并考虑高维数据情况下的回归模型扩展，即将变量选择方法与高维数据回归模型结合，实现降维和变量选择的目标。

一、线性回归模型

回归的最早形式是线性回归，估计方法为最小二乘法，由 Legendre（1805）和 Gauss（1809）提出。后来，Gauss（1823）进一步完善了最小二乘理论。

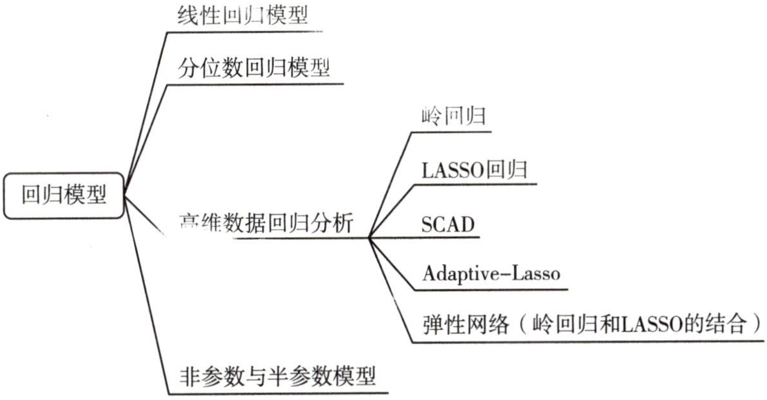

图 1-1 回归模型

线性回归包括一元线性回归和多元线性回归。一元线性回归是描述两个变量之间统计关系的最简单的回归模型。一元回归的主要任务是从两个相关变量中的一个变量去估计另一个变量，当 $Y=f(X)$ 的形式是一个线性方程时，称为一元线性回归。这个方程一般可表示为 $Y=AX+B$。根据最小二乘法或其他方法，可以从样本数据确定常数项 A 与回归系数 B 的值。而多元线性回归是一元线性回归的拓展，其自变量个数从 1 个拓展到多个。一元线性回归与多元线性回归都有以下假设条件：（1）解释变量是确定性变量，不是随机变量，且要求 $n>p+1$；（2）随机误差项具有零均值和等方差；（3）随机误差项服从正态分布，且相互独立。

许多国外和国内学者针对线性回归模型的估计方法和特性进行了研究。Fuller 和 Rao（1978）研究了当协方差矩阵是未知对角矩阵时估计线性回归模型的参数的方法；Davies（1990）考虑了线性回归模型中协方差矩阵估计量的一致性和弱收敛性；Ritov（1990）估计了具有删失数据和未知误差分布的半参数线性回归模型；Wong（1989）讨论并比较了当两个变量被误测时，在简单线性回归中获得斜率的近似置信区间的似然估计方法；Koul 和 Dewet（1983）讨论了线性回归模型中一类最小距离 Cramer－VonMises 型斜率参数估计量。

王大荣和张忠占（2010）研究了多元线性回归模型中的变量选择问题；李小胜和王申令（2016）构造出了线性约束条件下的多元线性回归模型的样本似然函数，证明了其合理性，并对参数估计做出贝叶斯与经验贝叶斯的改进，结果表明，两种改进后的参数估计均较由传统理论得出的参数估计更精确、拟合结果的误差比更小、可信度更高，在大数据的情况下，改进后的计算方法速度更快；张日权和王静龙（2005）讨论了部分线性回归模型的 M－估计，用局部线性方法给出未知函数的 M－估计，用两步估计方法给出参数的 M－估计，进一步证明了未知函数的 M－估计的弱一致性和渐近正态性，参数的 M－估计的弱一致性。李勇（2012）认为传统数理统计学中的线性回归分析，是建立在非模糊的随机数据上的线性回归估计和回归系数检验。而现实经济社会中大量存在含有模糊或灰色等不分明性的数据，面对这类不分明性数据，需要利用灰色系统的相关理论，应用于随机系统信息，从而建立灰色线性回归估计、预测和灰色回归系数检验的基本理论方法；王培刚和周长城（2005）利用多元线性回归模型分析了中国城乡收入差异扩大的原因。

二、分位数回归

Bassett 和 Koenker（1978）首次提出分位数回归方法，Bassett（1986）针对分位数回归的强相合性进行了研究；Koenker 等（1987）对分位数回归的算法研究做出了突出的贡献；Bloomfield 和 Steiger（1983）将求取最小绝对偏差和的问题视为计算回归分位数时的线性规划问题，并做了详尽阐述；目前，分位数回归已逐渐成为一种综合的方法，应用于计量经济学、政治学和其他领域的线性与非线性响应模型的统计分析中（Buchinsky，1994）。

Buchinsky（1994）将分位数回归应用于美国的薪金体系研究；Hahn（1995）研究了自助分位数回归估计量；Koenker 等（2002）又对具有线性异方差的模型的进行了分位数回归的讨论；在 Kulasekera 等（2013）研究了高维数据的自适应分位数回归，这些研究内容都为分位数回归的应用提供了理论基础。在国外，分位数回归不仅理论研究发展的比较成熟，其应用也十分广泛，尤其是在经济方面，Buchinsk（1994）利用分位数回归建立模型，对一段时期内美国人的工资结构变化进行了研究，对其变化趋势进行了预测；Barnes 和 Huhges（2002）分析了影响不同部门公债市场回报率的因素，其使用的是分位数回归方法；Bouye 和 Salmon（2002）研究了不同汇率间尾部区域风险相关性，其主要使用的是非线性分位数回归方法；Buhai（2004）把分位数回归作为基础，研究了持续时期模型和循环结构等式模型的应用；Canay（2011）对简单的面板数据进行了分位数回归方法的研究；Yi－Hisen（2012）等通过计算分位数回归，分析了市场行为和政治风险之间的关系。

关静（2008）对分位数回归的主要理论进行了详细的介绍，并把它应用到一些实际问题的分析中；陈雪蓉（2012）系统地研究了如何利用分位数回归对复杂数据建立模型。在国内分位数回归方法也被广泛地应用到各个领域，曾昭玲等（2005）根据在不同分位数建立的回归方程，对负债融资和权益融资进行了研究；郑承利和陈灯塔（2006）利用分位数回归方法对中国股市截面收益率进行了深入研究；涂涛涛和张建华（2007）利用分位数回归方法对外商直接投资和技术外溢效应的关系进行了研究；谭治国和蔡乙萍（2006）研究了分位数回归在风险管理中的应用；林艺圃（2007）利用分位数回归对中国股市价量关系做了研究。分位数回归不仅在经济方面有广泛的应用，在其他方面应用也很多，苟鹏程等（2004）将分位数回归中的中位数回归应用于北京市 SARS 发病预测中；蔡明章（2003）利用分位数回归模型估计家务工作时间的变异分配。关于分位数回归的研究和应用仍在不断地发展中，随着其理论的不断发展，相应地，应用范围也会越来越广泛。陈娟等（2008）从经济增长理论及一般均衡分析入手，利用分位数回归探讨了消费、生产及政府行为三者之间的关系。吴建南和马伟（2006）介绍了分位数回归的模型和实现方法，并探讨了它在我国管理研究领域的应用方式和有关条件。张曙霄和戴永安（2012）在考虑个体异质性和参数异质性的基础上，基于面板分位数回归模型，检验了财政分权对城市经济增长的影响；魏下海（2009）基于分位数回归方法，重点考察了人力资本和贸易开放度对中国全要素生产率的影响。

三、高维数据回归分析

（一）岭回归

Arthur 和 Robert（1970）首次提出了岭回归的思想，它是一种专用于共线性数据分析的有偏估计回归方法，Hoerl 和 Kennard（1970）又共同进行了改进。它实质上是一种改良的最小二乘估计法，通过放弃最小二乘法的无偏性，以损失部分信息、降低精度为代价获得回归系数更为符合实际、更可靠的回归方法，对病态数据的拟合要强于最小二乘法。Dwivedi 等（1980）研究了岭估计有限样本的性质，并且对其性质进行了阐述和论证；Ohtani（1986）对几乎无偏岭估计的小样本性质进行了研究；Kozumi 和 Ohtani（1994）描述了普通岭回归求解不同阶矩的一般表达式；Akdeniz 等（2004）研究了操作几乎无偏岭估计的矩，给出了具体求不同阶矩的定理；Hassan（2010）基于均方误差的大小，用蒙特卡洛实验模拟来比较一些新岭回归估计方法的优良性；Kibria 和 Saleh（2012）研究了 Probit 回归模型下的岭回归方法；Dorugade（2013）提出了一种新的岭回归参数估计方法，并且对其优良性进行了验证。国外对岭回归理论的研究有很多，国内对岭回归理论的研究也逐渐完善，如闫莉和陈夏（2006）研究了岭型主相关估计和它的优良性；林昌盛（2009）对回归系数的广义岭型主相关估计及其优良性进行了研究；韦剑和缪柏其（2006）给出了广义岭型估计的小样本性质；李明奇和吴旭（2011）对回归系数的部分岭估计进行了研究；田俊（1999）介绍了如何通过设置伪样品后使用 SAS 进行岭回归分析。

研究发现，岭估计中 k 值（调整系数）的选取是把岭回归估计应用到实践的关键。k 值的选择不但依赖于模型的未知参数 β 和 σ^2，而且这种依赖关系没有明显的表示，这使得

k 值选取的方法变得非常困难，统计学家做了很多工作，提出了很多 k 值的选取方法，例如：岭迹图、方差扩大因子法、Hemmerle - Brantle 法、Q（c）准则、Cp 准则（Draper，1979）等。岭回归方法已经从最初的岭回归估计发展到各种改进岭回归方法，如不受限的岭回归估计、可行广义岭回归估计等（Ehsanes，1993），这为进一步研究岭估计提供了良好的理论基础。

（二）规则化方法与算法

Lasso 是 Tibshirani（1996）提出的一个新的变量选择技术，为 Least Absolute Shrinkage and Selection Operator 的缩写。该方法用模型系数的绝对值函数作为惩罚来压缩模型系数，使得 Lasso 兼具子集选择和岭回归的优点。Lasso 方法很好克服了传统方法在变量选择上的不足，因而倍受重视，学者们相继提出技术改进。Fan 和 Li（2001）比较了硬门限规则和软门限规则的区别，指出门限参数过大可能会造成较多偏差（这正是 Lasso 估计可能存在的问题），于是提出了一个简称 SCAD 惩罚的方法。Zou（2006）提出的 Adaptive - Lasso。Meinshausen（2007）在研究高维数据线性预测时发现 Lasso 估计收敛率很低，于是提出了 Relaxed Lasso 估计并发展出相应算法，包括 LARS，坐标下降法等。在方法的应用方面，Yuan 和 Lin（2006）分析了不同应用条件下对于 Lasso 类方法适用性和具体选择问题；Wang 等（2007）在生物医药领域运用了 SCAD 的方法，研究了基因表现的时间微阵列时间过程；Fan 等（2009）则把 Adaptive - Lasso 和 SCAD 的方法运用于网络研究。

表 1 - 1　　　　规则化方法及提出者

方法	提出者
LASSO	Tibshirani（1996）
SCAD	Fan 和 Li（2001）
Elastic Net	Zou（2005）
Adaptive - Lasso	Zou（2006）
GLasso	Yuan 和 Lin（2006）
SGLasso	Ma 等（2007）
WLasso	Bergersen 等（2011）
基于图结构约束的规则化方法	苏治等（2016）

在求解包含规则化方法的模型时，除了 LARS 等还有梯度下降算法。梯度下降是迭代法的一种，可以用于求解最小二乘问题（线性和非线性都可以）。在求解机器学习算法的模型参数，即无约束优化问题时，梯度下降（Gradient Descent）是最常采用的方法之一，另一种常用的方法是最小二乘法。在求解损失函数的最小值时，可以通过梯度下降法来一步步的迭代求解，得到最小化的损失函数和模型参数值。梯度下降有两种迭代思路，分别

为随机梯度下降（Stochastic gradient descent）和批量梯度下降（Batch gradient descent）。

梯度下降算法有如下发展过程。Polyak（1964）提出了冲量梯度下降算法（Momentum optimization）；Nesterov（1983）提出了 NAG 算法，全称 Nesterov Accelerated Gradient，是对冲量梯度下降算法的改进版本，其速度更快；Duchi（2011）提出了 AdaGrad 算法，是一种学习速率自适应的梯度下降算法。在训练迭代过程，其学习速率是逐渐衰减的，经常更新的参数其学习速率衰减更快，这是一种自适应算法；RMSprop 是 Hinton 在他的课程上讲到的，其算是对 Adagrad 算法的改进，主要是解决学习速率过快衰减的问题；Adam 全称 Adaptive moment estimation，是 Kingma 等（2015）提出的一种新的优化算法，其结合了 Momentum 和 RMSprop 算法的思想。相比 Momentum 算法，其学习速率是自适应的，而相比 RMSprop，其增加了冲量项。因此，Adam 是两者的结合体。

Knight 和 Fu（2000）证明了 Lasso 方法所选择的特征并不总是一致的。针对 Lasso 方法的缺陷，Zou（2005）提出了一种基于弹性网络（Elastic Net）的特征选择方法。这种方法在 Lasso 方法的基础上，加入了如一范数正则项。这种模型不仅可以在持续收缩的同时自动地进行特征选择，还可以选择多于样本数的特征，从而保证特征能够达到饱和，进而提高后续模式识别的准确性（Zou，2005）。为了选择相关的信息量大并且冗余度低的特征，大量改进的特征选择算法被提出。后来，Zou（2006）提出了一种自适应 Lasso（Adaptive Lasso）方法，以回归系数的倒数作为权重对 Lasso 进行加权，在一定的条件下可以保证所选择的特征的一致性。Yuan 和 Lin（2006）提出了组 Lasso（Group Lasso，GLasso）方法；Ma 等（2007）提出了有监督组 Lasso（Supervised Group Lasso，SGLasso），在进行组 Lasso 前先执行 K 均值聚类。Zou 和 Zhang（2009）又提出一种 Adaptive Elastic - Net 算法，研究参数的数目和样本规模不匹配的情况下如何进行变量选择的问题。Bergersen 等（2011）提出了一种加权 Lasso（Weighted Lasso，WLasso）方法，通过整合协变量的相关外部信息，使特征选择向比 Lasso 更稳定的趋势发展。Xin 等（2017）又进一步提出了广义的 Adaptive Elastic - Net 算法。

国内学者也研究了这类方法并运用于经济学领域，例如，方匡南等（2014）基于 Lasso - logistic 模型研究了个人信用风险预警的方法；李翰芳等（2013）讨论了含有随机效应的面板数据模型，通过引入 Laplace 条件先验，构造了一种新的贝叶斯 Lasso 分位回归法；周雁舟等（2013）针对软件可靠性早期预测中软件复杂性度量属性维数灾难问题，提出了一种基于最小绝对值压缩与选择方法（LASSO）和最小角回归（LARS）算法的软件复杂性度量属性特征选择方法。该方法筛选掉一些对早期预测结果影响较小的软件复杂性度量属性，得到与早期预测关系最为密切的关键属性子集；罗幼喜和李翰芳（2017）通过对固定效应和随机效应系数同时实施自适应 Lasso 惩罚，并为参数估计设计交替迭代算法，解决了随机效应分位回归模型中固定效应和随机效应系数同时估计和选择问题，研究发现新方法不仅对随机误差分布具有较强的稳健性，而且在不同稀疏度模型下均有着良好的表现，尤其是在高维情形时；张娟和张贝贝（2016）针对信用评分模型中解释变量维数较高，类型丰富，好坏客户类型数量不均衡等特点，梁斌等（2011）利用广义半参数可加模型对客户违约概率进行建模，并将 Group Lasso 方法应用于模型进行变量选择和估计；将多元线性回归选择变量的 Lasso 方法引入指数跟踪和股指期货套利策略研究，提出运用 LARS 算法实现非负限制下的 Lasso 选择现货组合问题，为业界给出了一种选择构造现货组合的股票的新方法。

苏治等（2016）将目前流行的若干种规则化方法加入传统指数追踪模型中，得到若干种稀疏而且稳定的资产组合，用于复制指数的收益率，并构建样本内外预测、模型一致性、资产组合稀疏性和 BIC 准则进行模型效果评价。秦磊和谢邦昌（2014）表示含有 L_q 罚函数的线性回归可以进行变量选择或者系数缩减，利用该罚函数的这种性质，可将滤波和趋势滤波推广为规则化趋势滤波。在内在趋势是分段线性趋势（$0<q<1$）和无折点趋势（$q>1$）两种假设下，使用方法和凸优化技术进行估计，提出修正的准则进行调整参数选择。数值分析显示，在不同的假设下，本书提出的方法优于滤波和趋势滤波；苏治等（2015）考虑到不同资产之间的相互影响作用，引入图结构来描述高维资产之间包含的信息，建立了一种基于图结构约束的最小方差资产组合模型，并且提供了一种有效的坐标下降优化算法。研究结果表明，基于图结构约束的资产组合模型在收益率、波动率和变量选取方面优于传统的资产组合模型，该模型对金融机构的投资决策有重要的实际意义；秦磊和谢邦昌（2015）针对 L_1 和 L_2 规则化趋势滤波的不足之处，从损失函数和罚函数两个方面对其进行改进。一方面，引入分位数损失函数，将其推广为 L_1 和 L_2 分位数趋势滤波；另一方面，引入 Berhu 罚函数，得到 L_1 和 L_2 分位数趋势滤波的集成方法。数值算例显示，L_1 和 L_2 分位数趋势滤波可以很好地估计出不同分位数上的趋势，两者分别适用于分段线性趋势和光滑趋势的提取，当内在趋势未知的情况下，集成方法是一个很好的折中，另在 $\tau=0.5$ 时为 L_1 和 L_2 规则化趋势滤波提供了一种稳健估计。

四、中介效应分析

中介效应分析（Mediator Effect Analysis）是指运用统计学的方法探讨自变量对因变量的预测作用能否被中介变量所解释及解释效应量大小的过程。Baron 和 Kenny（1986）最早提出检验中介效应的逐步法（causal steps approach），也是最流行的中介效应检验方法之一。逐步法第一步检验自变量对因变量的总效应，第二步检验中介效应的显著性（依次检验），第三步检验是完全中介效应还是部分中介效应。但是第二步的依次检验的检验力（power）较低，即系数乘积实际上显著而依次检验比较容易得出不显著的结论（Fritz 和 MacKinnon，2007；MacKinnon 等，2002），而且近年来逐步法受到几乎是一边倒的批评和质疑（Edwards 和 Lambert，2007；Hayes，2009），因而学者们重点检验系数乘积的显著性。系数乘积的检验是中介效应检验的核心，其中最有名的系数乘积检验方法就是 Sobel（1982）法。MacKinnon 等（2002）和温忠麟等（2004）通过模拟研究发现，Sobel 法的检验力高于依次检验。但是 Sobel 法的检验统计量的推导需要假设系数乘积服从正态分布，就算其中每一个系数都是正态分布，其乘积通常也不是正态的，因而 Sobel 法的标准误的计算只是近似的，可能很不准确。这样，Sobel 检验的局限性是很明显的（方杰和张敏强，2012；MacKinnon 等，2004）。因此学者们又通过其他方法来代替直接检验的 Sobel 法，包括乘积分布法、Bootstrap 法和马尔科夫链蒙特卡罗（MCMC）法。乘积分布法默认系数乘积分布是两个正态变量的乘积分布，根据乘积分布构建临界值进行检验和区间估计；在中介效应检验中 Bootstrap 法称为非参数百分位 Bootstrap 法，Fritz 和 MacKinnon（2007）和 Mac 等（2004）均证明非参数百分位 Bootstrap 法的检验力高于 Sobel 检验。研究发现，上述三类方法中，用偏差校正的非参数百分位 Bootstrap 法或者有先验信息的 MCMC 法计算系数乘积的置信区间比 Sobel 法得到的置信区间更精确，有更高的检验力（方杰和张敏强，2012；Hayes 和 Scharkow，2013）。

随着统计理论的发展和分析软件的进步，中介效应分析模型也有了长足的发展，包括类别变量的中介模型、多重中介模型、多水平中介模型、有中介的调节模型与有调节的中介模型等。对于因变量是分类或者等级变量、中介变量和自变量是连续变量的中介效应模型，中介变量对自变量的回归系数（连续变量的量尺）与因变量对中介变量的回归系数（Logit 量尺）和因变量对自变量的回归系数（Logit 量尺）均不在相同的尺度上，因此不能简单采用处理连续变量中介效应的方式直接将回归系数相乘得到中介效应大小。因而，这样的模型需要通过标准化转换实现回归系数的等量尺化（Mac 等，2007）。Iacobucci（2012）对因变量为分类数据的中介效应进行了理论探讨，强调在实际应用中研究者应该关注因变量的性质，选择合适的中介效应分析方法。刘红云等（2013）通过模拟研究比较了 Logistic 回归与通常线性回归的差别，并比较了这两种分析框架下常用的系数乘积法和系数差异法的优劣，同时考察了因变量类别数对估计结果的影响。对于情景比较复杂的研究，经常需要多个中介变量才能清晰地解释自变量对因变量的作用，这就涉及多重中介（Multiple mediation）模型。卢谢峰等（2007）在已有研究文献的基础上，集中探讨了中介变量、调节变量和协变量的概念，以及中介效应、调节效应和协变量效应的统计分析方法。随后分别对中介效应和间接效应，调节效应和交互效应进行了辨析，并从测量水平和检验方法等方面对三种统计概念做了比较。柳士顺和凌文辁（2009）关于多重中介模型及其应用做了详细介绍。当数据具有层级结构时，变量分属不同的层级（也称为水平），如学生变量是第一层，学校变量是第二层。多层中介效应模型是多层线性模型和中介效应模型的结合，可以研究组织层面自变量对个体层面因变量的影响，增强中介效应的解释力。方杰等（2010）关于多层中介效应模型理论做了介绍。方杰等（2014）认为尽管多层线性模型区分了多层中介的组间和组内效应，仍然存在抽样误差和测量误差，比较好的方法是将多层线性模型整合到结构方程模型中，在多层结构方程模型框架下设置潜变量和多指标可有效校正抽样误差和测量误差、得到比较准确的中介效应值，还能适用于更多种类的多层中介分析并提供模型的拟合指数，并总结出一套多层中介的分析流程。Baron 和 Kenny（1986），Edwards 和 Lambert（2007），Muller 等（2005），温忠麟（2006）等学者对同时存在中介效应和调节效应的模型的检验方法做出贡献。有中介的调节模型意味着自变量对因变量的效应受到调节变量的影响，而调节效应（至少部分地）通过中介变量而起作用。叶宝娟和温忠麟（2013）对文献上已有的检验有中介的调节模型的方法或步骤进行梳理，总结出一个检验流程。方杰和温忠麟（2018）指出了目前有调节的中介效应分析普遍存在的问题，即大多使用多元线性回归分析，忽略了测量误差；而基于结构方程模型（SEM）的有调节的中介效应分析需要产生乘积指标又会面临乘积指标生成和乘积项非正态分布的问题，因而其使用 LMS 方法得到偏差校正的 bootstrap 置信区间来进行基于 SEM 的有调节的中介效应分析，总结出一个有调节的中介 SEM 分析流程，并展望了 LMS 和有调节的中介模型的发展方向。

总之，中介效应分析方法可以探索关心的变量之间的内部结构和作用机制，把原有的关于同一现象的研究联系在一起，把原来用来解释相似现象的理论整合起来，而使得已有的理论更为系统，并且可以跟众多回归方法相结合，适用于多种数据形式。但是需要注意的是，中介效应分析并不能证明因果关系。

五、非参与半参数模型

（一）非参数模型

由于现代计算能力的进步和计算复杂程度的需要，人们开始探索数据的深层结构并且致力于减少传统参数模型的偏差，这种数据分析方法也称为非参数技术。非参数模型的介绍见 Devroye 和 Gyorfi（1985），Silverman（1986），Eubank（1988），Muller（1988）等。在统计数据分析里，非参数光滑方法主要用来满足三个需要：第一，它们提供一个灵活的分析工具，通常它们以数据图形的形式出现（Scott，1992）；第二，它们有助于从观测值建立模型，例如通过与同时发生的模型对比 Muller（1988）；第三，它们为自适应问题提供估计（Newey 和 Stoker，1993）。

非参数计量经济模型假定经济变量的关系未知，要对整个回归函数进行估计，因而较线性和非线性计量经济模型更符合现实情况。回归函数的导数在不同时期的变化可反映经济结构的调整过程，还可以用于乘数分析、弹性分析等比较静态分析，叶阿忠（2003a）研究多元非参数回归模型局部线性广义矩估计的性质，得到了局部线性广义矩估计的条件渐进偏和方差，在内在点处证明了它的一致性和渐进正态性，它在内点处的收敛速度达到

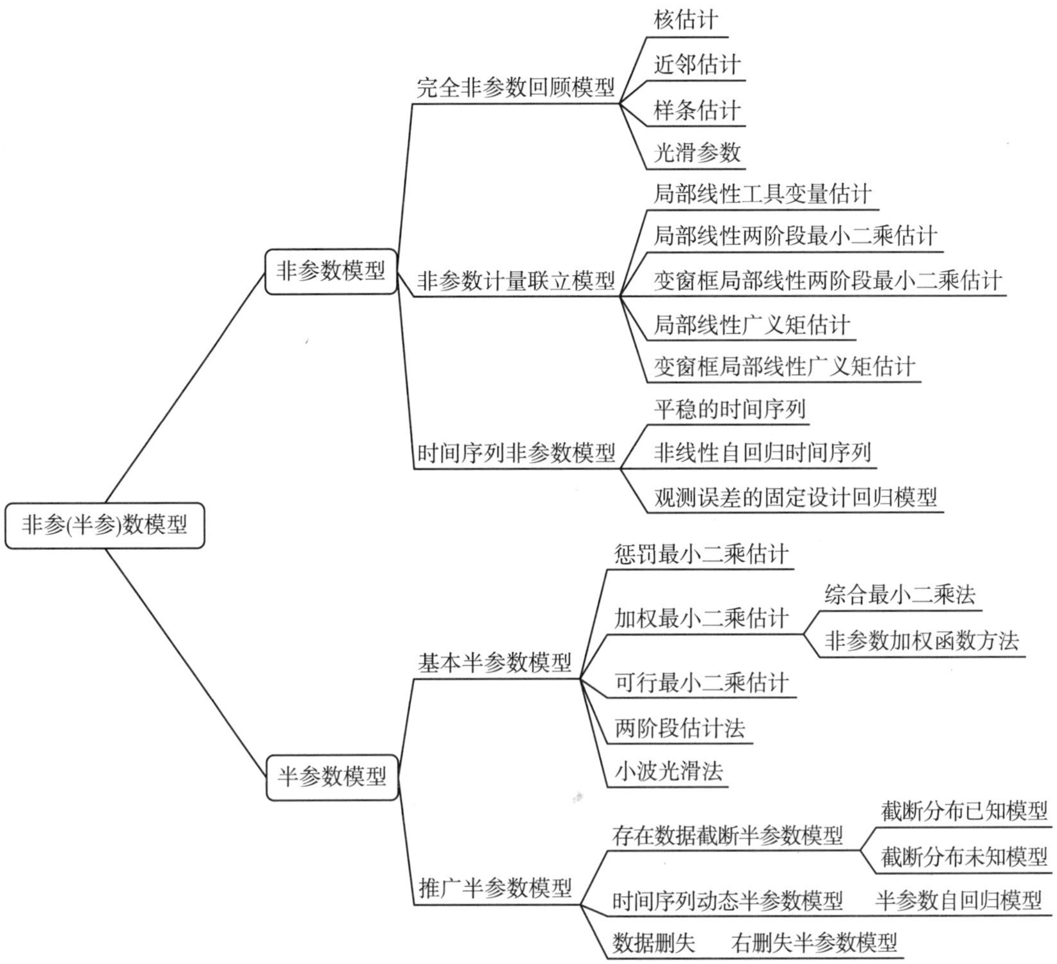

图 1-2 非参与半参数模型

了非参数函数估计的最优收敛速度，局部线性广义矩估计理论的发展，为解决非参数回归模型中的异方差问题提供了强有力的工具。对于非参数计量模型多重共线性问题，有一个补救措施，即当变量之间高度相关时采用主成分回归可以有效提高估计精度。计量经济联立模型在经济政策制定、经济结构分析和经济预测方面起重要作用。传统的线性或者非线性计量经济联立模型容易造成单方程的设定误差，致使联立方程的累积误差很大，不能很好地反映现实中的经济现象。在非参数计量联立模型中的估计方面，叶阿忠等提出了局部线性工具变量估计、局部线性两阶段最小二乘估计和变窗框局部线性两阶段最小二乘估计、局部线性广义矩估计和变窗框局部线性广义矩估计等方法。从而使得非参数计量经济模型能够在经济政策制定、经济结构分析和经济预测方面发挥作用。目前，非参数模型被广泛应用于研究金融资产价格波动、进入风险管理、资源优化配置、汇率预测以及一些工程领域。

Rosenblatt 对核估计作过深入探讨，Gasser 和 Muller（1979），Muller（1988），Wand

和 Jones（1995）也介绍过核估计的方法；核函数有很多种，像高斯核、三角核、四次方核、六次方核等。具有最优特征的核函数由 Epanechnikov、Bartlett 提出的 Epanechnikov 核。近邻被定义为变量 X 的在 Euclidean 距离意义上 X 的最近的 k 个邻居。K 近邻估计是对变动邻居的加权平均。$k-NN$ 首先由 Lofts 和 Quesen（1965）在相关密度估计时提出，Cover 和 Hart（1967）总结了这种方法，除了一致权以外，Stone（1977）定义了其他形式的权，像三角权和二次方权等。由于 $k-NN$ 估计的计算较复杂，每一步都要重新排序，且 k 的决定也类似于的决定，故实际中不常用。样条光滑的思想始于 Whittaker（1923），他把光滑过程称为数据的刻度或者调整，对样条光滑来说，也提出了光滑程度的问题。Eubank（1988）的文献里介绍了样条光滑的均方误差特征。Wahba（1977），Eubank（1988），Nychka（1995），Wahba（1990），Green 和 Silverman（1994）对样条方法进行了深入研究。Wahba 研究了估计的光滑参数选取问题，在 Wahba（1975，1979）里面探讨了样条估计的收敛速度的问题。其他的非参数方法有：正交序列估计（Szego，1959），Fourier 级数法（Efromovich 和 Pinsker，1982；Efromovich，1999），小波法（Donoho 和 Johnstone，1994；Donoho 等，1995；Hall 和 Patil，1995；Ogden，1997；Antoniadis，1999；Vidakovic，1999）等。在边界点光滑方法就显得不太精确了，这主要是因为在边界点观察到的样本太少，因此方差或者误差加大。Rice（1984）用“Jackknifing”技术解决了这个问题。Gasser 和 Muller（1979）用边界核方法也讨论了这个问题，对于样条函数情形，Rice 和 Rosenblatt（1983）计算了边界误差。任何一种光滑技术都牵涉到光滑参数的选取问题，对非参数回归来讲，光滑参数的选取问题十分重要，随便选取一个光滑参数可能会使回归曲线要么太平滑要么太不平滑。交叉核实法（Allen，1974；Rudemo，1982）和广义的交叉核实法（Wahba，1977）是应用最广的方法，但作为结果的窗宽却有很大差别（Hall 和 Johnstone，1992）。插入法是比较稳健的方法（Jones 等，1996），Fan 和 Gijbels（1995）提出提前渐进置换的方法。Ruppert（1997）提出的经验选取的方法也非常有用（Marron 和 Padgett，1987）。Clark（1975）提出了核光滑函数的得分函数用以找到光滑参数，Allen（1974）提出了 PRESS（prediction sum of squares），Wahbas 和 Wold（1975）在样条光滑中提出了相似的技术。Rice（1984）用惩罚函数证明了在固定设计模型中的相关理论。Hall 等（1995）探讨过当局部多项式回归的误差项相关时的光滑参数的选取问题，他们提出了核回归与局部线性回归的修正交叉核实的方法；Hyndman 和 Wand（1997）研究了自协方差函数的局部多项式估计。在核回归中，众多学者表明在选择窗宽时忽略误差相关的问题会造成很重要的结果，在局部多项式中也是如此。在核回归中，有学者研究了误差项为自相关时的情形并且提出了修正的办法。自此以后的许多作者也表明自相关能导致窗宽错误的选择，并且他们提出了补救的办法。Chiu（1989），Hart（1991），Truong（1991）和 Hart（1994）假定自相关函数为参数形状并且提出了选择窗宽的许多修正办法。Chu 和 Marron（1991）和 Hall 等（1995）迂回了估计自相关函数问题并且提出修正交叉核实的方法。Altman（1990）提出非参数的估计均值函数与自相关函数非参数估计办法，并且用交叉核实方法选择光滑参数。Herrmann 等（1992）研究了积分协方差的非参数估计并且提出了插入窗宽选择方法。

非参数时间序列有以下几种情形：平稳的时间序列变量；非线性自回归时间序列；观测误差的固定设计回归模型。第一种情形是典型的动态经济体系，外生变量和函数一起预测因变量 Y（Lutkepohl，1992）；第二种情形广泛应用与金融时间序列中。在金融中人们对误差项的方差很感兴趣，Engle（1982）提出 ARCH（Autoregressive conditional heteroskedasticity）模型，Gourieroux（1992）对它进行了评价，对于超高频率数 Engle 和 Russell（1998）提出的 ACD（Autoregressive Conditional Duration）模型也属于这种情形。如果研究的对象重复观测的话第三种情形有意义，第四种情形类似于 Rice 和 Silverman（1991）。在时间序列分析中常用的是 ARMA 模型，Tjostheim（1994）用经验数据证明了这种模型的局限性。最一般的非线性模型是 Tong（1978；1983）提出的门限自回归（TAR）模型，Haggan 和 Ozaki（1981）提出的指数自回归模型（EXPAR），Chan 和 Tong（1986）和 Granger 和 Terasvirta（1992）提出的光滑转换自回归模型（STAR）、Granger 和 Anderson（1978），SubbaRao（1981），SubbaRao 和 Gabr（1980）的双线性自回归模型、Nicholls 和 Quinn（1982）的随机系数模型、Engle（1982）的自回归条件异方差模型（ARCH）、Bollerslev（1986），Bera 和 Higgins（1993），Tong（1990）和 Priestley（1988）里可以找到相关资料。Doukhan 和 Ghindes（1980）研究了非参数自回归过程，并考虑了在适当的条件下 Yt 的预测问题。关于这种非线性自回归过程更多的讨论见 Gyorfi 等（1989）。Robinson（1986）证明了在各种混合条件下时间序列的核密度的相容性和回归函数估计，Robinson（1984）提出了非参数时间序列的观测值缺失问题。滞后阶的选取对于非参数对于非参数时间序列很重要。对于线性模型来说，滞后阶的选取主要采用的是信息准则像 FPE、AIC 和 BIC（Akaike，1970）在非参数时间序列分析中，Auestad 和 Tjstheim（1990）提出 FPE 准则，Chengand（1992）提出用交叉核实准则。对于边界点问题，Gasser 和 Muller（1979）考虑了对于 $d=1$ 时的系统变量权，Gasser 等（1985）提出了边界核，Messer 和 Goldstein（1993）建议用自动改变形状的变量核，因此能够削弱边界区域的偏差，Yang（1981）和 Stute（1984）提出对称近邻估计，Michels（1992）能够减少偏差并且能够应用于 $d>1$ 时的边界核。边界点问题也可以用局部多项式来修正。局部加权多项式估计首先由 Stone（1977）引进 Cleveland（1979）统计文献，Tsybakov（1986），Fan（1993），Fan 和 Gijbels（1992；1995）研究了它的统计特征。

非参数模型被应用在很多经济问题的研究上。何树红和陈浩（2010）利用函数系数自回归模型对上海股市日收益率进行非参数建模，然后用广义似然比非参数的条件自助法对模型进行检验，从而确定了合适的模型并分析了上证综合指数收益率的非线性特征。彭定赟（2012）基于全国先行的东、中、西部地区的划分，以各地区的基尼系数为基础，提出了区域基尼系数的新概念，建立了计算全国基尼系数的改进模型，并通过实证研究，测算了我国2010年的基尼系数。同时就2010年不同地区，1995年、2001年、2010年不同时间的基尼系数做了非参数的核密度估计，分析了时间上和区域上基尼系数的变动趋势，一定程度上规避了我国明显的城乡二元经济结构和严重的地区发展不平衡所带来的贫富差距度量上的偏差。段景辉和陈建宝（2013）利用1990—2010年的省际面板数据构建了非参数面板数据模型，刻画了政府消费、居民消费与经济增长关系的动态演进趋势，并得出相关结论。张海波（2013）在沿用参数方法的基础上，结合非参数方法建立模型，对北京市城乡居民人均收入的增长和基尼系数的变动之间的关系是否符合“倒U假说”进行再检验，将检验方法和结果进行对比分析，综合判断北京市城乡内部收入不平等程度的变动趋势；并根据现有混合基尼系数的计算方法，对北京市总体收入不平等变动状况进行研究；对北京市城乡之间收入差距问题的现状及主要影响因素进行分析。曹阳（2014）从非参数波动模型的角度出发，集中梳理了非参数波动模型及其应用研究，指出需要特别警惕高增长下的潜在金融风险，防止个别机构风险导致系统性风险。

（二）半参数模型

半参数回归模型是一种同时含有参数和非参数分量的模型，与参数模型相比更具有灵活性，它使我们能更好地解释每个变量的效应，并且由于非参数回归模型的众所周知的“维数灾难”问题，该模型也优于非参数回归模型。对于半参数回归模型的研究主要集中于以下几个方面：一是在基本模型下，基于各种不同的估计方法或者基于误差的不同设定，探讨参数、非参数分量以及误差方差估计量的强相合性、弱相合性、p阶平均相合性及其收敛速度，以及参数、误差方差估计量的渐近正态性等；二是把模型推广，探讨存在数据污染、存在数据截断或数据删失时，以及在时间序列动态模型中，模型的估计及相应的估计量的性质；三是实证与应用研究。

Engle等（1986）在研究气候条件对电力需求影响这一实际问题时首先提出了半参数回归模型，随后，Heckman（1986）研究了变量为随机且相互独立，并且$g(\cdot)$的估计取一类样条估计时，β的惩罚最小二乘估计的渐近正态性；同时，Rice（1986）研究了变量是固定设计，且$g(\cdot)$的估计取一类样条估计时，β的估计的协方差函数的渐近性质。Whaba（1990），Green和Silverman（1994），Eubank等（1998）等文献进一步运用样条光滑技术讨论了β和$g(\cdot)$的惩罚最小二乘估计的性质，Schimek（1997；1999）中用随机模拟证明了惩罚最小二乘估计的偏误当样本容量较大时（$n\geq50$）可以忽略。而Chen（1991）研究了Lipschitz条件，且$g(\cdot)$的估计取一逐点多项式估计时，β的加权最小二乘估计的渐近正态性及$g(\cdot)$的估计的弱收敛速度。Robinson（1988）基于非参数分量的Nadaraya－Waston核估计构造出β的可行最小二乘估计，并在某些规范性条件下导出估计量的渐近分布。其后，学者们对Engle等（1986）模型的沿着三个方向进行了推进：一是对加权最小二乘法（综合最小二乘法和非参数加权函数方法）估计量的大样本性质的深入细致的研究，这方面的文献相当多，并有许多深刻的结果；二是在估计方法上的改进和创新；三是将独立同分布的误差推广到各种相关情形，在此基础上讨论估计量的渐近性。

关于加权最小二乘估计性质的研究，国内学者高集体（1992），柴根象等（1995）在 Robinson（1988），Speckman（1988）等的基础上最先开始进行研究。他们在 1989 年到 1994 年之间在这一课题的研究上先后在国内最重要的数学期刊上发表了近 10 篇文章，得到了许多深刻的结果。其中，高集体（1992）系统地研究了变量为固定设计情形下参数 β 的加权最小二乘估计的渐近正态性及其渐近正态的 Berry - Essen 界限（高集体、赵林城，1994），同时还给出了若干估计的最优强弱收敛速度；柴根象等（1995）基于 Engleetal（1986）模型的可加性，建立起两阶段估计方法；柴根象和徐克军（1999）在 Antoniads 等（1994）的基础上，首次将一种成功应用的非参数估计方法——小波光滑法引入 Engleetal（1986）模型的研究。薛留根（2003）在两个变量都是固定设计点列且 $p=1$ 的情形，结合小波光滑方法和随机加权法，构造了 β 的小波估计的随机加权统计量，并证明了其逼近精度，该文献在估计方法上的创新推广了柴根象和徐克军（1999）及钱伟民和柴根象（1999）的研究。钱伟民等（2000），姜玉英等（2006）进一步考察了误差方差 σ^2 的估计量，存在异方差 $\sigma^2=f(u_i)$ 时对模型的修正以及修正后模型的估计量的大样本性质等问题，也是对柴根象和徐克军（1999）及钱伟民和柴根象（1999）研究的补充和完善。Buckleyand（1979），Koul 等（1981），Lai 和 Ying（1991），Zhou（1992）等分别在线性和非参数回归模型中存在数据删失或截断时，讨论了估计量的渐近性质。王启华（1995）则分别就截断分布已知与未知两种情形，运用加权最小二乘法定义了 β 和 $g(\cdot)$ 的估计，并证明了它们的强相合性与一阶平均相合性。Liang 和 Zhou（1998）在此基础上进一步讨论了半参数回归模型中当共同的连续分布函数 G 为已知和未知函数时参数估计量的渐近正态性。薛留根（1999）则结合最近邻权函数法与最小二乘法定义了 β 和 $g(\cdot)$ 的估计，并得到了它们的渐近正态性及弱收敛速度，结果与非截尾情形的结果基本一致。另外，一些学者还对半参数回归模型进行了如下推广研究：秦更生（1995）在数据存在随机右删失时考虑模型，构造了指标系数 β 的方向估计量，证明了其相合性及渐进正态性。苟列红（2005）则给出了右删失左截断半参数模型下风险率函数的极大似然估计，获得了这些估计的渐近正态性、对数率和重对数率。Robinson（1988）首先研究了半参数自回归模型，Gaoand（1995）建立起 β 的加权最小二乘估计的渐近正态性。Gao 等（2002），Liand（2006）等文献对该模型的各种估计和检验问题有更深入的讨论。Terasvirta 等（1994），Gao（1998），Liang（1997）进一步研究了当 V_t 为外生变量时的一个可加 ARX 模型的估计问题，并研究了检验问题。同时，Kreiss 等（2002），Gao 和 Anh（1999）构造出不同的检验统计量研究了这一检验问题，并通过随机模拟考察了这些统计量的检验势。Gao

(2007) 对非线性时间序列数据中模型的设定与选择以及模型参数的估计等问题的半参数方法做了系统全面的总结，另外 Liand (2006), Fan 和 Yao (2003), Granger 等 (2006) 等关于非线性时间序列的书中对于这些问题也都有论述，它们都是关于该研究主题有价值的文献。

到目前为止，国内外都有一些学者用半参数回归模型作实证研究。黄四民和梁华 (1994) 采用逐点多项式结合最小二乘法的估计方法，把 Engle 等 (1986) 模型引入居民消费结构研究，建立一种新的消费结构分析框架，分析了我国未来近 1/4 世纪的居民消费结构变动趋势，并与线性回归模型分析的结果比较，说明半参数方法的优越性；梁华和熊健 (1995) 又接着采用两种半参数估计方法与线性模型结果相比较，进一步说明半参数方法的优越性；王一兵 (2005) 将 Engle 等 (1986) 模型应用于商品房价格指数的研究，讨论了 Engle 等 (1986) 模型的估计方法、Hausman 检验及参数标准误差的 Bootstrap 计算，实证表明半参数回归分析的效果优于普通最小二乘法。还有一些学者如叶阿忠、戴丽娜、韦红梅、冯春山等、许允彬、赵卫亚、姜爱平等，分别将 Engle 等 (1986) 模型用于研究我国进出口对通货膨胀的影响、我国保险有效需求、市场风险度量、农村居民消费行为、我国人口预测等实证研究，得到了类似的结论。在国外，理论上的发展与实际应用是同步的，例如 Engle 等 (1986) 模型是在研究气候条件对电力需求影响这一实际问题时提出的；Speckman (1988) 将之应用于一个口腔清洁试验数据的处理；Green 和 Silverman (1994) 用半参数回归模型分析石油工业中市场价格与交易量之间关系的时间序列数据；Schmalensee 和 Stoker (1999) 用于分析美国家庭汽油消费；Gao 等 (2002), Wong 和 Kohn (1996) 关于加拿大山猫数据的研究，等等，这些都可以说是半参数回归模型的经典应用实例。半参数回归模型作为线性模型的一种推广，它综合线性回归模型和非参数回归模型，吸收了各自的优点，参数分量用于对确定性影响因素进行分析，而非参数分量用于对随机干扰部分的刻画，能够更好地描述现实世界。半参数方法在其发展的初期，由于其理论上的复杂性，以及受当时计算技术的限制，对它的研究主要集中在理论方面。现在，随着计算机的普及，计算机运算速度呈几何级数增长，以及大量好学易用的统计和计量软件的涌现，半参数方法在各种应用研究中得到了越来越普遍的应用。张世伟和周闯 (2010) 建立了劳动参与方程的参数模型和半参数模型，用于分析中国城镇居民不同收入群体的劳动参与行为。刘洪和金林 (2012) 以经济增长理论为基础，对 1953—2010 年中国 GDP 数据和劳动投入、资本投入、人力资本等因素建立了半参数回归模型，然后，对模型进行了统计诊断分析，计算了相关统计诊断量，利用统计诊断量得到了模型的异常点，基于此对中国 GDP 数据的准确性进行了讨论。朱晋伟和梅静娴 (2015) 基于面板数据半参数模型，选取 2005—2013 年中国高技术产业相关数据，研究高技术企业创新绩效的影响因素，以及当企业规模不同时的区别。江瑶和高长春 (2017) 通过建立面板数据的半参数回归模型，对长三角地区高技术产业五大细分行业集聚影响因素进行实证分析，研究结果表明：半参数回归模型的拟合结果优于一般线性回归模型；企业规模、人力资本、市场需求、开放程度以及城市运输与高技术产业集聚之间呈现显著的正线性相关关系。

文献索引

柴根象、孙平、蒋泽云，1995："半参数回归模型的二阶段估计"，《应用数学学报》第 3 期。

柴根象、徐克军，1999："半参数回归的线性小波光滑"，《应用概率统计》第 15 期。

陈娟、林龙、叶阿忠，2008："基于分位数回归的中国居民消费研究"，《数量经济技术经济研究》第 2 期。

陈明华，1999："完全与截尾样本时半参数回归模型估计的强相合性"，《数学物理学报》第 19 期。

陈明华，1998："固定设计下半参数回归模型参数估计的收敛速度"，《应用概率统计》第 2 期。

陈明华，1999："固定设计下半参数回归模型的参数估计的 Bootstrap 逼近"，《数学物理学报》第 2 期。

崔恒建，1995："半参数 EV 模型的参数估计理论"，《科学通报》第 16 期。

樊明智、王芬玲、郭辉，2006："纵向数据半参数回归模型的最小二乘局部线性估计团"，《数理统计与管理》第 2 期。

方杰、温忠麟，2018："基于结构方程模型的有调节的中介效应分析"，《心理科学》第 2 期。

方杰、温忠麟、张敏强、任皓，2014："基于结构方程模型的多层中介效应分析"，《心理科学进展》第 3 期。

方杰、张敏强，2012："中介效应的点估计和区间估计：乘积分布法、非参数 Bootstrap 和 Mcmc 法"，《心理学报》第 10 期。

方杰、张敏强、邱皓政，2010："基于阶层线性理论的多层级中介效应"，《心理科学进展》第 8 期。

高集体、洪圣岩、梁华，1995："部分线性模型中估计的收敛速度"，《数学学报》第 5 期。

高集体、赵林城，1994："部分线性模型中一类估计的渐近正态性"，《数学学报》第 37 期。

洪圣岩，1991："一类半参数回归模型的估计理论"，《中国科学（A 辑）》第 12 期。

洪圣岩、成平，1993："半参数回归模型参数估计的 Bootstrap 逼近"，《中国科学（A 辑）》第 14 期。

洪圣岩、成平，1994："半参数回归模型参数估计的收敛速度"，《应用概率统计》第 1 期。

胡宏昌、胡迪鹤，2006："半参数回归模型小波估计的强相合性"，《数学学报》第 6 期。

胡舒合，1994："固定设计下半参数回归模型估计的强相合性"，《数学学报》第 3 期。

胡舒合，1997："一类新的半参数回归模型中的相合估计"，《数学学报》第 4 期。

胡舒合，1996："弱误差结构下非参数，半参数回归模型"，《数学物理学报》第 1 期。

江瑶、高长春，2017："长三角高技术产业细分行业集聚影响因素研究——基于面板数据的半参数模型"，《经济问题探索》第 3 期。

李翰芳、罗幼喜、田茂再，2013："面板数据的贝叶斯 Lasso 分位回归方法"，《数量经济技术经济研究》第 2 期。

李小胜、王申令，2016："带线性约束的多元线性回归模型参数估计"，《统计研究》第 33 期。

李勇，2012："基于灰色理论的线性回归模型的参数理论及应用"，《数理统计与管理》第 3 期。

梁斌、陈敏、缪柏其，2011：“基于 LARS – Lasso 的指数跟踪及其在股指期货套利策略中的应用”，《数理统计与管理》第 6 期。

刘洪、金林，2012：“基于半参数模型的中国 GDP 数据准确性评估”，《统计研究》第 10 期。

刘红云、骆方、张玉、张丹慧，2013：“因变量为等级变量的中介效应分析”，《心理学报》第 12 期。

柳士顺、凌文辁，2009：“多重中介模型及其应用”，《心理科学》第 2 期。

卢谢峰、韩立敏，2007：“中介变量、调节变量与协变量——概念、统计检验及其比较”，《心理科学》第 4 期。

罗幼喜、李翰芳，2017：“基于双自适应 Lasso 惩罚的随机效应分位回归模型研究”，《数量经济技术经济研究》第 5 期。

潘光明、胡舒合、方利宝、程正东，2003：“半参数回归模型估计的平均相合性”，《数学物理学报》第 5 期。

钱伟民，1998：“半参数回归模型的误差方差估计的注记”，《同济大学学报（自然科学版）》第 1 期。

钱伟民、柴根象，1998：“一类半参数回归模型二阶段估计的渐近理论闭”，《同济大学学报（自然科学版）》第 1 期。

钱伟民、柴根象，1999：“半参数回归模型小波估计的强逼近”，《中国科学（A 辑）》第 3 期。

钱伟民、柴根象、蒋凤瑛，2000：“半参数回归模型的误差方差的小波估计”，《数学年刊（A 辑）》，第 3 期。

秦磊、谢邦昌，2014：“Lq 规则化趋势滤波”，《数量经济技术经济研究》第 5 期。

秦磊、谢邦昌，2015：“L1 和 L2 分位数趋势滤波及其集成方法”，《数理统计与管理》第 3 期。

任哲、陈明华，2000：“NA 样本下半参数回归模型估计的强相合性”，《高校应用数学学报（A 辑）》，《中国科学（A 辑）》。

闰在在、吴伟志、聂赞坎，2001：“半参数回归模型的近邻估计——鞅差误差序列情形”，《应用概率统计》第 1 期。

苏治、方彤、秦磊，2016：“一种基于规则化方法的最优稀疏指数追踪模型设计”，《数量经济技术经济研究》第 4 期。

苏治、秦磊、方彤，2015：“含有图结构约束的稀疏最小方差资产组合模型”，《中国管理科学》第 9 期。

孙孝前、尤进红，2003：“纵向数据半参数建模中的迭代加权偏样条最小二乘估计”，《中国科学（A 辑）》第 5 期。

田俊，1999：“岭回归分析的 SAS 程序设计”，《数理统计与管理》第 3 期。

田萍、薛留根，2006：“纵向数据半参数回归模型估计的强相合性”，《工程数学学报》第 2 期。

王大荣、张忠占，2010：“线性回归模型中变量选择方法综述”，《数理统计与管理》第 29 期。

魏下海，2009：“贸易开放、人力资本与中国全要素生产率——基于分位数回归方法的经验研究”，《数量经济技术经济研究》第 7 期。

王培刚、周长城，2005：“当前中国居民收入差距扩大的实证分析与动态研究——基于多元线性回归模型的阐释”，《管理世界》第 11 期。

温忠麟、张雷、侯杰泰，2005：“有中介的调节变量和有调节的中介变量”，《心理学报》第 3 期。

温忠麟、张雷、侯杰泰、刘红云，2004：“中介效应检验程序及其应用”，《心理学报》第 5 期。

吴本忠，1998：“混合误差半参数回归模型估计的强相合性”，《应用数学》第 3 期。

吴建南、马伟，2006：“估计极端行为模型：分位数回归方法及其实现与应用”，《数理统计与管理》第 5 期。

薛留根，2003：“半参数回归模型中小波估计的随机加权逼近速度”，《应用数学学报》第 26 期。

叶宝娟、温忠麟，2013：“有中介的调节模型检验方法：甄别和整合”，《心理学报》第 9 期。

张娟、张贝贝，2016：“基于 Group - LASSO 方法的广义半参数可加信用评分模型应用研究”，《数理统计与管理》第 3 期。

张日权、王静龙，2005：“部分线性回归模型的 M - 估计”，《应用数学学报》第 1 期。

张世伟、周闯，2010：“中国城镇居民不同收入群体的劳动参与行为——基于参数模型和半参数模型的经验分析”，《管理世界》第 5 期。

张曙霄、戴永安，2012：“异质性、财政分权与城市经济增长——基于面板分位数回归模型的研究”，《金融研究》第 1 期。

周雁舟、乔辉、吴晓萍，2013：“基于 LASSO - LARS 的软件复杂性度量属性特征选择研究”，《计算机科学》第 11 期。

朱晋伟、梅静娴，2015：“不同规模企业间创新绩效影响因素比较研究——基于面板数据半参数模型”，《科学与科学技术管理》第 2 期。

Akaike H. , 1970, “Statistical Predictor Information”, *Annals of the Institute of Statistical Mathematics*, 22: 203 - 217.

Akaike H, 1979, “A Bayesian Extension of the Minimum AIC Procedure of Autoregressive Model Fitting”, *Biometrika*, 66: 237 - 242.

Allen D. , 1974, “The Relationship between Variable Selection and Data Augmentation and a Method for Prediction”, *Technometrics*, 1 (16): 125 - 127.

Altman N. S. , 1990, “Kernel Smoothing of Data with Correlated Errors”, *Journal of the American Statistical Association*, 85: 749 - 759.

Altman N. S. , 1992, “Aniterated Cochrane - Orcutt Procedure for Nonparametric Regression”, *Journal of Statistics and Computer Simulation*, 40: 93 - 108.

Andrews, D. W. K. , 1991, “Asymptotic Normality of Series Estimators for Nonparametric and Semiparametric Regression Models”, *Econometrica*, 59 (2): 307 - 345.

Antoniads A. , Grogoire G. and Mckeague I. W. , 1994, “Wavelet Methods for Curve Estimation”, *Journal of the American Statistical Association*, 89: 1340 - 1353.

Auestad, B. , Tjstheim, D, 1990, “Identification of Nonlinear Time Series: First Order Characterization and Order Estimation”, *Biometrika*, 77: 669 - 687.

Baron, R. M. and Kenny, D. A. , 1986, “The Moderator - Mediator Variable Distinction in Social Psychological Research: Conceptual, Strategic, and Statistical Considerations”, *Journal of Personality and Social Psy-*

chology, 51: 1173 - 1182.

Bartlett, M. S. , 1981, "Modelling Nonlinear Random Vibrations Using an Amplitude - dependent Autoregressive Time Series Model", *Biometrika*, 68 (1): 189 - 196.

Bera, A. K. , Higgins, M. L. , 2010, "Arch Models: Properties, Estimation and Testing", *Journal of Economic Surveys*, 7 (4): 305 - 366.

Bollerslev T. , 1986, "Generalized Autoregressive Conditional Heteroscedasticity", *Journal of Econometrics*, 31: 307 - 327.

Bowman A. , Azzalini A. , 1997, "Applied Smoothing Techniques: the Kernel Approach and S - plus Illustrations", *Oxford: Oxford University Press.*

Bowman A. W. , Azzalini A. , 1997, "Applied Smoothing Techniques for Data Analysis", *Oxford University Press Oxford.*

Breiman L. , Friedman, J. , 1985, "Estimating Optimal Transformations for Multiple Regression and Correlation", *Publications of the American Statistical Association*, 80 (391): 580 - 598.

Buchinsky M. , 1994, "Changes in the U. S. Wage Structure 1963 - 1987: Application of Quantile Regression", *Econometrica*, 62 (2): 405 - 458.

Buchinsky M. , 1995, "Estimating the Asymptotic Covariance Matrix for quantile Regression Models: A Monte Carlo Study", *Journal of Econometrics*, 68 (2): 303 - 338.

Buchinsky M. , 1998b, "The Dynamics of Changes in the Female Wage Distribution in the USA: A Quantile Regression Approach", *Journal of Applied Econometric*, 13: 1 - 30.

Carroll R. J. , Hardle W. , 1989, "Second Order Effects in Semiparametric Weighted Least Squares Regression", *Statistics*, 2: 179 - 186.

Chan, K. S. , Tong, H. , 2010, "On Estimating Thresholds in Autoregressive Models", *Journal of Time*, 7 (3): 179 - 190.

Chen, H. , Chen, K. W. , 1991, "Selection of the Splined Variables and Convergence Rates in a Partial Spline Model", *Canadian Journal of Statistics*, 19 (3): 323 - 339.

Chen, R. , Tsay, R. S. , 1993, "Nonlinear Additive arx Models", *Publications of the American Statistical Association*, 88 (423): 955 - 967.

Cheng, B. , Tong, H. , 1992, "On Consistent Nonparametric Order Determination and Chaos", *Exploration of A Nonlinear World: An Appreciation of Howell Tong's Contributions to Statistics.*

Clark R. , 1975, "A Calibration Curve for Radiocarbon Dates: Antiquity", 251 - 266. Chiu, S. T. , 1989, "Bandwidth Selection for Kernel Estimate with Correlated Noise", *Statistics & Probability Letters*, 8 (4): 347 - 354.

Cleveland, W. S. , 1979, "Robust Locally Weighted Regression and Smoothing Scatterplots", *Publications of the American Statistical Association*, 74 (368): 829 - 836.

Collomb G. , 1980, "Estimation Nonparametrique de Probabilites Conditionelles", *Comptes Rendus al' Academie des Sciences de Paris* 291 *Serie A*, 427 - 430.

Collomb G. , 1983, "From Nonparametric Regression to Nonparametric Prediction: Survey of the Mean

Square Error and Original Results on the Predictogram", *Lecture Notes in Statistics*, 16: 182 – 204.

Cover T. M., Hart P. E., 1967, "Nearest Neighbor Pattern Classification", *IEEE Transactions on Information Theory*, 13: 21 – 27.

Chu, C. K., Marron, J. S., 1991, "Comparison of Two Bandwidth Selectors with Dependent Errors", *Annals of Statistics*, 19 (4): 1906 – 1918.

Davies, L., 1990, "The Asymptotics of S – Estimators in the Linear Regression Model", *Annals of Statistics*, 18 (4): 1651 – 1675.

Edwards J. R., Lambert L. S., 2007, "Methods for Integrating Moderation and Mediation: a General Analytical Framework Using Moderated Path Analysis", *Psychological Methods*, 12 (1): 1 – 22.

Efromovich S. Y., 1999, "Nonparametric Curve Estimation: Methods, Theory and Applications", *Springer – Verlag New York*.

Engle, R. F., 1982, "Autoregressive Conditional Heteroscedasticity with Estimates of the Variance of United Kingdom Inflation", *Econometrica*, 50 (4): 987 – 1007.

Engle, R. F., Russell, J. R., 1998, "Auto Regressive Conditional Duration: A New Model for Irregularly Spaced Transaction Data", *Econometrica Econometric Society*, 6 (5): 1127 – 1162.

Engle, R. F., Granger, C. W. J., Rice, J. and Weiss, A., 1986, "Semiparametric Estimates of the Relation between Weather and Electricity Sales", *Publications of the American Statistical Association*, 81 (394): 310 – 320.

Epanechnikov, V., 1969, "Nonparametric Estimates of a Multivariate Probability Density", *Theory of Probability and Its Applications*, 14: 153 – 158.

Eubank, R. L., Kambour E. L., Kim J. T., Klipple K., Reese C. S. and Schimek, 1998, "Estimation in Partially Linear Models", *Computational Statistics & Data Analysis*, 29: 27 – 34.

Eubank, R. L., Spiegelman C. H., 1990, "Testing the Goodness – of – fit of a Linear Model via Nonparametric Regression Techniques", *Journal of the American Statistical Association*, 85: 387 – 392.

Eubank, R. L., Whitney P., 1989, "Convergence Rates for Estimation in Certain Partially Linear Models", *Journal of Statistical Planning & Inference*, 23: 33 – 43.

Fan, J., Gijbels, I., 1995, "Data – driven Bandwidth Selection in Local Polynomial Fitting: Variable Bandwidth and Spatial Adaptation", *Journal of the Royal Statistical Society series B*, 57: 371 – 394.

Fan, J., 1993, "Local Linear Regression Smoothers and Their Minimax Efficiencies", *Annals of Statistics*, 21 (1): 196 – 216.

Filler W. A., 1987, "Measurement Error Models", *New York: John Wiley*.

Fraiman, R., Iribarren, G. P., 1991, "Nonparametric Regression Estimation in Models with Weak Error's Structure", *Journal of Multivariate Analysis*, 37 (2): 180 – 196.

Fuller, W. A., Rao, J. N. K., 1978, "Estimation for a Linear Regression Model with Unknown Diagonal Covariance Matrix", *Annals of Statistics*, 6 (5): 1149 – 1158.

Fuller, W. A., Rao, J. N. K., 1978, "Estimation for a Linear Regression Model with Unknown Diagonal Covariance Matrix", *Annals of Statistics*, 6 (5): 1149 – 1158.

Gao, J., 1998, "Semiparametric Regression Smoothing of Non - linear Time Series", *Scandinavian Journal of Statistics*, 25 (3): 521 - 539.

Gao, J. T., Anh, V. V., 1999, "Semiparametric Regression under Long - range Dependent Errors", *Journal of Statistical Planning & Inference*, 80 (1 - 2): 37 - 57.

Gasser, T., Müller, H. G., 1984, "Estimating Regression Functions and Their Derivatives by the Kernel Method", *Scandinavian Journal of Statistics*, 11 (3): 171 - 185.

Gasser, T., Mammitzsch, V., 1985, "Kernels for Nonparametric Curve Estimation", *Journal of the Royal Statistical Society*, 47 (2): 238 - 252.

Georgiev, A. A., 1984, "Nonparametric System Identification by Kernel Methods", *IEEE Transactions on Automatic Control*, 29 (4): 356 - 358.

Georgiev, A. A., 1984, "Speed of Convergence in Nonparametric Kernel Estimation of a Regression Function and Its Derivatives", *Annals of the Institute of Statistical Mathematics*, 36 (B): 455 - 462.

Greblicki, W., Krzyzak A., 1980, "Asymptotic Properties of Kernel Estimates of a Regression Function", *Journal of Statistical Planning and Inference*, 4: 81 - 90.

Green, P. J., Silverman B. W., 1994, "Nonparametric Regression and Generalized Linear Models: A Roughness Penalty Approach", *Chapman and Hall London*.

Green, P., Silverman B. W., 1994, "Nonparametric Regression and Generalized Linear Models: a Roughness Penalty Approach", *Vol58 of Monographs on Statistics and Applied Probability* [*C*] *New York*: *Chapman and Hall*.

Gyo, L., Hardle W., Sarda P. and Vieu P., 1989, "Nonparametric Curve Estimation from Time Series", *Lecture Notes in Statistics* 60 *Springer - Verlag Berlin*.

Hall, P, Lahiri S N, Polzehl J, 1995, "On bandwidth choice in nonparametric regression with both short and long - range dependent errors ", *Annals of Statistics*, 23.

Hall, P., Johnstone, I., 1992, "Empirical Functionals and Efficient Smoothing Parameter Selection", *Journal of the Royal Statistical Society*, 54 (2): 475 - 530.

Hall, P., Lahiri, S. N. and Polzehl, J., 1995, "On Bandwidth Choice in Nonparametric Regression with Both Bhort - and Long - range Dependent Errors", *Annals of Statistics*, 23 (6): 1921 - 1936.

Härdle, W., Lütkepohl, H., Chen, R., 2010, "A Review of Nonparametric Time Series Analysis", *International Statistical Review*, 65 (1): 49 - 72.

Hardle, W., 1990, "Applied Nonparametric Regression", *w York*: *Cambridge University Press*.

Hardle, W., Mammen E., 1998, "Testing Parametric Versus Semiparametric Modeling in Generalized Linear Models", *Journal of the American Statistical Association*, 93: 1461 - 1474.

Hart, J. D., 1997, "Nonparametric Smoothing and Lack - of - Fit Tests", *New York*: *Springer*.

Hart, J. D., 1991, "Kernel Regression Estimation with Time Series Errors", *Journal of the Royal Statistical Society*, 53 (1): 173 - 187.

Hart, J. D., 1994, "Automated Kernel Smoothing of Dependent Data by Using Time Series Cross - Validation", *Journal of the Royal Statistical Society*, 56 (3): 529 - 542.

Hayes, A. F., 2009, "Beyond Baron and Kenny: Statistical Mediation Analysis in the New Millennium", *Communication Monographs*, 76 (4): 408 - 420.

Hayes, A. F., Scharkow, M., 2013, "The Relative Trustworthiness of Inferential Tests of the Indirect Effect in Statistical Mediation Analysis: Does Method Really Matter", *Psychological Science*, 24 (10): 1918 - 1927.

Heckman, N. E., 1986, "Spline Smoothing in a Partly Linear Model", *Journal of the Royal Statistical Society*, 48 (2): 244 - 248.

Herrmann, E., Gasser, T. and Kneip, A., 1992, "Choice of Bandwidth for Kernel Regression When Residuals are Correlated", *Biometrika*, 79 (4): 783 - 795.

Hyndman, R. J., Wand, M. P., 1997, "Nonparametric Autocovariance Function Estimation", *Australian & New Zealand Journal of Statistics*, 39 (3): 313 - 324.

Iacobucci, D., 2012, "Mediation Analysis and Categorical Variables: The Final Frontier", *Journal of Consumer Psychology*, 22 (4): 582 - 594.

Johnston, G. J., 1982, "Probabilities of Maximal Deviations for Nonparametric Regression Function Estimates", *Journal of Multivariate Analysis*, 12: 402 - 414.

Jones, M. C., Marron, J. S. and Sheather, S. J., 1996, "A Brief Survey of Bandwidth Selection for Density Estimation", *Journal of the American Statistical Association*, 91 (433): 401 - 407.

Koul, H., Dewet, T., 1983, "Minimum Distance Estimation in a Linear Regression Model", *Annals of Statistics*, 11 (3): 921 - 932.

Lutkepohl, H., 1992, "Multiple Time Series Analysis", *Springer - Verlag Heidelberg*.

Mak, T. K., 1992, "Estimation of Parameters in Heteroscedastic Linear Models", *Journal of the Royal Statistical Society*, 54 (2): 649 - 655.

Mackinnon, D. P., Fritz, M. S., Williams, J. and Lockwood, C. M., 2007, "Distribution of the Product Confidence Limits for the Indirect Effect: Program Prodclin", *Behavior Research Methods*, 39 (3): 384.

Mackinnon, D. P., Lockwood, C. M., Brown, C. H., Wang, W. and Hoffman, J. M., 2007, "The Intermediate Endpoint Effect in Logistic and Probit Regression", *Clinical Trials*, 4 (5): 499.

Mackinnon, D. P., Lockwood, C. M., Hoffman, J. M., West, S. G. and Sheets, V., 2002, "A Comparison of Methods to Test Mediation and Other Intervening Variable Effects", *Psychol Methods*, 7 (1): 83 - 104.

Mammen, E., Geer, S. V. D., 1997, "Penalized Quasi - likelihood Estimation in Partial Linear Models", *Annals of Statistics*, 25 (3): 1014 - 1035.

Marron, J. S., Padgett, W. J., 1987, "Asymptotically Optimal Bandwidth Selection for Kernel Density Estimators from Randomly Right - Censored Samples", *Annals of Statistics*, 15 (4): 1520 - 1535.

Messer, K., Goldstein, L. B., 1993, "A New Class of Kernels for Nonparametric Curve Estimation", *Annals of Statistics*, 21 (1): 179 - 195.

Michel, S. P., 1992, "Nichtparametrische Analyse und Prognose von Zeitreihen", *Physica - Verlag Heidelberg*.

Muller, D., Judd, C. M. and Yzerbyt, V. Y., 2005, "When Moderation is Mediated and Mediation is Moderated", *J Pers Soc Psychol*, 89 (6): 852 - 863.

Muller, H. G., Stadtmuller, U., 1987, "Estimation of Heteroscedasticity in Regression Analysis", *Annals of Statistics*, 15 (2): 610 - 625.

Muller H. G., 1987, "Weighted Local Regression and Kernel Methods for Nonparametric Curve Fitting", *Journal of the American Statistical Association*, 82: 231 - 238.

Muller, H. G., 1988, "Nonparametric Regression Analysis of Longitudinal Data", *Lecture Notes in Statistics*.

Newey, W. K., 1994, "Series Estimation of Regression Functionals", *Econometric Theory*, 10 (1): 1 - 28.

Newey, W. K., 1997, "Convergence Rates and Asymptotic Normality for Series Estimators", Working Papers, 79 (1): 147 - 168.

Newey, W. K., 1995, "Convergence Rates for Series Estimators", *Statistical Methods of Economics and quantitative Economic*, 254 - 275.

Nouna Kettaneh, 2000, "Statistical modeling by wavelets", *Technometrics*, 42 (3): 316 - 317.

Nychka, D. W., 1995, "Splines as Local Smoothers", *Annals of Statistics*, 23 (4): 1175 - 1197.

Potscher, B. M., 1989, "Model Selection under Nonstationarity: Autoregressive Models and Stochastic Linear Regression Models", *Annals of Statistics*, 17 (3): 1257 - 1274.

Rao, T. S. 1981, "On the Theory of Bilinear Time Series Models", *Journal of the Royal Statistical Society*, 43 (2): 244 - 255.

Rice, J., 1984, "Bandwidth Choice for Nonparametric Regression", *Annals of Statistics*, 12 (4): 1215 - 1230.

Rice, J. A., Silverman, B. W., 1991, "Estimating the Mean and Covariance Structure Nonparametrically When the Data are Curves", *Journal of the royal statistical society series b - methodological*, 53 (1): 233 - 243.

Ritov, Y., 1990, "Estimation in a Linear Regression Model with Censored Data", *Annals of Statistics*, 18 (1): 303 - 328.

Robinson, P. M., 1984, "Kernel Estimation and Interpolation for Time Series Containing Missing Observations", *Annals of the Institute of Statistical Mathematics*, 36 (1): 403 - 417.

Robinson, P., 1986, "On the Consistency and Finite - sample Properties of Nonparametric Kernel Time Series Regression, Autoregression and Density Estimators", *Annals of the Institute of Statistical Mathematics*, 38 (3): 539 - 549.

Robinson P., 1988, "Root - n - consistent Semiparametric Regression", *Econometrica*, 56: 931 - 954.

Ruppert, D., Sheather, S. J. and Wand, M. P., 1995, "An Effective Bandwidth Selector for Local Least Squares Regression", *Publications of the American Statistical Association*, 90 (432): 1257 - 1270.

Schick, A., 1996, "Root - $n $n Consistent Estimation in Partly Linear Regression Models", *Statistics & Probability Letters*, 28 (4): 353 - 358.

Schimek, M. G., 1997, "Non - and Semiparametric Alternatives to Generalized Linear Models", *Social Science Electronic Publishing*, 12 (2): 173 - 191.

Schimek, M. G., 2000, "Estimation and Inference in Partially Linear Models with Smoothing Splines", *Journal of Statistical Planning & Inference*, 91 (2): 525 - 540.

Scott D. W. , 1992, "Multivariate Density Estimation: Theory, Practice, and Visualization", *Wiley New York*.

Silverman, B. W. , 1984, "Spline Smoothing: the Equivalent Variable Kernel Method", *Annals of Statistics*, 12 (3): 898 - 916.

Simonoff, J. S. , 1996, "Smoothing Methods in Statistics", *Technometrics*, 39 (3): 338 - 339.

Sobel, M. E. , 1982, "Asymptotic Confidence Intervals for Indirect Effects in Structural Equation Models", *Sociological Methodology*, 13 (13): 290 - 312.

Speckman, P. , 1988, "Kernel Smoothing in Partial Linear Models", *Journal of the Royal Statistical Society*, 50 (3): 413 - 436.

Stone, C. J. , 1977, "Consistent Nonparametric Regression", *Annals of Statistics*, 5 (4): 595 - 620.

Subba R. T. , Gabr M. , 1980, "An Introduction to Bispectral Analysis and Bilinear Time Series Models, Vol", *Lecture Notes in Statistics*, *Springer - Verlag*, *New York*.

Tjøstheim, D. , 1994, "Non - linear Time Series: A Selective Review", *Scandinavian Journal of Statistics*, 21 (2): 97 - 130.

Tong H. , 1990, "Nonlinear Time Series Analysis: A Dynamic Approach", *Oxford University Press Oxford*.

Truoung, Y. K. , 1992, "Nonparametric Curve Estimation with Time Series Errors", *Quality Engineering*, 37 (3): 167 - 169.

Wahba, G. , 1977, "A Survey of Some Smoothing Problems and the Method of Generalized Cross - validation for Solving Them", *Applications of Statistics*, 507 - 523.

Wahba, G. , 1975, "Optimal Convergence Properties of Variable Knot, Kernel, and Orthogonal Series Methods for Density Estimation", *Annals of Statistics*, 3 (1): 15 - 29.

Wong, M. Y. , 1989, "Likelihood Estimation of a Simple Linear Regression Model When Both Variables Have Error", *Biometrika*, 76 (1): 141 - 148.

Yakowitz, S. J. , 1979, "A Nonparametric Markov Model for Daily River Flow", *Water Resources Research*, 15 (5): 1035 - 1043.

Yang S. , 1981, "Linear Functions of Concomitants of Order Statistics with Application to Nonparametric Estimation of a Regression Function", *Journal of the American Statistical Association*, 76: 658 - 662.

第二章

时间序列模型

时间序列是数量经济学的核心模型方法，任何数量经济学研究领域均离不开时间序列模型。时间序列模型目前已经形成了完备的知识框架和逻辑体系，并朝着更加复杂的方向不断发展。时间序列模型既包括理论推演，也包括实证应用，内容之丰富，甚至需要多个学期课程才能完全掌握。本章将简单介绍主要的时间序列模型及其实证应用。

一、季节调整模型

季节调整的实质就是要把原始月度或季度时间序列中隐含的受自然因素影响或社会历史因素影响的季节性因素加以剔除，即通过数学建模的方法，将时间序列分解为 4 种成分，把原始时间序列中隐含的季节性因素提取出来并予以剔除。影响时间序列的 4 种不可观测成分由 Yule（1905）提出，并由 Persons（1919）将其构建成有机联系的模型，为经济时间序列的分解和季节调整模型的建立奠定了基础。季节调整模型的优点包括：（1）通过季节调整，消除序列中的季节性影响，显现趋势和周期规律，使数据具有可比性；（2）季节调整后能够进行年化率测算，提高了经济分析价值；（3）可以利用变化规律对时间序列的发展趋势进行预测和控制；（4）经过季节调整后的数据可以反映经济发展的瞬间变化。因此，为了及时监控重要的经济、金融指标，预测并掌握经济发展的基本趋势和经济周期的转折点，各国政府统计部门和金融机构加强了对季节调整的研究。

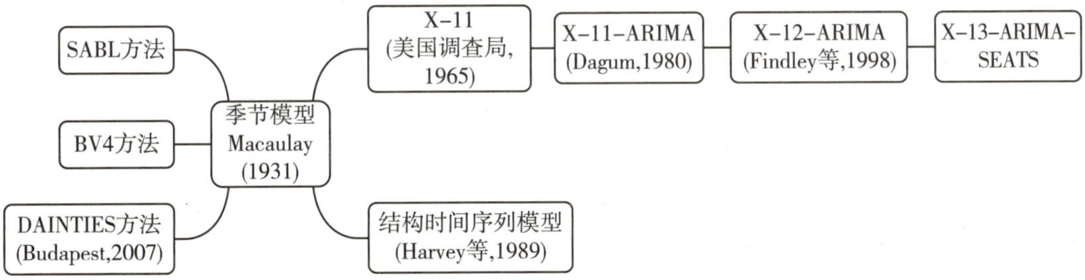

图 2-1 季节调整模型

以移动平均为核心的经典季节调整方法由 Macaulay（1931）最先提出，许多现代季节调整方法都是在其基础上发展起来的。随着计算机技术的发展，美国调查局（1965）在以往理论的基础上，将计算机用于季节调整，发展出 X-11 季节调整方法。X-11 的基础是传统的经验平滑法。此后很长一段时间，X-11 方法都是国际上通用的季节调整标准方法。然而，成熟的 X-11 方法依然存在不少缺陷：（1）统计理论支撑不足，本质上属于经验法则；（2）以移动平均为基础的 X-11 法有时会扭曲各种结构成分关系，减少序列两端的数据，且选择的移动平均项数越多，减少的数据越多，而末端的数据通常又具有丰富的信息价值，是预测的基础，同时趋势具有随机性，以传统方法为基础的 X-11 方法做出的预测必然表现出较低的精确性；（3）存在过度调整问题，原因在于将随机性部分归于序列的其他结构；（4）在移动平均过程中，极端值包括季节极值被消除，极值往往意味着变化，蕴含着新信息，有必要对这些变动剧烈且具有随机性的观测值进行预测，而移动平均预测方法是确定性预测，对此无能为力；（5）重复的移动平均有时既无意义又不明智，且不具有向前回溯向后扩展数据的能力。

为了减少信息的损失，加拿大统计局的 Dagum（1980）将 ARIMA 模型引入 X－11，提出 X－11－ARIMA 季节调整模型，实现了序列向前、向后扩展的能力。X－11－ARIMA 季节调整模型，通过 ARIMA 模型实现了序列向前、向后拓展的能力，使得序列数据不因进行移动平均而减少，当缺失的数据得到补充或获得未来新的数据时，重估季节调整的修正值会显著减小，较小的修正值意味着模型及结果更稳定。同时，X－11－ARIMA 还提供了更系统的季节调整模型的直接调整和间接调整的诊断检验方法。类似的，英国引入了基于 ARIMA 模型的 SEATS 方法（Signal Extraction in ARIMA Time Series，基于 ARIMA 模型的时间序列信号提取），来解决信息损失问题。Findley 等（1998）改进了 X－11 方法在 ARIMA 阶段出现的建模方面的局限性和诊断能力不足的问题，提出了 X－12－ARIMA 季节调整模型。

针对统计理论支撑不足的问题，Gómez 和 Maravall（1996）开发了 TRAMO/SEATS 程序（Time Series Regression with ARIMA Noise，Missing Observations and Outliers，附带 ARIMA 噪声、缺省值和异常值的时间序列回归）。TRAMO 功能与 X－12－ARIMA 程序中的 regARIMA 预调整模块相似，主要用于在实施季节调整程序之前对原始数据进行预处理。该领域最新的研究成果之一，是由西班牙银行支持、美国普查局开发的 X－13－ARIMA－SEATS（简称 X－13A－S），该程序在 X－12－ARIMA 最新版本的基础上吸收了基于模型的 TRAMO/SEATS 程序的优点，使得用户在季节调整过程中能够在同一个界面同时使用 X－11 及 SEATS 两种季节调整程序，在此基础上还提供一系列通用的检验诊断方法，方便用户比较两种季节调整结果的优劣。

除以上应用较为普遍的季节调整模型以外，学者们还提出了其他的可供选择的季节调整模型。Harvey 等在现代时间序列分析理论的基础上提出了结构时间序列模型（Structural Time Series Mode 1）。该模型采用状态空间模型的基本结构形式，将原始指标表达成各个组成成分的组合形式，常见的是加法和乘法形式，然后针对各个成分的特点分别建立模型；在算法上，该模型借助卡尔曼滤波这一严格的递推算法，对各成分分量分别进行最优估计、平滑和预测。相比 X 类模型，该方法具有更稳定的特征，尤其是对短期数据具有更好的短期预测效果，是一种性能可靠的预测方法。贝尔实验室提出了 SABL 方法（Seasonal Adjustment at Bell Laboratories），改善了 X－11 方法的线性过滤器易受外界异常值影响、具有不稳定性的缺陷。德国中央统计局提出了 BV4.1 方法，是一种确定性模型，而非随机模型。桂文林和李玉玲（2017）运用 BV4.1 季节调整方法对中国 CPI 指数进行了季节调整。欧洲委员会提出了 DAINTIES 方法，是基于移动回归法的确定性模型。相比 X 类方法，以上几种方法更新完善都较为缓慢，应用并不广泛。

表 2-1 季节调整模型比较

	方法类型	分解方式	季节分量	趋势分量	周期	交易日调整	优点
X-11 系列	移动平均	加法、乘法	在月度序列中采用移动平均	对季节调整后的序列使用 Henderson 过滤器	月度、季度	回归方法	使用广泛，并且不断升级，日益趋于完善
TRAMO/SEATS	基于模型的方法	加法、对数法	从 ARIMA 类型的时间序列模型中导出的信号提取法	从 ARIMA 类型的时间序列模型中导出的信号提取法	任何大于 1 的整数	TRAMO 中的回归方法	可以灵活设置回归因子，操作简单
结构时间序列模型	状态空间模型	加法、乘法	使用卡尔曼滤波递推公式，有虚拟变量形式和三角函数形式两种方法	使用卡尔曼滤波递推公式	月度、季度	无	稳定性好，具有较好的短期预测效果；能处理和求解传统的回归方法无能为力的不可直接观测向量
SABL	稳健的非线性过滤器	加法、对数法、各种指数形式	在使用稳健的过滤器后采用移动平均	在使用稳健的过滤器后采用移动平均	任何大于 1 的整数	回归方法	稳健的估计量
BV4	在平滑区间上使用的回归方法	加法	11 种谱函数	固定区间上的三次函数	月度、季度（LNIX 版）	回归方法	调整后的结果可比性高；速度快
DAINTIES	在平滑区间上使用的回归方法	加法、对数法、混合法	11 种谱函数	无（只作为残余项）	月度、季度、半年	无	不需要修正

二、自回归模型

自回归模型（Autoregressive model，AR 模型），是统计上一种处理时间序列的方法。具体来说，AR 模型是用同一变量，例如 x 的滞后各期 x_1 至 x_{t-1} 来预测本期 x_t 的表现，并假设它们为一线性关系。自回归方法的优点是所需要的其他信息较少，而可以根据序列自身进行预测。AR模型被广泛运用在经济学、信息学、自然现象的预测上。但这一模型也存在较为明显的缺陷。从统计性质上来说，AR模型要求序列必须具有自相关性质；若自相关系数较低，则不宜采用AR模型，否则预测结果将极不准确。从经济性质上来说，AR模型只能适用于预测与自身前期相关的经济现象，即受自身历史因素影响较大的经济现象；对于受社会因素影响较大的经济现象，不宜采用简单的AR模型。

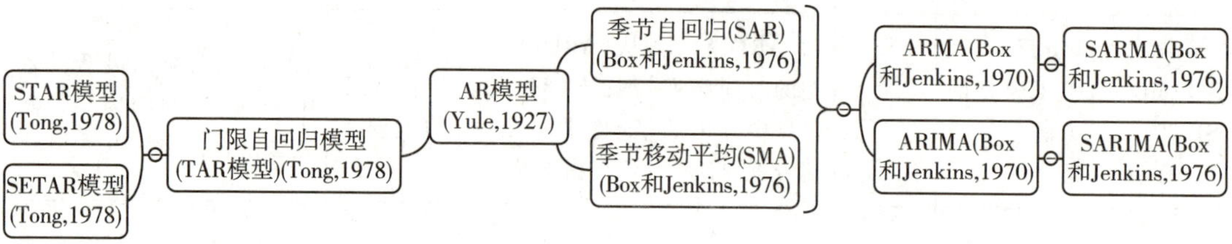

图2－2　自回归模型

对于AR模型的研究，一方面，涉及AR模型的优化；另一方面，涉及AR模型与MA模型的结合。AR模型最先由Yule（1927）提出，结合Walker（1931）提出的MA模型，逐渐发展和完善成为ARMA模型（Box和Jenkins，1970）。在ARMA模型的基础上，Box和Jenkins（1970）进一步提出了ARIMA，来解决在构建ARMA模型的过程中可能存在的序列非平稳问题。在基础模型之上，Box和Jenkins（1970）发现一些时间序列存在明显的季节性问题，因此又提出季节性自回归模型，包括SAR、SMA以及由此组成的SARMA及SARIMA模型。

在传统AR模型提出之后，也有部分学者针对AR模型的改进提出新的模型。Tong（1978）将研究对象按照不同区间建立若干个线性时序模型，然后将这些线性时序模型组合起来描述该对象非线性时序变化特性。在此基础上，加入季节性的考虑，还提出了STAR模型。

Potscher（1989）基于Akaike（1969）AIC最小化的信息准则，给出了一般非平稳自回归模型估计量的强一致性充分条件；王文玉（1984）基于贝叶斯理论，探讨了AR模型与ARMA模型的阶数选择问题；汤军其和黄梯云（1995）建立了用于ARMA模型结构选择的人工神经元网络（ANN）结构和算法，结果表明：ANN方法能够实现对ARMA模型结构选择，且与传统的方法相比较，这种方法速度快，易于理解；赵昕东（2006）指出，当模型的阶数很高时，无法计算并比较每一个备选模型的准则函数值，基于此，文章提出了一个基于蒙特卡洛—马尔科夫链方法的随机模型生成方法，以产生准则函数值最小的备选模型，实际应用表明该方法在处理拥有大量备选模型的ARMA模型选择问题时有很好的效果；王斌会和陈旭（2011）通过对一般的自相关模型进行过程能力分析，从理论和模拟两个角度研究了自相关对传统过程能力分析的影响，提出了基于模型的过程能力分析方法，模拟和数值分析的结果表明对于相关过程而言，该方法较传统方法相比有很大的改进；韩美清（2008）通过建立 ARMA 模型，研究各种宏观经济与金融市场变量对银行间债券市场回购利率的影响；周怡等（1998）运用时间序列分析方法，利用 SAS 系统的 ETS 模块中的自回归滑动平均模型 ARMA 过程实现对未来 3 年内湖南省卫生系统的计算机硬件投入量的预测。

三、长记忆模型

长记忆性是指，在一个随机的时间序列过程中，自相关系数既不会是按照一个平稳的 $I(0)$ 过程迅速衰减，也不同于非平稳的 $I(1)$ 序列，而是一个缓慢的衰减过程，并具有一定的持续性。在经济和金融领域里面，长期记忆性具有非常重要的意义。在股票的收益中如果存在长记忆性、股价的变动存在着长期的相关或依赖性的话，会对传统资产定价模型所依赖的市场有效性假说提出质疑；而在行为金融领域里面所发现的动量效应则为可能存在的长期记忆提供了佐证。长期记忆模型所代表的非线性特征在某种程度上更贴近于现实，一些非常重要的宏观经济指标可能具有长期记忆性特征，忽略这些特性则会造成过度差分等错误处理。

长期忆模型最早起源于对水利和气候学的研究，英国水利学家 Hurst（1951）最早在研究尼罗河水文特征的时候提出了赫斯特指数（Hurst coefficient）。Hurst（1951）研究发现，干旱越久越容易出现大干旱，而大洪水之后仍会有较大的洪水，因而存在着长记忆特征或长期自相关性。Mandelbrot 和 Wallis（1968）、Mandelbrot（1972）等在 Hurst（1951）的研究基础上提出了长期记忆模型。ARFIMA 模型是最常用的分析具有长记忆性时间序列的模型，由 Granger 和 Joyeux（1980）提出。

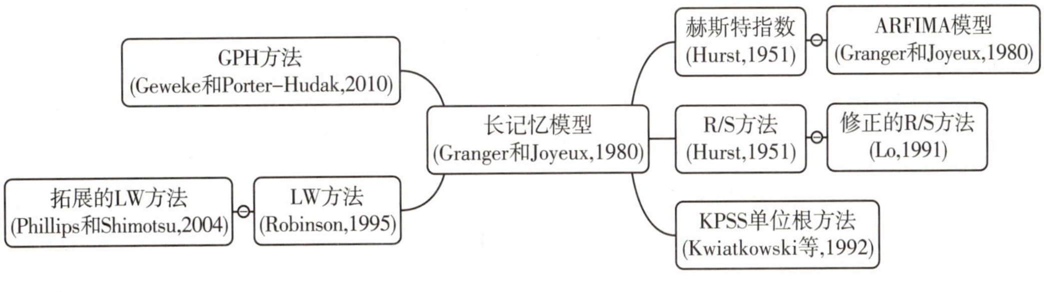

图 2-3　长记忆模型

针对长记忆模型的研究，主要集中于长记忆性的检验方法和模型参数的估计方法的优化。在长记忆性的检验方法中，对长记忆的经典检验方法是 Hurst（1951）所提出的重标极差分析法（rescaled range，R/S）。该方法计算简便，但是当存在短期记忆和异方差性的时候，可能会存在稳健性的问题。Lo（1991）提出了在基本方法基础上的修正（MR/S），来解决金融市场中普遍存在的这一问题。传统的单位根检验方法（DF 和 ADF）也可以被用来检测长期记忆的存在，但它们被证明不能够很好地区别 $I(1)$ 和 $I(d)$ 的过程。Lee 和 Schmidt（1996）提出，Kwiatkowski 等（1992）的 KPSS 单位根检测方法，除了检测 $I(0)$ 和 $I(1)$ 之外，也可以用来区别短期记忆和平稳性的长记忆过程。而长记忆模型的参数估计方法中，Geweke 和 Porter – Hudak（2010）提出了最简单和经典的 GPH 方法。由于 GPH 估计的简便性，该方法被广泛地应用于实证检验，但当序列存在着较强的自相关性时，GPH 的估计会出现很大的问题。为了解决这一问题，Robinson（1995）提出了采用准极大似然估计的 LW（Local Whittle）方法，Phillips 和 Shimotsu（2004）拓展了基本的 LW 检验。

长记忆模型在宏观经济和金融领域都得到应用。宏观经济方面，长记忆模型最早的应用可以追溯到对实际国民生产总值（GNP）序列平稳性的争论。Adelman（1965）建议可以采用长记忆的方法来描述宏观经济中的长期周期性。Diebold 和 Rudebusch（1989）采用 GPH 的方法对美国战后的季度实际 GNP 数据进行研究。Conrad 和 Karanasos（2005）等采用相关的方法对包括收入、经济周期等其他宏观经济问题进行了研究，发现了大量长记忆的证据。在金融领域，Greene 和 Fielitz（1977）最早采用了 R/S 的方法检测股票市场收益率是否存在长记忆的问题。Lo（1991）提出了修正 R/S 的方法，并将其应用于测试美国 1962 年到 1987 年之间 CRSP 股票收益率的长期记忆性，采用 R/S 的结果表明了显著的长期记忆，而修正后的检验方法却得出了不同的结论。

罗登跃和王玉华（2005）采用了 GPH 的方法和 ARFIMA – FIGARCH 的模型，对中国股票市场长记忆性问题开展了进一步的检验；苏治等（2015）基于分整自回归条件异方差模型（FIGARCH），研究了考虑金融因素情况下量化宽松政策对国际大宗商品市场的直接影响，以及量化宽松通过金融市场对国际大宗商品市场的溢出效应。实证结果表明：量化宽松政策对国际大宗商品市场的影响主要表现为溢出性、非对称性和长记忆性；刘金全（2007）运用 ARFI MA – FI GARCH 模型对我国 1983 年 1 月至 2005 年 10 月期间通货膨胀率的动态过程进行了检验，发现我国通货膨胀率水平的一阶矩和二阶矩都存在显著的长记忆性，由此表明通货膨胀率水平和通货膨胀不确定性表现出长期记忆性行为；华仁海（2004）采用修正的 R/S 分析和 CPH 模型两种方法对我国期货市场铜、铝、大豆、橡胶、小麦这五个品种期货价格收益及波动方差的长记忆性进行了实证研究；杨楠（2013）对国际金价波动的长记忆性进行研究，通过 R/S、MRS、V/S 等方法计算 Hurst 指数，证实了金价波动存在着显著的长记忆性，以此为基础借助分数差分，构建 ARFIMA、FIGARCH、ARFIMA – GARCH 等基于分形分析的长记忆性预测模型；史代敏（2006）针对目前股票市场长记忆性检验和建模方法不能很好地消除短期记忆的影响这一问题，提出寻找序列的突变点，通过将序列分解为只包含长记忆性部分和不包含长记忆性部分的序列分解技术，来排除短期记忆的影响；余立威（2017）提出了结合平均小波系数法和自回归原始自助法的稳健长记忆检验，蒙特卡罗模拟显示该才法对于短期记忆过程具有稳定性；曹广喜

（2014）针对金融时间序列的长记忆和尖峰肥尾特征，建立残差服从分布的长记忆 VAR-（BEKK）MVGARCH 模型，并基于汇改后的人民币美元汇率和上证综指日数据，实证分析了人民币汇率弹性调整对我国汇市和股市关系的影响；李云红（2015）选择中国沪深两市指数、亚洲有代表性的日经 225 指数以及在世界金融市场有重要影响的标准普尔 500 指数为研究对象，运用动态估计方法，对股市长记忆性的时变特征进行分析，探讨股票市场历史信息的可鉴性；除采用修正 R/S 方法、LW 估计外，又加入较为新颖的 ELW 和 FLW 两种方法作为对比。

四、协整模型

图 2-4　协整模型

（一）线性协整模型

协整（Cointegration）分析方法经过多年的发展成为计量经济学界十分常用的工具，在经济与金融领域得到了广泛的应用。Granger（1981）提出了协整概念，随后 Engle 和 Granger（1987）得到了系统的协整分析方法，用来描述经济和金融系统中非平稳时间序列之间的长期均衡关系或共同趋势特征。经典回归模型是建立在平稳数据变量基础上的，对于非平稳变量，不能使用经典回归模型，否则会出现虚假回归等诸多问题。协整理论发现，把两个或两个以上非平稳时间序列进行特殊组合可能出现平稳性，即在一个回归中涉及的趋势时间序列“同步变化”，则可能没有伪回归的问题，因而取决于 t 检验和 F 检验的推断也没有问题。协整分析主要应用于短期动态关系易受随机扰动的显著影响，而长期关系又受经济均衡关系约束的经济系统。协整理论有诸多性质上优越性。对变量之间的协整关系进行检验，是正确建立经济计量模型的先决条件。协整理论表明，如果一组非平稳时间序列之间存在协整关系，其参数的最小二乘估计量具有超一致性，即以更快的速度收敛于参数的真实值。

Granger 和 Engle（1987）已证明，若变量之间存在长期的均衡关系，则均衡误差将显著影响变量之间的短期动态关系。由于种种原因，变量之间的关系常常会偏离其长期均衡关系，变量会根据这种对长期均衡关系的偏离程度不断进行调整，以便逐步恢复变量间的长期均衡关系，用以描述变量间的这种长期均衡和短期动态调整的模型称为误差修正模型。迄今为止，计量经济学家通过对协整方法的深入研究，获得了丰富的理论成果，并把协整方法广泛应用于经济和金融时间序列等各个领域。

线性协整分析已经成熟，而非线性协整的理论与方法仍在持续研究中。本书总结了非线性协整的发展历史，其中，包括结构变化、门限非线性、马尔可夫转换、平滑转换和分位数回归等几类非线性协整模型，强调了这些非线性机制的本质区别，总结了已取得的一些重要研究成果，最后对该问题的最新发展动向加以概括。虽然线性协整分析方法逐渐成熟，但是线性协整只能刻画非平稳变量之间的一种关系，变量之间有可能存在线性协整不能捕捉的非线性关系。例如，当金融危机爆发或经济机制出现明显的结构调整时，一些金融或经济变量之间的关系也将随之发生变化。因而把线性协整推广到非线性协整是必然的结果。到20世纪90年代后期，一些计量经济学家开始对非线性机制的协整模型进行研究，取得了丰硕的研究成果。

在众多的非线性模型中，带结构突变的协整模型、门限协整模型、马尔科夫机制转换协整模型和平滑转换协整模型等非线性协整模型引起了学者们的广泛关注。这些非线性协整模型的参数估计和假设检验是计量经济学理论研究的重点。运用非线性协整模型的相关理论和方法做实证分析，则有可能对某些现实问题发掘出线性模型不能捕捉的本质特征，也有可能对某些现象做出新的解释。

由于非线性协整模型结合了非平稳和非线性两方面特征，要确定时间序列是否具有非线性协整并不容易。从假设检验来看，非线性协整同时刻画了时间序列的“整体”和“局部”特征，协整是一个整体特征而非线性机制是局部特征。整体和局部特征的结合使得在检验中可能遇到四种假设（见表2－2）。

表2－2　　非线性协整检验的四种假设

假设	线性 VS 非线性行为	
无协整 VS 协整	Ⅰ：线性，无协整 Ⅱ：线性，协整	Ⅲ：非线性，无协整 Ⅳ：非线性协整

在表2－2的四种假设中，任意选择两种情况作为原假设和备择假设进行检验就有多种检验问题。对于不同的检验问题，不同的检验方法会得到不同的理论性质。文献中常以线性无协整Ⅰ为原假设，研究假设Ⅳ是否成立。注意到控制非线性机制的冗余参数仅在备择假设Ⅳ中存在，在原假设Ⅰ中没有冗余参数，直接检验Ⅰ和Ⅳ属于非标准的统计推断问题，这类问题称为Davies问题。在平稳的时间序列中，Andrews和Ploberger（1994）研究Davies问题的检验理论问题。还有一些文献直接以线性协整Ⅲ为原假设，检验非线性协整Ⅳ是否成立。另外在单一回归方程和误差修正模型中检验表1中的各种假设问题，得到的

检验结果也是不同的。本书主要介绍近 20 年来几种典型的非线性协整模型的发展情况，从模型的非线性区制（Regime）、理论方法研究和实证分析等方面予以简要评述。

（二）结构突变的协整模型

结构突变（Structural Break）问题是经济系统建模中常遇见的问题。当重大的经济政策和制度发生变化，突然的政治变革发生，重要的技术革命和技术创新发生时，均能使经济结构发生变化。这种结构突变表现在某一个时间节点前后，经济变量中的数量特征（比如均值、方差和相关性等）发生变化，把这个时间节点称为变点（Change point）。结构突变发生以后常常是不可恢复到发生以前的模式。对于在均值上已知一个结构突变的线性回归模型，通常利用邹检验（1960）就能识别变点的位置。对非平稳时间序列，栾惠德（2007）对带结构突变的单位根检验的理论与方法进行了总结。在协整模型中，检验变点的存在性更为复杂。协整模型中的结构突变主要分为两类：一类是在长期的协整关系中存在结构变化；另一类是在误差修正模型中存在结构变化。Campos 等（1996）运用 Monte Carlo 方法，对模拟数据采用 ADF、PP 检验，采用统计量 ADF、Z_a 和 Z_t，发现通过残差的平稳性来检验协整时，如果数据是无协整但有结构变化的数据生成过程时，对经验水平值（Size）影响较小，经验势值（Power）比 Engle – Granger 采用的 ADF 检验的经验势更大。在另一篇关于变结构协整回归模型的经典文献中，Gregory 和 Hansen（1996）研究了结构突变的协整回归的检验问题：原假设为线性无协整关系，备择假设是有协整关系但未知变点时刻的结构突变。在原假设下，Gregory 和 Hansen（1996）对回归方程的残差平稳性做检验，分别采用 ADF 检验和 PP 检验，利用所研究检验方法对美国长期货币需求关系进行检验，发现存在结构变化。通过 Gregory 和 Hansen（1996）的检验方法，如果拒绝原假设线性无协整，则理解为具有结构突变的协整关系存在。从经典的假设检验方法来看，由于更关注结构突变的协整关系，因此把它作为原假设是更自然的选择。Arai 和 Kurozumi（2007）在 Gregory 和 Hansen（1996）的模型基础上，从具有结构变化已知和未知两种角度，对带结构突变的协整关系这样的原假设进行检验。在处理误差序列自相关和解释变量内生问题时，作者利用了 Saikkonen（1991）的领先和滞后（Leads and Lags）方法。杨宝臣和张世英（2006）对协整回归模型的结构变化进行了理论和实证研究。李松臣和张世英（2006）应用变结构的协整关系对农业发展和经济增长进行了研究。郭建平和何建敏（2006）利用变结构协整分析了中国经济增长和消费之间的长期变结构均衡关系。Quintos（1997）在 Johansen（1988）向量误差修正模型的研究基础上，检验了误差修正模型具有一个未知时刻变点的协整关系。这种结构变化的检验问题实质上是检验参数的一致稳定性。Quintos（1997）采用波动检验（Fluctuations Test）方法检验了参数的不变性，进一步检验协整关系的个数是否受结构变化的影响而发生改变。Seo（1998）通过分解长期影响矩阵来检验向量误差修正模型的结构突变，所检验的模型分为三种情况：结构突变在协整向量矩阵上、结构突变在调节矩阵上和结构突变在长期影响矩阵上。Seo（1998）采用拉格朗日（LM）检验方法，传统的 LM 统计量对应于已知变点时刻，但是对于未知变点时刻的情况，则经典的优化理论并不成立。这种备择假设中包含冗余参数的问题称为 Davies（1977）问题。采用 Andrews 和 Ploberger（1994）对平稳时间序列包含多个变点的检验方法，Seo 基于 LM 统计量构造了均值、指数和上确界三种统计量，并证明了极限分布性质。最后利用这些模型对美国的货币需求方程进行了结构突变检验。Inoue（1999）对趋势项和水平项具有结构突变的协整过程研究了秩检验方法。Hansen（2003）研究了基于向量误差修正模型的结构变化的检验。采用广义降秩回归方法（Generalized Reduced Rank Regression）估计多个变点的误差修正模型，并对美国期限结构进行了实证分析。Lütkepohl 和 Saikkonen（2000），Lütkepohl 等（2004）研究了在趋势项和水平项具有未知时刻的结构突变的协整检验。

（三）门限机制的协整模型

门限（Threshold）机制最初由 Tong（1983）在单变量时间序列模型中提出。在处理经济变量或金融变量时，常常看到某些时间序列处于上升（或增加）和下降（或减少）阶段时，展现出非对称特征。因此，用分段线性模型去逼近一个均值方程会得到更好的拟合效果。事实上，结构突变模型也是用分段线性模型去逼近均值方程。需要指出的是，结构突变模型的变化是发生在时间上，即时间变量 t 是控制非线性机制的主要因素。门限模型中是由门限变量来控制非线性机制，通过门限变量在门限空间中变化逼近模型。门限非线性与协整分析结合起来主要是单一方程的门限协整模型和协整系统的门限误差修正模型。Balke 和 Fomby（1997）提出了门限协整模型，对变量考虑一个简单的协整系统。模型设定表明随机变量在局部上具有一个单位根，在整体上是序列平稳的。Balke 和 Fomby（1997）利用两步方法检验门限协整。为了检验原假设为线性协整和备择假设为双门限协整模型，通过上确界的 Wald 检验方法实现。与 Balke 和 Fomby（1997）的门限模型有所不同，Enders 和 Siklos（2001）扩展了 Engle 和 Granger 在单一方程的两步协整检验方法。通过对残差序列建立门限模型来刻画非对称特征，构建一个冲量门限自回归（Momentum TAR，MTAR）模型。Enders 和 Siklos（2001）根据 $p_1=0$ 和 $p_2=0$ 设计 t 检验方法以及 $p_1=p_2=0$ 的 F 检验方法。对单个的 t 值，取最大值统计量 t－Max 和最小值统计量 t－Min 进行检验。模拟计算证明所研究的检验方法比 Engle 和 Granger 两步检验法具有更优的经验水平值（Size）和经验势函数值（Power）。作者利用门限协整模型和冲量门限协整模型对美国利率期限结构做了实证分析。Balke 和 Fomby（1997）以及 Enders 和 Siklos（2001）研究门限非线性主要体现在误差序列的自回归方式上，协整的长期均衡关系并未改变。Gonzalo 和 Pitarakis（2006a）考虑在长期均衡关系中存在门限非线性，即协整向量随着门限变量是否超过门限参数而改变。Yang 等（2008）进一步研究了在小样本情况下 Wald 检验的上确界统计量的性质，利用基于残差块抽样的 Bootstrap 方法校正了误差序列自相关对检验带来的偏差。刘汉中和王少平（2008）进一步推广了 Caner 和 Hansen（2001）检验门限单位根的方法，对门限协整进行检验，解决了传统 EG 两步法在检验线性协整和门限协整时低势（Power）的问题。Hansen 和 Seo（2002）首先在误差修正模型中对门限非线性进行检验。门限非线性主要体现在调节矩阵和滞后系数矩阵上，对应的检验问题 $H_0: A_1=A_2$ 和 $H_0: A_1 \neq A_2$。Hansen 和 Seo（2002）利用结合格点搜索的拟极大似然估计方法来估计门限误差修正模型的参数。在 $p=2$ 的情况下，利用格点搜索方法估计门限值，和协整向量的第二个分量，协整向量的第一个分量又标准化处理设定为 1，然后利用极大似然方法估计其他模型参数，最后通过构造拉格朗日乘数统计量（LM）检验线性协整和门限非线性协整，并对利率期限结构进行检验，发现美国不同到期时间的债券之间存在门限协整关系。

在 Hansen 和 Seo（2002）研究工作的基础上，Seo（2006）应用基于残差的 Bootstrap 方法在门限向量误差修正模型中检验了线性无协整的原假设，备择假设为门限协整，得到 Wald 上确界检验统计量的分布理论。Yang 等（2007）利用遗传算法和模拟退火算法替代格点搜索，研究了多变量门限误差修正模型的参数估计方法。Gonzalo 和 Pitarakis（2006b）从长期影响矩阵的角度研究了门限协整的检验问题。水平门限模型中包含了多个门限值且门限效应同时存在于调节矩阵和协整向量矩阵中。通过与误差修正模型和门限误差修正模型的比较，模拟研究结果表明水平门限误差修正模型具有更优的预测效果。除上述研究工作以外，Granger 和 Swanson（1995）应用门限协整模型进行了实证分析，把长期均衡的离差解释为交易和信息成本，在包含信息成本的协整模型中导出一个非线性误差修正模型。研究发现，一般情况下对成本的调整较小，但当均衡或期望值偏差超过了某一门限，调整效果明显增加。Tsay（1998）提出一种检验多门限的规范方法利用排序检验方法检验协整回归模型的多个门限。Lo 和 Zivot（2001）对门限协整的应用文献做了综述性评论，并对美国一价定律应用门限协整模型进行实证分析。

刘印旭和张世英（2005）认为某些非平稳时间序列在整个区间上并不存在线性协整关系，而存在非线性协整关系。作者运用门限协整的概念，处理非线性协整问题，把整个区间检验为若干个子区间，分别在每个区间上进行线性协整分析；葛翔宇（2012）在 Salke（1997）和 Hasen（1996）的基础上提出了基于门限向量误差修正模型（T－VECM）的 sup－Wald 检验，用 Bootstrap 方法模拟统计量的渐进分布，验证了英国富时指数期货和德国法兰克福指数期货的门限协整关系，并给出了在这种门限协整关系下进行跨市场无风险套利的策略；李素芳和朱慧明（2013）提出了基于非线性误差修正模型的贝叶斯门限协整分析，结合参数的后验条件分布设计 MCMC 抽样方案，进行贝叶斯门限协整检验，并利用 Monte Carlo 仿真研究了贝叶斯门限协整检验的有限样本性质，发现贝叶斯门限协整检验方法具有良好的有限样本性质。同时，利用不同期限的美国利率序列进行了实证研究；李美洲和韩兆洲（2007）分析探讨了一种用于揭示非平稳时间序列非线性调整过程的模型—两机制门限协整模型，深入研究了该模型的参数估计、检验统计量，并通过自助法（bootstrap）模拟计算其检验统计量临界值及 P 值。最后利用该模型揭示了我国财政收支调整是非线性调整过程，并证实了我国财政赤字具有可持续性，但财政赤字规模不应进一步扩大；徐小华等（2006）通过回归和协整来探究短期和长期利率之间的关系，发现它们具有相同的方向，并且利差可以解释长期利率的一些变量，Enders - Siklos 检验发现它们之间存在门限协整关系。

（四）马尔可夫区制转换的协整模型

门限协整模型是由系统中可观测或通过处理得到的门限变量控制非线性变化。有时影响系统非线性的状态变量无法观测，仅知变量当期状态与前期状态有关，则可以用马尔可夫链来描述状态变量的变化。Goldfeld 和 Quandt（1973）提出参数变化由马尔可夫链控制的转换回归模型。在平稳时间序列中，马尔可夫机制转换（Markov Regime Switching）模型已取得了一定的研究成果。具有马尔可夫机制的协整模型主要分为两类：一类是协整关系或者协整向量受马尔可夫链控制，具有时变性，这类模型通常用单一方程表示；另一类是协整关系或协整向量保持不变，偏离长期均衡状态的误差修正受到马尔可夫链控制具有时变性，这类马尔可夫非线性主要用在误差修正模型上。马尔可夫转换的协整回归模型可用来刻画非平稳时间序列长期均衡关系的机制转换特征。假设变量之间的协整关系是由多种机制构成，在每一时刻受状态变量（即潜在因素）的影响而呈现出某一种机制。由于状态变量无法观测，且当期状态与前期状态有关，故可以用马尔可夫链来描述状态变量的变化。因此，从一种机制转换到另一种机制的离散跳跃变换，等价于状态变量按不同的转移概率在变化；Hall 等（1997）提出马尔可夫机制转换的协整回归模型，其中机制转换本身由一个具有未知转移概率且不可观测的马尔可夫链控制；Hall 等（1997a）通过对日本的收入和消费关系进行研究，发现两者之间应该建立马尔可夫转换的长期关系，而不是直接建立一个线性的均衡关系；Gabriel 等（2001）尝试利用蒙特卡洛方法模拟具有马尔可夫机制转换的协整数据，然后对模拟数据应用机制转换协整模型进行估计，对残差序列进行平稳性和非平稳性检验，以期在马尔可夫协整回归模型中检验单一机制无协整关系的原假设。作者在误差序列独立的情况下，采用 Gregory 和 Hansen（1996）检验结构变化的协整关系的统计量最小值 ADF，Z 检验，但其检验结果并不理想；Krolzig（1997）利用马尔可夫转换的误差修正模型研究美、英、日等六国的 GNP 季度数据，假设截距项服从马尔可夫转换形式，在误差序列独立条件下利用似然比（LR）检验发现一个协整关系；Sugita（2008）应用马尔可夫转换的误差修正模型对美国和英国之间的购买力平价理论进行检验，发现在某些离散的时间段上存在协整，而其余时间段上并没有协整关系；Li（2009）对美国股市的现货和期货市场的部分指数进行检验，发现马尔可夫非线性转换的价格调节过程。

刘金全等（2006）基于马尔可夫机制转换的 Engle - Granger 协整分析方法，对 1980 年 1 月至 2004 年 8 月的人民币汇率进行了购买力平价分析，发现购买力平价关系可以用马尔可夫机制转换来刻画。马尔可夫转换的误差修正模型的非线性特征主要体现在截距项、调节矩阵和误差扰动项上，这些模型的一个共同特点就是协整向量保持不变。最近关于马尔可夫转换的误差修正模型研究主要用于实证分析，关于理论分析的研究甚少；金春雨和兰中停（2017）将马尔科夫区制转换结构应用于对协整秩的建模，同时考虑协整参数的时变，构建时变秩和时变系数 VECM 模型，使用贝叶斯框架估计模型参数。研究发现：1992 年 1 月至 2016 年 3 月间我国名义利率与通货膨胀率之间存在时变系数 VECM 模型与 $I(1)$ 数据时变系数 VAR 模型两种区制的转换，我国名义利率和通货膨胀率之间主要表现为时变协整关系；赵鹏和曾剑云（2008）根据 Van Norden 和 Schaller 的周期性破灭型投机泡沫模型，建立了一个马尔可夫区制转换模型对我国沪市周期性破灭型投机泡沫的存在性问题进行实证研究；陈娟（2011）基于 1996—2010 年月度数据，采用马尔可夫三区制转换模型对人民币外汇市场压力进行了区制识别，并考察了货币扩张、通货膨胀、外汇储备、经济增长及人民币名义有效汇率变动 5 个变量在不同区制及区制转换过程中的动态变化情况。

（五）平滑转换机制的协整模型

结构变化、门限机制和马尔可夫机制转换等都是用离散函数来刻画模型的非线性特征。如果序列之间回归机制变化是连续的，那么用离散函数就不能准确地刻画这种变化本质。作为门限自回归模型的一种推广形式，Chan 和 Tong（1986）提出的平滑转换（Smooth Transition）自回归模型能够捕捉到机制连续变化的特征。平滑转换模型除了能够描述模型非线性的连续变化以外，在工程、经济和金融等领域的预测方面具有一定的优势。例如，Medeiros 等（2001），Gregoriou 和 Kontonikas（2009），Awokuse 和 Dimitris（2009）发现平滑转换模型的预测性能较好；Saikkonen 和 Choi（2004）把线性协整扩展到非线性协整，提出了协整 logistic 平滑转换回归模型，并研究在协整 logistic 平滑转换回归模型中检验线性协整的检验问题；Saikkonen 和 Choi（2004）首先利用三角排列近（Triangular Array Asymptotics）方法对变量进行处理，然后，用非线性最小二乘（NLLS）方法估计模型参数，发现 NLLS 估计是一致但有偏，不适合假设检验。因此，Saikkonen 和 Choi（2004）采用领先和滞后方法消除内生性和误差序列的相关性对检验的影响，利用 NLLS 的估计值为初值，利用 Gauss - Newton 方法估计模型，估计量不再有偏且极限分布是一个混合正态分布。最后利用 logisitic 平滑转换的协整回归模型对 1997 年亚洲金融危机的韩国和印度尼西亚数据进行实证分析。Choi 和 Saikkonen（2004）为了解决平滑函数在线性协整的原假设下不能识别的问题，作者采用了一阶和三阶的泰勒展开构造辅助回归模型的方法，通过检验解释变量的高次方项间接检验非线性协整；在误差修正模型的基础上，Kapetanios 等（2006）提出了平滑转换回归的误差修正模型，对长期均衡关系进行指数平滑调节。该模型可以解释长期均衡关系的离差通过指数平滑调节实现非线性机制的转换；Kapetanios 等（2006）同样利用泰勒展开式替代平滑转换函数，在辅助回归模型中检验高次方显著性来识别模型是否具有非线性，间接地检验了线性协整和指数平滑转换的协整关系，通过对 11 个国家的股票价格和红利进行分析，发现在平滑转换的协整回归模型中存在线性协整关系。但在估计参数建立模型时，由于有四种股票不能直接估计，从而对模型进行简化之后再进行参数估计。杨政和原子霞（2010）检验了指数平滑转换的协整回归模型，并对多种期货和现货价格进行平滑转换的非线性协整检验；欧阳志刚（2009）基于协整向量未知的情况，对误差修正模型的调节系数出现指数平滑非线性的问题进行了研究，推广了 Hansen 和 Seo（2002），Kapetanios 等（2006）的相关结论。

（六）分位数协整模型

上述文献回顾的非线性协整模型主要从均值（或条件期望）角度研究变量之间的关系。Xiao（2008）把分位数回归和协整相结合提出分位数协整回归，能够描述自变量对因变量在不同分位数条件下的相依关系，尤其可以刻画因变量的分布函数的尾部特征。在分位数协整回归模型中，协整关系受不同分位数的影响，表现出时变特征。Xiao（2008）得到分位数回归的估计性质。利用 Wald 上确界统计量检验分位数协整关系的存在性，并实证分析 SP500 股票的股价和红利收益的数据之间的分位数协整关系；Xiao（2009）通过扩展 Phillips 和 Hansen（1990）半参数方法以及 Saikkonen（1991）参数增强方法，开发了一种新的分位数协整时间序列估计技术；Jin 等（2015）通过联合分析一系列分位数的短期动态和长期协整关系，将 Pesaran 和 Shin（1998）自回归分布滞后方法扩展到分位数回归；Chang 等（2015）基于使用 G7 国家的年度数据，采用先进的分位数法检验了实际产出与全球化的 KOF 指数（总指数和三个主要指数）之间的非线性协整关系；Gatfaoui（2017）调查了信贷和股票市场之间的联系，利用分位数协整回归方法描述了每日美国总 CDS 利差以及股票市场和隐含波动率指数之间的稳健（与伪相关）关系。解其昌（2015）考虑了带有平稳协变量和线性时间趋势项协整模型的稳健估计和应用。采用分位数回归方法，给出了模型的估计步骤并且得到了估计的渐近分布，同时，推导出一个完全修正的分位数估计，用来消除序列相关和长期内生性的影响。

五、谱分析

在对经济周期波动进行分析时，自回归移动平均是一种较为常用的方法，但这种方法存在一些局限性。当在一个序列中同时含有多个周期分量时，阶数较低的自回归移动平均模型很难将多个周期同时反映出来，同时自回归移动平均模型会损失样本点，这对于较短的经济时间序列将会引起严重的问题。时间序列的频域分析方法，简称谱分析（Spectrum Analysis），能衡量时间序列中各个周期因素的相对重要性，可以找出时间序列中各个频率分量，因而，能确定出时间序列中各个不同周期的长度，恰好弥补了时域方法处理经济周期问题的不足之处，因此，用谱分析方法研究经济变量中的周期波动问题具有一定的优越性。与时域方法相比较，谱分析方法具有以下优点：谱分析方法将经济波动指标分解成具有不同周期长度的周期函数，有助于分别研究不同经济周期的特殊形态；谱分析方法的计算、判断过程都有具体的标准，在运用过程中可以避免分析者的主观性；同时可以不损失样本点，所有数据都参与方程估计。

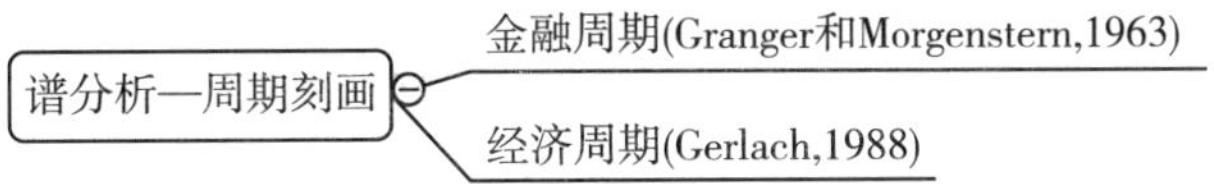

图 2－5　谱分析—周期刻画结构分析图

从研究方法来看，国内外相关文献对时间序列数据的周期研究大多都是借助协整检验、向量自回归模型、向量误差修正模型和格兰杰因果检验等时域分析方法来完成。事实上，如上所述，经济数据普遍具有时间和频率的双重特性，时域分析方法通常将行业指数序列作为整体加以研究，无法区别出行业指数序列中包含的不同周期分量。谱分析方法从时间序列的频域角度出发，将时间序列看作各个周期分量的叠加，通过分析各周期分量的变化找出序列中的主要周期分量，从而确定周期的波动特征，能够弥补时域分析在周期波动研究中的不足。

谱分析的基本思想是把时间序列看作是互不相关的不同频率的规则波叠加而成的，利用傅立叶变换等手段将各频率分量加以分解，通过谱密度函数来衡量各分量的相对重要性以找出序列中存在的主要频率分量，从而把握序列的周期波动特征。谱分析方法从频域角度反映了时间序列周期波动特征的全部信息，并有助于更深入地研究各种不同周期的特征形态及其形成机制，避免了时域方法带来的混淆。谱分析理论引入经济学领域的研究起源于 20 世纪 60 年代，Granger 和 Morgenstern（1963）第一次将谱分析手段引入证券市场分析领域，试图从含有大量白噪声的股票价格序列之中寻找暗含的周期分量。Gerlach（1988）用谱分析技术研究经济周期的跨国行为，发现大量国家的产出运动在经济周期频带上是相互联系的，并首次用谱概念定义了世界经济周期。该方法在国内研究中的应用主要有：秦宛顺等（1996）在基本的谱分析方法基础上，加以改进后提出人工序列多次分辨方法，增强了该方法对短期时间序列的适用能力；董直庆和王林辉（2008）利用谱分析研究了证券市场与宏观基金周期波动的关联性；张宗新和张雪娇（2012）基于小波与互谱分析研究了基金交易行为与市场波动的关系；邬琼（2017）利用谱分析方法研究了我国经济周期，发现我国存在长度为3.55年的经济周期，此周期长度符合基钦周期的特征，且经济周期与库存周期之间存在较强的共振关系；徐梦洁等（2001）利用谱分析方法研究了温州市经济周期；王悦（2011）利用谱分析方法研究了美国1930—2009年的周期波动情况；徐国祥和王芳（2010）分析了我国房地产市场周期波动，发现我国房地产市场自1998年1月以来存在为期36个月的主周期和27个月的次周期波动；徐国祥和郑雯（2013）构建了量化我国金融状况整体松紧程度的中国金融状况指数，并通过谱分析方法发现该指数对国内通货膨胀具有较好的先导性和相关性。

六、向量自回归模型

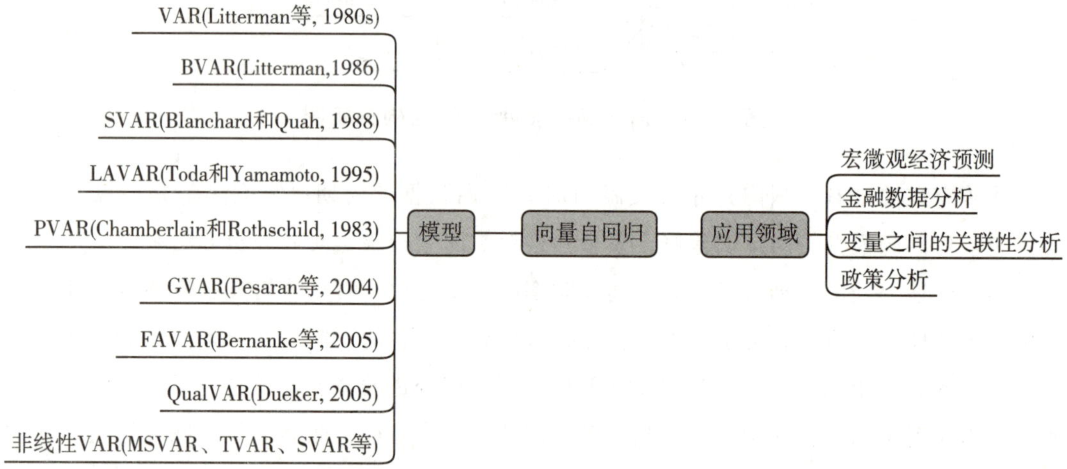

图2-6 向量自回归模型

向量自回归模型最初由美国学者Litterman，Sargent和Sim等在20世纪80年代初提出，主要用于替代联立方程结构模型，提高经济预测的准确性。VAR模型（Vector Autoregression）通过模型中所有内生当期变量对它们的若干滞后值进行回归，进而估计出全部内生变量的动态关系。VAR模型相比传统回归有以下几点优势：第一，不以严格的经济理论为依据；第二，解释变量中不包括任何当期变量，因此只要样本量足够大就不会存在因参数过多而产生模型不可识别问题；第三，无须事先区分变量的外生性和内生性。通过脉冲响应函数和方差分解，VAR模型可以用来分析变量之间的动态响应关系：脉冲响应函数描述的是VAR中一个内生变量的冲击给其他内生变量所带来的影响；方差分解则通过分析每一个结构冲击对内生变量变化的贡献度来评价不同结构冲击的重要性，从而反映其他变量对某一变量变动的贡献度大小。VAR模型还可以用来检验变量之间是否存在因果关系，Granger因果检验正是基于VAR模型来定义的。VAR族模型自提出以来，已发展出众多子模型以适应不同数据分析的需求。

传统的经济计量方法（如多元线性回归模型、联立方程模型等结构性方法）是以简单的经济理论为基础来描述变量间的关系，人为地决定某些变量的内生或外生性，这使得模型的估计和推断变得不可靠。为了克服这些不足，Sims（1980）首先创立并提出了向量自回归模型，其通过构建 VAR 模型对比分析了五个国家的货币政策实施效果，研究发现这些政策效果既有相同之处，又涵盖了来自国家间差异的众多不同特征。该模型自创建以来，得到了学界和机构部门的高度重视，并被运用到政策分析中进行经济预测（Sims，1986）。这一基础模型至今仍被广泛运用于各类宏微观经济分析当中，如张卫平和李天栋（2012）用 VAR 模型研究了我国货币政策的长期作用机制。VAR 模型具有良好的计量特性，使得该模型一经提出就得到广泛运用。然而该模型也存在不足，主要表现为：第一，如果滞后期越长，变量越多，那么需要估计的参数就越多，对数据样本长度的要求就越大；第二，模型并不严格遵循经济理论，对变量未施加结构性约束，也不考虑变量之间的同期相关性，这会影响模型估计效果；第三，模型难以刻画理性预期因素，无法避免“卢卡斯批判”；第四，该模型是常参数模型，但很多证据表明，在经济系统发生大的结构性变化时，VAR 参数并不稳定表现出明显的时变特征，因而常参数难以真实客观地刻画经济运行的状态；第五，VAR 模型所处理的经济变量个数有限，存在着信息有限的问题，无法全面捕捉到现实经济运行中的多方面信息，以至于错误判断各变量间相互影响的动态关系。此后，VAR 模型的演变与发展基本上都是围绕以上不足进行的。

为了解决 VAR 模型参数过多时的估计问题，Litterman（1986）提出了 BVAR 模型。贝叶斯方法是基于贝叶斯定理发展起来用于系统地阐述和解决统计问题的方法。其为解决 VAR 模型参数过多时的估计问题提供一种新的分析框架。遵循贝叶斯定律，贝叶斯估计假设 VAR 待估系数服从一定的先验分布，这种先验分布与似然函数结合，得到参数的后验分布，从而增加预测的准确性。先验分布的引入缩小了系数的取值范围，有助于避免无约束 VAR 的自由度损失问题。Dua 和 Ray（1995）运用 BVAR 模型对美国康涅狄格州的经济进行了分析和预测，发现预测精度要高于 VAR 和 ARIMA 两类模型的预测结果。张思奇（1998）则基于 BVAR 模型构建了季度预测模型。在 BVAR 模型的基础上，Bańbura 等（2010）还提出了 LBVAR 模型以解决更大规模的参数估计问题。Koop（2013）检验了 LBVAR 模型的预测效果。

为了解决模型对信息的识别问题，Blanchard 和 Quah（1988）提出了 SVAR 模型（Structural VAR，结构向量自回归模型）。由于简约式的 VAR 模型事前不考虑结构性的经济冲击，难以与实际经济情况相吻合，使得人们不断对这种方法提出质疑。SVAR 的建立一般都是基于一定的经济理论基础，其尝试加入若干结构性约束得到唯一的结构关系来解决模型对信息的识别问题，从而使脉冲响应具有一定的经济意义。Peersman 和 Straub（2009）运用 SVAR 模型分析了欧元区技术冲击和符号约束的影响。卞志村和张义（2012）则运用 SVAR 模型探究了央行信息披露、实际干预和通货膨胀的关系。为了解决同一问题，Smith（1993）则尝试在 VAR 模型中加入当期变量来构建 RVAR 模型（Recursive Vector Autoregressive，递归 VAR 模型）。但这种改进对变量的顺序安排有严格要求，排序在前的变量同期影响排序在后的变量，而排序在后的变量同期不影响排序在前的变量。除此以外，Toda 和 Yamamoto（1995）还构建了 LAVAR（Lag - Augmented VAR，扩展 VAR 模型）用来进行因果关系检验，而不需要考虑单位根的个数和变量的协整性。霍鹏（2012）使用 LAVAR 模型实证检验了单位劳动力成本与中国通货膨胀之间的关系。

为了克服 VAR 模型对数据量的限制和空间个体的异质性影响，计量经济学家们对其进行了改进，提出了基于面板数据的向量自回归（Panel Data Vector Autoregression，PVAR）模型。早期的面板数据向量自回归模型是 Chamberlain 和 Rothschild（1983）基于简单混合数据的研究，之后 Holtz - Eakin 等（1988）利用两阶段最小二乘法研究了一类时变系数的 PVAR 模型。而对 PVAR 模型的深入拓展则是从 Pesaran 和 Smith（1995）的开创性研究开始，他们的研究表明，可以通过对 PVAR 模型中每个变量的个体平均时间序列数据建立时间序列向量自回归模型的方法估计模型参数，并且证实这种估计是一致的。在进行模型估计时，Arellano 和 Bover（1995）提出采用“组内均值差分法”去除时间效应，采用“前向均值差分法”去除个体效应。Westerlund（2005）等学者对该模型不断拓展，使 PVAR 逐渐成为一个兼具时序分析与面板数据分析优势的成熟模型。PVAR 不仅继承了传统 VAR 的优良特性，更重要的是由于面板分析的引进使得 PVAR 具有两方面的优点：一是对数据的长度要求降低，只要 $T \geqslant m+3$（T 为时间序列的长度，m 为滞后项的阶数）便可以对方程的参数进行估计，当 $T \geqslant 2m+2$ 时，即可在稳态下估计滞后项的参数；二是该模型能够控制由于空间变动造成的不可观测的个体异质性，个体效应允许不可观察的个体差异，时间效应则可以捕捉到个体在横截面上可能受到的共同冲击。这使得 VAR 模型摆脱了对单纯个体时间序列数据的依赖并向空间计量进一步拓展，为宏观经济研究提供了一个相当灵活的分析框架。

针对宏观经济和金融中常常存在变量过多的问题，学者们提出了一类 VAR 模型来满足这一需求。Bernanke 等（2005）在前人研究的基础上，对 VAR 模型进行了改进，提出了因子扩展的向量自回归模型（Factor Augmented Vector Auto Regressive Model，FAVAR）。FAVAR 模型特点在于运用多变量、大规模数据研究政策变量对系统的冲击问题，有效解决了现有模型（VAR、SVAR、VECM 以及 DSGE 等）无法克服的变量过少、信息有限的问题，从而全面捕捉现实中的经济信息，更加真实地反映变量之间相互影响的动态关系。Lombardi 等（2012）运用 FAVAR 模型来分析了全球商品周期及其相互联系。尹力博和韩立岩（2012）运用 FAVAR 模型研究了外部冲击对 PPI 指数的结构性传导机制。FAVAR 模型的不足之处是在处理非平稳数据时可能会因数据的差分平稳化而丢失一些信息，从而造成模型预测的不准确，为克服这一问题，Pesaran 等（2004）提出了 GVAR 模型。在全球链接模型基础上发展起来的全球向量自回归模型（Globle VAR，GVAR），通过对各国子系统和国家间连接矩阵的合理设置，使大规模变量得以简化，在全球经济系统研究方面取得成功运用。苏治等（2017）基于 GVAR 模型，使用 1992—2016 年全球主要代表性国家的宏观经济和金融数据，在经济全球化框架下，从规模和周期两个层面重点检验中国虚拟经济与实体经济的关联性。Chudik 和 Fratzscher（2011）运用 GVAR 模型研究了 2007—2009 年金融危机期间的全球贸易。张红和李洋（2013）使用 GVAR 模型分析了房地产市场对货币政策传导效应的区域差异。Kempa 和 Khan（2017）使用 GVAR 模型研究了欧元区债务溢出效应。Bańbura 等（2008）等则利用大规模的贝叶斯向量自回归（Large - scale Bayesian Vector Autoregression，LBVAR）模型来解决丢失信息的问题。此外，Smets 和 Wouters（2003）、Ireland（2004）还将 DSGE 模型与 VAR 模型相结合，构建了 DSGE - VAR 模型。刘宗明和李春琦（2013）运用 DSGE - VAR 模型实证分析了劳动交易成本、选择性路径依赖与劳动就业动态之间的关系。

Dueker（2005）介绍了在 VAR 框架内生成定性变量的动态预测的方法。这种模型可称为“Qual VAR”。Qual VAR 的优点是相对于不使用来自定性变量信息的预测而言，涉及定性变量信息的动态预测可以改善 VAR 系统中其他变量的密度预测，作者运用 Qual VAR 模型来预测 2001 年样本外的经济衰退，结果表明，与传统方法相比，该模型对经济衰退时间的预测效果更好；Peter（2015）利用 Qual VAR 模型来估计降低最大贷款价值（LTV）比率的影响，这是一个关键的宏观审慎政策工具。作者以韩国为研究对象，将 LTV 比率作为政策工具，结果表明宏观审慎收紧对于抑制信贷增长和降低房价升值是有效的；而荆中博和方意（2018）采用 Qual VAR 模型分析了中国主要宏观审慎政策工具的实施效果，同时利用历史分解技术从动态的角度深入讨论宏观审慎政策的有效性和靶向性的演变过程；Chen 等（2017 利用 Qual VAR，即在传统的 VAR 系统上增加政策公告变量，来研究货币政策的影响。研究结果表明，在产出增长和通货膨胀方面，货币政策对其他经济体的推动传导与发达经济体的传导过程相似。银行贷款对政策变化不敏感，这意味着窗口指导仍然是必要的政策工具。此外，作者还发现货币政策的影响在资产价格方面是不对称的，即资产价格对紧缩和通胀冲击的敏感性不同。这表明货币政策不是稳定资产价格的合适工具，这对金融稳定和宏观审慎政策产生了影响；Rangan（2017）从 130 个宏观经济和金融变量的月度数据集中提取因子。然后使用这些提取的因子构建因子增强的定性向量自回归（FA - Qual VAR）模型，以基于伪样本递归预测来预测工业生产增长，通货膨胀，联邦基金利率和期限差价。并将 FA - Qual VAR 的预测与标准 VAR 模型，Qual VAR 模型和因子增强 VAR（FAVAR）进行比较。结果表明 FA - Qual VAR 模型明显优于 VAR，Qual VAR 和 FAVAR 模型。此外，文章发现，与 Probit 模型相比，Qual VAR 还具有预测衰退概率的能力。Makram（2016）评估了最初由 Dueker（2005）提出的 Qual VAR 的性能。文章指出，虽然 Qual VAR 在预测方面表现良好（表现优于概率基准），但即使在简单的 VAR 设定中也存在大量的识别问题。通常来说，经济应用中的识别比我们简单的基准测试要困难得多。因此，当潜在变量的动态行为和因果链的经济解释至关重要时，使用 Qual VAR 是不可取的。

以上模型都是在线性 VAR 基础上进行的扩展，而实际经济活动中存在很多非线性变化的情况，例如经济危机的发生等，因此，学者们尝试构建非线性 VAR 模型来进行分析和预测。Hamilton（1990）提出 MSVAR 模型，将马尔科夫区制转换与 VAR 模型相结合。Ehrmann 等（2003）实证检验了 MSVAR 模型的预测效果。钟美瑞等（2016）则使用 MSVAR 模型研究了有色金属价格波动的影响因素。Tsay（1998）将门限回归和 VAR 模型相结合，提出了 TVAR 模型。Ferraresi 等（2015）运用 TVAR 模型研究了财政政策和信贷制度相互作用机制。陆军和陈郑（2014）运用 TVAR 模型探究了存款利率市场化与中国宏观经济波动的关系。Weise（1999）则提出了 STVAR 模型（平滑转换 VAR 模型）。Auerbach 和 Gorodnichenko（2012）运用 STVAR 模型测算了财政政策对产出的影响。张浩等（2015）则运用 STVAR 模型分析了政策不确定、宏观冲击与房价波动的相互关系。

已有固定参数 VAR 模型的假定条件为变量间系数与扰动项的方差—协方差矩阵均不随时间而变，这种假定显然是难符实际的。为了适应经济的快速变动，更好地拟合和预测经济走势，学者们进一步提出了一类时变的 VAR 模型。Uhlig（2005）提出 Sign - VAR 模型，使得系数符号随时间变化。Granville 和 Mallick（2010）运用 Sign - VAR 模型研究了汇率冲击对货币政策的影响。Cogley 和 Sargent（2005）将扰动项方差设定为常数，提出了时变参数向量自回归模型（TVP - VAR），通过模型系数漂移揭示了美国的通胀和就业问题背后的隐含特征。Jebabli 等（2014）运用 TVP - VAR 模型探究了全球股票市场和原油价格的随机冲击对食品价格的影响机制。陈创练等（2017）运用 TVP - VAR 模型研究了利率市场化、汇率改制与国际资本流动的关系。在此基础上，很多学者尝试在传统的 SVAR、BVAR 模型中加入时变系数，构造 TVP - SVAR 模型（Cogley 和 Sargent，2005）、TVP - SV - VAR 模型、TVP - SV - SVAR 模型、TVP - SV - BVAR 模型（Primiceri，2005）。Koop 等（2007）还在这些模型的基础上，提出 MI - TVP - SV - VAR 模型。周德才等（2015）运用 MI - TVP - SV - VAR 模型对我国金融状态进行研究，并构建了我国灵活动态金融状况指数。

七、Copula 族模型

Copula 理论基于拆分思想，将多变量的联合分布拆分成多个独立变量的边缘分布以及连接这些变量的连接函数，即 Copula 函数。Copula 函数通常包括 normal、Clayton、rotated Clayton、Gumbel、rotated Gumbel、Plackett、Frank、symmetrised Joe - Clayton 等。Copula 函数在刻画变量之间非线性的动态相关结构方面有着很大的灵活性与便利性，因此该模型被广泛用来分析不同金融市场相关关系的时变性与波动溢出效应、不同金融资产的动态相关性与定价问题、金融风险的管理与防范。

表 2-3　Copula 族模型

模型	提出者
Copula	Sklar（1959）
Copula - GARCH	Breymann 等（2003）
Copula - GJR - GARCH	Lai（2008）
Copula - ARMAX - GJR - GARCH	Lee 和 Lin（2011）
Copula - APD - GARCH	任仙玲等（2009）
Copula - TGARCH	Lai 等（2009）
Copula - VAR	柏满迎和孙禄杰（2007）
Copula - SV	战雪丽和张世英（2007）
Copula - CVaR	Bai 和 Sun（2007）

Copula 理论由 Sklar（1959）提出，并由 Joe（1997）、Nelsen（1999）对常见函数及其特性进行了梳理。Embrechts 等（1999）首次将 Copula 函数引入了金融领域的分析中。学者们对 Copula 模型的拓展主要分为两个方向：一种是结合多种 Copula 函数的特点构建的混合 Copula 模型（Li，2000）；另一种是时变的 Copula 模型（Patton，2002）。还有学者尝试将二者相结合，构建了时变混合 Copula 模型（高杰和付翼，2011）。在 Patton（2002）提出第一个时变 Copula 模型之后，众多学者相继提出了各类时变 Copula 模型。

GARCH 模型是最为常见的用来刻画边缘分布并与 Copula 相结合的模型。Breymann 等（2003）提出了 Copula - GARCH 模型。Copula - GARCH 模型先用传统的 GARCH 模型刻画了金融数据的聚集、异方差等特征，然后使用 Copula 函数将边缘分布连接起来。Jondeau 和 Rockinger（2006）将 Copula - GARCH 模型应用于股票市场的研究。韦艳华和张世英（2004）将 Copula - GARCH 模型引入中国，应用于中国金融市场的相关分析。秦伟良等（2008）将 EGARCH 用于刻画序列边缘分布，构建了 EGARCH - Copula 模型。在此基础上，郭文旌和徐少丽（2009）构建了 Copula - EGARCH - CVaR 模型用于分析投资组合的优化。Lai（2008）提出了 Copula - GJR - GARCH 模型用来研究 VaR 的非对称特性。Lee 和 Lin（2011）则提出了 Copula - ARMAX - GJR - GARCH 模型并研究了金银期货投资组合的 VaR 性质。任仙玲等（2009）提出了 Copula - APD - GARCH 模型，用于分析投资组合的有效前沿。Lai 等（2009）用 TGARCH 刻画序列的边缘分布，提出了 Copula - TGARCH 模型。Serra（2011）运用 Copula - TGARCH 模型研究了食品和能源市场的波动溢出效应。张高勋等（2011）运用 Copula - ECM - GARCH 模型估计了动态最优套期保值比率。彭选华和傅强（2011）提出了 Copula - GARCH - t 模型，用来进行投资组合风险分析。陈王等

（2011）则提出了 Copula – LGARCH 模型，分析了中国股市与周边股市波动风险的传导效应研究。黄在鑫和覃正（2012）构建 Copula – M – GARCH 模型，研究了中美主要金融市场相关结构及风险传导路径。

VAR 和 SV 模型也被部分学者用来刻画序列边缘分布，并用 Copula 函数将其连接。柏满迎和孙禄杰（2007）提出了 Copula – VAR 模型。Copula – VAR 模型通过将 Copula 同向量自回归模型（VAR）模型结合来刻画相关关系，一方面可以分析出变量之间的因果关系，另一方面还可以研究他们之间的相关结构，因此适用于宏观经济变量相关性及相关结构的研究。Bianchi 等（2010）在此基础上提出了 Copula – VAR – X 模型进行工业生产的预测。Granger 等（2006）也提出了类似的模型，即 Copula – VAR – X – ARCH 模型。战雪丽和张世英（2007）则构建了 Copula – SV 模型，用 Copula 函数将通过 SV 模型拟合后的时间序列残差的概率积分转换后的分布函数连接起来。该模型被用于分析金融投资组合的风险。周孝华等（2012）构建了 Copula – SV – GPD 模型，用来分析投资组合的风险。李璁和陈荣达（2011）构建了 Copula – SV – t 模型来研究沪深 300 的期货和现货相关性。刘祥东等（2017）在此基础上构建了 M – Copula – SV – t 模型研究高维组合风险。

Copula 多被用于 VaR 的估计，因此也有学者专门针对 VaR 构建了相关的 Copula 模型。Bai 和 Sun（2007）提出了 Copula – CVaR 模型来研究投资组合的优化。何娟等（2015）基于此提出了 Copula – CVaR – EVT 模型研究供应链金融质物组合优化问题。谢福座（2010）则提出了 GARCH – Copula – CoVaR 模型，研究风险溢出效应。类似的，刘晓星等（2011）提出了 EVT – Copula – CoVaR 模型研究股票市场风险溢出效应。谢赤等（2013）还提出了 M – Copula – GJR – VaR 模型，来研究黄金市场最优套期保值比率。

八、非线性时间序列模型

时间序列是探讨现实世界运动规律的主要工具之一，近代统计学在 20 世纪初就包含了时间序列这一分支。和其他分支一样，线性模型在整个时间序列领域长期占据主要地位。尽管在许多实际应用中，线性模型基本上是可行的。然而在 20 世纪 70 年代后期，人们越来越清楚地看到它们有诸多的局限性。例如，它们无法产生带有非对称周期的数据，它们通常假定时间可逆的。而现实问题要求人们不得不以“非线性”的思维不断地改进模型。一直到 20 世纪 70 年代末和 80 年代初，以门限自回归和 ARCH 模型为典型代表的非线性时间序列模型才陆续登上舞台。

目前已知的模型满足一定条件下能达到较好的估计效果和预测结果，但现实情况复杂多变的使得模型的局限越来越多。近年来随着计算机的迅速发展，非模型作为一种较新的方法，以其较少的限制、更高的估计精度，逐渐在时间序列分析中到了越来越广泛的关注。在过去的 10 年间，有关非线性时间序列的理论分析和实证研究引起了经济学家的极

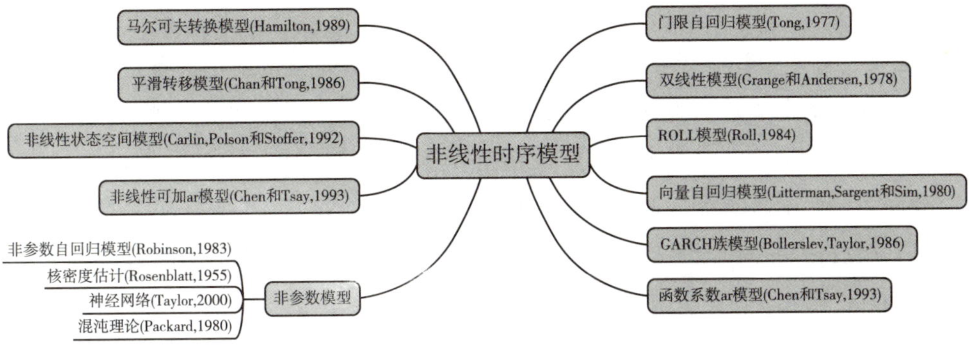

图 2－7　非线性时间序列模型

大兴趣。非线性时间序列分析主要研究的问题是非线性参数模型和非参数时间序列模型，基于以上两方面内容产生[illegible]的模型与方法。非线性时间序列分析早期发展成果主要集中在非线性参数模型研究，如 ARCH 模型门限自回归（TAR）模型（TR）指数自回归（EXPAR）模型以及双线性模型。上述模型在金融时间序列等都有较多的应用。

（一）参数非线性时间序列模型

Tong（1977）提出门限自回归（TAR）模型，他将有关非线性时间序列分析的研究对象与动力系统科学的模型连接，假定在状态空间的不同区域，模型有不同的线性形式。状态空间的划分通常由一个门限变量来描述。门限自回归模型至今仍是最为广泛使用的非线性时间序列模型之一。它已广泛地用于各种不同的领域建模非线性现象，包括经济（Tiao 和 Tsay，1994；Hansen，1999），环境科学（Roy，1988），神经科学（Brillinger 和 Segundo，1979），金融（Li 和 Lam，1995），物理学（Pemberton，1985）和人口动力学（Senseth，1999）。它的成功部分在于它在模型拟合和模型简单的特性。双线性模型是由 Grange 和 Andersen（1978）引进。这类模型的吸引力可以归因于双线性模型既超越了简单的线性形式，又保持了线性 ARMA 模型简单结构的大部分特性。双线性模型能够对时间序列中的偶然爆发事件建模，在潜在的应用方面，对诸如爆炸发生和地震记录这样的地震学数据可能是非常有用的。然而，由于其极大似然估计的渐近分布还是未知的，其统计推断的结果并不稳定。Roll（1984）根据市场微观结构中市场报价反弹特性，构建了基于有效市场假说框架下的高频交易过程中金融资产价格变化的自相关风格化 MA（1）模型。Choi 等（1988）在 Roll（1984）的基础上放宽了假设，利用极大似然函数得到交易类型转换的概率。

虞力和杨林涛（2014）基于中国城乡发展差异性，建立人口双线性增长预测模型，分别对城镇和乡村人口进行考察，对中国未来人口发展和变化做出相应预测。Roll 模型是高频交易中的价格预测模型；刘维奇和孟银凤（2007）认为许多来自电信、金融和经济领域的数据呈现出非线性、重尾特征，基于此，作者研究了由重尾噪声变量生成的一类简单的平稳的双线性模型，并在此基础上研究了模型的尾部概率性质及其弱极限性质；李元（2008）证明了自回归和双线性模型的系数为其他时间序列分量给定的条件下的条件相关系数，然后提出基于图的检验方法来检验自回归和双线性模型系数的显著性，模拟结果表明此方法在水平和功效方面表现很好；范金城和李金玉（1995）研究了双线性时间序列矩估计的渐近性态；李竹渝等（2009）指出已有文献中对金融市场的区间观测数据利用模糊线性规划方法讨论动态模型结构（FAR（p）），作者引入模糊双线性回归模型（FBR（p，q）），利用模糊最小二乘法来估计未知参数。

（二）非参数时间序列模型

第一部分主要介绍非线性时间序列模型的发展重点是参数的非线性性质。然而非线性参数模型其相应的估计方法在很多情形仍受限制，这就促使各种非参数技术在非线性时间序列的运用中崭露头角。这种方法的一个既得优点是对模型结构的先验信息要求很少，而且为进一步的参数拟合提供有用的感性认识。此外，近几年随着计算能力的增强，存取和试图分析海量的和复杂的时间序列越来越普遍。这些变化对利用非参和半参来识别内在结构和提高预测精度的需求日益增大。参数模型对于时间分布过长的大的数据集合局限性十分明显。所有这些因素导致了通过探索局部低维结构来识别复杂数据结构的计算机辅助方法的迅速发展。非参数时间序列模型主要有马尔可夫模型、非参数自回归模型、核密度估计、神经网络、混沌理论和函数系数自回归（FAR）。

在处理双线性模型方面，代数的复杂性能够在它的状态空间表示下得到减弱，这里状态空间表示是马尔可夫链。这时，双线性过程的平稳性和它们的概率性质能够通过状态向量过程的性质来导出。非线性时间序列有无穷多的可能形式，一个特殊模型族不会适合于所有的数据。因此，一个自然的替代想法是采用非参数的方法。一般地，假定：

$$X_t = f(X_{t-1},\cdots X_{t-p}) + \sigma(X_{t-1},\cdots X_{t-p})\varepsilon_t$$

其中，$f(\cdot)$ 和 $\sigma(\cdot)$ 是未知的平滑函数，$\{\varepsilon_t\} \sim IID(0,1)$，模型（1）称为非参数自回归条件异方差（NARCH）模型，特别地，若 $\sigma(\cdot)$ 是常数，则称为非参数自回归模型。

在非参数函数估计中，平滑是最基本的方法之一，通常被称为一维散点图平滑和密度估计。在多维框架下，平滑是建立非参数估计的有用的构建模块。平滑首先从时间序列中的谱密度估计中产生。Henry E. Daniels 指出，谱密度估计的一个可能的修正可以通过平滑周期图来实现。核密度估计是对直方图方法的改善，它用来验证数据集合的所有分布特征。这些包括密度峰和谷的数目和位置以及密度的对称性。它是提示非参数函数估计基本特征的最简单的工具。常用的核函数包括高斯核和对称 Beta 族。在非线性方法中，神经网络是数据挖掘技术较早实现的方法之一。神经网络较传统的预测方法有其优势：神经网络是一种自适应方法，通过对训练集的反复学习来调节自身的网络结构和连接权值，然后对未知的数据进行分类和预测；神经网络可以以任意精度逼近任意函数；神经网络研究的一个重要问题是泛化能力，即预测和训练数据差距比较大的数据的能力，泛化能力可以在训练网络的过程中不断提高；神经网络是一个非线性模型，这使得它能够灵活地模拟现实世界中数据之间的复杂关系，具有对非线性数据快速建模的能力。目前在时间序列趋势预测中广泛使用的神经网络包括 BP 神经网络、径向基函数（RBF）神经网络、Chebyshev 神经网络、Elman 网络、递归延迟网络等。基于混沌理论的非线性预测方法是另一个重要的研究方向，始于 Packard（1980）提出的重构相空间理论。该理论将用于混沌时间序列的历史数据进行相空间重构，建立起时间序列的非线性混沌模型。相空间预测与传统的时间序列预测有较大的不同，它较传统确定性和随机性预测方法更多地利用了时间序列中包含的丰富信息，因此能够得到更精确的结果。混沌时间序列的预测方法包括：全域法、局域法、加权零阶局域法、Lyapunov 指数预测法等。在参数模型和非参数模型之间有许多有用的模型。门限模型的一个推广得到函数系数自回归（FAR），另一个有用的非参数模型是可加自回归模型，它是 AR 模型的一个自然推广，由于所有的未知函数都是一维的，可以在很大程度上避免维数灾难。

虽然目前时间序列分析理论的研究已有了一些进展，但分析预测是一项艰辛和复杂的工作，同时由于目前已有模型的固有缺陷，这些都极大地影响分析预测的结果。现实中的海量时间序列数据大多是非平稳的，其特征参数和数学分布是随着时间的推移而发生变化，模型必须跟踪这种变化才能适应当前的数据，准确预测未来；由于人们要求对实际问题讨论越来越精确，越来越深入，使得在实际预测工作中，采用时变参数模型和自适应预测技术的现代时间序列方法已经成为必然；出于研究不同变量间动态关系的需要以及计算机硬件的发展，多元模型在向量 ARMA 模型中或在状态空间模型中的应用会日益增加；神经网络模型引入混沌相空间，更能反映时间序列的变化趋势。

文献索引

柏满迎、孙禄杰，2007：“三种 Copula - VaR 计算方法与传统 VaR 方法的比较”，《数量经济技术经济研究》第 2 期。

曹广喜、崔维军、韩彦，2014：“人民币汇率弹性调整对我国汇市与股市关系的影响——基于长记忆 VAR - （BEKK）MVGARCH 模型”，《数理统计与管理》第 6 期。

陈洁、田铮、黄维，2010：“平滑转换向量误差修正模型的非线性协整 SupLM 检验”，《数理统计与管理》第 29 期。

陈王、魏宇、淳伟德、侯县平，2011：“中国股市与周边股市波动风险传导效应研究”，《中国管理科学》第 6 期。

邓露，2014：“短期噪声下两种长记忆性判别方法的小样本比较”，《数理统计与管理》第 2 期。

范金城、李金玉，1995：“双线性时间序列矩估计的渐近性态”，《应用数学学报》第 3 期。

高杰、付翼，2011：“基于时变相关的混合 Copula 模型的投资组合风险分析”，《统计与决策》第19期。

葛翔宇、吴洋、周艳丽，2012：“门限协整套利：理论与实证研究”，《统计研究》第3期。

郭文旌、徐少丽，2009：“基于 Copula - EGARCH - CVaR 的投资组合优化”，《统计与决策》第18期。

桂文林、李玉玲，2017：“德国 BV4.1 模型修正与中国 CPI 季节调整”，《统计研究》第34期。

韩美清，2008：“基于 ARMA 模型的银行间质押式回购利率的实证研究”，《金融研究》第5期。

何娟、王建、蒋祥林，2015：“基于 Copula - CVaR - EVT 方法的供应链金融质物组合优化”，《系统工程理论与实践》第35期。

华仁海、陈百助，2004：“我国期货市场期货价格收益及波动方差的长记忆性研究”，《金融研究》第2期。

黄在鑫、覃正，2012：“中美主要金融市场相关结构及风险传导路径研究——基于 Copula 理论与方法”，《国际金融研究》第5期。

蒋翠侠，2007：“分数维非线性协整及误差校正模型”，《统计与决策》第10期。

解其昌，2015：“一类协整模型的分位数回归及应用”，《应用数学学报》第5期。

金春雨、兰中停，2017：“时变秩和时变系数 VECM 模型与‘费雪效应’机制检验”，《数量经济技术经济研究》第6期。

李璁、陈荣达，2011：“基于 Copula - SV - t 模型的沪深 300 期现相关性分析”，《数学的实践与认识》第16期。

李菲菲，2010：“我国人民币实际汇率非线性特征的描述”，东北财经大学。

李美洲、韩兆洲，2007：“非线性财政政策效应下财政赤字可持续性研究”，《统计研究》第4期。

李素芳，2010：“基于非线性 TECM 模型的贝叶斯阈值协整检验研究”，中国统计学年会。

李素芳、朱慧明，2013：“基于非线性 ECM 模型的贝叶斯门限协整研究”，《统计研究》第1期。

李素芳、朱慧明，2013：“基于非线性 ECM 模型的贝叶斯门限协整研究”，《统计研究》第3期。

李元、罗羡华、叶伟彰，2008：“基于图方法的自回归和双线性时间序列模型系数的检验”，《中国科学》第1期。

李云红、魏宇、张帮正，2015：“股票市场历史信息的长记忆性特征研究”，《中国管理科学》第9期。

李竹渝、刘威仪、王泰积，2009：“金融资产收益率的模糊双线性回归”，《统计研究》第2期。

刘柏、赵振，2008：“基于 STAR 模型的中国实际汇率非线性态势预测”，《数量经济技术经济研究》第6期。

刘金全、郑挺国、隋建利，2007：“我国通货膨胀率均值过程和波动过程中的双长记忆性度量与统计检验”，《管理世界》第7期。

刘青，2013：“基于 STAR 模型的人民币实际汇率非线性调整——兼评购买力平价检验方法”，《宏观经济研究》第12期。

刘维奇、孟银凤，2007：“双线性模型的尾部概率性质及收敛性质”，《应用数学学报》第3期。

刘晓星、段斌、谢福座，2011：“股票市场风险溢出效应研究：基于 EVT - Copula - CoVaR 模型的分析”，《世界经济》第 11 期。

刘祥东、范彬、杨易铭、刘澄，2017：“基于 M - Copula - SV - t 模型的高维组合风险度量”，《中国管理科学》第 2 期。

刘印旭、张世英，2005：“基于门限协整系统的预测方法研究”，《数量经济技术经济研究》第 8 期。

罗登跃、王玉华，2005：“上海股市收益率和波动性长记忆特征实证研究”，《金融研究》。

欧阳志刚，2009：“非线性误差校正模型中的阈值协整检验——基于阈值协整向量未知的扩展”，《数量经济技术经济研究》第 1 期。

彭选华、傅强，2011：“股指期货对现货时变相依结构的多尺度研究”，《系统工程》第 5 期。

秦伟良、王颖、姚如一，2008：“基于 EGARCH - Copula 的金融市场条件相依分析”，《统计与决策》第 15 期。

任仙玲、叶明确、张世，2009：“基于 Copula - APD - GARCH 模型的投资组合有效前沿分析”，《管理学报》第 6 期。

史代敏、罗来东、庞皓，2006：“股票市场收益率波动长记忆性的分解及实证研究”，《数量经济技术经济研究》第 8 期。

苏治、方彤、尹力博，2017：“中国虚拟经济与实体经济的关联性——基于规模和周期视角的实证研究”，《中国社会科学》第 8 期。

苏治、尹力博、方彤，2015：“量化宽松与国际大宗商品市场：溢出性、非对称性和长记忆性”，《金融研究》第 3 期。

汤军其、黄梯云，1995：“基于神经元网络的 ARMA 模型结构选择”，《管理科学学报》第 4 期。

王斌会、陈旭，2011：“基于 ARMA 模型的自相关过程能力分析与评价”，《数理统计与管理》第 5 期。

王俊、孔令夷，2006：“非线性时间序列分析 STAR 模型及其在经济学中的应用”，《数量经济技术经济研究》第 1 期。

王文玉，1984：“时间序列的 AR 及 ARMA 模型的阶数的贝叶斯判据”，《应用数学学报》第 2 期。

韦艳华、张世英，2004：“金融市场的相关性分析——Copula - GARCH 模型及其应用”，《系统工程》第 4 期。

谢赤、屈敏、王纲金，2013：“基于 M - Copula - GJR - VaR 模型的黄金市场最优套期保值比率研究”，《管理科学》第 2 期。

谢福座，2010：“基于 GARCH - Copula - CoVaR 模型的风险溢出测度研究”，《金融发展研究》第 12 期。

徐小华、陈正旭、何佳，2006：“基于门限协整的长短利率关系研究”，《统计研究》第 12 期。

严方笠、赵春艳，2016：“STR - ECM 模型非线性协整关系检验问题研究”，《统计与决策》第 3 期。

杨楠、柳预才，2013：“基于分形分析的国际金价波动长记忆性识别与预测研究”，《数理统计与管理》第 5 期。

叶阿忠，2002：“非参数可加回归模型和非线性协整检验”，《数理统计与管理》第 21 期。

余立威、陈涛，2017：“股票市场的长记忆及其动态结构”，《数理统计与管理》第 6 期。

虞力、杨林涛，2014：“基于双线性模型的中国人口发展预测”，《统计与决策》第 3 期。

战雪丽、张世英，2007：“基于 Copula - SV 模型的金融投资组合风险分析”，《系统管理学报》第3期。

张高勋、田益祥、李秋敏，2011：“基于 Copula - ECM - GARCH 模型的动态最优套期保值比率估计及比较”，《系统工程》第8期。

赵昕东，2006：“基于蒙特卡洛—马尔科夫链（MCMC）的 ARMA 模型选择”，《数理统计与管理》第2期。

周孝华、张保帅、董耀武，2012：“基于 Copula - SV - GPD 模型的投资组合风险度量”，《管理科学学报》第12期。

周怡、黄洁、徐志文，1998：“ARMA 模型在卫生系统硬件投入预测中的应用”，《数理统计与管理》第5期。

危黎黎、李超、李余辉，2014：“基于 STAR 模型的人民币汇率非线性特征及预测”，《统计与决策》第9期。

Adelman, I., 1965, “Long Cycles - Fact or Artifact”, *Econometrica*, 3 (55): 444 - 463.

Annette Meinusch, Peter Tillmann., 2016, “The Macroeconomic Impact of Unconventional Monetary Policy Shocks”, *Journal of Macroeconomics*, 47.

Arellano, M., Bover, O., 1995, “Another Look at the Instrumental Variable Estimation of Error - Components Models”, *Journal of Econometrics*, 1 (68): 29 - 51.

Auerbach, A. J., Gorodnichenko, Y., 2012, “Measuring the Output Responses to Fiscal Policy”, *American Economic Journal: Economic Policy*, 2 (4): 1 - 27.

Balke N S, 1997, Fomby T B. “Threshold Cointegration”, *International Economic Review*, 38 (3), 627 - 645.

Bańbura, M., Giannone, D. and Reichlin, L., 2010, “Large Bayesian Vector Auto Regressions”, *Journal of Applied Econometrics*, 25 (1): 71 - 92.

Beg, A. B. M. R. A., Silvapulle, M. J. and Silvapulle, P., 2002, “Tests against Smooth Transition Autoregressive Models”, *Journal of Statistical Computation & Simulation*, 72 (2): 167 - 178.

Bernanke, B. S., Boivin, J. and Eliasz, P., 2005, “Measuring the Effects of Monetary Policy: A Factor - Augmented Vector Autoregressive (FAVAR) Approach”, *Quarterly Journal of Economics*, 1 (120): 387 - 422.

Bianchi, C., Carta, A., Fantazzini, D., De Giuli, M. E. and Maggi, M. A., 2010, “A copula - VAR - X Approach for Industrial Production Modelling and Forecasting”, *Applied Economics*, 42 (25): 3267 - 3277.

Blanchard, O. J., Quah, D., 1988, “The Dynamic Effects of Aggregate Demand and Supply Disturbances”, *the American Economic Review*, 4 (79): 655 - 673.

Boero G., Marrocu E., 2004, “The Performance of SETAR Models: a Regime Conditional Evaluation of Point, Interval and Density Forecasts”, *International Journal of Forecasting*, 20 (2): 305 - 320.

Boero G., Marrocu E., 2013, “Evaluating Non - linear Models on Point and Interval Forecasts: an Application with Exchange Rates”, *Banca Nazionale Del Lavoro Quaterly Review*, 58: 91 - 120.

Box, G. E. P., Jenkins, G. M., 1970, “Time Series Analysis: Forecasting and Control”, *Holden - Day*.

Breymann, W., Dias, A. and Embrechts, P., 2003, “Dependence Structures for Multivariate High - Frequency Data in Finance", *Quantitative Finance*, 1 (3): 1 - 14.

Cao Yuliang, 2017, "The Forecast and Research of China Economic Growth during the '13th Five - Year' Plan——Based on the non - parametric bootstrap method", *Journal of Chinese Academy of Governance.*

Chan, K. S. , Tong, H. , 2010, "On Estimating Thresholds in Autoregressive Models", *Journal of Time*, 7 (3): 179 - 190.

Chang, C. , Lee, C. and Hsieh, M. , 2015, "Does Globalization Promote Real Output? Evidence from Quantile Cointegration Regression", *Economic Modelling*, 25 - 36.

Chamberlain, G. , Rothschild, M. , 1983, "Arbitrage, Factor Structure, and Mean - Variance Analysis on Large Asset Markets", *Econometrica*, 5 (51): 1281 - 1304.

Choi, J. Y. , Dan, S. and Shastri, K. , 1988, "On the Estimation of Bid - Ask Spreads: Theory and Evidence", *Journal of Financial and Quantitative Analysis*, 2 (23): 219 - 230.

Chow G C. 1960, "Tests of Equality between Sets of Coefficients in Two Linear Regressions", *Econometrica*, 28 (3): 591 - 605.

Chudik, A. , Fratzscher, M. , 2011, "Identifying the Global Transmission of the 2007 - 2009 Financial Crisis in a GVAR Model", *European Economic Review*, 3 (55): 325 - 339.

Clements M. P. , Smith J. , 2001, "Evaluating Forecasts from SETAR Models of Exchange Rates", *Journal of International Money & Finance*, 20 (1): 133 - 148.

Cogley, T. , Sargent, T. J. , 2005, "Drifts and Volatilities: Monetary Policies and Outcomes in the Post WWII US", *Review of Economic Dynamics*, 8 (2): 262 - 302.

Conrad, C. , Karanasos, M. , 2005, "On the Inflation - Uncertainty Hypothesis in the USA, Japan and the UK: A Dual Long Memory Approach", *Japan & the World Economy*, 3 (17): 327 - 343.

Davtes, R. B, 1987, "Hypothesis Testing When a Nuisance Parameter Is Present Only under the Alternative: Linear Model Case" . *Biometrika*, 74 (1): 33 - 43.

Deutsch, 2003, "Nonlinear Time Series: Nonparametric and Parametric Methods", *Springer New York.*

Diebold, F. X. , Rudebusch, G. D. , 1989, "Long Memory and Persistence in Aggregate Output", *Journal of Monetary Economics*, 2 (24): 189 - 209.

Dua, P. , Ray, S. C. , 1995, "A BVAR Model for the Connecticut Economy", *Journal of Forecasting*, 3 (14): 167 - 180.

Dueker, M. , 2005, "Dynamic Forecasts of Qualitative Variables", *Journal of Business & Economic Statistics*, 23 (1): 96 - 104.

Ehrmann, M. , Ellison, M. and Valla, N. , 2003, "Regime - dependent Impulse Response Functions in a Markov - switching Vector Autoregression Model", *Economics Letters*, 78 (3): 295 - 299.

Embrechts, P. A. , Mcneil, A. and Straumann, D. , 1999, " Correlation: Pitfalls and Alternatives", *Risk*, (5).

Ferraresi, T. , Roventini, A. and Fagiolo, G. , 2015, "Fiscal Policies and Credit Regimes: A TVAR Approach", *Journal of Applied Econometrics*, 7 (30): 1047 - 1072.

Findley, D. F. , Monsell, B. C. , Bell, W. R. , Otto, M. C. and Chen, B. C. , 1998, "New Capabilities and Methods of the X - 12 - ARIMA Seasonal - Adjustment Program", *Journal of Business & Economic Statistics*, 2 (16): 127 - 152.

Gatfaoui H., 2017, "Equity Market Information and Credit Risk Signaling: A Quantile Cointegrating Regression Approach", *Economic Modelling*, 64: 48 - 59.

Geweke, J., Porter - Hudak, S., 2010, "The Estimation and Application of Long Memory Time Series", *Journal of Time Series Analysis*, 4 (4): 221 - 238.

Gonzalezrivera G., Mazzeu J. H., Ruiz E., et al, 2017, "A Bootstrap Approach for Generalized Autocontour Testing", DES - Working Papers.

Granger, C. W. J., Joyeux, R., 1980, "An Introduction to Long - Memory Time Series Models and Fractional Differencing", *Journal of Time Series Analysis*, 1 (1): 15 - 29.

Granger, C. W. J., 2001, "Some Properties of Time Series Data and Their Use in Econometric Model Specification", Harvard University Press, 121 - 130.

Granger, C. W. J., Teräsvirta, T. and Patton, A. J., 2006, "Common Factors in Conditional Distributions for Bivariate Time Series", *Journal of Econometrics*, 132 (1): 43 - 57.

Granville, B., Mallick, S., 2010, "Monetary Policy in Russia: Identifying Exchange Rate Shocks", *Economic Modelling*, 27 (1): 432 - 444.

Greene, M. T., Fielitz, B. D., 1977, "Long - Term Dependence in Common Stock Returns", *Journal of Financial Economics*, 3 (4): 339 - 349.

Gregory A. W., Hansen B. E., 1996, "Residual - based Tests for Cointegration in Models with Regime Shifts", *Working Papers*, 70 (1): 99 - 126.

G. Tunnicliffe - Wilson, 2010, "Non - Linear and Non - Stationary Time Series Analysis", *Journal of Time Series Analysis*, 10 (4): 385 - 386.

Gupta, R., Olson, E. and Wohar, M. E., 2017, "Forecasting Key US Macroeconomic Variables with a Factor - Augmented Qual VAR", *Journal of Forecasting*, 36 (6): 640 - 650.

Hamilton, James D., 1989, "A New Approach to the Economic Analysis of Nonstationary Time Series and the Business Cycle", *Econometrica*, 57 (2).

Hamilton, J. D., 1990, "Analysis of Time Series Subject to Changes in Regime", *Journal of Econometrics*, 1 - 2 (45): 39 - 70.

Hansen B. E., Seo B., 2002, "Testing for Two - regime Threshold Cointegration in Vector Error - correction Models", *Journal of Econometrics*, 110 (2): 293 - 318.

Hirukawa, M., Sakudo, M., 2018, "Functional - coefficient Cointegration Models in the Presence of Deterministic Trends", *Econometric Reviews*, 37 (5): 507 - 533.

Holtz - Eakin, D., Newey, W. and Rosen, H. S., 1988, "Estimating Vector Autoregressions with Panel Data", *Econometrica*, 6 (56): 1371 - 1395.

Hurst, H. E., 1951, "Long Term Storage Capacity of Reservoirs", *ASCE Transactions*, 776 (116): 770 - 808.

Ireland, P. N., 2004, "A Method for Taking Models to the Data", *Journal of Economic Dynamics and Control*, 28 (6): 1205 - 1226.

Jebabli, I., Arouri, M. and Teulon, F., 2014, "On the Effects of World Stock Market and Oil Price Shocks On Food Prices an Empirical Investigation Based On TVP – VAR Models with Stochastic Volatility", *Energy Economics*, (45): 66 – 98.

Joe, H., 1997, "Multivariate Models and Multivariate Dependence Concepts", *CRC Press*.

Jondeau, E., Rockinger, M., 2006, "The Copula – Garch Model of Conditional Dependencies: An International Stock Market Application", *Journal of International Money and Finance*, 5 (25): 827 – 853.

Kempa, B., Khan, N. S., 2017, "Spillover Effects of Debt and Growth in the Euro Area: Evidence from a GVAR Model", *International Review of Economics & Finance*, 102 – 111.

Koop, G. M., 2013, "Forecasting with Medium and Large Bayesian VARs", *Journal of Applied Econometrics*, 2 (28): 177 – 203.

Kwiatkowski, D., Phillips, P. C. B., Schmidt, P. and Shin, Y., 1992, "Testing the Null Hypothesis of Stationarity against the Alternative of a Unit Root: How Sure are we that Economic Time Series Have a Unit Root", *Journal of Econometrics*, 1 – 3 (54): 159 – 178.

Lai, Y., 2008, "Does Asymmetric Dependence Structure Matter a Value – at – Risk View", *International Journal of Business and Economics*, 3 (7): 249.

Lai, Y. H., Chen, C. W. S. and Gerlach, R., 2009, "Optimal Dynamic Hedging Via copula – threshold – GARCH Models", *Mathematics and Computers in Simulation*, 79 (8): 2609 – 2624.

Lee, W., Lin, H., 2011, "Portfolio Value at Risk with Copula – ARMAX – GJR – GARCH Model, Evidence from the Gold and Silver Futures", *African Journal of Business Management*, 5 (5): 1650.

Lee, D., Schmidt, P., 1996, "On the Power of the KPSS Test of Stationarity against Fractionally – Integrated Alternatives", *Journal of Econometrics*, 1 (73): 285 – 302.

Li, D. X., 2000, "On Default Correlation: A Copula Approach", *Journal of Fixed Income*, (9): 43 – 54.

Litterman, R. B., 1986, "Forecasting with Bayesian Vector Autoregressions: Five Years of Experience", *Journal of Business & Economic Statistics*, 4 (1): 25 – 38.

Lombardi, M. J., Osbat, C. and Schnatz, B., 2012, "Global Commodity Cycles and Linkages a FAVAR Approach", *Empirical Economics*, 2 (43): 651 – 670.

Lo, A. W., 1991, "Long – Term Memory in Stock Market Prices", *Econometrica*, 5 (59): 1279 – 1313.

Makram El – Shagi, 2016, "Qual Var Revisited: Good Forecast, Bad Story", *Journal of Applied Economics*, 19 (2).

Mandelbrot, B. B., Wallis, J. R., 1968, "Noah, Joseph, and Operational Hydrology", *Water Resources Research*, 5 (4): 909 – 918.

Mandelbrot, B., 1972, "Statistical Methodology for Nonperiodic Cycles: From the Covariance to R/S Analysis", *Annals of Economic and Social Measurement*, 1: 259 – 290.

Manzan S., Zerom D., 2008, "A Bootstrap – Based Non – Parametric Forecast Density", *International Journal of Forecasting*, 24 (3): 535 – 550.

Patton, A. J., 2002, "Applications of Copula Theory in Financial Econometrics", *Dissertation Abstracts*

International, 12 (7): 14.

Peersman, G., Straub, R., 2009, "Technology Shocks and Robust Sign Restrictions in a Euro Area SVAR", *International Economic Review*, 3 (50): 727 - 750.

Pesaran, M. H., Smith, R., 1995, "Estimating Long - Run Relationships from Dynamic Heterogeneous Panels", *Journal of Econometrics*, 1 (68): 79 - 113.

Pesaran, M. H., Schuermann, T. and Weiner, S. M., 2004, "Modeling Regional Interdependencies Using a Global Error - Correcting Macroeconometric Model", *Journal of Business & Economic Statistics*, 2 (22): 129 - 162.

Peter Tillmann, 2015, "Estimating the Effects of Macroprudential Policy Shocks: A Qual VAR Approach", *Economics Letters*, 135.

Phillips, P. C. B., Shimotsu, K., 2004, "Local Whittle Estimation in Nonstationary and Unit Root Cases", *Annals of Statistics*, 32 (2): 656 - 692.

Primiceri, G. E., 2005, "Time Varying Structural Vector Autoregressions and Monetary Policy", *The Review of Economic Studies*, 72 (3): 821 - 852.

Robinson, P. M., 1995, "Gaussian Semiparametric Estimation of Long Range Dependence", *Annals of Statistics*, 5 (23): 1630 - 1661.

Roll, R., 1984, "A Simple Implicit Measure of the Effective Bid - Ask Spread in an Efficient Market", *Journal of Finance*, 4 (39): 1127 - 1139.

Rong Chen, Ruey S. Tsay., 1993, "Functional - coefficient Autoregressive Models", *Journal of the American Statistical Association*, 88 (421): 298 - 308.

Shao X., Wu W. B., 2007, "Asymptotic Spectral Theory for Nonlinear Time Series", *Annals of Statistics*, 35 (4): 1773 - 1801.

Saikkonen P., 1991, "Asymptotically Efficient Estimation of Cointegration Regressions", *Econometric Theory*, 7 (1): 1 - 21.

Serra, T., 2011, "Volatility Spillovers between Food and Energy Markets: A Semiparametric Approach", *Energy Economics*, 6 (33): 1155 - 1164.

Sklar, M., 1959, "Fonctions De Repartition an Dimensions Et Leurs Marges", *Publ. Inst. Statist. Univ. Paris*, (8): 229 - 231.

Søren Johansen, 1988, "The Statistical Analysis of Cointegration Vectors", *Journal of Economic Dynamics & Control*, 12 (2): 231 - 254.

Sims, C. A., 1980, "Macroeconomics and Reality", *Econometrica: Journal of the Econometric Society*, 1 - 48.

Sims, C. A., 1986, "Are Forecasting Models Usable for Policy Analysis", *Quarterly Review*, 2 - 16.

Smets, F., Wouters, R., 2003, "An Estimated Stochastic Dynamic General Equilibrium Model of the Euro Area", *Journal of the European Economic Association*, 5 (1): 1123 - 1175.

Smith, A. A., 1993, "Estimating Nonlinear Time - Series Models Using Simulated Vector Autoregressions", *Journal of Applied Econometrics*, 8: S63.

Tillmann, P. , 2016, "Unconventional Monetary Policy and the Spillovers to Emerging Markets", *Journal of International Money and Finance*, 136 - 156.

Toda, H. Y, Yamamoto, T. , 1995, "Statistical Inference in Vector Autoregressions with Possibly Integrated Processes", *Journal of Econometrics*, 1 - 2 (66): 225 - 250.

Tong H. , 1983, "Threshold Models in Nonlinear Time Series Analysis", *Lecture Notes in Statistics*, 21.

Tong H. , Lim K. S. , 1980, "Threshold Autoregression, Limit Cycles and Cyclical Data", *Journal of the Royal Statistical Society*, 42 (3): 245 - 292.

Tong, H. , 1983, "Threshold Models in Non - linear Time Series Analysis", *Springer - Verlag*.

Tsay, R. S. , 1998, "Testing and Modeling Multivariate Threshold Models", *Journal of the American Statistical Association*, 443 (93): 1188 - 1202.

Tsong, C. , Lee, C. , 2013, "Quantile Cointegration Analysis of the Fisher Hypothesis", *Journal of Macroeconomics*, 35 (2): 186 - 198.

Uhlig, H. , 2005, "What arethe Effects of Monetary Policy on Output? Results from an Agnostic Identification Procedure", *Journal of Monetary Economics*, 52 (2): 381 - 419.

Walker, G. T. , 1931, " On Periodicity in Series of Related Terms ", *Monthly Weather Review*, 131 (818): 518 - 532.

Weise, C. L. , 1999, "The Asymmetric Effects of Monetary Policy, A Nonlinear Vector Autoregression Approach", *Journal of Money*, *Credit and Banking*, 31 (1): 85 - 108.

Werner Ploberger, 1994, " Optimal Tests when a Nuisance Parameter is Present Only under the Alternative", *Econometrica*, 62 (6): 1383 - 1414.

Westerlund, J. , 2005, "New Simple Tests for Panel Cointegration", *Econometric Reviews*, 3 (24): 297 - 316.

Yule, G. U. , 1905, "the Introduction of the Words" Statistics, " 'Statistical' Into the English Language", *Journal of the Royal Statistical Society*, 391 - 396.

Yule, G. U. , 1927, "On a Method of Investigating Periodicities in Disturbed Series, with Special Reference to Wolfer's Sunspot Numbers", *Philosophical Transactions of the Royal Society of London*, 226 (226): 267 - 298.

第三章

定性与受限变量模型

当因变量描述的是微观个体的某种选择、特征或属性等，即因变量为定性变量时，相应的模型称为定性选择模型（qualitative choice model），或定性响应模型（qualitative response model）。另一些情况是，因变量的取值被限定在某个特殊范围，一般我们称这类取值范围受限制的变量为受限变量（limited dependent variable，LDV），相应的模型称为受限变量模型（limited dependent variable model）。常见的定性与受限变量模型有线性概率模型、Probit 模型、Logit 模型，以及 Tobit 模型。

一、线性概率模型

在定性选择模型中，因变量只有 2 个选择的模型称为二元选择模型（binary choice model），多于 2 个选择的模型称为多项选择模型（multinominal choice model）。其中，最简单的二元选择模型是线性概率模型（linear probability model，LPM）；Takeshi 和 Amemiya（1977）证明了线性概率模型中若干估计参数关系的定理。对于虚拟内生变量，James 和 Heckman（1985）提出了具有较好解释性和计算性的联立线性概率模型。Caudill（1988）讨论了线性概率模型相比 probit 模型和 logit 模型的优势，关于这方面的细节 Anderson（1987）、Caudill（1987）、Lien 和 Rearden（1988），以及 Oksanen（1986）进行了详细的阐述。但在研究这一优势的过程中，这些理论方法都假设在样本的整个观察中，假设干扰项都是独立同分布的，或只考虑特殊虚拟变量的情形，针对这一局限性，Donald 和 David（1990）进行了更一般的情形下的研究。对于线性概率模型的估计，也有很多文献进行了研究。在估计二元定性选择模型时，尽管 Probit 模型和 Logit 模型具有极强的吸引力，用最小二乘法估计线性概率模型仍然被采用，这方面研究有 Klaassen 和 Magnus（2001）、Bettis 和 Fairlie（2001）、Lukashin（2000）、McGarry（2000）、Fairlie 和 Sundstrom（1999）、Reiley（2005）以及 Currie 和 Gruber（1996）等。然而，研究发现，用普通最小二乘法估计线性概率模型是有偏的，不一致的（Greene，2000）等，针对这一问题，Willian 等（2005）给出了具有无偏一致性的充分条件。

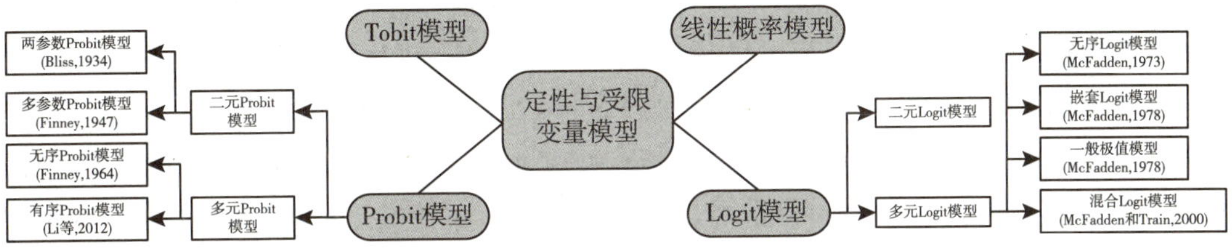

图 3-1 定性与受限变量模型

线性概率模型比较简单，但在实际的经济管理的研究中也有着广泛的应用。李红琨等（2011）利用线性概率模型研究财务预警问题。郑茂（2003）利用线性概率模型对上市公司的风险预警进行了研究。吴世农和卢贤义（2001）利用线性概率模型对上市公司财务困境进行了预测研究。James 和 Heckman（1997）构建了具有不可观察特性的线性概率模型，并对立法者的偏好进行了实证研究。姚先国和赖普清（2004）在研究中国劳资关系的城乡户籍差异时，使用线性概率模型对城乡工人的非工资劳资关系差异进行估计并加以分解。

二、Probit 与 Logit 模型

定性选择模型是描述特定微观个体行为选择的建模方法，它揭示特定条件下特定微观个体特定行为选择的概率与相关解释变量间的定量关系。基于该定量关系，可以对特定解释变量的变化对特定微观个体特定行为选择概率的边际影响进行研究。定性选择模型可根据选项个数分为二元选择模型和多元选择模型，在多元选择模型中又可根据选项是否存在排序分为有序选择和无序选择，其中无序选择又可分为选项独立和选项相关选择模型。

（一）Probit 模型

Probit 模型最早由 Bliss（1934）正式提出和确立，但其实 Probit 方法的思想在很早的时候就已经有学者开始运用了，只是没有形成具体的模型形式，例如，Thurstone（1927）使用心理激励的术语推导出一个回答者是否能够区分不同刺激水平的二元 probit 模型。Probit 方法的产生，完全依赖于心理物理学中的广义 Weber 定律。这一定律描述的是生物体对于某种刺激所产生的反应的规律。因此，早期的 Probit 方法中使用的都是两参数方程。这一限制，直到 1943 年才被 Finney 打破。Finney 以最早的完全基于 Weber 定律的 Probit 方法为基础，考虑了两种因素共同作用引起一个刺激的情况，将两参数方程推广为三参数方程。这个模型很快在 Gilliatt（1948）研究的手指血管实验中找到了对应的实例。同时，Finney（1947）借助这一具体的实例，讨论了三参数方程的估计以及与两参数方程的比较。由两参数方程到三参数方程，只是一个微小的变化。但是这是 Probit 模型发展史上的一次飞跃。产生刺激的因素可以从一个增加到两个，进而增加到任意有限多个，同样，参数也会因之增加到无限多个。这使得 Probit 方法逐步从 Weber 定律和生物实验框架的束缚中走出来，向着一个独立的广义线性模型迈进，为 Probit 模型的产生奠定了必要的基础，也在很大程度上扩大了 Probit 方法的使用范围。事实上，自从 1947 年 Finney 出版了 Probit Analysis 一书后，Probit 方法很快脱离了生物实验的理论基础，被广泛地应用于由一个或多个因素导致的二值输出问题。例如，Farrel（1954）首次将 Probit 方法用于研究家庭收入与汽车拥有之间的关系；Adam（1958）第一次将 Probit 方法用于研究不同价位打火机的需求问题。此后，Probit 方法逐渐引起经济学家的注意，最主要的贡献者是 James Heckman 和 Daniel McFadden，其为离散决策模型奠定了坚实的经济理论基础。目前，Probit 模型已经成为计量经济学中最重要的模型之一。

早期的 Probit 模型，主要用于研究刺激的水平和生物体产生的反应之间的关系。然而，在很多情况下，一种刺激往往会导致生物体的多个生理系统同时产生反应，多元 Probit 模型（MNP）便在这一背景下产生。Finney（1964）最早讨论了有多个响应变量的 Probit 模型。在早期，处理多个响应变量问题的方法主要是将多元的响应变量转化为一元。

然而，这样无疑使数据丢失了大量信息，由于多元问题处理上的困难，多元 Probit 模型的具体形式和处理方法，直到 1970 年才由 Ashford 和 Sowden（1970）共同提出。事实上，Ashford 和 Sowden 也仅仅是给出二元 Probit 模型的一个解法。多元 Probit 模型自其产生，很长一段时间内没有得到广泛的应用，最主要的原因就是在协方差阵不作额外限制的情况下，模型似然函数的估计过于复杂。直到 Keane（1994），Hajivassiliou（1996）提出了 GHK 算法，Wolpert 和 Ickstadt（1998）采用 Bayesian 理论及 Monte Carlo 等方法之后，使多元 Probit 模型的处理得到了突破性进展，MNP 模型才有了广泛的应用。MNP 模型的自由度极高，可以通过对协方差结构的设置解决相关性、替代模式、随机偏好差异等几乎所有主流问题（Train，2009）。例如，Yai 等（1997）在研究路径选择时，以两两路径之间公用路段长度所占的比例作为衡量其相关性的特征指标，从而建构了一种类似于交叉树形结构（Papola，2004）的相关模式。如果没有预设结构，MNP 模型同样会根据数据的实际情况自动匹配相关模式，因此仍能发挥上述优势。例如，Johansson 等（2006）在研究交通方式选择时，纳入了舒适性、方便性等难以直接观测的复杂变量，为此相应地采用 MNP 模型作一般化自动处理；Jumbe 等（2011）在研究居民对三种薪材来源的选择时，借助一个通用的 MNP 模型发现彼此之间的替代弹性差异很大，以此为基础对环境政策的效果进行了探讨。尽管 MNP 模型具有诸多优势，但也存在以下两个主要弊端：一是所谓的识别性（identification）问题，即研究者对相关结构的设定不合要求，导致模型无法估计。例如，Bunch 等（1989）在对 7 篇文献中的 MNP 模型进行回顾时，发现有近一半不可识别；Dow 等（2004）认为 MNP 模型经常具有难以发现的弱识别性，并且可能导致显著性水平被拉低、结果违反直觉等问题。二是模型估计的运算量随着备选项个数的增加而迅速膨胀，因此 MNP 模型一般只适用于备选项较少的选择，虽然估计方法在不断进步，但迄今仍是制约 MNP 模型推广的主要障碍。

除了常见的无序单选数据之外，还有一些其他类型数据也可用于离散选择模型中，如定序（ordered）、排序（ranked）、多选（multiple choices）数据。对于特定个体，当其面临的多项选择项间存在特定顺序关系时，如满意度评价、等级划分等，可以对其行为选择建立有序选择模型，这当中最常见的是有序 probit 选择模型和有序 logit 选择模型，更复杂的还包括考虑随机系数的混合定序模型（mixed ordered model）和考虑多次定序选择之间关系的多变量定序模型（multivariate ordered model）等。大多数定序模型的建模与估计十分简便，因此得以广泛应用。例如，Li 等（2012）用定序 Probit 模型研究了骑行者对骑行环境的评价；Ferdous 等（2010）用多变量定序 Probit 模型研究了居民对 30 种游憩活动模式的频率选择的关系。近年来离散选择模型的相关研究成果的数量不断增长，在地理学和空间研究方面的应用也越来越多，研究内容包括居民购物行为选择，通勤行为选择，消费者在商业空间中的活动选择，参观者在大型活动中的行为选择，人口居留和居住、就业选择，自行车使用与路径选择等。刘丹等（2008）依次使用证据权重法（WOE）、逐步回归法、Probit 模型的系数显著检验法对信用评价指标进行三轮筛选，构建了一套精简且区分违约状态能力强的信用评价指标三重组合筛选模型。阮素梅和周泽林（2008）利用 L1 惩罚 Logit 模型，实证检验 P2P 网贷信用违约的关键影响因素发现，L1 惩罚 Logit 模型具有很好的变量选择功能，可以有效地识别影响信用违约的关键因素，既能够从总体上实现对信用违约状态的准确预测，又能够细致分析关键影响因素对违约概率造成的影响，有助于预测和控制信用风险的发生。杜运苏和王丽丽（2015）利用非参数 K－M 生存分析法和离散时间 Cloglog 模型对中国出口贸易持续时间及其影响因素进行了实证分析。韩艳等（2017）基于游客拥挤感知机理和影响因素分析，通过排序选择模型，建立游客拥挤感知模型，为旅游信息合理发布和游客合理分流提供基础数据。赵青等（2017）为研究互联网金融产品消费者在进行互联网金融产品选择时的影响因素，引入了嵌套 Logit 模型构建了消费者互联网金融产品选择模型，并通过调研数据对模型进行了实证验证。邱晗光和周愉峰（2018）为了分析城市配送中顾客选择末端交付方式和配送时间窗的相关性对自提柜选址、时间窗分配与路径规划等运营决策的影响，提出了城市配送两层嵌套 Logit 选择模型，建立了自提柜选址—时间窗分配—路径规划集成优化模型，获取了末端交付方式和配送时间窗相关性对运营决策的影响。

（二）Logit 模型

Berkson（1944）最早使用了 Logistic 函数，Logit 模型最著名的应用之一就是 McFadden 等（1972）对旧金山地区的快速铁路系统客流量的预测。McFadden（1973）提出了多项（无序）Logit 模型的具体形式。嵌套 Logit 模型（nested logit model，NL）主要针对 MNL 模型中不合理的随机项独立假设而提出。嵌套 Logit 模型最主要的出发点在于希望妥善处置备选项中的相关性。例如，McFadden（1978）开创性地在住宅选择模型中通过设置嵌套结构而允许同一社区内住宅之间存在相似性；DeDiosOrtúzar（1983）在交通方式选择的研究中按个体交通与公共交通划分子集，并通过与 MNL 的对比体现了嵌套 Logit 在拟合优度和预测可靠性上的优势；更复杂的 3 层嵌套 Logit 模型如 Lo 等（2004）对出行者换乘路径的研究，其分别按照换乘交通方式和换乘点的不同对备选路径进行了两次划分。嵌套 Logit 建模的关键无疑是树形结构的合理确定。在 Suárez 等（2004）在对购物中心选择的研究中，认为消费者首先选择的是具有“锚固作用”的大型超市，然后再在拥有特定超市的购物中心中做出选择，这样的设定使实体层面处于上层的购物中心和处于下层的超市在模型中发生了层次颠倒。Hensher（1999）提出了一种用于寻找最优树形结构的方法。Rasciute 等（2010）在利用嵌套 Logit 模型分析外国资本对中东欧 13 个国家的投资选择时应用了这一方法，发现其结果与基于历史、地理、文化、语言等直觉假设划分子集相比明显更优。值得注意的是，有一种形式固定的嵌套 Logit 模型对树形结构的理论假设要求很低，同时又有着广泛的应用，即：当选项中包含“以上都不选”时，考虑到它的特殊性，常将其单独设为一个子集，而其他所有选项进入另一个子集。例如，Montgomery（2002）在分析学校选择行为时，把具体的学校备选项与“不入学”分别归入两个子集；Schmidheiny 等（2011）在分析商业区位选择时，把各个区位备选项与“不进入”分别归入两个子集。理论层面上，这种设定的必要性最早由 Haaijer 等（2001）提出，并由 Goos 等（2010）作了进一步发展，后者还提出了针对带“都不选”备选项的嵌套 Logit 模型的选择实验设计方法。嵌套 Logit 模型的另一重要应用价值是数据融合。当有多个数据源时，一般认为它们不可能满足 MNL 所要求的“同分布”假设，此时采用嵌套 Logit 模型在理论上更为适宜和规范。最为典型的非同源数据是从实际选择中观察到的显示偏好数据（revealed preference，RP）以及通过虚拟选择实验获得的陈述偏好数据（stated preference，SP），因此，嵌套 Logit 模型大量应用于 RP 与 SP 数据的融合上。Hensher 和 Bradley（1993）较早提出了被其称作人造树形结构的 RP/SP 融合方法，即对每个 RP 选项各自形成一个子集，而将所有 SP 选项集合于一个子集之中。Louviere 等（2000）提出了一个等价但更为直观的结构，用两个子集分别包括全部 RP 与 SP 选项。在应用层面，最常见的无疑是处理两个数据集的 RP + SP 融合模式（Espino 等，2007），而其他模式同样也是可行的，只需对树形结构作相应扩展即可。例如，De 等（2008）增加了一组先前收集的 SP 数据，形成 RP + SP1 + SP2 的模式；Adamowicz 等（1997）收集了两组 RP 数据，进而尝试了 RP1 + RP2、SP + RP1 + RP2 等多种模式。

McFadden（1978）提出了一般极值模型（generalized extremevalue model，GEV）的一般形式，该模型通过设定随机扰动项联合分布的形式来描述各选项间的相关关系。嵌套 Logit 模型相对于 MNL 模型只是部分放开了对备选项相关性的限制，这一限制的完全放开将产生一般极值模型。因此，嵌套 Logit 模型实际上是 GEV 模型的一个特例，较之更具一般性和灵活性的还包括交叉嵌套 Logit 模型（cross – nested logit model，CNL）、成对组合 Logit 模型（paired combinatoriallogit model，PCL）、广义嵌套 Logit 模型（generalizednested logit model，GNL）等，其中以 CNL 模型的应用最为广泛。CNL 模型不同于嵌套 Logit 之处是允许子集之间存在重叠，即一个备选项可以从属于多个子集，因为它可能在不同的维度下与不同子集的备选项具有相关性。Papola（2004）在研究路径选择行为时依照公共路段划分子集，使得路径 I 可以与路径 J 因共享前半程路段 ij 而从属于子集 Bij，同时又与路径 K 因共享后半程路段 ik 而从属于子集 Bik；Hess 等（2012）在研究低碳环境下的购车选择时，认为备选车辆按车型与燃料类型的相关性均可建立独立的树形结构，而将两个维度相结合即形成了交叉嵌套结构。除 CNL 模型之外，PCL 模型将任意两个备选项成对组成一个子集（Koppelman etal，2000），GNL 模型则设定每个备选项与每个子集都通过一个分配系数而建立不同程度的从属关系（Wen 等，2001），这些模型都给研究者以更大的自由，但由于理论相对复杂，实际应用还较为有限。

McFadden 和 Train（2000）使用“mixed logit”这一术语来表示由 logit 模型的结合其

他模型组成的模型。混合 logit 模型具有高度灵活性，广泛的包含了任何形式的混合分布（既包含离散分布，也包括连续分布），因而它可以近似于任何随机效用模型。混合 Logit 模型（mixed logit model，MXL）主要针对 MNL 模型忽略个体异质性、无法处理随机偏好差异的不足而提出，与 MNL 中的恒定系数相区别，MXL 模型允许解释变量的系数是随机的，因此又可称为随机系数 Logit 模型（random parameterlogit model，RPL）。具体而言，通过设定模型系数服从于一定的分布，可以估计出相应的分布参数。总体而言，应用研究中选择混合 Logit 模型最主要的出发点是对随机偏好差异的考虑。同时，混合 Logit 模型还可以妥善处置各种复杂的相关性。这是由于个体随机偏好的引入使得作为误差的随机效应因有了新的成分而不再独立，因此，以处理相关性为主要目的的混合 Logit 模型有时也被称为误差成分模型（error components model，ECM）。与嵌套 Logit 模型相比，混合 Logit 模型中的相关性虽然没有树形结构那么直观，但却灵活得多；事实上，Brownstone 等（1998）证明了前者在一定程度上只是后者的特例；McFadden 等（2000）进一步指出混合 Logit 模型可以模拟出一切基于效用最大化假设的选择模式。总体而言，应用研究中选择混合 Logit 模型最主要的出发点是对随机偏好差异的考虑。Hess 等（2005）在研究机场选择行为时，通过混合 Logit 模型发现人们对时间敏感性的差异显著；Lijesen（2006）将模型应用于意愿价值评估，获得了对机场航班频次的差异化价值判断。Lindberg 等（2012）在对旅游设施选择偏好的研究中，运用混合 Logit 模型比较了偏好的系统差异（当地居民与游客之间）和随机差异，同时特别指出哪些要素没有显著差异，即系数可以被视作固定，从而尽可能全面地获得偏好规律。上述研究只是通过估计偏好系数的标准差实现了简单的随机化，然而对于每个特定的选择者而言，个体偏好系数仍是未知的。事实上，如果与选择者已知的实际选择结果相结合，那么是可以进一步开展个体级别估计的（Train，2009），这也是混合 Logit 模型的一项独有优势。既有应用研究表明，上述个体估计能够提供丰富的信息。例如，Greene 等（2005）、Hess（2007）在各自对交通方式选择和航班选择的研究中，均估计了个体层面的时间价值，并且一致认为该结果的精确性较整体估计有很大提升；Campbell 等（2009）在研究居民的政策选择行为时，从估计的个体系数中找出过大和过小的离群值，进而发现现有随机偏好差异很大的部分原因是由少量的“极端偏好个体”造成的；Hess 等（2010）为分析受访者在选择实验中是否忽略了某些要素，利用每个受访者个体系数的估计值和标准差计算变异系数，以推断实际的要素忽略情况，结果表明，推断情况相比于受访者的陈述情况更加真实。此外，为便于技术推广，Hess（2010）还编写了独立的个体估计程序，填补了大多数建模软件中该项功能的空白。鲜文铎和向锐基于混合 Logit 模型研究了财务困境的预测。另一些研究应用混合 Logit 模型的理论出发点是对相关性的考虑，首先即是类似于嵌套 Logit 模型中出现的备选项相关和相应的替代模式问题。例如，Jou 等（2011）在研究到达机场交通方式的选择时，发现大运量捷运系统的引入对个体机动交通的替代性明显高于其他公共交通；Behrens 等（2012）在设定两地间交通方式的选择模型时加入两种误差成分，分别代表了两种不同的相关结构；Hayakawa 等（2014）在研究跨国公司投资的区位选择时，通过与 3 个不同结构的嵌套 Logit 模型相对比，发现混合 Logit 模型可得到类似的投资地替代模式，而且由于嵌套 Logit 模型的树形结构合理性难以定论，因此，混合 Logit 模型的结果应更加精确。除了备选项之间的相关之外，也有研究关注面板数据相关问题，即在重复选择背景下，同一个体多次选择之间的"情景相关"。典型的重复选择情景通常有两种可能：一种是通过多期重复调查获得的 RP 数据，另一种是几乎所有的 SP 数据（绝大多数要求被访者完成多次选择）。在 Suárez 等（2004）基于多年期 RP 数据对老年人选择养老方式的研究，以及 Feo 等（2011）基于 SP 数据对货运方式的研究中，均采用混合 Logit 模型处理面板数据相关。此类研究中一般假设个体在多次选择中的偏好保持不变，但也有学者对此提出质疑，具体可见于 Bhat 和 Gossen（2004）对游憩活动类型的选择，以及 Hess 和 Rose（2009）对路径选择的研究。这类模型中的误差成分设定更加复杂，虽然使模型更加精细化，但大大增加了建模与估计的难度。

三、Tobit 模型

受限因变量模型，也称为样本选择模型、Tobit 模型，是指响应变量仅仅被部分观测到的情况，包括删失（或称为归并）回归（censored regression model）和截断回归（truncated regression model）。样本选择模型的主要价值在于它可以有效校正抽样设计无法消除的样本选择性偏倚。删失回归最早由 Tobin（1958）提出，人们为了纪念 Tobin 对这类模型的贡献，把被解释变量取值有限制、存在选择行为的这类模型称之为 Tobit 模型。芝加哥大学的 James J. Heckman 教授在 20 世纪 70 年代中期所从事的关于劳动供给的大量研究。1974 年，他在《Shadow Prices, Market Wages and Labor Supply》一文中通过对妇女劳动力供给与市场工资关系的研究提出样本选择模型及其似然估计，但因其估计方法复杂、计算量大等原因使得该模型并未得到重视。稍后的五、六年间，Heckman 对该模型的估计方法做出了进一步发展，终于在 1979 年首创样本选择模型的两步估计，即著名的"heckman correction"。此后的 20 年间，样本选择模型在劳动力供给、消费、教育、出生率和种族、性别歧视等诸多方面研究得到了极大的应用，且样本选择模型的估计方法基本都是基于 Heckman 两步法进行的。Tunali（1986）提出考虑劳动参与和部门选择的双重样本选择模型（double sample selection model），即首先修正劳动参与的样本选择偏差，然后修正部门选择的样本选择偏差。但由于 Tunali 模型仅适用于劳动参与和部门选择相互独立的情景，而现实经济中劳动参与和部门选择常常是密切相关的，故 Tunali 模型应用极为有限。Heitmueller（2006）提出劳动参与和部门选择存在相关性的双重样本选择模型，并用于分析苏格兰公有部门和私有部门间的工资差异，为不同部门工资决定的研究提供了一条有效途径。周华林和李雪松（2012）结合一些经典文献，介绍了不同类型的 Tobit 模型的结构形式、估计方法、估计结果的性质等，为做实证分析的研究者们提供一个分析此类问题的基本方法。李庆海等（2016）利用 2013 年山东和江苏两省农户的调查数据，运用双重样本选择模型，识别影响农户需求型配给和供给型配给的因素。俞彤（2018）基于中国健康与养老追踪调查数据集，以贫困基线为主要控制变量，运用 Heckman 样本选择模型分析人口学特征、健康状况、就医行为、健康管理与经济水平等变量对住院决策与个人现金卫生支出的影响。

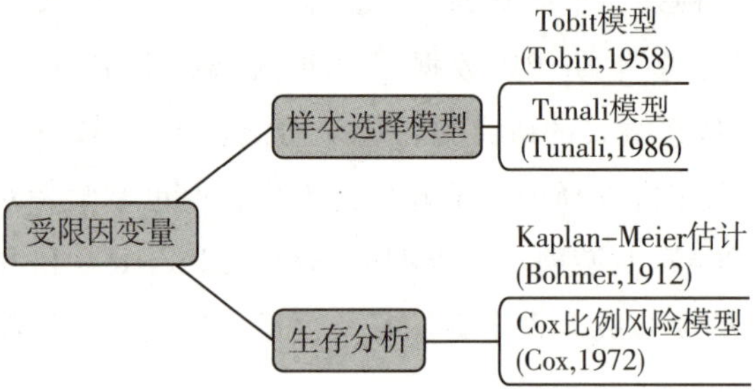

图 3-2　受限因变量模型

生存分析（Survival Analysis）是近二三十年发展起来的微观计量经济学新分支，它是根据医学、保险学和可靠性工程等科学研究中的大量实际问题提出的。在经济问题中，经常被用于研究劳动力失业持续时间，政策变动失业救济金对失业持续时间影响，证券市场价格走势，交易指令等待成交时间等问题的研究。生存分析起初主要用于分析生存时间及风险概率。使用最多的就是 Kaplan - Meier 估计。Kaplan - Meier 估计量或乘积极限估计量是 Bohmer（1912）由根据生命表极限估计量提出的，Kaplan 和 Meier（1958）证明了该估计量是非参数模型的极大似然估计量，Efron（1967）证明了 Kaplan - Meier 估计量具有一致性并且得到该估计量的渐近特征，Crowley（1974）得到了存在随机删失的 Kaplan - Meier 估计量的渐近特征。Turnbull（1974，1976），扩展了 Efron（1967）的结果，存在左、右截断和区间删失的情况下，Kaplan - Meier 估计量具有一致性并且也得到该估计量的渐近特征。Cox（1972）提出了 Cox 比例风险回归模型，实现了不同影响因素对于生存时间及概率的影响程度的分析，大大扩展了生存分析的应用领域。

生存分析在金融研究中的应用起源于 Lane 等（1986）。Narain（1992）首次将生存分析方法应用于消费信贷领域。Narain 指出生存分析方法不仅适用于消费信贷，对于其他的贷款领域都具有一定适用性。Banasik（1999）等用 Cox 模型来预测借款人违约或提前还款的时间。Thomas 等作了进一步研究，将指数模型、Weibull 模型、Cox 非参数模型与 Logistic 回归方法进行了比较，发现生存分析方法完全可以与传统 Logistic 回归方法相比，有时甚至优于 Logistic 回归。作者认为 weibull 模型、指数模型、Cox 比例风险模型改进了最简单的生存分析模型。贺筱君等（2014）运用生存分析方法和中国台湾 2009—2011 年每日发布的公开数据，建立 Cox 回归模型（Cox Regression Model），预测了中国台湾隔日加权股价指数期货涨跌。赵振鲁（2017）针对我国沪深 A 股市场中实行 ST 的上市房地产企业进行实证研究，从企业的盈利水平、营运能力、偿债能力、现金流量状况和公司治理等 5 个角度综合选取财务指标和非财务指标等 23 个风险预警变量，运用 Cox 生存模型进行预测，结论表明净资产收益率、投入资本回报率和第一大股东持股比例是保护因素，公司治理中董事长与总经理的两职合一是危险因素。同时结果表明该模型在房地产市场财务风险研究中具有较好的适用性。郭熙保和朱兰（2017）基于 K－M 估计量估计中等收入阶段停留时间和转型概率，首次采用生存模型探讨了中等收入转型的动力因素。刘西川等（2014）基于 Tobit Ⅲ模型研究考察了农户正规信贷需求与利率的关系。

文献索引

杜运苏、王丽丽，2015："中国出口贸易持续时间及其影响因素研究——基于 Cloglog 模型"，《科研管理》第 7 期。

郭熙保、朱兰，2017："中等收入转型概率与动力因素：基于生存模型分析"，《数量经济技术经济研究》第 10 期。

韩艳、武鑫森、杨光，2017："基于排序选择模型的游客拥挤感知分析"，《交通运输系统工程与信息》第 4 期。

贺筱君、陈俊男、吴佳懋，2014："生存分析在股市期市涨跌预测中的应用"，《数量经济技术经济研究》第 12 期。

李红琨、陈永飞、赵根，2011：基于现金流的财务预警研究：线性概率模型与 Logistic 模型之应用比较，《经济问题探索》第 6 期。

李庆海、吕小锋、孙光林，2016："农户信贷配给：需求型还是供给型？——基于双重样本选择模型的分析"，《中国农村经济》第 1 期。

刘西川、陈立辉，2014："农户正规信贷需求与利率：基于 TobitⅢ模型的经验考察"，《管理世界》第 3 期。

刘丹、李战江、郑喜喜，2018："基于 Woe－Probit 逐步回归的信用指标组合筛选模型及应用"，《数学的实践与认识》第 2 期。

邱晗光、周愉峰，2018："基于嵌套 Logit 选择模型的城市配送自提柜选址－路径问题"，《计算机应用》第 2 期。

阮素梅、周泽林，2018："基于 L1 惩罚 Logit 模型的 P2P 网络借贷信用违约识别与预测"，《财贸研究》第 2 期。

吴世农、卢贤义，2001："我国上市公司财务困境的预测模型研究"，《经济研究》第 6 期。

鲜文铎，向锐，2007："基于混合 Logit 模型的财务困境预测研究"，《数量经济技术经济研究》第 9 期。

姚先国，赖普清，2004："中国劳资关系的城乡户籍差异"，《经济研究》第 7 期。

俞彤，2018："贫困基线、住院决策与个人现金卫生支出——基于 Heckman 样本选择模型"，《卫生经济研究》第 2 期。

赵青、薛君、李一玮，2017：“互联网金融产品选择行为研究——基于嵌套 Logit 模型的分析”，《科学与管理》第 5 期。

赵振鲁，2017：“基于 Cox 模型的上市房地产公司财务风险影响机制研究”，《金融理论与实践》第 12 期。

郑茂，2003：“我国上市公司财务风险预警模型的构建及实证分析”，《金融市场》第 10 期。

周华林、李雪松，2012：“Tobit 模型估计方法与应用”，《经济学动态》第 5 期。

Adamowicz, W., Swait, J., Boxall, P., Louviere, J. and Williams, M., 1997, "Perceptions Versus Objective Measures of Environmental Quality in Combined Revealed and Stated Preference Models of Environmental Valuation", *Journal of Environmental Economics & Management*, 32 (1): 65 - 84.

Ai, C., Norton, E. C., 2003, "Interaction Terms in Logit and Probit Models", *Economics Letters*, 80 (1): 123 - 129.

Anderson, G. J., 1987, "Prediction Tests in Limited Dependent Variable Models", *Journal of Econometrics*, 34: 253 - 61.

Banasik, J., Crook, J. N. and Thomas, L. C., 1999, "Not If but When Will Borrowers Default", *Journal of the Operational Research Society*, 50 (12): 1185 - 1190.

Berkson, J., 1944, "Application of the Logistic Function to Bio - Assay", *Publications of the American Statistical Association*, 39 (227): 357 - 365.

Bhat, C. R., Gossen, R., 2004, "A Mixed Multinomial Logit Model Analysis of Weekend Recreational Episode Type Choice", *Transportation Research Part B Methodological*, 38 (9): 767 - 787.

Bliss, C. I., 1934, "The Method of Probits", *Science*, 79 (2037): 38 - 39.

Brownstone, D., Train, K., 1998, "Forecasting New Product Penetration with Flexible Substitution Patterns", *Journal of Econometrics*, 89 (1 - 2): 109 - 129.

Bunch, D. S., Kitamura, R., 1989, "Multinomial Probit Model Estimation Revisited: Testing of New Algorithms and Evaluation of Alternative Model Specifications for Trinomial Models of Household Car Ownership", *Mathematical Models*.

Campbell, D., Hess, S., 2009, "Outlying Sensitivities in Discrete Choice Data: Causes, Consequences and Remedies", *European Transport Conference*.

Caudill, S. B., 1987, "Dichotomous Choice Models and Dummy Variables", *the Statistician*, 36 (38): 1 - 83.

Caudill, S. B., 1988, "An Advantage of the Linear Probability Model over Probit or Logit", *Oxford Bulletin of Economics and Statistics*, 50 (4): 425 - 427.

Chib, S. and Greenberg, E., 1998, "Analysis of Multivariate Probit Models", *Biometrika*, 85 (2): 347 - 361.

Cox, D., Cox, D., Cox, D. R., Society, S. and Methodological, S., 1972, "Regressions Models and Life Tables", *Journal of the Royal Statistical Society*, 34 (2): 187 - 220.

De Dios Ortúzar, J., Simonetti, C., 2008, "Modelling the Demand for Medium Distance Air Travel with the Mixed Data Estimation Method", *Journal of Air Transport Management*, 14 (6): 297 - 303.

Donald Lien, David Rearden, 1990, "Practitioners' Corner: A Remark on an Advantage of the Linear Probability Model over Probit or Logit", *Oxford Bulletin of Economics and Statistics*, 52 (2): 223 - 225.

Dow, J. K., Endersby, J. W., 2004, "Multinomial Probit and Multinomial Logit: A Comparison of Choice Models for Voting Research", *Electoral Studies*, 23 (1): 107 - 122.

Espino, R., Ortúzar, J. D. D. and Román, C., 2007, "Understanding Suburban Travel Demand: Flexible Modelling with Revealed and Stated Choice Data", *Transportation Research Part a Policy & Practice*, 41 (10): 899 - 912.

Fairlie, R. W., Sundstrom, W. A., 1999, "The Emergence, Persistence, and Recent Widening of the Racial Unemployment Gap", *Industrial & Labor Relations Review*, 52 (2): 252 - 270.

Feo, M., Espino, R. and García, L., 2011, "An Stated Preference Analysis of Spanish Freight Forwarders Modal Choice On the South - West Europe Motorway of the Sea", *Transport Policy*, 18 (1): 60 - 67.

Ferdous, N., Eluru, N., Bhat, C. R. and Meloni, I., 2010, "A Multivariate Ordered - Response Model System for Adults'Weekday Activity Episode Generation by Activity Purpose and Social Context", *Transportation Research Part B Methodological*, 44 (8): 922 - 943.

Fertig, J. W., 1948, "Book Review: Probit Analysis: A Statistical Treatment of the Sigmoid Response Curve. D. J. Finney", *Quarterly Review of Biology*.

Finney, D. J., 1947, "The Estimation from Individual Records of the Relationship between Dose and Quantal Response", *Biometrika*, 34 (3/4): 320 - 334.

Finney, D. J., 1971, "Probit Analysis ", *Technometrics*, 15 (1): 197 - 199.

Gilliatt, R. W., 1948, "Vaso - Constriction in the Finger after Deep Inspiration", *Journal of Physiology*, 107 (1): 76.

Goos, P., Vermeulen, B. and Vandebroek, M., 2010a, "D - Optimal Conjoint Choice Designs with No - Choice Options for a Nested Logit Model", *Journal of Statistical Planning and Inference*, 140 (4): 851 - 861.

Greene, W. H., Hensher, D. A. and Rose, J. M., 2005, "Using Classical Simulation - Based Estimators to Estimate Individual Wtp Values", Springer Netherlands: 17 - 33.

Greene, W. H., 2000, "Econometric Analysis", *Contributions to Management Science*, 89 (89): 182 - 197.

Haaijer, R., Kamakura, W. and Wedel, M., 2001, "The 'No - Choice' Alternative in Conjoint Choice Experiments", *Social Science Electronic Publishing*, 43 (43): 93 - 106.

Hayakawa, K. and Tsubota, K., 2014, "Location Choice inLow - Income Countries: Evidence from Japanese Investments in East Asia", *Journal of Asian Economics*, 33 (C): 30 - 43.

Heckman, J. J., Macurdy, T. E., 1985, "A Simultaneous Equations Linear Probability Model", *Canadian Journal of Economics*, 18 (1): 28 - 37.

Heckman, J. J., 1979, "Sample Selection Bias as a Specification Error", *Econometrica*, 47 (1): 153 - 161.

Heitmueller, A., 2006, "Public - Private Sector Pay Differentials in a Devolved Scotland", *Journal of Applied Economics*, 295 - 323.

Hensher, D. A., 1999, "Hev Choice Models as a Search Engine for the Specification of Nested Logit Tree Structures", *Marketing Letters*, 10 (4): 339 - 349.

Hensher, D. A. and Bradley, M., 1993, "Using Stated Response Choice Data to Enrich Revealed Preference Discrete Choice Models", *Marketing Letters*, 4 (2): 139 - 151.

Hess, S., 2007, "Posterior Analysis of Random Taste Coefficients in Air Travel Behaviour Modelling", *Journal of Air Transport Management*, 13 (4): 203 - 212.

Hess, S., 2010, "Conditional Parameter Estimates From Mixed Logit Models: Distributional Assumptions and a Free Software Tool", *Journal of Choice Modelling*, 3 (2): 134 - 152.

Hess, S. and Polak, J. W., 2005, "Mixed Logit Modelling of Airport Choice in Multi - Airport Regions", *Journal of Air Transport Management*, 11 (2): 59 - 68.

Hess, S., Fowler, M., Adler, T. and Bahreinian, A., 2012, "A Joint Model for Vehicle Typeand Fuel Type Choice: Evidence from a Cross - Nested Logit Study", *Transportation*, 39 (3): 593 - 625.

Hong, K. L., Yip, C. W. and Wan, Q. K., 2004, "Modeling Competitive Multi - Modal Transit Services: A Nested Logit Approach", *Transportation Research Part C Emerging Technologies*, 12 (3): 251 - 272.

Irwin, J. O., 1953, "Statistical Method in Biological Assay", *Nature*, 172 (4386): 925 - 926.

James J. Heckman, James M. Snyder, Jr., 1997, "Linear probability models of the demand for attributes with an empirical application to estimating the preferences of legislators", *Journal of Economics*, 28 (0), 142 - 189.

James J. Heckman., 1974, "Shadow Prices, Market Wages, and Labor Supply", *Econometrica*, 42 (4): 679 - 694.

Johansson, M. V., Heldt, T. and Johansson, P., 2006, "The Effects of Attitudes and Personality Traits On Mode Choice", *Transportation Research Part a*, 40 (6): 507 - 525.

Jou, R. C., Hensher, D. A. and Hsu, T. L., 2011, "Airport Ground Access Mode Choice Behavior after the Introduction of a New Mode: A Case Study of Taoyuan International Airport in Taiwan", *Transportation Research Part E Logistics & Transportation Review*, 47 (3): 371 - 381.

Jumbe, C. B. L. and Angelsen, A., 2011, "Modeling Choice of Fuelwood Source among Rural Households in Malawi: A Multinomial Probit Analysis", *Energy Economics*, 33 (5): 732 - 738.

Kaplan, E. L., Meier, P., 1958, "Nonparametric Estimation from Incomplete Observations", *Publications of the American Statistical Association*, 53 (282): 457 - 481.

Klaassen, F. J. G. M., Magnus, J. R., 2001, "Are Points in Tennis Independent and Identically Distributed? Evidence from a Dynamic Binary Panel Data Model", *Journal of the American Statistical Association*, 96: 500 - 509.

Koppelman, F. S. and Wen, C. H., 2008, "The Paired Combinatorial Logit Model: Properties, Estimation and Application", *Transportation Research Part B*, 34 (2): 75 - 89.

Lane, W. R., Looney, S. W. and Wansley, J. W., 1986, "An Application of the Cox Proportional Hazards Model to Bank Failure", *Journal of Banking & Finance*, 10 (4): 511 - 531.

Li, Z., Wang, W., Liu, P. and Ragland, D. R., 2012, "Physical Environments Influencing Bicyclists'

Perception of Comfort On Separated and On – Street Bicycle Facilities", *Transportation Research Part D Transport & Environment*, 17 (3): 256 – 261.

Lien, D., Rearden, D., 2006, "Missing Measurements in Limited Dependent Variable Models", *Economics Letters*, 26 (1): 33 – 36.

Lijesen, M. G., 2006, "A Mixed Logit Based Valuation of Frequency in Civil Aviation From Sp – Data", *Transportation Research Part E*, 42 (2): 82 – 94.

Mcfadden, D., 2001, "Disaggregate Behavioral Travel Demand's Rum Side: A 30 – Year Retrospective", *the Leading Edge of Travel Behavior Research*, 17 – 64.

Mcfadden, D., Train, K., 2000, "Mixed Mnl Models of Discrete Response", *Journal of Applied Econometrics*, 15 (5): 447 – 470.

Mcfadden, D., 1978, "Modelling the Choice of Residential Location", *Spatial Interaction Theory & Residential Location*, 673 (477): 72 – 77.

McGarry, K. 2000, "Testing Parental Altruism: Implications of a Dynamic Model", QNBER Working Paper 7593.

Montgomery, M., 2002, "A Nested Logit Model of the Choice of a Graduate Business School", *Economics of Education Review*, 21 (5): 471 – 480.

Narain, B., 1992, "Survival Analysis and the Credit Granting Decision", in: Credit soring and credit control", *Oxford*: *Oxford university press*: 236 – 245.

Oksanen, E. H. 1986, "A Note on the Observation – Specific Dummies and Logit Analysis", *Journal of the Royal Statistical Society*, 35 (4): 413 – 416.

Ortuzar, J. D. D., 1983, "Nested Logit Models for Mixed – Mode Travel in Urban Corridors", *Transportation Research Part a General*, 17 (4): 283 – 299.

Papola, A., 2004, "Some Developments on the Cross – Nested Logit Model", *Transportation Research Part B*, 38 (9): 833 – 851.

Papola, A., 2004, "Some Developments on the Cross – Nested Logit Model", *Transportation Research Part B*, 38 (9): 833 – 851.

Rasciute, S., Pentecost, E. J., 2010, "A Nested Logit Approach to Modelling the Location of Foreign Direct Investment in the Central and Eastern European Countries", *Economic Modelling*, 27 (1): 32 – 39.

Reiley, D. H., 2005, "Field Experiments on the Effects of Reserve Prices in Auctions: More Magic on the Internet, Mimeo", University of Arizona.

Rose, S. H. J. M., 2009, "Allowing for Intra – Respondent Variations in Coefficients Estimated On Repeated Choice Data", *Transportation Research Part B*, 43 (6): 708 – 719.

Sarma, S., Simpson, W., 2007, "A Panel Multinomial Logit Analysis of Elderly Living Arrangements: Evidence from Aging in Manitoba Longitudinal Data, Canada", *Social Science & Medicine*, 65 (12): 2539 – 2552.

Schmidheiny, K., Brülhart, M., 2011, "On the Equivalence of Location Choice Models: Conditional Logit, Nested Logit and Poisson", *Journal of Urban Economics*, 69 (2): 214 – 222.

Suárez, A., Bosque, I. R. D., Rodrı′guez – Poo, J. M. and Moral, I., 2004, "Accounting for Heterogeneity in Shopping Centre Choice Models", *Journal of Retailing & Consumer Services*, 11 (2): 119 - 129.

Takeshi Amemiya, 1977, "Some Theorems in Linear Probabiliy Model", *International Economic Review*, 18 (3): 645 - 650.

Tobin, J., 1958, "Estimation of Relationships for Limited Dependent Variables", *Econometrica*, 26 (1): 24 - 36.

Tunali I., 1986, "A General Structure for Models of Double - Selection and an Application to a Joint Migration/Earning Process with Remigration", *Research in Labor Economics*, 8.

Wen, C. H., Koppelman, F. S., 2001, "The Generalized Nested Logit Model", *Transportation Research Part B*, 35 (7): 627 - 641.

Yai, T., Iwakura, S. and Morichi, S., 1997, "Multinomial Probit with Structured Covariance for Route Choice Behavior", *Transportation Research Part B Methodological*, 31 (3): 195 - 207.

第四章

面板数据

面板数据，是指在时间序列上取多个截面，在这些截面上同时选取样本观测值所构成的样本数据。面板数据数量经济学模型是数量经济学理论方法的重要发展之一，已经形成了与截面数据模型相对应的完整的模型体系，具有很好的应用价值。本章主要介绍面板数据模型国内外研究现状，主要包括动态面板回归、固定效应和随机效应、条件分位数面板模型，以及非线性面板数据模型等。

一、动态面板回归

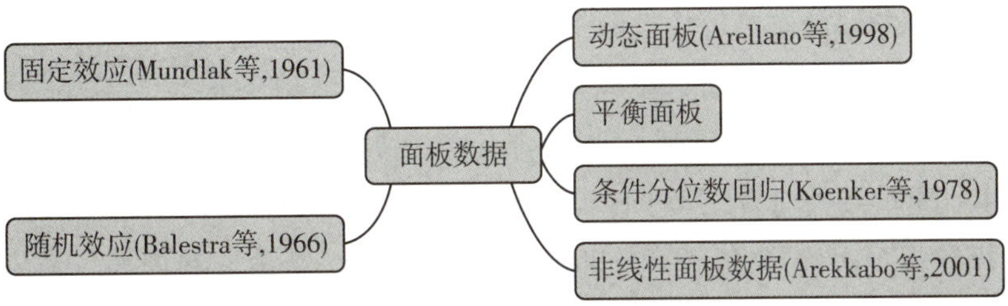

图 4-1　面板数据模型

在国外的实证研究中，动态面板数据模型应用于分析生产函数、R&D 问题、经济增长问题、动态外部性和工业结构和经济发展、商业周期、家庭收入、工业贸易、经济增长 FDI 和出口、区域经济增长、经常账户赤字、公司资本结构等问题上。Blundell 和 Bond（2008）在研究 C-D 生产函数时，采用的面板数据横截面很大，时期很短。此时，标准的 GMM 估计量，虽然通过进行一阶差分消除了不可观察的公司特定效应，但通过他们的研究发现产生不满意的结果（Mairesse，2007）。他们把这些归因于弱工具变量，滞后水平项和一阶差分序列之间是弱相关。正如 Blundell 和 Bond 研究所揭示的那样，使用标准一阶差分 GMM 估计量将导致有限样本有偏。他们的研究同时发现：通过对初始条件过程采取合理的平稳性限制，将显著的减少有偏性。这就产生了一个扩展的 GMM 估计量，滞后的一阶差分序列将被用作水平方程的工具变量。同时，Blundell 和 Bond（1998）使用面板数据研究美国制造业公司的 R&D 执行情况，研究发现在扩展的 GMM 估计量中增加工具变量是有效和能提供信息的，这种估计量将产生更合理的参数估计量，同时也强调了在生产率变化中允许加入一个自回归成分的重要性。前面已经指出，一阶差分的 GMM 估计量是有偏的。Bond，Hoeffle 和 Temple 等利用 GMM 对经济增长进行实证研究，针对一阶差分 GMM 估计的有偏性提出了两个解决办法：一个是采用 Arellano 等（1998；2002）发展的系统 GMM 估计量。这个估计量采用滞后一阶差分变量作为水平方程的工具变量，再与通常的估计方法结合使用。另一个解决办法是通过使用模型中没有包括的变量来加强一阶差分方程中所采用的工具变量的作用，例如，在估计基本的索罗模型中通过使用学校注册率作为工具变量。结果表明：经济增长的收敛比率较低，这个结论也说明了在测度趋同率方面，还有许多不确定性需要考虑，不应该排除人力资本的显著外部性。

Bond（2002）把动态面板数据的 GMM 法应用在单个方程中的估计中，选取截面很大、时间很短的微观面板数据来估计自回归滞后分布模型，研究发现：当利率模型中包括内生变量和前定解释变量的时候，这种方法很有用。在一个宽范围的微观经济应用中，GMM 估计量可以用来获得一致的参数估计量。然而当可获得的工具变量是弱工具变量时，这种方法将受制于有限样本的有偏性，并且，当对高度一致的序列采用基本的一阶差分估计量时会产生一个问题。仔细观察单个时间序列，比较一致的 GMM 估计量和像 OLS 和组内估计这样的简单估计量，将在应用研究中检查和避免这些有偏性。因为在短时间的面板数据中，含有滞后因变量简单估计量的系数是有偏的。Barossi - Flilho（2005）实证研究了长期的索罗经济增长模型，利用动态面板数据模型固定效应的单位根检验为收入增长的随机过程提供了很严谨的理论框架，通过动态面板协整分析的方法得出收入增长里大约有 1/3 是资本贡献的经验证据，Esposti（2007）研究了欧洲区域经济增长和农业政策，建立动态面板数据模型来研究 1989—2000 年欧洲的 206 个地区趋同性，采用了 GMM 估计来获得趋同参数 β 的一致估计量和条件变量的影响。和前面相似，对于 GMM - DIFF 和 GMM - SYS 方程，都采用 Arellano 和 Bond 提出的一步和两步估计量，虽然两步中都产生了一致估计量，但第二步中却得到了渐进有效的估计量。结果表明：经济增长的趋同率显著地随着可供选择的参数的变化而变化，此处，可靠的和一致的趋同率估计量在 3% 和 11% 间变化，然而从横截面研究中这个比率通常是 2%—3%。Bun（2007）利用包括个体效应和时间效应的动态面板数据研究摩洛哥的工业结构对当地经济发展的影响。因为所选样本时期较短，截面较大，所以利用广义矩估计（GMM）来估计一致估计量，模型的回归项中包括滞后的因变量，模型假定中的所有矩条件都被采用，他们利用 Arellano 和 Bond 提出的办法，对水平方程进行一阶差分来消除个体特定影响，使用滞后的因变量作为矩条件，并采用了一步和两步 GMM 估计，第二步估计的系数被用偏差修正的渐近标准误差来补充。结果表明，工业结构的专业化和分散性对本地经济发展有显著的积极作用，而竞争效应却和本地经济发展显著负相关。Dewenter 等（2008）利用动态面板数据的 GMM 估计法研究了澳大利亚的移动通信的需求弹性，包括短期和长期的价格需求弹性。他们认为：GMM 估计量的一致性依赖于工具变量的有效性，因此可以利用关于过度识别的 Sargan 检验来进行估计。他们利用 1998 年 1 月至 2002 年 3 月的数据进行实证分析，结果发现：公司顾客比私人顾客具有更高的需求弹性；后期支付的顾客比前期支付的顾客具有更高的弹性；长期需求更具有弹性。参数化的动态面板数据模型很容易被错误识别。为了解决这些问题，参数化模型可用半参数或非参数的模型来代替，Horowitz（1996）及扩展到半参数面板数据模型。

在国内，黄智淋和董志勇（2013）利用动态面板数据门限模型研究了我国金融发展与经济增长的非线性关系；杨继生和王少平（2008）将传统的线性动态面板模型扩展为平滑转换的非线性动态面板模型，并基于对非线性参数的格点搜索，提出了一种简便易行的非线性动态面板模型估计程序：条件 GMM 估计；张志强（2017）借助于蒙特卡洛模拟方法，在综合比较了主流动态面板模型参数估计方法优劣的同时，分析了动态面板模型参数估计有效性检验统计量的检验功效。武大勇等（2008）把一般的常系数的动态面板数据模型推广到变系数的情形。对于变系数的动态面板数据模型首先推导出模型所隐含的各种矩条件，然后利用广义矩估计的方法得到了模型中未知参数的半参数广义矩估计，并对这一估计的渐近性和一致性进行了证明。王少平、封福育（2006）以中国各省市作为基础横截面单元，进而将其归并入东部、中部和西部三个地区形成区域性横截面单元，然后利用各横截面单元 1992—2003 年的样本组成面板数据，建立动态面板数据模型来考察 FDI 对中国不同地区进出口贸易的动态效应。郑月明和董登新（2008）以我国各个省市区作为横截面单元，利用各横截面单元 1988—2005 年的样本组成面板数据，进而建立动态面板数据模型来考察 FDI 对我国不同地区就业的影响。

从上述动态面板回归的描述看，GMM 估计是一种较为常见的动态面板回归估计方法。本章有必要专门就 GMM 估计进行介绍。GMM 的基本思想是：在随机抽样中，样本统计量将依概率收敛于某个常数，而这个常数又是分布中未知参数的一个函数，即可以在不知道分布的情况下，利用样本矩构造方程（包含总体的未知参数），利用这些方程求得总体的未知参数。GMM 不需要知道随机误差项的准确分布信息，允许随机误差项存在异方差和序列相关，放松了其他方法的应用假设，所得到的参数估计量比其他参数估计方法更有效。因此，GMM 在模型参数估计（尤其是针对内生性问题）中得到广泛应用。在 Hansen（1982）提出的 GMM 基础上，其他学者对该估计方法进行了扩展与改进。Arellano 和 Bond（1991）提出了基于差分的 GMM（动态面板 GMM），这一方法对估计方程进行一阶差分以去除固定效应的影响，再用一组滞后的解释变量作为差分方程中相应变量的工具变量，从而获得一致性估计。其提出的 GMM 估计包括一步 GMM 和两步 GMM，而由于两步估计的标准差存在向下偏差，所以在经验应用中通常使用一步 GMM 估计量（Bond，2002）。Arellano 和 Bover（1995）又提出了基于水平值的 GMM 以改进之前的方法。Bundell 和 Bond（1998）将差分方程与水平方程结合在一起，提出了差分估计量的替代估计量—GMM 系统估计量，这一系统估计量与差分估计量相比减少了有限样本下的潜在偏差，而且保留了截面数据的变化特征。一步系统 GMM 利用了比一步差分 GMM 更多的信息，可以有效控制某些解释变量的内生性问题，通过将弱外生变量的滞后项作为工具变量纳入估计方程，从而获得一致性估计。因此，前者比后者的估计结果更有效。

为了改进 GMM 的小样本性质，很多学者提出了更为有效的替代估计量，如 Owen（1988）、Qin 和 Lawless（1994）以及 Imbens（1997）的经验似然（Empirical Likelihood，EL）估计量，Hansen 等（1996）的连续更新估计量（Continuous Updating Estimator，CUE），Kitamura 和 Stutzer（1997）和 Imbens 等（1998）的指数倾斜（Exponential Tilting，ET）估计量。Smith（1997）、证明了 EL 和 ET 具有共同的结构，是广义经验似然（GEL）类估计量。Newey 和 Smith（2010）发现在小样本场合 GEL 类估计量比 GMM 估计量具有更小的估计偏差和均方误差；偏差校正 EL 继承了最大似然的高阶特性。此外，还有部分学者做出了其他改动以提升 GMM 估计量性质。Liu 和 Saraiva（2017）提出了一种基于异方差扰动的联立方程组 SAR 模型的 GMM 框架。他们的研究表明，除线性矩条件外，这种

GMM 估计量利用了方程内与方程之间的模型扰动协方差结构的二次矩条件，与 QML 方法相比，其在异方差形式未知的情况下更具有稳定性。白强和白仲林（2017）针对一类存在截面相关性的动态因子模型，分别提出了动态因子向量和因子载荷矩阵的广义矩估计方法，该方法是对传统频域分析方法的补充，并分别研究了模型参数广义矩估计量的渐近性质和有限样本性质。他们研究发现，在适当的条件下，动态因子及其因子载荷矩阵的 GMM 估计量不仅具有渐近正态分布的一致估计，而且具有良好的有限样本性质。

在 GMM 估计方法的应用方面，众多学者应用该方法对经济增长及其相关要素增长进行研究。从国外研究来看，Esposti（2007）研究了欧洲区域经济增长和农业政策，建立动态面板数据模型来研究 1989—2000 年欧洲的 206 个地区趋同性，采用了 GMM 来获得趋同参数的一致估计量和条件变量的影响；其还采用了 GMM - DIFF（一阶差分后进行 GMM）和 GMM - SYS（通过增加水平的系统方程到一阶差分方程中的 GMM 估计量）了两种方法。Dewenter 等（2008）利用动态面板数据的 GMM 研究了澳大利亚的移动通信的需求弹性，包括短期和长期的价格需求弹性。Kiviet 等（2017）在探讨外国直接投资对 GDP 的影响时，考虑了具有误差记忆的自回归方程的 GMM 方法。从国内研究来看，赵振全等（2007）利用这一方法研究了中国金融发展与全要素生产率的关联性。饶华春（2009）利用一步系统 GMM 考察了中国金融发展对企业融资约束的影响。张樱（2017）应用差分 GMM 和系统 GMM 实证检验社会资本、法律制度环境与银行贷款契约之间的关系。杨措（2018）聚焦国际货币的支付结算和债券投资功能，运用 Sys - GMM 估计方法，探讨货币内外币值的稳定性对货币国际化水平的影响。张鹏杨和唐宜红（2018）依靠系统 GMM 方法，在测算我国出口企业全球价值链位置和出口国内附加值率（DVAR）的基础上，从全球价值链升级的视角研究了 FDI 对企业 DVAR 的影响效果及路径。

二、固定效应和随机效应

Mundlak（1961），Wallace 和 Hussain（1969）成为较早的固定效应的支持者，他们认为固定效应模型具有估计的优势，而且认为没有理由像随机影响模型那样假设把个体影响处理为与其他回归变量不相关。而 Balestra 和 Nerlove（1966）却是随机误差成分模型的坚决、支持者，他们认为我们应该总是把个体影响处理为随机的。Chamberlain（1984）的研究表明，固定效应模型是对一般模型的待验参数施加可检验的约束后得到的，我们可以通过检验这种约束条件的成立与否来决定是否选择固定效应模型。Mundlak（1978）则认为，随机效应模型是假设全部的包含个体随机影响的回归变量是外生的。而与此相对应的是，固定效应模型认为包含个体影响效果的变量是内生的。因此，固定效应与随机效应选择的问题是一个检验回归变量与个体影响效应是否为外生的问题。Hausman 和 Taylor（1981）通过允许一部分回归变量与个体的差异性之间存在相关关系的方式，运用 Hausman 类的统计量对是否存在随机效应进行了检验。在 Nerlove（2000）再一次掀起了有关随机与固定效应的争论，并提出了新的理由主张选择随机影响模型之后，Panel Data 模型的应用研究学者们提出了反对无条件接受固定效应模型或随机效应模型的主张。Wooldridge（2002）认为，在微观面板数据计量模型的估计中，将无法观测到的影响成分看作固定效应还是随机效应的讨论是不明智的。因为当我们面临一个从较多截面随机得到的大容量样本的时候，我们通常是将无法观测到的异质性影响与解释和被解释变量一样看作总体抽取的一个随机变量。Hsiao 和 Sun（2000）则认为，将固定效应或随机效应的判断作为模型设定的问题来看待和解决要远远优于对其进行单纯的假设和检验。他们提出了以密度比率（density）、AIC（Akaike）准则以及斯瓦茨（Schwartz）准则来对模型设定进行检验以判断两种效应。在同时进行的蒙特卡洛模拟实验中，估计结果显示，三种判断准则均能较好地对模型设定进行判断和检验，其中以斯瓦茨准则。刘学良和陈琳（2011）探讨和解释了面板数据的二维特性及其不同的固定效应估计的本质。研究表明，截面固定效应实际上是有线性约束的时间序列回归，其回归系数体现了样本在时序维度的相关关系；时间固定效应实际是有线性约束的横截面回归，其回归系体现了样本在横截面维度的相关关系；双向固定效应估计量则是混合效应、截面固定效应和时间固定效应估计量的加权平均；由于面板数据的二维特性，变量在时序维度的相关关系和横截面维度的相关关系有可能是异质的，这种异质性是导致不同效应设定导致估计结果有很大变化的重要原因。吴海兵等（2013）基于固定效应模型研究了能源资源禀赋与产业结构之间存在的关系。研究表明，能源自给率与工业增加值占比具有稳定且显著的关系，产业结构的演进对能源资源禀赋存在一定的依赖性，且能源禀赋对工业增加值占比的影响同时具有个体效应和时点效应。

三、条件分位数面板模型

由于异方差的存在，为了弥补普通最小二乘法（OLS）在回归分析中的缺陷，Koenker 和 Bassett（1978）提出了分位数回归（Quantile Regression）的思想。它依据因变量的条件分位数对自变量 X 进行回归，这样得到了所有分位数下的回归模型。因此，分位数回归相比普通最小二乘回归只能描述自变量 X 对于因变量 Y 局部变化的影响而言，更能精确地描述自变量 X 对于因变量 Y 的变化范围以及条件分布形状的影响。分位数回归能够捕捉分布的尾部特征，当自变量对不同部分的因变量的分布产生不同的影响时，例如，出现左偏或右偏的情况时，它能更加全面地刻画分布的特征，从而得到全面的分析，而且其分位数回归系数估计比 OLS 回归系数估计更稳健。近 10 多年来，分位数回归在国外得到了迅猛的发展及应用，其研究领域包括经济、医学、环境科学、生存分析以及动植物学等方面（见本章第四部分）。为了说明分位数回归的有用性，我们特介绍两个分位数回归实证分析的例子。Koenker 和 Machado（1999）分析了 1965—1975 年以及 1975—1985 年这两段时间内世界主要国家的经济增长情况，模型选取了 13 个影响经济增长的自变量，通过分位数回归得出结论：对于起初的单位资本产出这一自变量来说，它的全部回归分位系数基本保持不变，这就意味着对于经济发展迅速与缓慢的国家而言，起初的单位资本产出对于经济增长的影响基本相同；但是教育支出占 GDP 的比重以及公共消费占 GDP 的比重这两个自变量对于经济发展缓慢的国家影响更加的强烈（1999）。

Koenker（2004）给出的固定效应面板分位数回归模型 α_i 表示不被其他变量控制的不可观测异质性且其不依赖于分位数 τ 的值，表示第 i 个截面在第 t 时期自变量的观测值，为了考虑个体固定效应，以便更好地估计截面的分位数方程，引入了惩罚项替代传统的高斯惩罚项。另外，Wang 等（2011）还给出了面板分位数回归模型的经验似然估计值。虽然许多学者都对经验似然函数做过介绍，但是 Wang 等（2011）认为对于面板数据分位数回归模型，一般文献中提到的似然比不再适用，因为它们忽略了截面内部的相关性，使得经验似然比统计量失去了吸引力。为了适应截面内部的相关性并获得更精确的估计值，Wang 等（2011）使用了平滑经验似然估计过程替换分位数得分函数，得到 β 的经验对数似然率和极大经验似然函数。

工具变量估计：Harding 和 Lamarche（2009）对含有内生自变量的面板数据分位数回归模型进行了研究，提出了面板数据分位数回归模型的工具变量估计方法。第一个方程是经典的面板数据模型，期中包括因变量、内生变量向量和外生变量向量，随机误差项。方程（4）中内生变量和工具变量是相关的，方法和工具变量估计方法相同。固定效应动态面板模型：Galvao 和 Montes - Rojas（2010）建立的动态面板数据条件分位数函数模型其中，yit 是因变量，因变量是滞后因变量，外生变量和个体效应。因为模型中含有滞后因变量，如果使用惩罚估计方法，则个体效应的存在会引起伴随参数问题。因此，Galvao 和 Montes - Rojas（2010）提出了一个新的动态面板数据工具变量估计方法，动态面板分位数回归模型的偏误将会通过工具变量的选择而改善。工具变量与 y 的滞后项相关，但与新息独立。最后作者通过引入惩罚工具变量分位数回归固定效应模型，给出了求解参数。Galvao（2011）认为，在一般情况下，时间序列维度 T 相对于个体 N 是较小的，因而，估计依赖于 τ 分布的个体效应是比较困难的。在动态面板最小二乘估计中，观测不到的初始值会在分位数回归固定效应估计的动态过程中引起偏误。Galvao（2011）还使用工具变量方法对动态面板数据分位数回归模型进行了估计。随机效应动态面板分位数模型：自从 Koenker（2004）证明了在面板分位数回归模型中加入一个惩罚项具有很大的优势。在研究面板数据分位数回归的许多文献中都使用惩罚项，Feng（2011）认为惩罚更像一个模型的选择工具，使得它更加合适于固定效应模型。不适用于随机效应模型。于是，Feng（2011）罚的动态随机效应面板数据分位数回归模型。面板数据分位数回归模型设定和估计方法，其中包括静态面板固定效应模型、工具变量估计方法和动态面板分位数模型。目前，面板分位数模型的发展非常迅速，面板数据分位数回归模型远不限于以上所列举模型。最新发展还有平滑面板分位数回归模型，空间面板分位数回归模型，面板分位数处理效应模型，面板分位数 logit 模型等，限于篇幅我们不在此进行论述。面板分位数模型具有分位数模型和面板模型的优点，不仅可以控制个体异质性，具有更多的信息，更大的变异，变量间更弱的共线性，还可以识别、测量单纯使用横截面或时间序列数据无法估计的影响，对于非正态分布或异常值出现时的估计具有较强的耐抗性，可以提供更为完整信息，更清楚的阐释因变量的整个分部以及处理数据的异质性问题。

四、非线性面板数据模型

非线性面板模型是相对线性面板模型而言的，模型结构对模型参数来说本质上是非线性的，如离散选择面板模型、计数面板模型、截尾面板模型等。它构成了面板数据模型的一个重要分支，为传统的面板数据分析提供了新的工具和方法，并且为传统的面板数据分析方法带来了巨大的挑战。函数 g(.) 的不同形式和纯粹干扰项的不同设定构成了不同的非线性面板模型，如 g 是取值为 0 和 1 的示性函数时，就表示二项选择面板模型，进一步设定纯粹干扰项的分布为正态分布或 logit 分布时，就表示面板 probit 模型或面板 logit 模型。除此最常见的设定外，还可将 g 设定为限值形式、截尾回归形式、泊松分布形式等其他的非线性形式，从而构成不同的具体非线性面板模型。

解释变量向量 x 可以只包含严格外生的解释变量构成静态非线性面板数据模型，也可以只包含因变量的滞后值构成自回归非线性面板模型，也可以同时包含外生变量和内生变量构成一般的动态非线性面板数据模型。

Arellano（2001）对早期针对特殊结构的非线性面板模型的参数估计方法进行了详细的总结，对于传统的固定效应线性面板模型，可以使用最小二乘虚拟变量法、组内和组间估计法、广义最小二乘法、极大似然估计方法、半参数估计法和广义矩估计等估计方法来进行参数估计。前面三类参数估计方法强烈依赖于模型的线性设定以及个体效应进入模型的方式，对于非线性模型，类似于对变量进行差分变换的数据变换方式是不可行的，这些方法无法应用。由于固定效应设定不需要对个体效应进行分布设定，因此可以使用半参数估计方法进行参数估计，但对于非线性面板模型，半参数估计量和矩估计量在实际应用中仍然存在一定的问题，这些参数估计方法能为一些主要的结构参数（如斜率系数、纯粹干扰项的方差等）提供估计量，但不能给出模型中所有待估参数的样本估计值，因此不能获得像边际效应、概率或因变量的预测等这些具有特殊含义的诱导参数的样本估计值（Greene，2002）。对于 Tobit 类型的面板截尾回归模型：Heckman 和 MaCurdy（1980）在研究女性劳动力的供给问题时用到了该模型。因为该模型的个体效应 i 并不是以线性形式或多元形式进入模型中的，因此不可能通过差分将其从模型中消除，也不清楚在何种条件下能够利用条件极大似然方法将其剔除。Honore（1992）提出了一个不同的方法来估计该模型中的结构参数，基本思想是人为删改一些因变量以使个体效应能够从模型中差分掉。这种方法与 Powell（1986）使用的方法比较相似，Powell 在横截面截尾回归模型中人为删改了一些因变量使得矩条件能满足 OLS 的应用。Amemiya（1985）所使用的样本选择模型的面板数据版本，称之为第二类 Tobit 模型。根据前面的分析可知，1 可以由上面提到的极大矩估计方法进行估计。Kyriazidou 进行参数估计的思想来源于通过一阶差分剔除个体效应的半参数样本选择模型的估计。面板泊松回归：解释变量服从泊松分布例如：若干企业的获得的专利个数（2011）：全世界近几十年发生示威游行的次数等，依然可以结合面板数据固定效应模型，随机效应模型等方法。叶小青（2014）在带交互效应的面板数据模型中引入非线性平滑转换，对静态模型提出了非线性迭代 OLS 估计量；对动态模型构建了非线性迭代 GMM 估计量，两类估计量均具有一致性。吕延方（2015）基于非线性面板模型对进出口贸易影响生产率、收入和环境的基于人均 GDP 门限特征进行检验。欧阳志刚（2012）使用两机制 TR 模型对 Westerlund 和 Edgerton（2005）的面板数据协整向量结构突变模型进行扩展，提出截距项具有阈值效应、截距项和斜率系数都具有阈值效应的面板数据非线性阈值协整模型。彭方平（2007）应用非线性光滑转换面板数据模型，从微观层面对我国货币政策传导的非线性效应进行了实证研究。杨继生（2011）研究了线性、非线性面板结构 VAR 模型的参数、半参数估计。

文献索引

黄智淋、董志勇，2013：“我国金融发展与经济增长的非线性关系研究”，《金融研究》第 7 期。

刘学良、陈琳，2011：“横截面与时间序列的相关异质：再论面板数据模型及其固定效应估计”，《数量经济技术经济研究》第 12 期。

吕延方、王冬、陈树文，2015：“进出口贸易对生产率、收入、环境的门限效应：基于 1992—2010 年我国省际人均 GDP 的非线性面板模型”，《经济学（季刊）》第 14 卷第 2 期。

冒佩华、周亚虹、黄鑫等，2011：“从专利产出分析人力资本在企业研发活动中的作用：以上海市大中型工业企业为例证”，《财经研究》第 12 期。

欧阳志刚，2012：“面板数据非线性阈值协整的检验方法”，《数量经济技术经济研究》第 3 期。

彭方平，2007：“我国货币政策的微观效应：基于非线性光滑转换面板模型的实证研究”，《金融研究》第 9 期。

王少平、封福育，2006：“外商直接投资对中国贸易的效应与区域差异：基于动态面板数据模型的分析”，《世界经济》第 8 期。

武大勇、张伟、姜凌，2008：“变系数动态面板数据模型的半参数估计”，《数量经济技术经济研究》第 2 期。

吴海兵、肖地楚、王欣欣等，2013：“基于固定效应模型的能源资源禀赋与产业结构关系研究”，

《宏观经济研究》第 10 期。

杨继生，2011："线性、非线性面板结构 VAR 模型的参数、半参数估计"，《数量经济技术经济研究》第 3 期。

杨继生、王少平，2008："非线性动态面板模型的条件 GMM 估计"，《数量经济技术经济研究》第 12 期。

叶小青，2014："非线性交互效应面板数据模型的估计"，《统计研究》第 31 卷第 2 期。

张志强，2017："动态面板模型参数估计方法的比较研究"，《统计研究》第 34 卷第 9 期。

郑月明、董登新，2008："外商直接投资对我国就业的区域差异与动态效应：基于动态面板数据模型的分析"，《数量经济技术经济研究》第 5 期。

张鹏杨、唐宜红，2018："FDI 如何提高我国出口企业国内附加值？——基于全球价值链升级的视角"，《数量经济技术经济研究》第 35 卷第 7 期。

张樱，2017："社会资本、法律制度环境与银行贷款契约——基于 GMM 的动态面板数据分析"，《系统工程》第 35 卷第 7 期。

赵振全，于震，刘淼，2007："中国金融发展与全要素生产率的关联性——基于面板数据 GMM 估计的实证检验"，《21 世纪数量经济学（第 8 卷）》。

Amemiya, T., 1985, "Advanced Econometrics", Basil Blackwell.

Andrews, D. W. K., 1991, "Heteroskedasticity and Autocorrelation Consistent Covariance Matrix Estimation", *Econometrica*, 59 (3): 817 - 858.

Arellano M., Bond S., 1991, "Some Tests of Specification for Panel Data: Monte Carlo Evidence and an Application to Employment Equations", *Review of Economic Studies*, 58 (2): 277 - 297.

Arellano, M., 2003, "Discrete Choices with Panel Data", *Investigaciones Económicas*, (27): 423 - 458.

Baltagi, B. H., 2002, "Econometric Analysis of Panel Data", New York: Wiley.

Balestra, P., Nerlove M., 1966, "Pooling Cross Section and Time SeriesData in the Estimation of a Dynamic Model: The Demand for Natural Gas", *Econometrica*, 34: 585 - 612.

Barossifilho, M., Silva, R. G. and Diniz, E. M., 2005, "The Empirics of the Solow Growth Model: Long - term Evidence", *Journal of Applied Economics*, 8 (1): 31 - 51.

Bochum Ralf Dewenter, 2008, "Nuremberg Justus Haucap. Demand Elasticities for Mobile Telecommunications in Austria", *Jahrbücher f. National onomie u. Statistik*, 228 (1): 49 - 63.

Cox D R. 1992, "Regression Models and Life - Tables", *Journal of the Royal Statistical Society*, 34 (2): 187 - 220.

Eichenbaum, M. S., Hansen, L. P., and Singleton, K. J., 1988, "A Time Series Analysis of Representative Agent Models of Consumption and Leisure Choice under Uncertainty", *the Quarterly Journal of Economics*, 103 (1): 51 - 78.

Esposti R., 2007, "Regional Growth and Policies in the European Union: Does the Common Agricultural Policy Have a Counter - Treatment Effect?" *American Journal of Agricultural Economics*, 89 (1): 116 - 134.

Feng, Q., 2011, "L2 Penalised Quantile Regression for Dynamic Random Effects Panel Data Models", Work Paper.

Fisher, R. A., 1919, "The Correlation between Relatives on the Supposition of Mendelian Inheritance", *Transactions of the Royal Society of Edinburgh*, 52 (2): 399 - 433.

Galvao, A. F., Montes - Rojas, G. V., 2010, "Penalized Quantile Regression Dynamic Panel Data", *Journal of Statistical Planning and Inference*, 140.

Galvao, A. F., Quantile, 2011, "Regression for Dynamic Panel Data with Fixed effects", *Journal of Econometrics*, 140 (11): 3476 - 3497.

Hansen, L. P., 1982, "Large Sample Properties of Generalized Method of Moments Estimators", *Econometrica*, 50 (4): 1029 - 1054.

Hansen, L. P., Heaton J., and Yaron A., 1996, "Finite - Sample Properties of Some Alternative GMM Estimators", *Journal of Business and Economic Statistics*, 14: 262 - 280.

Harding, M., Lamarche, C. A., 2009, "A Quantile Regression Approach for Estimating Panel Data Models Using Instrumental Variables", *Economics Letters*, 104 (3): 133 - 135.

Honoré, B., 1993, "Orthogonality Conditions for Tobit Models with Fixed Effects and Lagged Dependent Variables", *Journal of Econometrics*, 59 (1 - 2): 35 - 61.

Honoré, B. E., Kyriazidou E., 2000, "Panel Data Discrete Choice Models with Lagged Dependent Variables", *Econometrica*, 68 (4): 839 - 874.

Hsiao, C., 2003, "Analysis of Panel Data", Cambridge: University Press, 8.

Imbens, G. W., 1997, "One - Step Estimators for Over - Identified Generalized Method of Moments Models", *Review of Economic Studies*, 64: 359 - 383.

Imbens, G. W., Spady R. H., and Johnson P., 1998, "Information Theoretic Approaches to Inference in Moment Condition Models", *Econometrica*, 66: 333 - 357.

Kitamura, Y., Stutzer M., 1997, "An Information - Theoretic Alternative to Generalized Method of Moments Estimation", *Econometrica*, 65: 861 - 874.

Kiviet J. F., Pleus M., and Poldermans R., 2017, "Accuracy and Efficiency of Various GMM Inference Techniques in Dynamic Micro Panel Data Models", *Economic Growth Centre Working Paper*, 09 (1): 14.

Koenker, R., Bassett, G. W., 1978, "Regression Quantiles", *Econometrica*, 46: 33 - 50.

Koenker R., Machado A. F., 1999, "Goodness of Fit and Related Inference Processes for Quantile Regression" *JASA*, (94): 1296 - 1310.

Koenker, R., Quantile, 2004, "Quantile Regression for Longitudinal Data", *Journal of Multivariate Analysis*, 91 (1): 74 - 89.

Li Q, Hsiao C., 1998, "Testing Serial Correlation in Semiparametric Panel Data Models", *Journal of Economic Statistics*, 1998 (3): 412 - 422.

Newey W. K., Powell J. L., 1987, "Asymmetric Least Squares Estimation and Testing", *Econometrica*, 55 (4): 819 - 847.

Qin, J., Lawless, J., 1994, "Empirical Likelihood and General Estimating Equations", *Annals of Statistics*, 22: 300 - 325.

Richard Blundell, Stephen Bond, 1998, "GMM Estimation with Persistent Panel Data: an Application to

Production Functions", *the Institute for Fiscal Studies Working Paper Series*, W99/4.

Roberto Esposti, Regional, 2007, "Growth and Policies in the European Union: Does the Common Agricultural Policy Have a Counter Treatment Effect", *Common Agricultural Policy and Regional Growth*, February, 116 – 134.

Stephen Bond, 2002, "Dynamic Panel Data Models: a Guide to Micro Data Methods and Practice", the Institute for Fiscal Studies department of Economics", *UCL cemmap working paper CWP*09/02.

Smith, R. J., 1997, "Alternative Semi – Parametric Likelihood Approaches to Generalized Method of Moments Estimation", *Economic Journal*, 107: 503 – 519.

Wooldridge, M., 2000, "A Framework for Estimating Dynamic, Unobserved Effects Panel Data models with Possible Feedback to Future Explanatory Variables", *Economics Letters*, 68: 245 – 250.

Yeh, C., Wang, K. and Suen, Y., 2011, "A Quantile Framework for Analysing the Links Between Inflation Uncertainty and Inflation Dynamics across Countries", *Applied Economics*, 43 (20): 2593 – 2602.

第五章

因子模型

数据分析处理过程中，由于数据往往包含大量变量，导致分析问题的复杂性。如何将多个相关变量转化为少数不相关变量，成为探索和简化多变量复杂关系的关键。本章将对“降维”技术中常用的主成分分析与因子分析进行介绍。在此基础上，对因子模型的发展历程及应用进行详细梳理。

一、主成分分析与因子分析

主成分分析（Principal Component Analysis，PCA）与因子分析（factor analysis，FA）是两种用来探索和简化多变量复杂关系的常用方法。主成分分析是一种数据降维技巧，它能将大量相关变量转化为一组很少的不相关变量，这些不相关变量成为“主成分”。因子分析是一系列用来发现一组变量的潜在结构的方法，它通过寻找一组更小的、潜在的或隐藏的结构来解释已观测到的、显式的变量间的关系。有相当数量的研究对于主成分分析与因子分析不加以区别，因而对分析结果的解释非常模糊。其实，主成分分析与因子分析之间既有联系，也存在着区别。

从联系上看，主成分分析与因子分析都是多个相关变量（指标）转化为少数几个不相关变量的多元统计方法，其目的是在高维空间研究样本分布规律的问题中，通过降维得到简化，并尽量保留原样本的信息量，两者都有消除相关、降维的功能。

主成分分析是通过变量变换把注意力集中在具有最大变差的那些主成分上，而视变差不大的主成分为常数予以舍弃；因子分析是通过因子模型把注意力集中在少数不可观测的公共因子上，而舍弃掉特殊因子。主成分个数与公共因子个数的选择准则通常是相同的。

主成分分析中，主成分向量 Y 与指标向量 X 的表达式为 $Y = L^T X$，其中 $L = (l_{ij})_{p\times p}$；而因子分析中的因子模型为 $X = AF + \varepsilon$，其中 F 为公共因子，ε 为特殊因子，$A = (a_{ij})_{p\times m}$。当 $D(\varepsilon) = 0$ 时，可采用主成分去估计 A 矩阵，则 $a_{ij} = \sqrt{\lambda_j} l_{ij}$。

虽然主成分分析与因子分析存在紧密的联系，但也有区别（白雪梅、赵松山，1995）：

（1）主成分分析的实质是 P 维空间的坐标转换，并不改变样本数据结构，不能作为模型来描述；因子分析的实质是 P 维空间到 M 维空间的一种映射，需构造模型。

（2）主成分的个数与原变量的个数相等，而公共因子的个数小于原变量的个数。

（3）主成分分析是把主成分表示为原变量的线性组合；因子分析是把原变量表示为公共因子和特殊因子的线性组合。

（4）主成分分析由可观测的原变量 X 直接求得主成分 Y，并可逆；因子分析只能可观测的原变量去估计不可观测的公共因子 F，不能用 X 表示 F。

（5）主成分分析中的 L 阵是唯一的正交阵；因子分析中的 A 阵不唯一，也不一定是正交阵。

（6）主成分分析主要应用在综合评价和指标筛选上，因子分析除这两个作用外，还可应用于对样本或变量的分类。

二、因子模型

因子模型是在 20 世纪初期英国心理学家 Charles E. Spearman 为定义和测定智力所提出

的（高华川和张晓峒，2016）。因子分析的目的是用少量潜在的、不可观测的因子来描述许多变量间的相关关系。经典因子模型假设异质性部分是相互正交的，这意味着数据间的所有相关性都归因于共同因子。

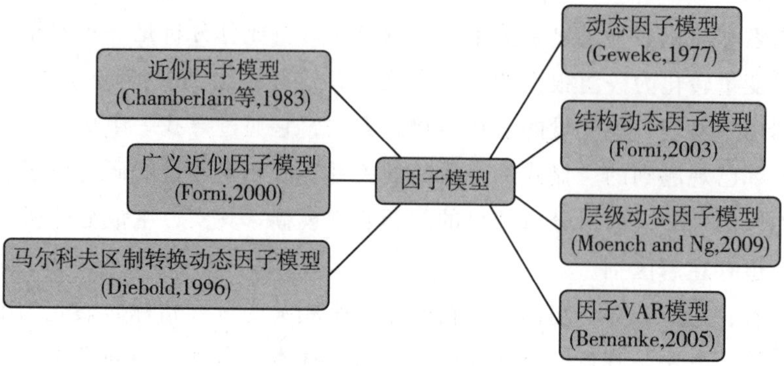

图 5-1　因子模型

Geweke（1977）与 Sargent 和 Sims（1977）首先在经济学领域提出了动态因子模型，它是经典因子模型在时间序列数据上的扩展。DFM 的基本思想是：经济的周期波动是通过一系列经济变量的活动来传递和扩散的，任何一个经济变量本身的波动都不足以代表宏观经济的整体波动。起初，DFM 主要应用于仅包含几个总体宏观经济变量的小型数据集，这主要是由于经济学家们假定影响所有变量的普遍性结构冲击是经济变量协同变动的原因。然而在包含成百上千个变量的大型经济数据集中，往往存在仅影响某一组变量的部门冲击或局部冲击，若根据经济理论将这些非普遍性冲击归于异质性部分，则会造成异质性部分截面相关，这又违背了经典因子模型中异质性部分相互正交的假定。Chamberlain 和 Rothschild（1983）放弃异质性部分的协方差矩阵为对角阵的假定，允许异质性部分存在一定程度的截面相关，从而将经典因子模型扩展为近似因子模型。Forni 等（2000）在近似 DFM 的基础上，允许观测变量受到因子的无限滞后项的影响，从而提出了广义近似因子模型。按照 Burns 和 Mitchell（1946）的经济周期性波动定义，应该在两种不同的区制（衰退和扩张）下分析许多宏观经济变量的协同变动性，识别驱动经济波动的共同成分。为此，Diebold 和 Rudenbusch（1996）率先研究了具有马尔科夫区制转换的动态因子模型（MS-DFM）。Bernanke 等（2005）提出了因子扩展的 VAR 模型（FAVAR），以克服结构 VAR 模型存在的两个缺陷：首先，VAR 模型只适合于对小型数据集进行建模，当变量个数较多时，会遭受"维度诅咒"；其次，小型数据集包含的信息有限，会遇到"非基本性"问题，即由 VAR 模型的信息不能识别结构冲击，而 FAVAR 可以从大型数据集中提取少量共同因子，这些共同因子包含了丰富的信息，从而解决了 VAR 模型所固有的两个局限性。但是，应用 FAVAR 进行结构分析存在以下局限：FAVAR 模型把约束施加在静态因子上，而不是脉冲响应函数上，而静态因子没有经济意义，因而难以根据经济理论判断识别方案的优劣。Forni 等（2003）提出的结构 DFM 是广义 DFM 的特例，将 DFM 可以由高维信息集中提取信息的优点与结构 VAR 可以揭示变量对结构冲击脉冲响应的特点结合起来，用于研究宏观结构冲击对变量的动态效应。

虽然 DFM 已经成为宏观计量经济学的标准分析工具，但一些经济学家也对 DFM 提出了批评，即因子的经济学含义不明确。为了应对这种质疑，计量经济学家主要从两个角度提出解决措施：充分利用数据结构的特点以及对模型施加具有经济学含义的约束条件。在一些经济问题中，很自然地会出现多层数据结构。这种分层结构不仅使得因子的经济意义更加易于解释，还对因子的估计产生了影响。Moench 和 Ng（2009）提出的层级 DFM 是近似 DFM 在分层数据结构上的扩展。Wang（2010）提出的多层因子模型，是近似因子模型在分层数据结构上的扩展。层级 DFM 与多层因子模型的区别为：多层因子模型是静态的，而层级 DFM 是动态的；多层因子模型中的全局因子对观测变量的影响是直接的，并且与局部因子正交，而对于层级 DFM，观测变量受到局部因子的直接影响，全局因子通过影响局部因子而间接影响观测变量。

DFM 的估计方法大体分为三类：时域方法、频域方法和 Bayes 方法。频域方法不能直接估计因子，其应用范围有限。另外，采用 Bayes 方法的文献也较少。时域方法可以分为三代：第一代是状态空间与极大似然方法。首先将 DFM 表达为状态空间的形式，然后应用 Kalman 滤波构造似然函数，并采用极大似然方法来估计参数，最后通过 Kalman 平滑来估计因子。这种方法的优点是：在误差项服从正态分布的假定下，能够得到因子的有效估计量。然而，由于在估计参数过程中会应用到非线性数值优化算法，而待估参数的个数与变量个数成比例，限于当时的计算能力，此种方法只能用于处理低维的精确 DFM。第一代方法主要应用于因子模型发展的早期，即 20 世纪 80 年代，例如 Stock 和 Watson（1989）。第二代方法是针对变量个数 N 很大时的一种非参数估计，主要指主成分估计方法（PCA）。在 DFM 的早期应用中，模型中通常只包含少数几个描述总体经济活动的宏观经济变量，然而一些经济学家提出，这些总体宏观经济变量与很多部门变量产生相互影响，这些部门变量中也包含了重要信息，应当进入模型。Stock 和 Watson（2002a）证实，利用高维数据集能够显著提高预测精度。另外，Bernanke 等（2005）指出，央行在制定货币政策时参考了成百上千的变量，如果依然利用 VAR 等传统模型对货币政策进行实证分析是不准确的，甚至会产生误导。因此，经济学家们转向对高维 DFM 的研究。第三代方法是主成分与状态空间的混合估计方法，即将第一代与第二代方法结合起来，既具有状态空间方法的有效性，又具有主成分方法的一致性（高华川和张晓峒，2016）。

无论从理论还是从应用的角度，因子模型的有效性取决于因子个数的正确设定。然而这一重要参数在 20 世纪 90 年代以前都是主观设定，而不是由数据本身确定的。学者们从 20 世纪 90 年代开始关注因子个数的估计问题，但这一问题的重要理论突破是在 21 世纪前 10 年。根据模型的设定形式不同，可分为静态因子个数的估计和动态因子个数的估计。

Bai 和 Ng（2002）将静态因子个数的估计作为一个模型选择问题，提出了一种权衡模型的拟合优度与简约性的信息准则方法，适用于在变量个数和时间维度都很大的情况（经模拟实验，需要两者都大于 40）。在宏观经济研究中，通常假设经济波动是由少数冲击驱动的。例如，一些宏观经济学家认为，技术、货币政策以及财政政策是引起经济波动最重要的原始冲击。由此，Bai 和 Ng（2007）提出了一种在不需要估计动态因子的情况下就可以估计动态因子个数（也是原始冲击的个数）的方法。这种方法首先将 Bai 和 Ng（2002）的主成分法得到的静态因子当作观测数据，然后估计由此静态因子所建立的 VAR 模型得到残差，最后对残差的协方差矩阵做谱分解得到动态因子的个数。

Stock 和 Watson（1989）指出，多个总量经济指标的协同变动背后存在着一个共同因素，或者说它们都受到一个共同冲击的影响，这一因素可由某个单一的、不可观测的因子来体现，该因子代表了总体经济状态，也是用来判断先行、一致和滞后的“基准循环”，这就是著名的 SW 指数。自从 Stock 和 Watson（1989）提出了一致和先行景气指数的概念和编制方法，世界各国学者和研究机构开始利用 DFM 构建本国的景气指数和经济周期指数。例如，CFNAI（Chicago Fed National Activity Index）是基于 Stock 和 Watson（1999）的方法构建的美国经济周期指标。Eurocoin 基于 Altissimo 等（2001；2010）的方法构建的欧洲经济周期指标，其特点是不受短期波动的影响。郑挺国等（2013）利用我国季度 GDP 和 5 个月度一致指标的混频 MS－DFM，建立了实时监测我国经济周期的一致指数。

学者们基于 DFM 提出了两种预测模型——扩散指数模型和实时预测模型。Stock 和 Watson（2002a，2002b）提出了应用于预测的扩散指数模型，其建议首先由主成分法估计，然后用因子的主成分估计量代替式进行预测。因此，用少数因子便可以代替多个外生变量，通常因子数远小于变量数，这样不仅充分利用了所有可得信息，并且避免了将所有变量都加入预测模型所产生的自由度问题。Eickmeier 和 Ziegler（2008）对比了包括 DFM 在内的 46 种预测模型，研究发现 DFM 优于其他大部分模型。研究普遍认为，应用 DFM 预测实际变量的效果要优于名义变量，至少对美国数据如此。实时预测的意思是预测经济变量的当前值，例如，预测当前季度 GDP 增长率。由于经济数据的发布具有不同程度的滞后，中央银行与各政府部门经常是在不了解当前经济状态的情况下做出政策决策，有时甚至不知道上一期的经济状态。因此预测当前或前一期的经济状态便成为非常重要的任务。实时预测的关键在于如何处理由于数据发布时间不同所造成的样本尾部“参差不齐”以及混频问题。国外存在大量应用 DFM 进行实时预测的文献，可参见 Luciani（2014）的综述。

结构分析是指对经济活动中变量之间相互关系的研究，它研究的是当一个变量或几个变量发生变化时会对其他变量以至经济系统产生什么样的影响。目前，国内外学者普遍采用 FAVAR 和结构 DFM 进行结构分析，尤其是用于货币政策有效性问题。建模关键在于结构冲击的识别问题。Bernanke 等（2005）提出了 FAVAR 模型及其两种估计方法，并将其应用于美国货币政策有效性研究，研究发现“价格之谜”来源于 VAR 模型的信息不完备，并建议在宏观经济建模过程中利用更多的信息。Fernald 等（2014）应用 FAVAR 模型研究了我国货币政策的有效性问题，并认为我国货币政策传导渠道与西方市场经济国家相似。王少平等（2012）应用 FAVAR 模型分析了我国 CPI 的宏观成分，并根据通货膨胀对宏观冲击的脉冲响应分析得出结论：针对宏观因素驱动的通货膨胀，应当紧缩货币和需求而不是单纯地紧缩货币，这将有效地抑制通货膨胀。Forni 和 Gambetti（2010）利用美国 112 个宏观经济变量建立结构 DFM，并应用标准递归方法识别出货币政策冲击，研究发现美国货币政策并不存在“价格之谜”和“滞后超调之谜”。Barigozzi 等（2014）对欧元区国家建立了结构 DFM，并利用符号约束识别货币政策冲击，研究发现，虽然引入欧元后改变了货币政策的传导机制，使欧元区国家对冲击的响应趋于一致，但从价格和失业角度来看，北欧和南欧对冲击的响应依然存在明显的异质性。

文献索引

白雪梅、赵松山，1995：“对主成分分析综合评价方法若干问题的探讨”，《统计研究》第 6 期。

高华川、张晓峒，2015：“动态因子模型及其应用研究综述”，《统计研究》第 12 期。

王少平、朱满洲、胡朔商，2012：“中国 CPI 的宏观成分与宏”，《经济研究》第 12 期。

郑挺国、王霞，2013：“中国经济周期的混频数据测度及实时分析”，《经济研究》第 6 期。

Altissimo, F., Bassanetti, A., Cristadoro, R., Forni, M., Hallin, M., Lippi, M., Reichlin, L. and Veronese, G., 2001, “EuroCOIN: A Real Time Coincident Indicator of the Euro Area Business Cycle”, *Society for Computational Economics*, 46 (4): 561 - 562.

Altissimo, F., Cristadoro, R., Forni, M., Lippi, M. and Veronese, G., 2010, “New Eurocoin: Tracking Economic Growth in Real time”, *The Review of Economics and Statistics*, 92 (4): 1024 - 1034.

Bai, J., Ng, S., 2007, “Determining the Number of Primitive Shocks in Factor Models”, *Journal of Business & Economic Statistics*, 25 (1): 52 - 60.

Bai, J., Ng, S., 2010, “Determining the Number of Factors in Approximate Factor Models”, *Econometrica*, 70 (1): 191 - 221.

Barigozzi, M., Conti, A. M. and Luciani, M., 2014, “Do Euro Area Countries Respond Asymmetrically to the Common Monetary Policy”, *Oxford Bulletin of Economics and Statistics*, 76 (5): 693 - 714.

Burns, A. F., Mitchell, W. C., 1946, “Measuring Business Cycles”, *Nber Books*, 78 (1): 67 - 77.

Chamberlain, G., Rothschild, M., 1983, “Arbitrage, Factor Structure, and Mean - Variance Analysis on Large Asset Markets”, *Econometrica*, 51 (5): 1281 - 1304.

Diebold, F. X., Rudebusch, G. D., 1996, “Measuring Business Cycles: A Modern Perspective”, *Review of Economics & Statistics*, 78 (1): 67 - 77.

Eickmeier Sandra, Ziegler Christina, 2008, “How Successful are Dynamic Factor Models at Forecasting Output and Inflation? A Meta - Analytic Approach”, *Journal of Forecasting*, 27 (3): 237 - 265.

Forni, M., Gambetti, L., 2010, "Macroeconomic Shocks and the Business Cycle: Evidence from a Structural Factor Model", *Center for Economic Research*, 83 (1): 67 - 100.

Forni, M., Hallin, M., Reichlin, L. and Lippi, M., 2000, "The Generalised Dynamic Factor Model: Identification and Estimation", *Review of Economics & Statistics*, 82 (4): 540 - 554.

Forni, M., Lippi, M. and Reichlin, L., 2003, "Opening the Black Box: Structural Factor Models Versus Structural Vars", *Social Science Electronic Publishing*, 25 (5): 1319 - 1347.

Geweke, J. F., 1977, "The Dynamic Factor Analysis of Economic Time Series Models".

Luciani, M., 2014, "Large - Dimensional Dynamic Factor Models in Real - Time: A Survey", *Social Science Electronic Publishing*.

Moench, E., Ng, S. and Potter, S., 2013, "Dynamic Hierarchical Factor Models", *Review of Economics and Statistics*, 95 (5): 1811 - 1817.

Munir, K., Qayyum, A., 2014, "Measuring the Effects of Monetary Policy in Pakistan: A Factor - Augmented Vector Autoregressive Approach", *Empirical Economics*, 46 (3): 843 - 864.

Sargent, T. J., Sims, C. A., 1977, "Business Cycle Modeling without Pretending to Have too Much a Priori Economic Theory", Working Papers.

Stock, J. H., Watson, M. W., 1989, "New Indexes of Coincident and Leading Economic Indicators", *NBER Macroeconomics Annual*, 4 (4): 351 - 394.

Stock, J. H., Watson, M. W., 1999, "Forecasting Inflation", *Journal of Monetary Economics*, 44 (2): 293 - 335.

Stock, J. H., Watson, M. W., 2002a, "Macroeconomic Using Forecasting Diffusion Indexes", *Journal of Business and Economic Statistics*, 20 (2): 147 - 162.

Stock, J. H., Watson, M. W., 2002b, "Forecasting Using Principal Components from a Large Number of Predictors", *Publications of the American Statistical Association*, 97 (460): 1167 - 1179.

Wang, P., 2010, "Large Dimensional Factor Models with a Multilevel Factor Structure: Identification, Estimation and Inference", Manuscript. Hong Kong University of Science and Technology, 1 - 59.

中篇

数量经济学模型应用前沿

第六章

宏观数量经济分析

宏观数量分析往往考虑某种政策变化对宏观经济变量的影响，由于宏观经济变量之间存在相互影响效应，因此联立多个变量并构建结构模型进行估计和分析。本章将对宏观数量经济分析中的几种模型进行介绍，例如，联立方程模型、一般均衡模型、投入产出模型和真实经济周期模型等，以期提供一个宏观计量模型发展的总脉络。

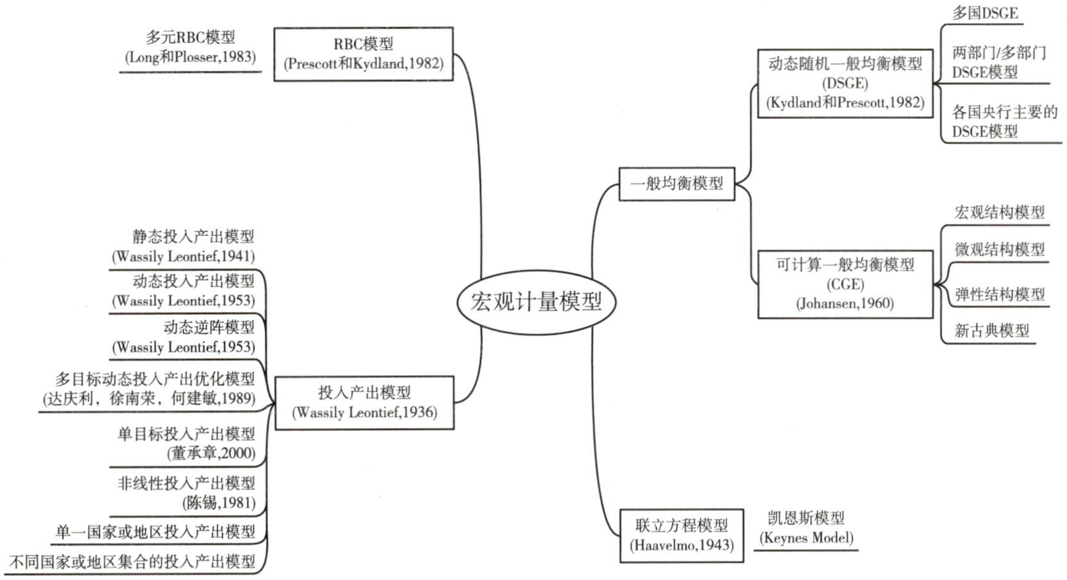

图 6－1 宏观数量经济分析

一、联立方程模型

联立方程模是由 Haavelmo（1943，1944）首次提出。在联立方程模型中一般把外生变量和滞后内生变量称为先决变量。联立方程模型主要应用于经济学与金融学，凯恩斯模型（Keynes Model）是其应用的典型代表之一，它是反映一个国家和地区宏观经济构成的模型体系。联立方程模型中可能同时包含随机方程和确定性方程。联立方程模型对潜在变量无能为力，其模型中不允许直接存在潜在变量。如果必须要用联立方程模型来研究一个涉及潜在变量的问题的话，需要考虑用一个显变量来代表这个潜在变量，这时会存在测量误差。联立方程模型对样本量的要求不是特别严格。由于实际的联立方程模型中每个结构方程往往都是过度识别的，适于采用 2SLS 或者 3SLS 方法，为此，第一阶段要以所有先决变量为解释变量，一般也需要很大容量的样本（李子奈，2000）。但是，这种要求相对于同等规模的结构方程模型而言，还算不上苛刻。在经济学的实际研究中，由于经济数据的非实验性和不可重复性，能得到的样本通常很少。

联立方程模型最常用来分析宏观经济问题。高铁梅等（2007）建立了由 7 个模块、32 个方程构成的中国季度宏观经济政策分析模型，描述了 1996 年第 1 季度至 2007 年第 1 季度中国宏观经济运行机制的长期和短期特征，对 2006 年第 1 季度至 2007 年第 1 季度的利率政策、人民币汇率升值问题、收入政策问题等进行了模拟分析。刘玉红等（2006）根据中国在转轨时期所具有的经济特点，构建了一个小型的宏观经济联立方程模型，并根据中国当前的经济形势，模拟了 2003—2004 年货币政策和财政政策对宏观经济的影响。陈磊和张军（2017）采用面板联立方程模型测度并探究金砖国家经济周期协同性的传导机制，刻画了协同性与各传导渠道之间的经济关联。在财政税收研究方面，刘京焕和王宝顺（2012）从经典公共支出决定的微观模型入手，采用联立方程模型及似然不相关估计方法，对各类公共支出建的动态配置关系进行了实证研究。吕炜和王伟同（2010）具体使用联立方程分析政府服务性支出不足的原因，研究表明中国在民生改善领域可能存在着某种体制性障碍，而这种阻碍民生改善的体制性障碍可能与维持中国经济持续快速增长的体制安排相关。欧阳志刚（2004）认为单方程和会计恒等式没有考虑到政府支出对经济增长直接的拉动作用，而且还会通过对消费、投资、净出口的促进作用间接地拉动经济增长，因此采用联立方程和两阶段最小二乘法对政府支出对经济增长的贡献率进行了估计。邵明伟等（2015）基于中国政治晋升和“财政联邦主义”双重激励下地方政府如何利用税收自主权发展区域经济的背景，利用2000—2011年中国省域面板数据和空间联立方程模型，研究区域税负水平与空间集聚的内生关系和集聚是否对企业产生锁定效应及其区域差异等问题。在国际贸易研究领域中，韩青（2010）为了更精细地分析汇率波动与国际贸易量之间的关系，精确测算汇率波动后以严格的内生性检验指导工具变量的应用，设定联立方程模型同时考察出口需求和供给，结果发现汇率波动显著抑制了中国出口供给。王松奇和徐虔（2015）建立了FDI、对外贸易和产业结构的联立方程模型，研究对外贸易和FDI作为人民币汇率变动调整行业结构的传导路径。此外，在经济可持续发展和环境污染问题上，黄茂兴和林寿富（2013）论证环境的有效管理在推动现代经济增长中的作用，推导了模型的最优增长路径，从理论上分析了环境的消耗、再生以及管理、物质资本积累、研发、人力资本开发等因素在可持续发展过程中的作用，构建了同时包含污染损害方程与经济增长方程的联立方程模型，实证分析了我国污染损害、环境管理与经济增长之间的关系。丁继红和年艳（2010）以江苏省为例，重点关注通过建立由污染和产出组成的联立方程模型，探讨江苏省经济增长与环境污染之间的双向关系。晏艳阳和宋美喆（2011）系统地利用联立方程模型对我国3E系统内部及各子系统间的相互关系及影响因素进行了分析，结果表明资本投入、能源消费与经济增长呈正相关，环境污染、劳动投入与经济增长呈负相关，经济增长和环境恶化都会引起能源消费量的增加。曹大宇和李谷成（2011）使用一个包括污染方程和产出方程的联立方程模型，对我国农业环境库兹涅茨曲线（EKC）进行了检验，以达到农业产出增长与环境相互协调的目的。聂飞和刘海云（2015）基于FDI、环境污染与经济增长之间的相互反馈作用，构建含滞后项的动态联立方程模型进行实证检验。

在区域经济研究领域中，陈得文和苗建军（2010）根据新增长理论和新经济地理学理论构建空间集聚和经济增长面板数据联立方程，实证分析了1995—2008年中国省域空间集聚和经济增长的内生关系。席艳乐和李芊蕾（2013）基于联立方程模型探讨了长三角地区生产性服务业与制造业之间的互动关系，发现二者存在显著的双向因果关系。孙晓华和田晓芳（2010）通过构建由技术创新、广告强度和市场力量三个方程组成的联立模型，从产业层面对市场力量和技术创新之间的内生性问题进行实证检验。张少军和刘志彪（2013）利用1997年、2002年和2007年广东省和江苏省的投入产出表与行业层面的数据，通过建立联立方程模型进行实证检验后发现，中国目前形成的全球价值链和国内价值链之间存在着负相关关系，国内价值链并没有成功对接全球价值链。王丽珍（2015）从保险角度分析入手，通过拓展承保周期的研究范式，采纳“保险波动”的研究理念，基于财产险、寿险和健康与意外伤害险以及省际面板数据，构建保费和赔付率的联立方程模型，实证研究我国保险波动、宏观经济波动与区域差异问题。高觉民和李晓慧（2011）对资本要素和劳动要素在产业视角下进行了分解与重构，构建了生产性服务业与制造业互动机理模型，然后通过包括制造业与生产性服务业产出方程在内的联立方程组，对其互动关系进行实证研究。

联立方程模型也较多应用于微观经济领域中。在公司行为研究中，马曙光等（2005）通过联立方程模型考察股权分置改革推行过程中，上市公司现金股利政策与资金侵占情况。张海洋（2008）通过联立方程模型解释股权分置改革中对价的决定因素，相比于单方程模型将影响公司价值的因素合理引入，因此更加系统。魏锋和孔煜（2006）基于公司投资行为视角，研究了管理层持股比例的内生性问题进行了实证检验。肖淑芳和喻梦颖（2012）以2006—2011年公告股权激励计划的上市公司为对象，通过构建联立方程模型研究股权激励与股利政策之间的关系。刘莉亚等（2014）立足于我国利率未完全市场化的背景，构建了利率管制下的商业银行最优净息差与非利息收入的理论模型，得到了净息差与非利息收入是共同决定、相互影响且影响程度与银行属性相关的理论结果，并对中国银行业的净息差与非利息收入之间的相互关系进行了实证检验。吴延冰（2012）通过构建一个由创新投入模型、创新函数模型和生产函数模型组成的循环结构联立方程分析框架，比较研究了中国国有企业、民营企业和外资企业的创新表现。何玉等（2017）运用联立方程模型考察企业碳绩效与财务绩效间的关系，发现二者呈正相关，且财务绩效好的企业的碳信息披露透明度更高。另外，还有较多学者使用联立方程模型研究房地产相关问题，如温海珍等（2010）以城市地价与房价为内生变量，选取5个地价影响因素和7个房价影响因素为外生变量，构建了联立方程模型，以研究房价与地价的内生性及其互动影响。孔煜和高波（2012）在解决房价和交易量之间内生性基础上，利用联立方程采用三阶段回归法（3SLS）实证考察了二者之间的相互关系，发现房价与交易量之间存在滞后的正相关关系，且房价处于主导地位。李勇刚（2016）构建面板联立方程模型，实证分析收入差距和房价与农村剩余劳动力转移的关系。

二、DSGE模型

动态随机一般均衡建模（Dynamic stochastic general equilibrium modeling，简称DSGE）

是一般均衡理论应用的一个分支，在当代宏观经济学中具有重要的影响。这个模型是 Kydland 和 Prescott 在 1982 年提出的。DSGE 模型力图基于宏观经济模型从微观经济学原则去分析解释宏观经济现象，例如，经济增长、商业周期、货币和财政政策的作用等。Mankiw、Blanchard、Fuhrer 和 Moore 通过引入粘性价格、工资、不完全竞争等要素形成了目前主流的 DSGE 模型。DSGE 首先必须是动态的，也就是任何决策都是跨期决策，而不是静态决策。其次，是随机的，因为在现实中微观主体都是生活在一个充满不确定性的世界里，比如技术进步、价格波动等。最后，这必须是一个一般均衡模型，也就是说，DSGE 继承了数理经济学在第二次世界大战后发展起来的最重要成果——一般均衡理论。DSGE 本质上是一种方法，是宏观经济学自战后在方法论上的一次重大创新。DSGE 可以被不同思想学派的人用来构建反映本学派思想主张的模型，然后按照程序进行推演即可。目前各央行主要使用的 DSGE 模型如下：

表 6－1　　各主要央行使用的 DSGE 模型

国家	模型	文献
欧洲央行	Smets and Wouters models（SW）	Wouters 等（2003） Negro 等（2007）
	New Area Wide model（NAWM）	Coenen 等（2008）
美联储	The FRBNY DSGE Model	Negro 等（2008）
瑞典	New Keynesian Small Open Economy Model	Adolfson 等（2008）
加拿大	Terms－of－Trade Economic model（ToTEM）	Dorich 等（2013）
英国	Bank of England Quarterly Model（BEGQM）	Harrison 等（2005）
挪威	Models for Monetary Policy Analysis	Christiano 等（2010）
新西兰	Kiwi Inflation Targeting Technology（KITT） Model	Benes 等（2009）
芬兰	AINO model	Kilponen 等（2004）
巴西	Samba model	Gouvea 等（2011）
智利	Model for Analysis and Simulations（MAS）	Duclos 等（2005）
西班牙	BEMOD model	Javier Andrés 等（2006）

DSGE 模型是动态的，研究经济如何随着时间推移发展。它们也是随机的，可以分析经济受到随机冲击的影响，如技术变化、石油价格波动或宏观经济决策的变化。这与瓦尔拉斯一般平衡理论研究的静态模型形成了对比，应用了一般均衡模型和一些可计算一般均衡模型。在对宏观经济进行描述时，DSGE 模型必须阐明以下经济“成分”：偏好，必须指定经济体中的代理人的目标。从 20 世纪 70 年代至今，中央银行使用传统宏观计量经济学预测模型估计不同经济部门的价格与数量之间的动态相关性，并且经常包含数千个变

量。由于 DSGE 模型是从微观经济学原理出发——而非仅仅根据观察到的相关性来进行分析，从技术上讲，它更难以分析和解决。因此，DSGE 模型通常从许多部门的细节中抽象出来，并且包含了更少的变量：一篇 DSGE 的论文中仅包含的几个变量，或者是按照中央银行正在构建的实验性的 DSGE 预测模型中的上百个变量排序。DSGE 模型放弃了具体部门中的一些细节，试图保持在逻辑上的一致性。通过指定的偏好（如代理所期望的那样）、技术（代理可以实现的技术）和机构（它们相互作用的途径），它是可能（原则上，尽管在实践中具有挑战性）解决 DSGE 模型的问题来预测实际生产、交易和消费，以及这些变量随时间推移而发展，以应对各种冲击。原则上，DSGE 模型也有可能对改变制度框架的影响做出预测。与此相反，正如罗伯特卢卡斯指出的那样，在传统的宏观经济计量预测模型中，这样的预测不太可能有效，因为这些模型是基于观察到的过去宏观经济变量之间的相关性来进行预测的。当引入新政策时，这些相关性可能会发生变化，从而使基于过去观察结果的预测失效。由于构建精确的 DSGE 模型较难，大多数央行仍然依赖传统的宏观经济计量模型进行短期预测。然而，人们越来越多地使用 DSGE 方法来研究替代政策的影响。因为 DSGE 模型的构建基于代理人偏好的假设，所以可以考虑政策是否达到帕累托最优，也就是一个国家的资源分配是否可以在不让任何人变差的情况下，让某人变得更好，或者依据人们不同的偏好达到社会福利标准（Woodford，2003）。综上所述，DSGE 模型主要应用于宏观波动分析（外生冲击的动态影响，波动源的识别）、最优政策推导、测量不可观察的经济变量以及预测，且有关 DSGE 模型重点文献和未来展望，可重点阅读方福前，王晴（2012）的研究综述。

DSGE 模型是近年来宏观经济及货币政策分析方面关注的一个重要研究方向。在货币政策研究方面，李珂和徐湘瑜（2009）通过 DSGE 模型考察中国经济中的金融加速器机制。刘斌（2008）建立了一个带有“金融加速器”的开放经济 DSGE 模型，估计了我国的 DSGE 模型以及进行政策分析。马文涛（2011）构建了包含金融加速器、工资调整粘性以及消费惯性的新凯恩斯动态随机一般均衡模型，从货币政策的冲击效应、非政策冲击下宏观经济波动幅度以及中央银行损失函数等三个方面对比了不同货币工具的调控绩效。李雪松和王秀丽（2011）同样使用引入工资粘性、价格粘性、金融加速器效应的 DSGE 模型比较中国不同货币政策的影响。卞志村和胡恒强（2015）构建了具有微观基础的动态随机一般均衡模型，在其基础上考察了我国央行不同货币政策工具的选择对经济所造成的影响。岳超云和牛霖琳（2014）利用 DSGE 模型对中国货币政策的利率规则和数量规则进行了估计，并比较了不同货币政策对数据的解释和预测能力，提供了货币政策随中国货币政策调控机制改革演化的证据。马鑫媛和赵天奕（2016）将非正规金融纳入研究框架，建立四部门动态随机一般均衡（DSGE）模型，比较数量型和价格型货币政策工具的有效性。隋建利等（2011）基于太阳黑子冲击视角对中国货币政策有效性进行测度。

而关于货币政策和宏观审慎政策规则的研究当中，王爱俭和王璟怡（2014）使用动态随机一般均衡模型分析货币政策与宏观审慎政策之间的关系，二者并非完全相互独立，政策制定者需要首先确定两者之间的关系，才能有效地进行经济管理。刘斌（2009）对我国物价水平的决定机制进行实证检验，并对货币政策和财政政策在物价水平的决定中所起的作用及其相互协调问题进行分析，最后从稳定物价的角度，对我国未来货币政策和财政政策的协调机制提出改进建议。马勇（2013）基于中国经济的DSGE模型框架，通过动态地植入带有摩擦的内生性金融体系，系统考察了宏观审慎货币政策规则及其政策效果；马勇和陈雨露（2013）又在此基础上系统考察了包括货币政策、信贷政策和金融监管政策在内的宏观审慎政策规则及三者之间的协调搭配问题。

在国际贸易研究领域中，康立和龚六堂（2014）建立了一个包含贸易品和非贸易品生产的两部门开放经济DSGE模型，同时在模型中引入了带有金融摩擦的银行部门，以考察国际经济危机是如何通过影响一个国家的贸易部门的出口需求，进而造成该国银行净资产的损失，并最终加速传导给该国非贸易部门的。黄志刚（2009）建立一个具有加工贸易部门的随机动态开放宏观经济多国模型（DSGE模型），研究汇率传递效应。孙国峰和孙碧波（2013）应用DSGE模型实证测算了人民币的均衡汇率水平。胡小文和章上峰（2015）将含有资本管制的无抛补利率平价理论，融入小型开放经济动态随机一般均衡框架，基于经济波动和脉冲响应函数研究利率市场化、扩大汇率弹性与资本账户开放的顺序安排。

更多经济问题的研究中，王国静和田国强（2014）将金融冲击引入DSGE模型，以此来解释金融冲击对实际经济变量和金融变量的动态影响，探讨金融冲击的重要性及其作用机制。鄢莉莉和王一鸣（2012）运用一个包含三种金融冲击的DSGE模型研究随着金融市场的发展，金融市场冲击对中国经济波动的影响及这种影响的变化。刘晓星和姚登宝（2016）将流动性冲击、金融脱媒冲击和资产价格冲击引入到多部门DNK－DSGE模型，探究这三种因素对实际经济变量和金融变量的动态影响及其作用机制。崔小勇等（2012）通过建立一个包含预期冲击的DSGE模型，探讨预期冲击驱动经济波动的机制及其动态特征。马文涛（2014）进一步构建以新凯恩斯主义DSGE模型为基础的预期管理框架，改进以预期形成机制和金融体系的模型化为代表的模型结构，采用机制设计方法完善货币政策框架，成为未来预期管理理论发展的重要方向。贺聪等（2013）在分析我国“利率双轨制”的基础上，构建一个包括家庭、企业、银行和中央银行的四部门DSGE模型，对我国1998年2季度至2012年3季度的均衡利率进行估算。马骏等（2016）则研究了中国的利率传导机制。陈彦斌和刘哲希（2017）通过在含有资产泡沫与融资约束的DSGE模型中引入市场预期的内生变化机制，弥补了以往研究只能将资产泡沫运动过程外生设定的缺陷，从而更贴近现实地回答中国是否可以通过推动资产价格上涨来促进经济增长。马文涛和魏福成（2011）基于DSGE模型对季度产出缺口进行测度。李成等（2011）首次采用新凯恩斯动态随机一般均衡模型测度我国的季度通胀预期，研究发现比统计调查法、状态空间模型、SVAR模型和马尔科夫范式转换模型等传统方法的通胀预测能力和测度稳健性更强。

此外，DSGE 模型同样被广泛应用于财政税收、劳动就业、能源、粮食、房地产等多方面研究中。有关财政税收方面的研究中，王玉凤和张淑芹（2015）通过构建含有多冲击的新凯恩斯 DSGE 模型，比较了不同财政政策环境下的社会福利大小，深入研究了技术冲击、财政支出冲击及税收冲击对社会福利和产出、消费、投资、就业、通胀等经济变量的动态影响。朱军（2015）构建了线性平滑税、累进税、税收预算软约束和税收比例增长模型，研究表明不同税收模式下的增量税收冲击对各个宏观经济变量的影响存在明显的差异，预算软约束下的税收增长模型更适合中国的宏观财政 DSGE 模型。刘宗明和李春琦（2013）将劳动交易成本和选择性路径依赖这两种理论传导机制引入一个具有投资刚性特征的 DSGE 模型，研究中国的劳动就业对技术进步冲击的动态反应呈现显著“倒驼峰”形态以及强持久性特征。魏巍贤等（2012）利用 DSGE 模型研究能源冲击对中国经济波动的影响。柳明和宋潇（2013）分析了石油价格冲击对于宏观经济波动的影响。娄峰和张涛（2012）通过模型分析了中国粮食价格变动冲击的传导机制。骆永民和伍文中（2012）通过使用 DSGE 模型讨论了房产税改革和房价变化所可能产生的宏观经济效应。王云清等（2013）构建了一个包含商业和房地产两个部门的新凯恩斯主义 DSGE 模型，考察了中国房地产价格和产量（数量）波动的机制。另外，还有将货币政策和房地产问题结合起来研究的，如陈诗一和王祥（2016）建立一个带有房地产市场的多部门 DSGE 模型，同时在模型中引入带有金融摩擦的银行部门，研究货币政策影响房地产价格的传导机制，以及降低社会融资成本的政策对房地产市场中金融加速器效应的影响。马亚明和刘翠（2014）以新凯恩斯理论为基础，构建了含有 9 种不同货币政策工具规则的 DSGE 模型，重点研究了关注房地产价格波动下的我国货币政策工具规则的选择问题。罗娜和程方南（2017）构建了一个以房价波动为基础的 DSGE 模型，考察了房价波动的宏观审慎政策与货币政策协调效应。

三、CGE 模型

可计算一般均衡（Computable General Equilibrium，简称 CGE）模型是经济学和公共政策研究领域比较流行的一种定量分析工具。借助于特定的技术分析工具，CGE 模型可以对政策与经济活动改善及变化产生的关联影响进行描述、模拟和预测。目前，CGE 模型在经济发展战略、国际贸易、环境保护、财政税收和公共事业等方面均有广泛的应用，该方法已成为世界银行和国际贸易组织政策分析的基本工具，成为评估能源危机以及税收和贸易政策改革效果的主要方法。国内利用 CGE 模型较早的主要有国务院发展研究中心、中国社会科学院数量经济与技术研究所、中国科学院系统科学研究所。

CGE 模型产生于 20 世纪 60 年代初，70 年代开始流行。Brourver（1912）发现了不动点理论，证实了经济学理论中一般均衡模型解的存在，Scarf（1967）给出了一种整体收敛的算法来计算不动点，从而在技术上使均衡价格的计算成为可能。Scarf 认为，投入产出表数据给出了一般均衡模型的一个初始解，从这个初始解出发，经过有限的步骤可以求解方程，进而可以分析诸如税收、关税等政策变动的影响，从而把模型拓展到应用层面（Scarf，1967a，b）。正是得益于诸多理论上的优势，使 CGE 模型虽然以一般均衡理论模型为基础，但又超越了一般均衡理论的局限。主要表现在：其一，CGE 模型抛开了完全竞争假设，可以模拟不完全竞争的市场经济和混合经济活动；其二，CGE 模型提供了一个远比一般均衡理论更现实、更灵活的框架，可以处理不均衡现象；其三，CGE 模型易于处理局部均衡与一般均衡的冲突，原因是无论 CGE 模型有多少个变量，其所涵盖的范围都是经济系统的全部。一般均衡模型理论始于瓦尔拉斯的著作《纯粹政治经济学纲要》（1874）中所构建的统一理论模型体系。其后，一些经济学家如帕累托、希克斯、谢尔曼、萨缪尔森、阿罗等在瓦尔拉斯一般均衡模型的基础上，对均衡的存在性、唯一性、最优性和稳定性进行了研究，Debreue 等（1959）提出了一个完整的一般均衡理论体系。一般均衡模型不仅包含经济变量之间的相互关联和反馈效应，还包含收入效应和替代效应。Debreu 和 Scarf（1963）指出，CGE 模型在理论上的优势并没有在实际应用中得到体现，即使在简单的结构假设之下，模型求解也是个难题。在现有的 CGE 模型中，第一个 CGE 模型来源于 Johansen（1960），Johansen 首先设定了包含一个追求效用最大化的消费部门和 20 个追求成本最小化的产业部门，通过建立一组非线性方程和使用对数形式将这些方程线性化，然后再对这些方程进行微分并利用简单的矩阵求逆得到比较静态结果。后来，Johansen 所使用的这种对数线性化比较静态的多部门增长模型（MSGW）被挪威和澳大利亚政府规划时所采用。Evans（1972）建立了一个基于投入产出模型的线性规划模型，并利用该模型估计了许多参数，为 ORANI 模型提供了重要的数据基础。在 Johansen（1960）对 CGE 模型的创建做出重大的贡献之后，CGE 模型陷入了相当长一段时间的沉寂。直到 1967 年，Scarf 发现一种计算不动点的整体收敛算法，使得 Arrow 和 Debreu 等经济学家关于一般均衡模型的纯理论工作与 CGE 模型应用之间有了最为直接的联系。Scarf 方法以一般均衡价格存在理论为基础，在超额需求函数连续和瓦尔拉斯定律成立等一般性假定条件之下，从一个初始解出发，最后收敛至均衡价格。Robinson（1989）把 CGE 模型的研究分成四类：一是新古典模型，这是在传统的新古典理论基础上所构建的 CGE 模型，主要有 Johansen（1960）的挪威模型和 Taylor 和 Black（1974）的智利模型等；二是弹性结构模型，以新古典理论为基础，但在加入替代弹性等参数之后，则以 Dervis 和 Robinson（1981）的模型为代表；三是微观结构模型，这类模型通常假定存在市场失灵现象，如要素流动限制、价格刚性及配额政策等，主要有 Robinson 和 Tyson（1985）的模型；四是宏观结构模型，这类模型用来研究一些宏观变量的平衡问题，如投资与储蓄、政府财政收入与支出、出口与进口等，主要有 Dewatripont 和 Robinson（1985）的研究。当前，CGE 建模技术的最新进展，主要体现在建模思路正在由比较静态逐渐转向动态，主要体现在：第一，通过引入跨期函数，实现 CGE 建模的静态与动态结合；第二，通过引入技术进步，包括对生产函数、技术评价和指数评价方法的调整，实现技术进步与 CGE 建模的动态结合；第三，通过对跨时期的储蓄与投资变动联结的资本存量动态调整技术，实现资本存量核算与 CGE 模型的动态结合。

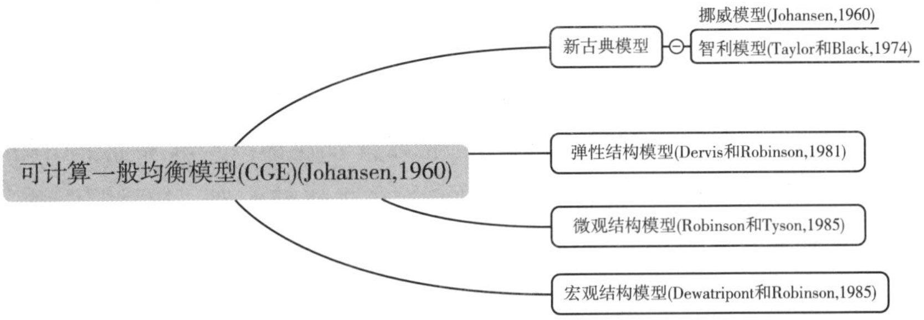

图 6-2　可计算一般均衡模型（CGE）

Melo（1988）对 CGE 模型政策分析的调查发现发达国家在应用 CGE 模型方面侧重于进行微观经济分析，如税赋结构政策、能源政策变化的福利效应分析；发展中国家对于 CGE 模型的应用更为广泛，包括发展战略、贸易政策、劳动力市场和就业、收入分配及税制改革、不可再生资源的政策分析等，其中贸易政策是应用较多的领域。CGE 模型在国际贸易、财政税收和环境保护三大领域都有广泛应用。从 CGE 模型诞生之日起，国际贸易就成为该模型的一个重要应用领域。Armington（1969）假设认为，进口商品因来源国不同而存在差异，每个国家都是出口商品的唯一生产者。当贸易政策改变了进口商品相对于国内商品的价格时，局部均衡或一般均衡模型就要分析国内商品和进口商品之间的替代关系。这种关系被定义为 Armington 替代弹性。Armington 替代弹性作为一种重要的行为参数，常常被政策制定者用来做定性分析和定量分析。比如，关税政策在多大程度上影响就业、收入分配和贸易平衡，取决于 GCE 模型中 Armington 替代弹性的大小。Whalley（1985）推动了政策模型的分析和应用，还利用 CGE 模型对不同经济体的多边贸易和贸易协定进行了效果分析。在其 1985 年建立的多地区 CGE 模型中，Whalley 首先将世界分为 13 个主要的贸易区，系统地研究了贸易自由化的影响，并对非关税壁垒、关税减让及贸易自由区的建立和贸易战等问题进行了分析。CGE 模型在国际贸易领域讨论最多的是关于贸易自由和贸易保护问题。一方面，贸易保护成本容易受其他因素的影响。Harris（1985）的加拿大模型显示，国内商品市场结构的改变对贸易保护的成本会产生重要的影响。Goulder 和 Eichengreen（1989）强调，跨期优化行为对贸易保护成本具有重要影响。另一方面，贸易自由与贸易保护对本国或他国经济会产生直接或间接作用。比如，Melo 和 Tarr（1989）的研究揭示了单一部门的自由化或保护机制的改变，会产生较小但非常全面的间接影响。Boyd 和 Krutilla（1992）利用 CGE 模型，分析了美国和加拿大贸易自由区的建立对森林和木制品工业的影响。Adams 和 Park（1995）建立了一个动态 CGE 模型，用于分析东盟自由贸易区的建立对东盟及其他国家的影响，发现东盟将从贸易自由化中获得好处，进而使得各国的贸易量有所增长。李坤望和张伯伟（1999）的研究发现，APEC 贸易自由化使 APEC 地区的实际生产和贸易分别提高 0.4% 和 2.97%，并且发展中国家成员的利益所得超过了发达国家成员，使得整个世界的实际生产和贸易提高 0.20% 和 1.80%。农业贸易的研究也是 CGE 模型关注的一个重点领域。Alper 和 Kulshreshtha（1995）建立了加拿大的 CGE 模型，并利用 1984 年的社会核算矩阵（SAM），研究了汇率变化对农业部门及其他部门的影响，发现实际汇率的变化将改变农业部门与非农业部门的相对价格，导致部门产品的价格、产出和要素收入等的波动。该项研究发现，加元贬值时农业部门的贸易条件会得到改善，但其他部门的损失将超过农业部门的所得。Hertel 和 Winters（2005）为世界银行做了关于世贸组织多哈回合贸易谈判中农业、非农产品贸易对各成员国福利影响的研究，Martina 等（2005）则利用 GTAP 模型，比较了多哈回合贸易谈判下采取瑞士公式（Swiss Formula）与 Harbinson 草案的差别。Benjamin（1990）还利用两阶段 CGE 模型研究了他国资本流入和关税政策等对喀麦隆经济的影响。结果发现，出口导向政策使许多发展中国家流入了大量的外国资本，同时负担了大量的外债。一旦出口量下降，这些国家的经济结构、消费和投资的关系都将会遭受巨大的打击。Mercenier（1995）采用一个多国多部门的静态 CGE 模型，对欧洲统一大市场所带来的福利和就业变化进行了分析。Markus（2004）等以纺织品贸易为例，进行了相关实证研究。国内方面，李善同和何建武（2007）针对中国政府对纺织品征收出口税、欧美重新设置配额事件的影响进行了实证分析。

关于税收的 CGE 模型，以 Ballard 等（1985）为代表，对 Harberger（1962）建立的用于分析美国公司所得税税负分布的两部门和两要素模型进行了拓展，并合作开发了研究美国税制改革的 BFSW 模型。在此之前，还有 Keller（1980）的荷兰税制 CGE 模型和 Kehoe（1983）等的西班牙财税金融税收 CGE 模型。20 世纪 80 年代，随着计算科学在理论和技术上的飞速发展，CGE 模型的专业工具开始出现，包括世界银行开创的通用数学建模系统（GAMS）、澳大利亚的一般均衡建模工具包（GEMPACK）以及一般均衡数学编程系统（MPSGE）。这些软件包大大促进了 CGE 模型在现实经济生活中的应用，如在财政税收领域的应用。不过，学者们大多集中于对一国税制的研究，包括翟凡、李善同、王直（1996）对中国在关税减让和税收替代政策下实行贸易自由化的社会福利效果及收入分配效应的研究，Ruocco（1999）利用动态 CGE 模型对意大利储蓄和投资、财政政策进行定量研究，估价出不同刺激投资方法对资本积累的确切影响。关于国家的税制改革，代表性的成果有 Mun - Heng 和 Qian（2005）从整体和个体家庭福利的角度对中国 1994 年税制改革进行了评价，并建议通过征收消费增值税来提高再分配后个体家庭的福利。Doina 和 Michael（2010）考察了 2008 年德国公司税改革对诸如投资、GDP、消费和家庭福利等宏观经济变量的影响。

Dufournaud 等（1988）在 CGE 模型中加入环境因素构建了 DHR 模型，开创了 CGE 模型关于环境资源的研究之路。目前该领域的研究集中于环境污染、二氧化碳排放（温室效应）和能源的利用。Patriquin 等（2006）的研究发现，逐步取消煤矿开采对地区经济会产生短暂的负面效应，在长期有益于森林和旅游业的发展。Stenberg（2006）利用澳大利亚多部门 ORANI 模型，分析了菲律宾政府林业保护政策对国家经济的影响，发现该政策不但促进选择性伐木，而且对森林保护区经济发展的影响较小。贺菊煌等（2002）关于碳税对国民经济影响的研究，何建武和李善同（2010）对 CO_2 减排与区域经济发展的研究等也很有代表性。李钢等（2012）构建了一个纳入环境管制成本的可计算一般均衡（CGE）模型，利用该模型评估了提升环境管制强度对中国经济的影响。田志伟和胡怡建（2013）通过构建中国税收的 CGE 模型分析营改增前后我国各行业两税税负的动态变化，发现即使在短期内通过税率设计等方式使得扩围行业税负平衡，在长期中部分行业仍然会出现税负上升的现象。

此外，陈虹和杨成玉（2015）运用 CGE 模型构建社会核算矩阵，在此基础上模拟不同自由贸易情境进行实证分析。王克强等（2015）基于多区域 CGE 模型，利用 2007 年区域间投入产出表相关数据，模拟分析了农业用水效率政策和水资源税政策对国民经济的影响。

CGE 模型的主要局限在于它的分析技术在理论假设、模型校准、参数估计及实际应用等方面仍然存在着种种缺陷，一定程度上制约了 CGE 模型实验效果和政策模拟作用的发挥。原因有很多：其一，数据是实证研究的基础，由于统计数据的不全面，在一定程度上会限制该模型的运用；其二，政策模拟模型多数是针对特定情形而设计的，缺乏通用性；其三，在 CGE 模型的理论应用方面，特别是实证中使用的均衡概念存在很大的争议。此外，CGE 模型在中国的适用性也有其特殊性。一方面，中国改革开放后国民经济体制和结构的特殊性，要求方程体系的变量和构造方法必须调整，以尽量反映中国经济运行的实际情形；另一方面，相关数据需要根据新的国民经济核算体系进行修订，一些关键性的参数需要进一步进行截面或时序的计量估计及校准。

四、RBC 模型

真实经济周期模型（RBC 模型）是运用动态一般均衡方法，从微观经济主体的最优化行为出发建立的模型。Prescott 和 Kydland 建立 RBC 模型的最初目的是证实经济周期中的经济波动与货币政策无关，同时最终的模型还对经济周期中的经济波动与市场失效、财政政策、偏好改变、人口变动无关做出较好的解释。之后，经济学家对 RBC 模型进行修正，试图解释其他宏观经济现象。Long 和 Plosser（1983）建立了多元 RBC 模型，解释产出与其他经济要素（包括各种制造业、零售和批发业、服务业、运输业等，只有农业例外）同向变动的原因，并检验了短期波动的持久性。Christiano（1988）将存货引入 RBC 模型，解释平均存货的波动虽然很小（只有 6%），但存货（季度）的方差却是产出方差的一半。Kydland 和 Prescott（1988）也对 RBC 模型进行修正，解释存货行为。但 RBC 模型对于某些经济周期的性质尚不能做出令人信服的解释，有待于深入研究。首先，名义货币量与实际产出高度相关；这种相关性主要来自内生货币，而不是外生货币（Barro，1987）。其次，价格波动小于产出波动，名义价格不具有周期性。Christiano 和 Bichenbaum（1988）发现实际工资不具有周期性，或者说是工资与产出高度正相关，并对此进行研究，认为现有的模型尚无法解释这一现象。此外，Backus 等发现实际出口、进口、净出口都不具有周期性，其他国家的经济周期中也出现了这样的经济周期的特性。早期的 RBC 模型（比如 Long 和 Plosser，1983）为得到易于解释的结论设定了严格的假设条件，这些假设具有极强的特殊性，不具有普遍解释意义。而后期 RBC 模型的研究更注重数值分析和参数统计量的拟合。可以说，RBC 模型因为继承的是微观经济学的经典假设，很好地做到了内部一致性，但其外部一致性仍受到质疑。当前 RBC 模型的研究工作主要是修正模型的函数和参数，这是 RBC 模型的发展趋势。Kydland 和 Prescott（1982）在建立模型时，首先引入 3 个值得注意的元素：建设时滞，投资转变为能够形成产出的设备需要一个时滞；空闲效用的延迟效应；不完全的生产率信息。Hansen（1985）发现人们只能在全职工作和失业之间做出选择，不存在兼职的选择，即劳动的不可分性，这是帕累托最优的结果。而劳动和失业的最终决定由外生性的抓阄完全随机决定，引入抓阄上岗后，得到的期望效用比较高，使模型结论与实际的工作时间数据更加接近，但与劳动的平均产出数据匹配性较差，同时，Hansen 模型模拟的外生技术冲击参数比较小。Greenwood 等（1988）发现某些冲击不直接影响当期产出，但对于当期投资的期望收益有影响，于是对这种冲击在模型中的作用机制展开研究。研究表明技术冲击不直接导致当期产出的提高；相反，当期产出的提高是经济主体自发的对技术冲击做出反应的结果。因此，冲击提高当期投资（此时替代效应高于财富效应），当期实际劳动供给增高。同时，当期资本利用率提高会增加劳动的边际产出，最终提高产出。当期空闲的机会成本上升，导致消费者的当期消费上升。财富效应也有使当期消费上升的趋势。以上两种提高当期消费的动力大于来自投资的使当期消费下降的替代效应。消费与劳动供给、产出、投资、资本利用率、劳动的边际产出和平均产出呈正相关。Kydland 和 Prescott（1988）认为提高资本利用率的成本就是劳动利用率的增量，于是在模型中引入内生的资本可变利用率，使模型的结果更接近美国 GNP 的真实数据，对存货方差的拟合度更高。但同先前的模型比，劳动时间的方差变大。Parkin（1988）则验证偏好、货币冲击不是主要冲击形式。这一结论恰好与先前 Benzivinga（1987）和 Christiano（1988）得到的偏好是冲击的根源的结论相反。Parkin 是这样构造模型的：首先，选择劳动占 GNP 份额的时间序列和柯布—道格拉斯生产函数，假设生产函数的变量服从索罗剩余。通过这组时间变量和生产函数来估计技术冲击。Christiano 和

Eichenbaum（1988）还在模型中引入政府购买冲击。冲击导致的劳动供给变动将引起实际工资变动的非周期性变动。但政府购买不足以抵消这种非周期性运动。Robert Hall（1988）试图解释实际产出下降的原因。这是 RBC 模型遭受的第 1 次质疑：是否存在负技术冲击？Berndt（1981）证实在 1973—1977 年的制造业劳动生产率下降期间，能源冲击（包括石油供给冲击）并不是主要因素。Summers（1986）指出 1973—1977 年的采矿业和建筑业都出现生产率的负增长，而且经济部门划分越细，生产率负增长的发生就越频繁。RBC 模型基础框架的构建包括函数的选择和参数的赋值。确定居民户的效用函数和厂商的生产函数是标准 RBC 的基础。

龚刚（2004）RBC 理论的产生背景说起，系统地为读者介绍 RBC 的理论体系以及求解和检验 RBC 模型时所使用的一些技术，同时也揭示了 RBC 研究所面临的问题和引发的争论，并在此基础上指出未来 RBC 和宏观经济学理论研究可能的发展方向。另外，国内学者往往选择国外学者的研究成果，比如：大多数学者的企业理性函数选择 Nasonand（1994）、Christiano 和 Eichenbaum（1995）、Einarsson 和 Marquis（2001）建立的函数。这些函数能否准确地描述中国经济体的理性行为受到大多数学者的质疑，而参数赋值的争议就更大了。关于经济周期的研究，黄赜琳（2005）采用随机动态一般均衡方法，将政府支出作为外生随机冲击变量，构建中国三部门实际经济周期（RBC）模型，并对改革后的中国经济进行了实证检验，从而考察中国宏观经济波动的周期特征及财政政策的效应问题。黄赜琳和朱保华（2015）构建了财政税收的实际经济周期（RBC）模型，实证研究了中国宏观经济波动的周期特征及税收政策的经济效应，结果表明引入财政收支冲击的 RBC 模型能够解释 70% 以上中国经济波动的特征事实，政府支出冲击加剧中国实体经济波动，而税收冲击对经济波动的影响不显著。陈昆亭和龚六堂（2006）在基本 RBC 模型的框架下，引入粘滞性价格和内生货币机制，建立包含货币政策的动态周期模型，并且用这个模型模拟了中国经济，比基本 RBC 模型更接近中国实际经济的周期特征。吕朝凤和黄梅波（2012）建立了一个考虑了以国际利率冲击为代表的国际金融冲击、资本利用、技术进步和政府支出冲击的小国开放经济三部门 RBC 模型，并考察了这些机制对我国经济周期的影响。邓翔和祝梓翔（2014）通过构建了包含累进型税收机制和需求扰动型政府支出的实际经济周期模型（RBC），模型拟合出政府支出规模的非稳定效应和税收的稳定效应。

关于对经济波动的解释研究，任寿根（2002）在修正 RBC 模型的基础上，首次建立模仿行为理论模型重新解释经济波动，是对经济波动的一种新解释，并就中国政府在防止和治理经济波动的作用进行了独特的解释，认为政府所起的作用是示范人作用。陈昆亭和龚六堂（2004）以中国经济五十年（1952—2001 年）实际经济数据为背景，在基本 RBC 模型中引入人力资本，考虑内生物质资本和人力资本的利用率来研究中国经济增长和波动的形成，结果表明内生人力资本利用率从根本上揭示了经济增长波动的内在传播机制，传统的单纯以物质资本利用率为基础解释波动机制的观点不足以充分解释波动的形成，而在引入人力资本及其利用率之后，连同物质资本才能真正解释经济增长波动机制的形成。而陈师和赵磊（2009）将投资专有技术变迁引入到一个具有内生的资本利用率的不可分劳动RBC模型，考察这种技术变迁及其冲击对中国经济周期波动的影响，通过与一个引入中性技术冲击的基本RBC模型的对比研究，结果表明该模型能够解释76%以上的中国经济波动特征，并能较准确地解释包括就业在内的主要实际变量周期波动的特征事实。杜清源和龚六堂（2005）通过在RBC模型引入“金融加速器”来分析金融信贷市场中存在的信息不对称对经济所造成的影响，结果发现由于金融加速器的存在，加大了波动对经济的影响，很可能一点小的波动都会对经济带来极大的影响。胡永刚和刘方（2007）在劳动不可分的RBC模型基础上引入劳动的调整成本和消费的流动性约束，得到了与中国经济波动事实匹配的令人较为满意的模拟结果。李浩等（2007）先确定中国宏观经济波动的特征事实：消费波动与产量高度相关、投资波动大于产出的波动、净出口与GDP呈反周期变化，然后分别用封闭经济模型、小国开放经济模型和考虑了政府购买冲击的小国开放经济模型对中国经济进行实证检验。李浩和钟昌标（2008）在确定贸易顺差在中国经济中地位的基础上，构建了一个与中国的特征事实较一致的小国开放经济模型，并以此模型为基础进行了敏感性分析。向修海和杜延军（2010）基于RBC模型，假设产品市场和劳动力市场是瓦尔拉斯竞争的，但引入了一个不完善的冲击信息市场扩展了RBC模型，该模型主要通过产出动态学分析了产出方差变化，结果表明，经济人依据不同经济状态调整自己对冲击的信息知识，从而导致了经济增长和经济波动的内生机制。陈鹏（2011）建立一个具有投资组合调整成本的小型开放经济实际经济周期（RBC）模型，来对中国经济波动典型化事实的模拟能力和方差分解效应，结果表明小型开放经济RBC模型平均可以模拟大约80%以上的中国经济波动，技术冲击是造成中国产出和就业波动的主要因素。吕朝凤和黄梅波（2013）构建了一个同时引入偏向性技术变迁与中性技术冲击的包含居民消费的习惯形成的随机动态一般均衡模型，并以此模型为基础，对1979—2009年中国宏观经济进行实证检验。吕朝凤（2014）构建考虑信念偏差所代表的不确定性因素和政府支出冲击的太阳黑子RBC模型来解释宏观经济的周期波动，利用中国改革开放以来的经济数据对该模型进行实证检验。陈银忠和易小丽（2016）构建了包含投资专有技术变迁的小国开放经济RBC模型，并利用该模型模拟中国实际经济的波动特征。

陈昆亭等（2004）建立内生资本利用和公共消费需求的单部门随机动态一般均衡模型，引入总劳动供给和消费需求的预期偏差所代表的不确定因素建立太阳黑子模型，研究结果表明改善劳动供给的关键在于从现行劳动政策和制度入手（如户籍制度），优化劳动配置，提高劳动效率。吕朝凤和黄梅波（2011）采用随机动态一般均衡方法，将居民消费的习惯形成和借贷约束引入RBC模型对中国经济进行实证检验。耿强等（2011）将产能利用率作为厂商最优选择的内生变量加入实际商业周期（RBC）模型，在动态随机一般均衡框架下讨论外生的随机冲击、政策性补贴冲击对经济主要变量的影响。郭杰和郭琦

（2015）通过引入金融中介，并将全社会生产分为国有与民营两部门，在扩展的 RBC 理论框架下，分析了信贷市场有限竞争环境中财政引发的国有部门投资对于宏观经济的影响。陈国进等（2014）构建了包含灾难风险因素的 RBC 模型，通过区分 TFP（全要素生产率）灾难、资本灾难与双重灾难三种灾难形式，分析灾难风险因素对我国经济波动的解释能力，并在此基础上量化灾难事件对宏观经济的影响以及政府财政政策支持对灾后经济复苏的作用。袁珮（2013）在分析当前我国经济运行中技术和投资效率问题的基础上，利用改进的 RBC 模型，详细剖析了体现式和非体现式技术进步对于我国经济影响的途径和效果。

五、投入产出模型

投入产出分析（Input - Output Analysis）于 20 世纪 30 年代产生于美国，又称“投入产出法”“投入产出技术”“部门联系平衡法”“产业关联法”，它的基本思想最早由美国著名经济学家 Wassily Leointe 提出。由于投入产出分析具有科学性、先进性和实用性，自 20 世纪 50 年代以来世界各国纷纷研究投入产出分析，编制和应用投入产出表，不仅美国、法国、德国、英国和日本等发达国家编制和应用投入产出表，就连一些发展中国家如印度、埃及、哥伦比亚、秘鲁等也编制和应用投入产出表。目前，除极少数国家外，世界上大多数国家都编制了投入产出表，并且开展了这方面的研究。Wassily Leointe 从 1931 年开始研究投入产出分析，先后编制了 1919 年和 1929 年的美国投入产出表，并于 1936 年发表了关于投入产出的第一篇论文《美国经济制度中投入产出的数量关系》，宣告了一种新的数量经济分析方法的诞生。1941 年 Wassily Leointe 出版了第一本专著《美国经济的结构：1919—1929》，书中较详细地论述了投入产出技术的基本内容；1953 年与他人合作，又出版了另一本重要的著作《美国经济结构研究》，进一步完善了投入产出技术的理论体系。Wassily Leointe 在这些著作以及以后的研究中提出了多种投入产出模型，在 1953 年将静态投入产出模型发展为动态投入产出模型之后，又进一步提出了动态逆阵模型、地区间投入产出模型和世界投入产出模型。投入产出分析的思想渊源是 18 世纪 F. Quesany 的《经济表》。在古典经济学中这是第一次使用棋盘式平衡表来描述社会总产品的生产和流通，是投入产出思想的雏形。对 Wassily Leointe 创立投入产出分析方法有重要影响的是把国民经济生产划分为生产资料和生活资料两大部类的再生产理论，有直接启发的主要是 19 世纪后期数理经济学家里昂·瓦尔拉斯（Leon Whlras）提出的全部均衡论及其数学模型，其中关于经济活动间相互依存的观点，构成了投入产出分析的基础。Wassily Leointe 认为：全部均衡论的主要优点，是它能够使我们考察高度复杂的纵横交叉的相互关系，这种交叉关系把任何局部的最初变动的脉搏，传送到经济体系极远的角落。这一观点符合唯物辩证法和系统论的原则。Wassily Leointe 将全部均衡论中繁琐的数学方程体系加以简化，建立了投入产出模型。因此，Wassily Leointe 的投入产出分析是在前人工作成果的基础上创立的。Wassily Leointe 的功劳在于：在理论上接受了全部均衡论和马克思的再生产理论，在投入产出表的结构上吸收了苏联国民经济平衡表中棋盘式表格的经验，将经济平衡表与现代数学、统计学结合起来，创立了投入产出分析。他除了用投入产出技术研究美国的经济结构，还利用 1947 年的投入产出表开展政策模拟分析，不仅分析消减国防开支给国民经济带来的经济效益，还成功地预测了适应战争需要的钢产量生产。由于在投入产出分析的创立和应用发展上的卓越贡献，Wassily Leointe 获得 1973 年诺贝尔经济学奖。从 20 世纪 40 年代开始，国际上对投入产出分析的研究和推广应用，先是美国和欧洲各国，又在日本、苏联和东欧等国以及一些发展中国家得到应用和发展。20 世纪 50 年代，Rechard Stone 把投入产出表作为由他设计的联合国国民经济核算体系的一个重要组成部分。由于在建立国民经济核算体系方面的贡献，Stone 被授予 1984 年诺贝尔经济学奖。1966 年和 1973 年，联合国经济和社会事务部统计处先后出版和再版了《投入产出表和分析》一书，明确了投入产出分析在国民经济核算体系中的重要作用以及二者的重要联系。总的来说，投入产出分析在国际上已成为公认的、科学的经济分析方法和常规的经济核算手段。

投入产出分析产生以后，在西方资本主义国家得到了迅速的发展，到了 20 世纪 50 年代，已被世界各国广泛应用。联合国于 1950 年成立投入产出协会，从 1950 年到 1986 年，共召开过 8 次世界性投入产出分析的研讨会。1968 年，联合国经济社会事务部公布西方国家采用的《国民经济核算体系》（SNA），把投入产出表作为其中的一个有机组成部分。1971 年，联合国又公布供苏联和东欧国家采用的《国民经济平衡表体系》（MPS），其中也包含有投入产出表的内容，可见投入产出表已成为各国统计核算的重要内容之一。20 世纪 50 年代末到 60 年代初，我国著名经济学家孙冶方和著名科学家钱学森分别成立专门小组对投入产出分析进行研究。60 年代，中国科学院数学所运筹室和鞍山钢铁公司尝试着编制了联合企业的投入产出表，但后来终止了这方面的研究。直到 1974 年到 1976 年，在国家计委和国家统计局的主持下，第一次编制了全国性的包含 61 类产品的 1973 年实物型投入产出表。1987 年 3 月，国务院办公厅发出《国务院办公厅关于进行全国投入产出调查的通知》，要求在全国投入产出协调小组的领导下，由国家统计局负责编制全国 1987 年投入产出表。此项编表工作计划在 1988 年年底以前完成，以后将每三年编制一次，既逢 2 逢 7 为编制投入产出表年份。

半个多世纪以来，投入产出分析不仅在理论、方法和编表等方面有很大发展，而且在应用范围方面也日益扩展。在早期阶段，投入产出分析就应用于地区经济分析。最早的模型是 W. Isard（1951）提出的，列昂惕夫等（1953）提出了另一种模型。苏联对投入产出分析的研究和应用，是从编制地区模型开始的。地区表有两类，一类是反映某一地区经济的投入产出关系，另一类是反映全国各地区间的经济联系。后者进一步扩大为国际贸易和世界模型。1979 年，列昂惕夫向联合国提出了分成 15 个地区、48 个生产和消费经济部门的投入产出世界模型。近些年来，投入产出分析在环境保护、信息经济、人口、教育、收入分配、财务核算和国民经济核算等领域的应用均有所扩展。1988 年成立了国际投入产出协会（IIOA），出版了刊载投入产出技术方面论文的杂志“经济系统分析”（Economie systems Reseaerh）。在联合国工业发展组织（UNIDO）等的支持下，关于投入产出分析的国际会议已经召开了 13 次，半个多世纪的实践证明，它是一类灵活和多面的技术。

投入产出分析和系统优化技术相结合是经济规划实践的需要，是重要的发展趋势。但是投入产出模型不能解决优化问题，它与线性规划、非线性规划、动态规划模型等结合，可建立投入产出优化模型。1958 年，美国经济学家多夫曼（R. Dorfman），萨缪尔森（P. A. Sameulson）、索洛（R. M. Solow）提出“大道定理”，将线性规划模型与投入产出模型结合起来进行经济活动分析，并进行动态最优投入产出模型研究。大道定理表明，就长期规划而言，不管经济系统的初始情况如何，经济发展的最优途径总是趋于一条特定的轨迹路线，它就是著名的“冯·诺伊曼（von Neumann）射线”。早期的投入产出优化模型大多为单目标模型，侧重表现国民经济计划和预测中的发展规模及经济结构。模型的各个组成部分，分别反映了计划的目标任务以及实现这一任务的制约条件及手段措施。由于国民经济系统是一个复杂的动态系统，单纯追求某一个目标最大（或最小）而不顾及其他目标，将可能导致社会经济的畸形发展。事实上，一个国家或地区的社会经济发展追求的应是自然、人、社会、经济的协调发展。既要保持较高的经济增长速度，又要保持社会经济发展的协调平衡，使产业结构趋向合理，不断提高经济增长的质量和效益，扩大就业，降低能耗，减少环境污染等，即多目标协调发展（达庆利，徐南荣，何建敏，1989）。多目标动态投入产出优化模型是针对社会经济问题建立的经济规划模型，主要用于经济分析和预测，为制定经济发展规划任务。它是以一组社会经济发展目标为目标的函数，以社会经济运行的环境为约束条件，以动态投入产出方程为核心约束的多目标优化模型，是一个比单目标模型更具灵活性和实用性的模型方法。通过求解这些优化模型，便可预测出规划期内的部分经济指标，来选择最优的经济发展方案，制定经济规划（董承章，2000）。我国在非线性投入产出模型研究方面较早的是陈锡（1981）所提出的一个非线性实物模型，该模型重点研究了把中间产品合计以外的部分加以非线性化，但如要把中间产品也非线性化，则必须有大量的连续数据（郭菊娥，1991），这正是长期以来非线性投入产出的难点所在。何剑鸣等（1996）通过放宽列昂惕夫投入产出假定，提出了种植业非线性投入产出模型，并讨论了建模方法，利用非线性回归分析处理数据，得到模型的非线性函数表示。李桥兴和刘思峰（2006）在假定直接消耗系数是关于部门总产品的多项式函数的条件下，利用不动点理论求得在一定条件下，静态非线性投入产出模型的解的范围。由于多项式函数具有分段区间单调性的特点，使得多项式型的非线性投入产出模型突破了以往的研究中要求直接消耗系数仅仅是关于部门总产品的单调递减或单调递增的函数的限制，使建立非线性投入产出模型的条件更为宽松，更能描述现实的经济系统。姜超和张金水（2004）建立了含税可计算非线性动态投入产出模型，给出求解增值税、企业和个人所得税等主要税种合理税率的计算公式。刘秀合和陈锡康（2005）在1973—1999年中国不变价投入占用产出表的基础上，采用影响域法选取了47个主系数，然后应用回归分析的方法，得到了各主系数的非线性函数表达式，建立了主系数非线性的投入占用产出模型，解决目前非线性投入产出模型可计算性与可应用性较差的问题。

另外基于研究对象的不同，李晓和张建平（2010）认为可以将投入产出分析的模型分为两大类，第一类是以单一国家或地区的投入产出模型，包括国家投入产出模型（Leontief，1936）和地区投入产出模型（Isard，1951）；第二类是以不同国家或不同地区集合的投入产出模型，包括国内投入产出模型（Leontief，1953）、多区域投入产出模型（Chenery，1953；Moses，1955；Leontief and Strout，1963）、地区间投入产出模型（Isard，1951）和国际/国家间投入产出模型（Wonnacott，1961）。

投入产出分析在很多研究领域上有着重要应用。我国制造业享誉国际，通过世界投入产出表可以测度制造业整体的增值份额及其国别（地区）来源（李金昌和项莹，2014），也可以对制造业的全球价值链进行分解分析（尹伟华，2016）。在对外贸易方面，张汉东和胡朝麟（2012）利用投入产出模型，分别从供给和需求两个角度分析了进口和出口对浙江省经济及各行业增加值的贡献。樊茂清和黄薇（2014）根据国家间投入产出表，利用基于非竞争性投入—产出表的宏观估算方法研究了中国在全球价值链中的地位及其演进过程，并对中国的进出口贸易进行了产品类别的分解和比较研究。朱钟棣和鲍晓华（2004）以化工行业为例，利用中国投入产出表定量分析反倾销税价格效应对国民经济各产业部门的关联影响。在税收问题上，可以利用投入产出分析模拟间接税在不同部门的流转情况（聂海峰和刘怡，2010）。Hassett等（2007）也通过投入产出模型分析碳税的征收对美国家庭的直接和间接影响。Rajemison等（2003）同样利用投入产出模型评估了马达加斯加家庭调查数据中的进口税、消费税等税收的归宿情况。

在资源与环境领域上，投入产出分析的应用也非常广泛。陈迎等（2008）基于投入产出表的能源分析方法，定量研究了2002—2006年中国外贸进出口商品中的内涵能源问题。张友国（2009）在可比价格投入产出表的基础上测算了贸易对中国能源消耗和SO_2排放的影响。彭水军等（2010）基于一个开放经济系统的环境投入—产出模型，测算了包含大气污染与水污染在内的四类污染物历年的进出口含污量和污染贸易条件。郭朝先（2010）构建了一个扩展的（进口）竞争型经济—能源—碳排放投入产出模型，对我国二氧化碳碳排放增长进行分解。董敏杰等（2011）利用加入污染治理支付成本的投入产出模型，测算了环境规制对中国产业国际竞争力的影响。Kahrl和Roland - Holst（2008）通过投入产出分析探讨了中国出口与国内能源消费之间的关系。林伯强和王峰（2009）运用投入产出价格影响模型，在能源价格不受管制和受管制两种情景下，模拟了能源价格上涨导致一般价格水平上涨的幅度。廖明球（2011）将节能和减排同时纳入投入产出分析框架。投入产出分析可以计算进出口贸易隐含能源消耗（谢建国和姜珮珊，2014），特别是碳的排放含量

(Wyckoff 和 Roop，1994；Muñoz 和 Steininger，2010；谭娟和陈鸣，2015)，还可以计算计算虚拟水贸易情况（Guan 等，2007）和空间分布规律及变化趋势（王雪妮，2014）。

对于投入产出分析在其他领域的应用，例如李晖和陈锡康（2013）探讨了人口研究的一种新途径——人口投入产出模型，利用人口投入产出模型预测了 2010 年至 2030 年我国人口总量以及结构的变化情况。王莉莉和肖雯雯（2016）根据国标（GB/T 20794 - 2006）对海洋产业的界定，从 2000 年和 2010 年中国投入产出表中拆分出 12 个主要海洋产业，形成海洋产业投入产出表。在此基础上，对中国海洋产业的投入结构、后向/前向关联关系和产业波及效应进行分析。此外还包括劳动报酬份额（孙文杰，2012）、劳动生产率(Dietzenbacher 等，2000)、国家和地区间的专业化分工（Hummels 等，2001；叶作义等，2015)、产业结构（余典范等，2011；沈利生，2011；王岳平，葛岳静，2007)、生产服务业（袁志刚和饶璨，2014；胡晓鹏，李庆科，2009；程大中，2006）等。

文献索引

曹大宇、李谷成，2011：“我国农业环境库兹涅茨曲线的实证研究——基于联立方程模型的估计”，《软科学》第 7 期。

陈得文、苗建军，2010：“空间集聚与区域经济增长内生性研究——基于 1995—2008 年中国省域面板数据分析”，《数量经济技术经济研究》第 9 期。

陈国进、晁江锋、武晓利、赵向琴，2014：“罕见灾难风险和中国宏观经济波动”，《经济研究》第 8 期。

陈汉鹏、戴金平，2014：“Shibor 作为中国基准利率的可行性研究”，《管理世界》第 10 期。

陈虹、成玉，2015：“国家战略的国际经济效应研究——基于 CGE 模型的分析”，《国际贸易问题》第 10 期。

陈昆亭、龚六堂，2004：“中国经济增长的周期与波动的研究——引入人力资本后的 RBC 模型”，《经济学（季刊)》第 3 期。

陈昆亭、龚六堂，2006：“粘滞价格模型以及对中国经济的数值模拟——对基本 RBC 模型的改进”，《数量经济技术经济研究》第 8 期。

陈昆亭、龚六堂、邹恒甫，“什么造成了经济增长的波动，供给还是需求：中国经济的 RBC 分析”，《世界经济》第 4 期。

陈磊、张军，2017：“金砖国家经济周期协同性及其传导机制”，《数量经济技术经济研究》第 3 期。

陈利锋，2013：“基于非线性 RBC 模型的我国经济周期波动研究”，《南京审计学院学报》第 5 期。

陈明华、张彦、徐银良、刘华军，2014：“金融投机因素对国际油价波动的动态影响分析——基于动态随机一般均衡（DSGE）视角”，《宏观经济研究》第 11 期。

陈鹏，2011：“基于小型开放经济 RBC 模型的中国经济波动模拟分析”，《财贸研究》第 1 期。

陈师、赵磊，2009：“中国的实际经济周期与投资专有技术变迁”，《管理世界》第 4 期。

陈师、赵磊，2009：“中国经济周期特征与技术变迁——中性、偏向性抑或投资专有技术变迁”，

《数量经济技术经济研究》第 4 期。

陈诗一、王祥，2016：“融资成本、房地产价格波动与货币政策传导”，《金融研究》第 3 期。

陈小亮、马啸，2016：“债务—通缩风险与货币政策财政政策协调”，《经济研究》第 8 期。

陈彦斌、刘哲希，2017：“推动资产价格上涨能够‘稳增长’吗？——基于含有市场预期内生变化的 DSGE 模型”，《经济研究》第 7 期。

陈彦斌、刘哲希，2017：“推动资产价格上涨能够稳增长吗？——基于含有市场预期内生变化的 DSGE 模型”，《经济研究》第 7 期。

陈银忠、易小丽，2016：“投资专有技术变迁与中国经济波动特征——基于小国开放经济 RBC 模型的分析”，《经济问题探索》第 3 期。

陈迎、潘家华、谢来辉，2008：“中国外贸进出口商品中的内涵能源及其政策含义”，《经济研究》第 7 期。

程凌，2007：“统一内外资企业所得税率对税收及社会福利的影响：基于 CGE 的分析”，《数量经济技术经济研究》第 10 期。

达庆利、何建敏、徐南荣，1992：“区域水环境经济系统的多目标规划模型”，《东南大学学报》第 1 期。

达庆利、徐南荣、何建敏，1989：“非线性动态环境经济投入产出模型及其递阶优化”，《自动化学报》第 5 期。

戴金平、陈汉鹏，2013：“中国的利率调节、信贷指导与经济波动——基于动态随机一般均衡模型的分析”，《金融研究》第 11 期。

邓翔、祝梓翔，2014：“政府规模与宏观经济稳定性——来自新兴市场经济的证据和 RBC 模型的分析”，《经济理论与经济管理》第 4 期。

丁继红、年艳，2010：“经济增长与环境污染关系剖析——以江苏省为例”，《南开经济研究》第 2 期。

丁志帆，2016：“预期到的与未预期到的财政政策冲击及其宏观影响”，《经济理论与经济管理》第 6 期。

董承章，2000：“投入产出分析”，北京：中国财政经济出版社。

董敏杰、梁泳梅、李钢，2011：“环境规制对中国出口竞争力的影响——基于投入产出表的分析”，《中国工业经济》第 3 期。

杜清源、龚六堂，2005：“带‘金融加速器’的 RBC 模型”，《金融研究》第 4 期。

方福前、王晴，2012：“动态随机一般均衡模型：文献研究与未来展望”，《经济理论与经济管理》第 11 期。

高觉民、李晓慧，2011：“生产性服务业与制造业的互动机理：理论与实证”，《中国工业经济》第 6 期。

高铁梅、梁云芳、何光剑，2007：“中国季度宏观经济政策分析模型——对宏观经济政策效应的模拟分析”，《数量经济技术经济研究》第 11 期。

高阳，2015：“现代经济周期理论述评与批判”，《南开经济研究》第 1 期。

耿强、江飞涛、傅坦，2011：“政策性补贴、产能过剩与中国的经济波动——引入产能利用率 RBC

模型的实证检验”，《中国工业经济》第 5 期。

耿强、蒋曦，2004：“实际商业周期理论的最新发展”，《经济理论与经济管理》第 12 期。

龚刚，2004：“实际商业周期：理论、检验与争议”，《经济学（季刊）》第 3 期。

郭朝先，2010：“中国二氧化碳排放增长因素分析——基于 SDA 分解技术”，《中国工业经济》第 12 期。

郭崇慧、唐焕文，2004：“动态投入产出模型的解及其灵敏度分析”，《大连理工大学学报》第 1 期。

郭杰、郭琦，2015：“信贷市场有限竞争环境中财政引发的国有部门投资的宏观影响——基于扩展 RBC 模型的研究”，《管理世界》第 5 期。

郭菊娥，1991：“利用投入产出特征分析研究我国产业结构”，《系统工程理论与实践》第 2 期。

郭菊娥，1997：“中国经济递阶优化发展模型体系研究”，《系统工程理论与实践》第 1 期。

国家统计局国民经济核算司，2003：“中国统计年鉴”，中国统计出版社。

国务院发展研究中心课题组，2010：“农民工市民化对扩大内需和经济增长的影响”，《经济研究》第 6 期。

韩青，2010：“汇率波动与国际贸易量的不确定性关系——基于中国的经验证据”，《经济学（季刊）》第 9 期。

何建武、李善同，2010：“二氧化碳减排区域经济发展”，《管理评论》第 6 期。

何剑鸣、王冬、薛新伟，1996：“全国种植业非线性投入产出模型的研究”，《系统工程理论与实践》第 6 期。

何玉、唐清亮、王开田，2017：“碳绩效与财务绩效”，《会计研究》第 2 期。

贺聪、项燕彪、陈一稀，2013：“我国均衡利率的估算”，《经济研究》第 8 期。

贺菊煌、沈可挺、徐篙龄，2002：“碳税与二氧化碳减排的 CGE 模型”，《数量经济技术经济研究》第 10 期。

胡永刚、刘方，2007：“劳动调整成本、流动性约束与中国经济波动”，《经济研究》第 10 期。

黄茂兴、林寿富，2013：“污染损害、环境管理与经济可持续增长——基于五部门内生经济增长模型的分析”，《经济研究》第 12 期。

黄赜琳，2005：“中国经济周期特征与财政政策效应——一个基于三部门 RBC 模型的实证分析”，《经济研究》第 6 期。

黄赜琳、朱保华，2015：“中国的实际经济周期与税收政策效应”，《经济研究》第 3 期。

黄志刚，2009：“加工贸易经济中的汇率传递：一个 DSGE 模型分析”，《金融研究》第 11 期。

贾新明、刘亮，2008：“结构方程模型与联立方程模型的比较”，《数理统计与管理》第 3 期。

江春、向丽锦、肖祖沔，2018：“货币政策、收入分配及经济福利——基于 DSGE 模型的贝叶斯估计”，《财贸经济》第 3 期。

姜超、张金水，2004：“考虑税收的可计算非线性动态投入产出模型及其参数设定”，《系统工程理论与实践》第 8 期。

金艳鸣、黄涛、雷明，2007：“西气东送中的生态补偿机制研究，中国工业经济”第 10 期。

康立、龚六堂，2014：“金融摩擦、银行净资产与国际经济危机传导——基于多部门 DSGE 模型分析”，《经济研究》第 5 期。

孔煜、高波，2012：“中国房地产市场的量价波动关系——基于联立方程模型的实证分析”，《中央财经大学学报》第7期。

李成、马文涛、王彬，2011：“学习效应、通胀目标变动与通胀预期形成”，《经济研究》第10期。

李钢、董敏杰、沈可挺，2012：“强化环境管制政策对中国经济的影响——基于CGE模型的评估”，《中国工业经济》第11期。

李浩、胡永刚、马知遥，2007：“国际贸易与中国的实际经济周期——基于封闭与开放经济的RBC模型比较分析”，《经济研究》第5期。

李浩、钟昌标，2008：“贸易顺差与中国的实际经济周期分析：基于开放的RBC模型的研究”，《世界经济》第9期。

李晖、陈锡康，2013：“基于人口投入产出模型的中国人口结构预测及分析”，《管理评论》第2期。

李金昌、项莹，2014：“中国制造业出口增值份额及其国别（地区）来源——基于SNA-08框架下世界投入产出表的测度与分析”，《中国工业经济》第8期。

李景华、朱尚伟，2005：“识别概念的参数关系说质疑”，《数量经济技术经济研究》第8期。

李珂、徐湘瑜，2009：“中国的金融加速器效应分析”，《中央财经大学学报》第7期。

李坤望、张伯伟，1999：“APEC贸易自由化行动计划的评估”，《世界经济》第7期。

李桥兴、刘思峰、李影，2006：“多项式形的静态非线性投入产出模型解的存在性研究”，《运筹与管理》第2期。

李善同、何建武，2007：“后配额时期中国、美国及欧盟纺织品贸易政策的影响分析”，《世界经济》第1期。

李天宇、张屹山、张鹤，2017：“我国宏观审慎政策规则确立与传导路径研究——基于内生银行破产机制的BGG-DSGE模型”，《管理世界》第10期。

李晓、张建平，2010：“东亚产业关联的研究方法与现状——一个国际/国家间投入产出模型的综述”，《经济研究》第4期。

李雪松、王秀丽，2011：“工资粘性、经济波动与货币政策模拟——基于DSGE模型的分析”，《数量经济技术经济研究》第11期。

李勇刚，2016：“收入差距、房价水平与农村剩余劳动力转移——基于面板联立方程模型的经验分析”，《华中科技大学学报（社会科学版）》第1期。

李子奈，2000：“计量经济学”，高等教育出版社。

廖明球，2011：“基于‘节能减排’的投入产出模型研究”，《中国工业经济》第7期。

林伯强、王锋，2009：“能源价格上涨对中国一般价格水平的影响”，《经济研究》第12期。

林琳、曹勇、肖寒，2016：“中国式影子银行下的金融系统脆弱性”，《经济学（季刊）》第3期。

刘斌，2008：“我国DSGE模型的开发及在货币政策分析中的应用”，《金融研究》第10期。

刘斌，2009：“物价水平的财政决定理论与实证研究”，《金融研究》第8期。

刘京焕、王宝顺，2012：“公共支出配置中的竞争——一个分析公共支出类别间互动关系的模型”，《财贸经济》第6期。

刘莉亚、李明辉、孙莎、杨金强，2014：“中国银行业净息差与非利息收入的关系研究”，《经济研究》第7期。

刘帅光，2016："货币扩张、部门融资依赖差异与劳动收入份额下降——基于 DSGE 模型的分析"，《中央财经大学学报》第 8 期。

刘相锋，2018："供给端补贴、需求端补贴与补贴退坡政策——基于三部门 DSGE 模型分析"，《财贸经济》第 2 期。

刘晓光、张杰平，2016："中国杠杆率悖论——兼论货币政策'稳增长'和'降杠杆'真的两难吗"，《财贸经济》第 8 期。

刘晓星、姚登宝，2016："金融脱媒、资产价格与经济波动：基于 DNK - DSGE 模型分析"，《世界经济》第 6 期。

刘秀丽、陈锡康，2005："主系数非线性投入占用产出模型"，《南京理工大学学报（自然科学版）》第 3 期。

刘玉红、高铁梅、陶艺，2006："中国转轨时期宏观经济政策传导机制及政策效应的模拟分析"，《数量经济技术经济研究》第 3 期。

刘宗明、李春琦，2013："劳动交易成本、选择性路径依赖与劳动就业动态"，《管理世界》第 2 期。

柳明，宋潇，2013："石油价格波动对中国宏观经济的影响——基于 DSGE 模型的分析"，《南开经济研究》第 6 期。

娄峰、张涛，2012："中国粮食价格变动的传导机制研究——基于动态随机一般均衡（DSGE）模型的实证分析"，《数量经济技术经济研究》第 7 期。

陆磊、李宏瑾、苏乃芳，2017："最优外汇储备与金融对外开放改革"，《财贸经济》第 12 期。

骆永民、伍文中，2012："房产税改革与房价变动的宏观经济效应——基于 DSGE 模型的数值模拟分析"，《金融研究》第 5 期。

吕朝凤，2014："中国经济周期特征与太阳黑子均衡"，《数量经济技术经济研究》第 1 期。

吕朝凤、黄梅波，2011："习惯形成、借贷约束与中国经济周期特征——基于 RBC 模型的实证分析"，《金融研究》第 9 期。

吕朝凤、黄梅波，2012："国际贸易、国际利率与中国实际经济周期——基于封闭经济和开放经济三部门 RBC 模型的比较分析"，《管理世界》第 3 期。

吕朝凤、黄梅波、陈燕鸿，2013："政府支出、流动性冲击与中国实际经济周期"，《金融研究》第 3 期。

吕炜、王伟同，2010："政府服务性支出缘何不足？——基于服务性支出体制性障碍的研究"，《经济社会体制比较》第 1 期。

马骏、施康、王红林、王立升，2016："利率传导机制的动态研究"，《金融研究》第 1 期。

马曙光、黄志忠、薛云奎，2005："股权分置、资金侵占与上市公司现金股利政策"，《会计研究》，第 9 期。

马文涛，2011："货币政策的数量型工具与价格型工具的调控绩效比较——来自动态随机一般均衡模型的证据"，《数量经济技术经济研究》第 10 期。

马文涛，2014："预期管理理论的形成、演变与启示"，《经济理论与经济管理》第 8 期。

马文涛、魏福成，2011："基于新凯恩斯动态随机一般均衡模型的季度产出缺口测度"，《管理世界》第 5 期。

马鑫媛、赵天奕，2016："非正规金融与正规金融双重结构下货币政策工具比较研究"，《金融研究》第2期。

马勇，2013："植入金融因素的DSGE模型与宏观审慎货币政策规则"，《世界经济》第7期。

马勇、陈雨露，2013："宏观审慎政策的协调与搭配：基于中国的模拟分析"，《金融研究》第8期。

马勇、王芳，2018："金融开放、经济波动与金融波动"，《世界经济》第2期。

毛彦军、王晓芳、徐文成，2013："消费约束与货币政策的宏观经济效应——基于动态随机一般均衡模型的分析"，《南开经济研究》第1期。

聂飞、刘海云，2015："FDI、环境污染与经济增长的相关性研究——基于动态联立方程模型的实证检验"，《国际贸易问题》第2期。

聂海峰、刘怡，2010："城镇居民的间接税负担：基于投入产出表的估算"，《经济研究》第7期。

欧阳志刚，2004："我国政府支出对经济增长贡献的经验研究"，《数量经济技术经济研究》第5期。

彭水军、刘安平，2010："中国对外贸易的环境影响效应：基于环境投入—产出模型的经验研究"，《世界经济》第5期。

任寿根，2002："模仿行为经济学分析——对经济波动的一种新解释"，《经济研究》第1期。

尚玉皇、郑挺国，2018："基准收益率曲线与宏观经济：基于混频DSGE模型的研究"，《经济研究》第6期。

邵汉青主编，1990："投入产出法"，武汉大学出版社。

邵明伟、钟军委、张祥建，2015："地方政府竞争：税负水平与空间集聚的内生性研究——基于2000—2011年中国省域面板数据的空间联立方程模型"，《财经研究》第6期。

沈利生，2011："最终需求结构变动怎样影响产业结构变动——基于投入产出模型的分析"，《数量经济技术经济研究》第12期。

宋玉华、吴聃，2006："从国际经济周期理论到世界经济周期理论"，《经济理论与经济管理》第3期。

隋建利、刘金全、庞春阳，2011："基于太阳黑子冲击视角的中国货币政策有效性测度"，《管理世界》第9期。

孙国峰、孙碧波，2013："人民币均衡汇率测算：基于DSGE模型的实证研究"，《金融研究》第8期。

孙文杰，2012："中国劳动报酬份额的演变趋势及其原因——基于最终需求和技术效率的视角"，《经济研究》第5期。

孙晓华、田晓芳，2010："市场力量与技术创新：基于联立方程模型的实证研究"，《研究与发展管理》第1期。

谭娟、陈鸣，2015："基于多区域投入产出模型的中欧贸易隐含碳测算及分析"，《经济学家》第2期。

唐琳、王云清、胡海鸥，2016："开放经济下中国汇率政策的选择——基于Bayesian DSGE模型的分析"，《数量经济技术经济研究》第2期。

田志伟、胡怡建，2013："营改增对各行业税负影响的动态分析——基于CGE模型的分析"，《财经论丛（浙江财经大学学报）》第4期。

仝冰，2017：“混频数据、投资冲击与中国宏观经济波动”，《经济研究》第 6 期。

童中文、范从来、朱辰、张炜，2017：“金融审慎监管与货币政策的协同效应——考虑金融系统性风险防范”，《金融研究》第 3 期。

王爱俭、王璟怡，2014：“宏观审慎政策效应及其与货币政策关系研究”，《经济研究》第 4 期。

王国静、田国强，2014：“金融冲击和中国经济波动”，《经济研究》第 3 期。

王克强、邓光耀、刘红梅，2015：“基于多区域 CGE 模型的中国农业用水效率和水资源税政策模拟研究”，《财经研究》第 3 期。

王丽珍，2015：“保险波动、宏观经济波动与区域差异——基于联立方程模型的研究”，《宏观经济研究》第 9 期。

王莉莉、肖雯雯，2016：“基于投入产出模型的中国海洋产业关联及海陆产业联动发展分析”，《经济地理》第 1 期。

王林秀、邹艳芬、魏晓平，2009：“基于 CGE 和 FEA 的中国能源使用安全评估”，《中国工业经济》第 4 期。

王松奇、徐虔，2015：“人民币实际有效汇率变动对产业结构影响路径的实证研究”，《中央财经大学学报》第 5 期。

王曦、汪玲、彭玉磊、宋晓飞，2017：“中国货币政策规则的比较分析——基于 DSGE 模型的三规则视角”，《经济研究》第 9 期。

王雪妮，2014：“基于区域间投入产出模型的中国虚拟水贸易格局及趋势研究”，《管理评论》第 7 期。

王云清、朱启贵、谈正达，2013：“中国房地产市场波动研究——基于贝叶斯估计的两部门 DSGE 模型”，《金融研究》第 3 期。

魏锋、孔煜，2006：“管理层持股比例的内生性检验——基于公司投资行为的视角”，《软科学》第 3 期。

魏巍贤、高中元、彭翔宇，2012：“能源冲击与中国经济波动——基于动态随机一般均衡模型的分析”，《金融研究》第 1 期。

温海珍、吕雪梦、张凌，2010：“房价与地价的内生性及其互动影响——基于联立方程模型的实证分析”，《财贸经济》第 2 期。

温兴春，2017：“投资者情绪变化、货币政策调整对股市涨跌周期的影响——基于异质性预期的股市 DSGE 模型”，《中央财经大学学报》第 8 期。

吴延兵，2012：“中国哪种所有制类型企业最具创新性？”，《世界经济》第 6 期。

武晓利，2017：“能源价格、环保技术与生态环境质量——基于包含碳排放 DSGE 模型的分析”，《软科学》第 7 期。

武彦民、竹志奇、王涛，2016：“经济下行背景下财政最优偿债规则研究——基于 DSGE 模型分析”，《中央财经大学学报》第 12 期。

Wassily Leontief 著，崔书香译，1982：“投入产出经济学”，商务印书馆。

席艳乐、李芊蕾，2013：“长三角地区生产性服务业与制造业互动关系的实证研究——基于联立方程模型的 GMM 方法”，《宏观经济研究》第 1 期。

向修海、杜延军，2010：“经济波动与经济增长内生机制研究：一个扩展的RBC框架”，《软科学》第9期。

肖淑芳、喻梦颖，2012：“股权激励与股利分配——来自中国上市公司的经验证据”，《会计研究》第8期。

谢建国、姜珮珊，2014：“中国进出口贸易隐含能源消耗的测算与分解——基于投入产出模型的分析”，《经济学（季刊）》第4期。

徐文成、薛建宏、毛彦军，2016：“偏好与消费能力对居民消费行为的影响研究——基于新凯恩斯DSGE模型的模拟分析”，《中央财经大学学报》第6期。

徐妍、郑冠群、沈悦，2015：“房地产价格与我国货币政策规则——基于多部门NK-DSGE模型的研究”，《南开经济研究》第4期。

鄢莉莉、王一鸣，2012：“金融发展、金融市场冲击与经济波动——基于动态随机一般均衡模型的分析”，《金融研究》第12期。

鄢莉莉、吴利学，2017：“投入产出结构、行业异质性与中国经济波动”，《世界经济》第8期。

闫先东、张炎涛，2016：“价格与数量型工具相互支撑的货币政策框架研究”，《财贸经济》第10期。

晏艳阳、宋美喆，2011：“我国3E系统内部关系及影响因素的实证研究”，《经济学动态》第1期。

杨翱、李长洪，2016：“城乡异质性、财政支出结构与中国宏观经济波动”，《财贸经济》第7期。

姚昕、孔庆宝，2010：“中国能源综合运输体系及其宏观影响”，《金融研究》第4期。

叶作义、张鸿、下田充、藤川清史，2015：“全球价值链下国际分工结构的变化——基于世界投入产出表的研究”，《世界经济研究》第1期。

殷波，2011：“中国经济的最优通货膨胀”，《经济学（季刊）》第3期。

尹伟华，2016：“中国制造业产品全球价值链的分解分析——基于世界投入产出表视角”，《世界经济研究》第1期。

余典范、干春晖、郑若谷，2011：“中国产业结构的关联特征分析——基于投入产出结构分解技术的实证研究”，《中国工业经济》第11期。

袁珮，2013：“技术冲击下的投资效率问题研究”，《宏观经济研究》第5期。

袁志刚、高虹，2016：“宏观经济学演进：一个新视角”，《改革》第11期。

袁志刚、饶璨，2014：“全球化与中国生产服务业发展——基于全球投入产出模型的研究”，《管理世界》第3期。

原鹏飞、魏巍贤，2010：“房地产价格波动的宏观经济及部门经济影响”，《数量经济技术经济研究》第5期。

岳超云、牛霖琳，2014：“中国货币政策规则的估计与比较”，《数量经济技术经济研究》第3期。

曾志斌、何诗萌，2015：“人民币均衡汇率变动趋势的实证研究——基于DSGE模型的分析”，《中央财经大学学报》。

翟凡、李善同、冯珊，1997：“一个中国经济的可计算均衡模型”，《数量经济技术经济研究》第3期。

翟凡、李善同、王直，1996：“关税减让、国内税替代及其收入分配效应”，《经济研究》第12期。

张保法，1991：“也谈联立方程模型的识别——兼与苟玉玺、李子奈同志商榷”，《数量经济技术经济研究》第6期。

张海洋，2008：“股权分置改革中的对价：一个联立方程模型”，《中央财经大学学报》第12期。

张汉东、胡朝麟，2012：“浙江省对外贸易与经济增长、产业结构之间的关系研究——基于投入产出模型的实证分析”，《国际贸易问题》第11期。

张杰、庞瑞芝、邓忠奇，2018：“财政自动稳定器有效性测定：来自中国的证据”，《世界经济》第5期。

张伟、郑婕、黄炎龙，2014：“货币政策、预期冲击与产业经济转型效应分析——基于跨产业DSGE模型的视角”，《金融研究》第6期。

张伟进、胡春田、方振瑞，2014：“农民工迁移、户籍制度改革与城乡居民生活差距”，《南开经济研究》第2期。

张友国，2009：“中国贸易增长的能源环境代价”，《数量经济技术经济研究》第1期。

赵玮、赵敏娟，2018：“异质性预期下宏观审慎政策与货币政策的协调效应”，《财贸经济》第4期。

赵向琴、袁靖、陈国进，2017：“灾难冲击与我国最优财政货币政策选择”，《经济研究》第4期。

郑挺国、黄佳祥，2016：“中国宏观经济下行区间的冲击来源及其差异性分析”，《世界经济》第9期。

中国社会科学院数量经济与技术经济研究所PRCGEM课题组，2002：“中国税制改革效应的一般均衡分析”，《数量经济技术经济研究》第9期。

钟契夫、刘起运，1999：“投入产出分析发挥更大作用”，《数量经济技术经济研究》第3期。

周华林、李雪松，2012：“Tobit模型估计方法与应用”，《经济学动态》第5期。

周学东、李宏瑾、李康、苏乃芳，2017：“预算软约束、融资溢价与杠杆率——供给侧结构性改革的微观机理与经济效应研究”，《经济研究》第10期。

朱军，2015：“中国宏观DSGE模型中的税收模式选择及其实证研究”，《数量经济技术经济研究》第1期。

朱军，2016：“债权压力下财政政策与货币政策的动态互动效应——一个开放经济的DSGE模型”，《财贸经济》第6期。

朱尚伟、李景华，2015：“联立方程模型的工具变量方法质疑与商榷”，《数量经济技术经济研究》第10期。

祝梓翔、邓翔，2017：“季度数据比较和混合动力模型测试”，《管理世界》第9期。

庄子罐、崔小勇、龚六堂、邹恒甫，2012：“预期与经济波动——预期冲击是驱动中国经济波动的主要力量吗?”，《经济研究》第6期。

庄子罐、崔小勇、赵晓军，2016：“不确定性、宏观经济波动与中国货币政策规则选择——基于贝叶斯DSGE模型的数量分析”，《管理世界》第11期。

庄子罐、贾红静、刘鼎铭，2018：“货币政策的宏观经济效应研究：预期与未预期冲击视角”，《中国工业经济》第7期。

Adams F G, Park I, 1995, “Measuring the Impact of AFTA: An Application of a Linked CGE System”, *Journal of Policy Modeling*, 17 (4): 325 – 365.

Adamu P A, 2013, "The Impact of Foreign Aid on Economic Growth in ECOWAS Countries: A Simultaneous – equation Model" . Wider Working Paper.

Alper G. H. , Kulshreshtha S. N. , 1995, "Effects of Real Exchange Rate Changes on Canadian Agriculture: A General Equilibrium Evaluation", *Journal of Policy Modeling*, 17 (6): 639 – 657.

Armington P. S. , 1969, "A Theory of Demand for Products Distinguished by Place of Production", *IMF Staff Papers*, 16 (1): 159 – 176.

Ballard C. , Fullerton D. , Shoven J. , Whalley J. , 1985, "A General Equilibrium Model for Tax Policy Evaluation", Chicago: University of Chicago Press for NBER.

Baxter, J. Jermann, 1999, "Household Production and the Excess Sensitivity of Consumption to Current Income", *American Economic Review*, 89 (4): 902 – 909.

Benjamin B. C. , 1990, "Investment, the Real Exchange Rate, and Dutch Disease: a Two – period General Equilibrium Model of Cameroon", *Journal of Policy Modeling*, 12 (1): 77 – 92.

Bernard Fingleton, 2000, "Convergence: International Comparisons Based on a Simultaneous Equation Model with Regional Effects", *International Review of Applied Economics*, 14 (3): 285 – 305.

Berrittella M. , Rehdanz K. , Roson K. , Richard S. J. , 2005, "The Economic Impact of Water Pricing: A Computable General Equilibrium Analysis", Working Paper.

Borges A. , 1986, "Applied General Equilibrium Models: An Assessment of Their Ssefulness for Policy Analysis", *OECD Economic Studies*, 7 (1): 108 – 113.

Boyd R. , Krutilla K. , 1992, "The Politics and Consequences of Protectionism: A Case Study in the North American Lumber Market", *Journal of Policy Modeling Elsevier*, 10 (4): 601 – 609.

Bruvoll A. , Glomsrod A. , Vennemo H. , 1999, "Environmental Drag: Evidence from Norwa", *Ecological Economics*, 30 (2): 235 – 249.

Bunriaux J. M. , Martin J. P. , Nicoleti G. , et al. , 1992, "A Multi – regional Dynamic General Equilibrium Model for Quantifying the Costs of Curbing CO_2 Emissions: a Technical Manual, Department of Economic and Statistics", Working Paper.

Campbell, John Y. , Gregory N. Mankiw, 1987, "Are Output Fluctuation Stransitory?", *Quarterly Journal of Economics*, 102: 857 – 880.

Chadha J, Corrado L. 2012, "Large Scale, Multi – Sector DSGE Model as A Climate Policy Assessment Tool", Working paper, No. 64 (1), IBS.

Chenery H. B. , 1953, "Regional Analysis", Rome: United States Mutual Security Agency, 91 – 129.

Dervis K. , Robinson S. , 1981, "A General Equilibrium Analysis of Foreign Exchange Shortages in a Developing Country", *Economic Journal*, 91 (3): 891 – 906.

Dewatripont M. , Robinson S. , 1985, "The Impact of Price Rigidities: A Computable General Equilibrium Analysis Giannini Foundation", WorkingPaper, 1985 (375).

Dietzenbacher E. , Hoen A. R. , Los B. , 2000, "Labor productivity in Western Europe 1975 – 1985: An Intercountry, Interindustry Analysis", *Journal of Regional Science*, (3): 425 – 452.

Dixon P. , Parmenter B. , Sutton J. , Vincent D. , 1982, "Orani: A Multi – sector Model of the Australia

Economy", *North - Holland*: *Amsterdam*.

Dofournand M., Harrington J., Rogers P., 1988, "Leontief's Environmental Repercussions and the Economic Structure Revisited: A General Equilibrium for Mulation", *Geographical Analysis*, 28 (4): 318 - 327.

Doina R., Michael S., 2010, "German Corporate Tax Reform: A Dynamic CGE Analysis", *Economic Modeling*.

Duclos A., Couray - Targe S., Randrianasolo M., et al., 2005, "Model for Analysis and Simulations: A small open economy DSGE for Chile", 1493 - 501.

Evans H. D., 1972, "A General Equilibrium Analysis of Protection", *North - Holland*: *Amsterdam*.

Faggian A., Mccann P., 2006, "Human Capital and Regional Knowledge Assets: A Simultaneous Equation Model", *Oxford Economic Papers*, 58 (3): 475 - 500.

Ford J. L., Sen S., Wei H., 2010, "A Simultaneous Equation Model of Economic Growth, FDI and Government Policy in China", Discussion Papers.

Fry M. J., 1994, "Direct and Indirect Effects of Financial Repression on Savings and Growth: A Simultaneous Equation Model of Saving, Investment, Exports and Growth", University of Birmingham International Financial Group.

G. Coenen, M. Mohr, R. Straub, 2008, "Fiscal Consolidation in the Euro Area: Long - run Benefits and Short - run Costs", *Economic Modelling*.

Gao H., 2011, "Financial Intermediaries, Stock Market and Economic Growth in China: Empirical Analysis Based on Simultaneous Equation Model", *Shanghai Journal of Economics*.

Ghadimi H., 2006, "A Dynamic CGE Analysis of Exhaustible Resources: The Case of an Oil Exporting Developing Country", Research Paper.

Goulder L., Eichengreen B., 1989, "Trade Policies for International Competitiveness", University of Chicago Press.

Greenwood J., Hercowitz Z., Huffman G., 1988, "Investment, Capacity Utilizationand the Business Cycle", *American Economic Review*, 78: 402 - 417.

Guan D., Hubacek K., 2007, "Assessment of Regional Trade and Virtual Water Flows in China", *Ecological economics*, (1): 159 - 170.

Gupta K. L., 2010, "Foreign Capital Inflows, Dependency Burden, and Saving Rates in Developing Countries: a Simulitaneous Equation Model", *Kyklos*, 28 (2): 358 - 374.

Hansen, Gary, 1985, "Indivisible Labor and the Business Cycle", *Journal of Monetary Economics*, 16: 309 - 327.

Harris R. G., 1985, "Summary of a Project on the General Equilibrium Evaluation of Canadian Trade Policy", Toronto: University of Toronto Press.

Hassett K. A., Mathur A., Metcalf G. E., 2007, "The Incidence of a US Carbon Tax: A Lifetime and Regional Analysis", NBER Working Paper No. 13554.

Hertel T. W., Winters L. A., 2005, "Poverty and the WTO: Impacts of the Doha Development Agenda", *World Bank Publications*.

Hilberg, Band ollmayr J. , 2011, "No Collateral and Unconventional Monetary Policy in a DSGE Model", Asset Prices ECB Working Paper, 1373.

Hummels D. , Ishii J. , Yi K. M. , 2001, "The Nature and Growth of Vertical Specialization in World Trade" . *Journal of international Economics*, (1): 75 -96.

Isard W. , 1951, "Interregional and Regional Input - Output Analysis: A Model of a Space Economy" . *Review of Economics and Statistics*, (4): 318 -328.

J. Dorich, M. K. Johnston, R. R. Mendes, S. Murchison, Y. Zhang, 2013, "To TEM II: An Updated Version of the Bank of Canada's Quarterly Projection Model", *Technical Reports.*

J. Kilponen, A. Ripatti, J. Vilmunen, 2004, "Aino: The Bank of Finland's New Dynamic General Equilibrium Model of the Finnish Economy".

J. I. Benes, A. Binning, M. Fukac, K. Lees, T. Matheson, 2009, "K. I. T. T. : Kiwi Inflation", *Targeting Technology.*

Javier Andrés, Pablo Burriel, Ángel Estrad, 2006, "BEMOD: A DSGE Model for the Spanish Economy and the Rest of the Euro Area", *SSRN Electronic Journal*, December.

Jaya K. , Marc - Jean M. , Nils S. , 2010, "Explaining Fiscal Balances with a Simultaneous Equation Model of Revenue and Expenditure: A Case Study of Swiss Cantons Using Panel Data", *Public Budgeting & Finance*, 30 (2): 69 -94.

Johansen L. , 1960, "A Multi - sectoral Study of Economic Growth", *North - Holland: Amsterdam.*

Jorgenson D. W. , Wilcoxen P. J. , 1990, "Intertemporal General Equilibrium Modeling of US Environmental Regulation", *Journal of Policy Modeling*, 12 (4): 715 -744.

Kahrl F. , Roland - Holst D. , "Energy and Exports in China", *China Economic Review*, (4): 649 -658.

Kehoe T. J. , Serra - Puche J. , 1983, "A Computational General Equilibrium Model with Endogenous Unemployment: An Analysis of the Fiscal Reform in Mexico", *Journal of Public Economics.*

Keller W. J. , 1980, "Tax Incidence: AGeneral Equilibrium Approach", *North - Holland: Amsterdam.*

King, Robert, Sergio T. Rebelo, 1999, "Resuscitating Real Business Vycles", *John B Taylor, Michael Woodford eds Handbook of Macroeconomics. Elsevier: Amsterdam*, 927 -1007.

Kiyotaki, Nobuhiro, John Moore, 1997, "Credit Cycles", *Journal of Political Economy*, 105 (2): 211 -248.

Kydland, Finn, Edward Prescott, 1990, "Business Cycles: Real Facts and Amonetary Myth", *Federal Reserve Bank of Minneapolis Quarterly Review*, 14: 3 -18.

Kydland Finn, Edward Prescott, 1982, "Time to Build and Aggregate Fluctuations", *Econometrica*, 50: 1345 -1370.

Lee J. , Song J. , 2015, "Housing and Business Cycles in Korea: A Multi - Sector Bayesian DSGE Approach", *Economic Modelling*, 45, 99 -108.

Leontief W. W. , 1936, "Quantitative Input and Output Relations in the Economic System of the United States", *Review of Economics and Statistics*, (3): 105 -125.

Leontief W. W, 1953, "Interregional Theory", New York: Oxford University Press, 93 -115.

Leontief W. W. , 1963, "Strout A. Multiregional Input - Output Analysis", New York: St. Martin's Press.

L. J. Christiano, M. Trabandt, K. Walentin, 2010, "DSGE Models for Monetary Policy Analysis", *Handbook of Monetary Economics*, 3 (16074): 285 - 367.

Lucas, Robert, 1976, "Econometric Policy Evaluation: A Critique Carnegie - Rochester Conference Series on Public Policy", 19 - 46.

Lucas, Robert, 1977, "Understanding Business Cycles", *Carnegie Rochester Conference Series on Public Policy*, (5): 7 - 46.

M. Adolfson, S. Riksbank, S. Laseen, S. Riksbank, J. Lindé, 2008, "Evaluating an Estimated New Keynesian Small Open Economy Model", *Journal of Economic Dynamics & Control*, 32 (8): 2690 - 2721.

Mankiw, Gregory, 1989, "Real Business Cycles: A New Keynesian Perspective", *Journal of Economic Perspectives*, (3): 79 - 90.

Markus L., Peter R., 2004, "Potential Impact of the WTO Doha Round on Swiss Agriculture", *Swiss Journal of Economics and Statistics*, 140 (IV): 569 - 583.

Martine B., Marianne K., Janine P., et al., 2005, "WTO Agricultural Negotiations: A Comparison of the Harbinson and Swiss Formula", *Nort - Hol - laned: Amesterdam.*

M. D. Negro, F. Schorfheide, F. Smets, and R. Wouters, 2007, "On the Fit of New Keynesian Models", *Journal of Business & Economic Statistics*, 25 (2): 123 - 143.

Melo D. J., 1988, "Computable General Equilibrium Models for Trade Policy Analysis in Developing Countries: A Survey", *Journal of Policy Modeling*, 10 (4): 469 - 530.

Melo J. D., Tarr D., 1989, "Foreign Trade Policy", Cambridge: MIT Press.

Mercenier J., 1995, "Can Reduce Unemployment in Europe? On Welfare and Employment Effects of Europe's Move to a Single Market", *Journal of Policy Modeling*, 17 (1): 1 - 37.

Moses L. N., 1955, "The Stability of Interregional Trading Patterns and Input - Output Analysis", *American Economic Review*, (5): 803 - 826.

Mun - Heng T., Qian LIN, 2005, "Tax Reform in China Using a General Equilibrium Model", *An evaluation of the China Economic Review.*

Muñoz P., Steininger K. W., 2010, "Austria's CO_2 Responsibility and the Carbon Content of its International Trade". *Ecological Economics*, (10): 2003 - 2019.

Nelson, Charles R., Charles I. Plosser, "Trends and Random Walks Inmacroeconomic Time Series: Some Evidence and Implications", *Journal of Monetary Economics*, 10 (9): 139 - 162.

Nistic, S., 2012, "Monetary Policy and Stock - price Dynamics in A DSGE Framework", *Journal of Macroeconomics*, 34 (1): 126 - 146.

Olivier Jean Blanchar, 1989, "A Traditional Interpretation of Macroeconomic Fluctuations", *The American Economic Review*, 1146 - 1164.

Patriquin M. N., Janaki R., Alavalapati R., and et al., 2006, "William a White Incorporating Natural Capital into Economy - wide Impact Analysis: a Case Study from Alberta", *Environmental Monitoring and Assessment*, 86 (2): 149 - 169.

R. Harrison, K. Nikolov, M. Quinn, G. Ramsay, A. Scott. 1998, "The Bank of England Quarterly Model",

Economic History Review, a15 (1 - 2): 67 - 72.

R. Wouters, F. Smets, 2013, "Output Gaps: Theory Versus Practice", *Computing in Economics & Finance*.

Rajemison H., Haggblade S, Younger SD, 2003, "Indirect Tax Incidence in Madagascar: Updated Estimates Using the Input - output Table", Working Paper.

Robinson S., 1990, "Pollution, Market failure, and Optimal Policy in an Economy - wide Framework", *Agricultural and Resource Economics*, Working Paper, University of California.

Robinson S., Tyson L. D., 1976, "Foreign trade, Resource Allocation, and Structural Adjustment in Yugoslavia", *Journal of Comparative Economics*, 1976 (9): 46 - 70.

Ruocco A., 1999, "Equity and Efficiency Aspects of the Italian Debt Reduction", *Economic Modeling*, 16 (4): 569 - 589.

S. Gouvea, A. Minella, R. Santos, and N. Souza - Sobrinho, 2011, "Samba: Stochastic Analytical Model with a Bayesian Approach", Working Papers, 35 (2).

Scarf H. Debreu G., Scarf H., 1967, "The Core of a Person Game, Econometrica, A Limit Theorem on the Core of an Economy International Economic Review".

Scarf H., 1984, "The Computation of Equilibrium Prices, in Applied General Equilibrium Analysis", New York: Cambridge University Press.

Scarf H., 1967, "On the Computation of Equilibrium Prices, in Ten Economic Studies in the Tradition of Irving Fischer", New York: Wiley.

Scarf H., 1967, "The Approximation of Fixed Points of a Continuous Mapping", *SIAM Journal of Applied Mathematics*, 15 (6): 1328 - 1343.

Smets F., Wouters R., "Shocks and Frictions in US Business Cycles: A Bayesian DSGE Approach", ECB working paper, No. 722.

Stenberg L. C., Siriwardana, 2006, "Forest Conservation in the Philippines: An Economic Assessment of Selected Policy Reponses using a Computable General Equilibrium Model", *Forest Policy and Economics*, 25 (1): 164 - 171.

T. Haavelmo, 1943, "The Statistical Implications of a System of Simultaneous Equations", *Econometrica*, 11 (1): 1 - 12.

T. Haavelmo, 1944, "The Probability Approach in Econometrics", *Econometrica*, 10 (1): 1 - 12.

Taylor L., Black S. L., 1974, "Practical General Equilibrium Estimation of Resource Pulls under Trade Liberation", *Journal of International Economics*, 25 (6): 37 - 58.

Todd M. J., 1994, "Efficient Methods of Computing Economic Equilibrium, in Applied General Equilibrium Analysis", New York: Cambridge University Press.

Whalley J., 1985, "Trade Liberalization among Major World Trading Areas", Cambridge Mass: MIT Press.

Wonnacott R. J., 1961, "Canadian - American Dependence: An Interindustry Analysis of Production and Prices", North - Hollannd Pub.

Wyckoff A. W. , Roop J. M. , 1994, "The Embodiment of Carbon in Imports of Manufactured Products: Implications for International Agreements on Greenhouse Gas Emissions", *Energy policy*, (3): 187 - 194.

Yan Z. , "Notice of Retraction Empirical Study on Relations between Capital Structure, Governance Structure and Performance of Small and Medium - sized Enterprises: Based on the Data from SME Board in China", *IEEE*.

Yu H. , 2013, "Jamal A M M. A Simultaneous - Equation Model of Money Demand and Money Supply for Canada", *Modern Economy*, 4 (1): 32 - 36.

Yu H. , 2016, "Determinants of the ZAR/USD Exchange Rate and Policy Implications: A Simultaneous - equation Model", *Cogent Economics & Finance*, 4 (1): 115 - 131.

Zietz J. , Pemberton D. K. , 1990, "The U. S. Budget and Trade Deficits: A Simultaneous Equation Model", *Southern Economic Journal*, 57 (1): 23 - 34.

第七章

状态空间模型与滤波方法

经济理论中经常包含不可观测的变量或成分，如何处理或估计不可观测的部分成为分析变量关系的关键。状态空间模型和滤波方法是处理含有不可观测变量的动态时间序列模型的典型方法。本章主要介绍状态空间模型和滤波方法的国内外研究现状，主要包括线性、非线性状态空间模型、Markov 区制转换的状态空间模型以及 HP 滤波、BP 滤波、Kalman 滤波、粒子滤波等。

一、状态空间模型

状态空间模型（State Space Model），也称为动态系统理论，它假设所研究的系统随时间的演化可由一个不可观测向量序列确定，与该序列相伴的是一个可观测序列，两者的关系由状态空间模型来识别。状态空间分析的目的是从观测序列提供的信息来推断不可观测变量的有关性质。状态空间模型一般由两个方程构成：一个是状态方程，另一个是观测方程。其中状态方程表示从目前状态向下一个时刻状态转换的方法，即相互间的转换关系；而观测方程表示实际观测到的向量和状态向量之间的相互关系。

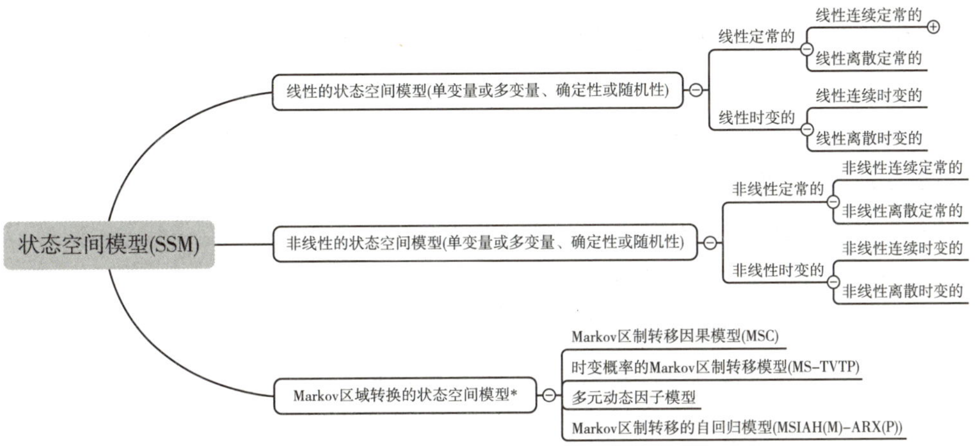

图 7-1　状态空间模型

现代控制理论创始人之一 R. E. Kalman（1960）首次在滤波与预测问题中引入了状态空间方法，用状态方程描述系统动态模型，用观测方程描述系统观测模型，可以从一系列的不完全及包含噪声的测量中，估计动态系统的状态。Kalman 滤波理论为更为复杂的状态空间模型提供了很好的估计方法状态空间方法。由此，状态空间模型在不同领域引起了众多学者的关注。Jazwinski（1970）、Anderson 和 Moore（1979）从工程应用的角度进行了讨论。Harvey（1980）书中经济学者们介绍了应用卡尔曼滤波对预测误差分解得到参数的最大似然估计的方法。Harvey（1990）对广泛应用于经济分析的结构时间序列模型给出了通俗易懂的状态空间处理方法，并给出了众多模型，包括具有时变参数的回归模型，ARMA 模型，具有不可观测成分的时间序列模型等的状态空间形式。以状态空间模型为框架的时间序列预测方法，首先将时间序列转化为状态空间，然后采用滤波对非平稳时间序列进行外推、内插及平滑，同时还可以利用卡尔曼滤波对模型的未知参数进行极大似然估计。West 和 Harrison（1993）对状态空间模型提出了贝叶斯观点，并集中讨论了预测问题。Jones（1993）对应用状态空间模型分析 Longitudinal data 进行了讨论。Fahrmeir 和

Tutz（1996）讨论了基于状态空间建模的时间序列分析方法。Shumway 和 Stoffer（1982）对于状态空间模型的参数估计，提出针对状态空间模型的参数估计方法——EM 算法。赵昕东和耿鹏（2009）将贝叶斯 Gibbs 样本生成（Bayesian Gibbs Sampling，BGS）方法应用到状态空间模型的估计，结果表明参数和状态向量的估计值与参数和状态向量的真实值相当接近，明显优于基于卡尔曼滤波的最大似然估计结果，并将 BGS 算法应用于中国 1980—2008 年的潜在增长率与增长率缺口的估计。

高铁梅和王金明（2001）利用状态空间方法建立了动态的季度变参数模型，对 90 年代以来货币政策对宏观经济在不同时点的动态影响进行测算，从而描述了我国 IS－LM 曲线的动态特征，进而得出了近两年来通货紧缩时期中央银行所采取的货币政策是有效的结论。刘金全，张小宇（2012）将传统“泰勒规则”模型扩展为时变参数“泰勒规则”模型，并利用基于贝叶斯技术的 Gibbs 抽样方法估计该模型，估计结果表明，与传统“泰勒规则”相比，时变参数“泰勒规则”能够更好地识别我国名义利率的调整机制。余辉和余剑（2013）通过时变参数状态空间模型估算不同经济因素的动态权重，并以此为基础构建的金融状况指数，能够体现不同形势下不同经济因素对金融总体形势的影响，并反映货币政策传导渠道的效应。姜红艳等（2018）依据最优货币区理论，利用状态空间模型的时变参数回归，实证检验了人民币是否成了中国经济圈的货币锚。李占风和陈好（2010）从货币的变现能力和经济货币化程度两个方面衡量货币流动性，利用状态空间模型方法建立时变参数模型，研究货币流动性变化对物价的影响，并用状态变量衡量流动性以外的因素对物价的综合影响。余辉和余剑（2013）通过时变参数状态空间模型估算不同经济因素的动态权重，并以此为基础构建的金融状况指数，能够体现不同形势下不同经济因素对金融总体形势的影响，并反映货币政策传导渠道的效应。

刘金全和刘志刚（2004）使用 HP 滤波、时间趋势平稳、ARMA 趋势平稳和状态空间分解等趋势分解方法，对我国 GDP 增长率序列进行了趋势分解，并对各种周期成分进行了对比检验，结果发现这些分解方法得到的周期成分具有类似的统计性质，但就残差序列的白噪声检验来说，双变量状态空间模型的分解效果最为显著，因此应该采用状态空间模型进一步分析我国的经济周期性质。石柱鲜等（2004）利用基于菲利普斯曲线和奥肯定律的状态空间模型估计中国的潜在 GDP，并用潜在 GDP 计算 GDP 偏移率，GDP 偏移率的变动与经济周期波动基本一致。刘金全等（2006）同样以菲利普斯曲线和奥肯定律为理论依据，采用具有区制转移的状态空间模型对经济增长率和通货膨胀率之间的关系进行了经验分析，研究发现中国“产出—价格”关系具有长期菲利普斯曲线的性质，经济增长率体现出高波动区制和低波动区制，通货膨胀预期也表现出两种不同的适应性预期形态。高宇明和齐中英（2008）应用时变参数状态空间模型，利用 1953—2005 年中国宏观经济数据，估计了样本区间内我国的全要素生产率（TFP），并与传统的索洛残差方法的计算结果进行了比较。陈娟（2009）运用状态空间模型，对改革开放以来中国全要素生产率增长的变动情况进行研究，并且比较分析了资本、劳动的要素投入和全要素生产率对经济增长的贡献，还分别对东、中、西部各地区的全要素生产率的增长变化进行了分阶段比较研究。王海鹏等（2006）利用1953—2002年的统计数据和状态空间模型对中国能源消费与经济增长关系进行了研究。李晓嘉和刘鹏（2009）对中国经济增长与能源消费相关数据的协整分析表明二者之间存在着长期的均衡关系，为了进一步考察中国能源利用效率问题，采用变系数状态空间模型对能源消费弹性进行了估计，表明了我国能源效率不断提升的过程。陶磊（2009）构建了基于状态空间模型的中国能源消费和经济增长的变参数模型，分析了能源消费和经济增长之间的动态关系或非均衡关系。方福前和詹新宇（2011）基于时变参数模型的经验研究表明，改革开放以来我国产业结构升级对经济波动平稳化趋势有着显著的熨平效应，并且随着产业结构升级的不断推进，这种熨平作用亦趋明显。

关于居民消费的研究，杭斌和申春兰（2004）依据中国实际对Davidson等提出的误差修正机制（ECM）作了重要修正，即经济转型时期我国城镇居民的消费与收入之间存在不断变化的长期均衡关系和短期动态关系，并利用1978—2002年的有关数据和状态空间模型进行了实证分析。杭斌和申春兰（2004）以坎贝尔（Campbell）和曼坤（Mankiw）于1990年提出的理论模型为基础，利用1978—2002年的有关统计数据和状态空间模型对城镇居民的消费敏感度进行了变参数分析。唐绍祥和汪浩瀚（2010）构建了状态空间模型和跨省面板数据模型，就不确定性和流动性约束等对我国居民消费行为影响进行比较分析。若具体分为城镇和农村居民消费，张五六（2010）运用时变参数状态空间模型对我国改革开放30年来物价、利率与收入对农村和城镇居民消费需求影响的动态特征进行了研究。骆祚炎（2010）通过构建状态空间模型，从微观上的居民收入和宏观上的初次收入分配格局等角度，对城镇居民消费敏感性进行研究。谢子远等（2007）运用时变参数模型对农村居民的消费倾向进行了估计，从制度变迁、收入变动、理性预期等角度对农村居民消费倾向的演变路径进行了诠释。陈东和刘金东（2013）基于状态空间模型和中介效应检验的实证分析我国农村信贷对农村居民消费的影响，其主要依靠农民纯收入的中介效应实现。

在微观经济研究领域中，唐绍祥等（2010）利用动态分布滞后模型和状态空间模型分析我国股市财富效应，动态分布滞后模型结果表明，我国股市既不具有即期财富效应，也不具有长期财富效应；利用状态空间模型的时变参数模型检验结果显示，我国股市较长时期内不具有财富效应，但随着经济增长和证券市场规模的不断扩大，股市的正财富效应逐渐显现。王艺明（2008）主要研究投机泡沫是否存在于房地产价格中，考虑到模型误设和投机泡沫都表现为不可观测变量，因此构建了状态空间模型，并采用广义卡尔曼滤波法估计变动的风险贴水和模型误设变量。王凯涛等（2003）利用Johanson协整检验证实我国封闭式基金折价存在联动性，并通过状态空间模型分析表明基金折价波动受到某种共同因素的驱动，这在某种程度上支持投资者情绪假说。赵安平和范衍铭（2011）以北京市为例，为了更有效地估计房价泡沫，将动态最优模型与状态空间滤波方法相结合，通过构建一个动态最优局部均衡模型来刻画不存在投机因素的房地产市场基础供求关系，同时在把基本房价视作状态变量的基础上给出决定基本房价的状态空间模型，从而计算出房价泡沫。

马尔科夫区制转换状态空间模型是将起源于工程应用领域的状态空间模型与机制转移模型结合一起发展起来的一种新的模型，其对近年来出现的伴有结构性突变、潜变量和参数时变性的经济现象的研究具有较大优势。结合贝叶斯 Gibbs 抽样技术和方法，马尔科夫区制转移状态空间模型的在更大的学科范围内得到广泛应用。Markov 区制转移模型可以很好地解决结构性突变问题，而状态空间模型的表示形式非常灵活，且可以通过强有力的迭代算法——滤波对参数时变性和潜变量存在性估计问题的解决效果显著。当人们面对既有结构性突变，同时又有潜变量存在性、参数时变性等问题时，单靠 Markov 区制转移模型或单靠状态空间模型是不能解决的。为此，Kim（1994）将 Markov 区制转移模型与状态空间模型结合起来，发展成为今天的 Markov 区制转换的状态空间模型，该模型对同时解决结构性突变、参数时变性以及潜变量存在性发挥重要作用。Kim 和 Nelson（1998）利用美国工业生产总值、总的个人收入与转移支付、制造和贸易销售总额以及非农就业人数的数据，结合 Gibbs 抽样的方法对 Markov 区制转换的状态空间模型进行了参数估计。Zhou（2002）将 Markov 区制转换的状态空间模型运用于流行病学上。Bredin 和 Fountas（2007）利用 Markov 区制转换的状态空间模型分析了欧洲四国在过去几年里通货膨胀与通货膨胀不确定性之间的关系。国内研究中，宏观方面，张兵（2015）通过建立中美两国经济周期波动的马尔科夫区制转移模型进行估计，结果表明中美两国经济周期的波动存在具有明显协动性的区制，且两国经济周期的波动区制都具有较强的“自维持”特征。金晓彤和闫超（2010）利用马尔科夫区制转移模型，基于 1979 年 1 月至 2009 年 8 月期间我国社会消费品零售总额月度同比增长率数据，来具体刻画和分析我国消费需求增速过程的时间路径变化特征。隋建利和刘碧莹（2017）利用非线性马尔科夫区制转移因果模型（MSC），测度改革开放以来，国际旅游发展与中国经济增长之间的非线性时变因果关系，以及 1995 年以来国内旅游发展与中国经济增长之间的因果关系，以期探究在中国宏观经济运行历程中旅游业所扮演的角色。张同斌和高铁梅（2015）选取状态空间模型估算预期变量，采用时变概率的马尔科夫区制转移（MS - TVTP）模型研究了中国经济增长周期波动的阶段运行特征与驱动机制。

微观方面，刘金全和郑挺国（2006）在利率期限结构中通过纳入马尔科夫区制转移，将传统 CKLS 模型推广到更为一般的状态相依的 CKLS 模型，并将之应用于对我国 1996 年 1 月至 2006 年 3 月银行间同业拆借市场六组不同到期日之月度加权平均利率的研究。陈守东，王妍和唐亚晖（2013）首先通过马尔科夫区制转移的多元动态因子模型，得到能够反映我国金融系统内在不稳定性的潜在不可观测因子，分析了我国金融系统在“金融不稳定区制”和“金融稳定区制”下的不同特征；其次，以“金融不稳定性假说”“金融加速器理论”等研究为理论基础，通过一个特定的马尔科夫区制转移的自回归模型

MSIAH（M）－ARX（P）研究了我国金融系统不稳定性对宏观经济的非对称影响。王春丽和胡玲（2014）基于马尔科夫区制转移模型进行中国金融风险预警的实证分析，立足于国际金融危机传染渠道的新视角，构建具有实时性、针对性和国际视野的金融风险预警指标体系，并从外汇市场、银行业以及股票市场三个维度合成符合我国国情的金融压力指数。唐绍祥（2006）通过马尔科夫区制转换状态空间模型对我国并购浪潮假说进行检验，结果表明，三状态马尔科夫区制转移模型和其对并购浪潮的定义能够正确地刻画我国总体并购活动，我国总体并购活动呈浪潮式发展，并购活动具有周期性，拒绝认为并购活动遵循随机游走过程。宋凌峰和邬诗婕（2017）将马尔科夫区制转移模型引入或有权益分析方法分析框架，计算经济增长状态的转移概率与银行部门违约距离的相关概率，得到违约距离的无条件概率分布，剥离经济增长对银行系统性风险的影响，构造反映银行内部脆弱性风险的无条件违约距离，实现对银行部门系统性风险的分解。

二、经济周期与滤波方法

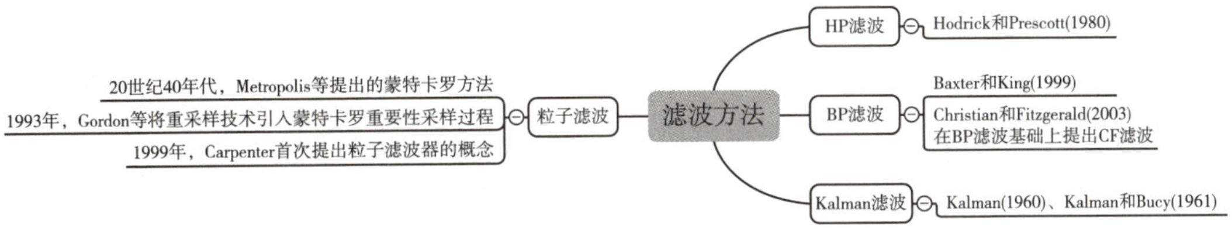

图 7－2　常见的滤波方法

滤波问题，是如何从被噪声污染的观测信号中过滤噪声，尽可能消除或减少噪声影响，求未知真实信号或系统状态的最优估计。通常噪声和真实信号或状态均为随机过程，因而滤波问题本质上是统计估计问题。滤波思想在信息科学中被最初提出，进而发展为主要学科分支——控制论中的一般滤波处理方法，主要针对的问题是通讯与控制中的信息干扰处理。尽管滤波理论的提出最初并非出于经济学的目的，然而有关对信息混淆状态的分离、辨析，一般滤波理论提供了一套方法论。经济学中所指的信息尽管同通讯、控制中的信息不同，然而在对信息所反映现象的本质上，两者却有着非常类似的描述。因此，经济学中的信息处理同样可以借鉴该思想：对经济活动中所获取的各种经济信息变量，要排除其信息混淆状态，从而分离出所期望的信息变量。

下面具体介绍几种在经济领域内应用范围较广的滤波方法，包括 HP 滤波、BP 滤波、Kalman 滤波、粒子滤波等的原理和应用介绍。

HP 滤波方法。HP 滤波是在分析宏观经济变量时的被广泛应用的方法。1980 年，Hodrick 和 Prescott（1980）为了分析美国战后经济运行情况而首先提出 HP 滤波方法。该方法出现的初衷主要用于分析宏观经济数据，使用状态空间的思维来调整序列的波动性，使得波动范围能紧跟均值的变化趋势，从而得到一个较小、较为稳定的波动方差。从数理理论上看，HP 滤波器原理就等同于一个高通滤波器。当频率不定的时间序列通过该滤波器时，HP 滤波会自动把这些复杂频率的波形分解成很多不同频率的波形组合，自动滤掉低频成分，通过高频成分，从而使得我们得到一个波动幅度可控，波动频率较大并且能紧跟均值趋势项的波形。

自 HP 滤波以来，国外关于滤波方法演进及比较的文献陆续问世。针对 HP 滤波平滑参数取值的争议，Ravn 和 Uhlig（2002）提出平滑参数的取值应是观测数据频率的 4 次方。King 和 Rebelo（1993）以及 Harvey 和 Jaeger（1993）则指出 HP 滤波的准确性会随目标序列特征的变化而变化；而 Harvey 和 Jaeger（1993）以及 Cogley 和 Nason（1995）进一步证明若目标序列为一阶或二阶单整过程，HP 滤波分离出的周期成分可能包含伪周期信息。此外，Psaradarkis 和 Sola（1997）提出 HP 滤波隐含目标序列的周期波动具有对称性的假定，这与诸多实证表明的现实周期波动呈现或强或弱的非对称性不一致。

HP 滤波的国内应用非常丰富。HP 滤波主要是分离趋势和波动，在经济周期和金融周期研究中比较多。有关进出口贸易的研究中，张世晴等（2010）运用 HP 滤波和其他方法来研究进出口总额和 GDP 增长的关系；杜群阳等（2011）运用 HP 滤波方法提前周期因子，验证了东亚经济周期的协动性。有关经济增长、产出等研究中，刘金全等（2004）运用 HP 滤波等方法对我国 GDP 增长率序列进行了趋势分解，并对各种周期成分进行对比检验；李晓芳等（2001）利用国际上通用的 HP 滤波方法构造我国增长循环的景气指数——合成指数，探讨其在我国的适用性；黄新飞等（2010）采用 HP 滤波来衡量降低通货膨胀的成本（牺牲率），并测算出中国季度和年度牺牲率；郭雄等（2006）采用 HP 滤波法对我国的产出缺口进行了估计；余力等（2013）基于 HP 滤波和 VAR 模型，对我国金融发展与经济增长间的协整关系和 Granger 因果关系进行了检验；韩蓓（2009）对 HP 滤波法在地区潜在经济增长率测算中的应用进行了总结；马思捷（2016）采用 X12 季节调整法和 HP 滤波对中国农业潜在增长率进行分析。此外，向书坚等（2011）对我国 M0、M1、M2 三层次货币供给的时间序列进行 HP 滤波与平稳化，进一步利用现代谱分析法对我国货币供应的周期波动特征进行了测定与分析。

另外，有关股票分析研究中，杨建辉等（2013）、朱慧明等（2014）、翟尚薇等（2017）、司颖华（2014）、张会平（2012）吕超等（2012）均首先使用 HP 滤波对股票价格、证券指数、通胀率、经济周期、房地产周期、国民幸福指数等数据进行分解和划分，在此基础上再结合 GARCH、贝叶斯 Markov 转换等其他模型进行有关问题研究。

BP 和 CF 滤波方法。Baxter 和 King（1999）提出了 BK 滤波，或称 Band - Pass（BP）滤波方法，并与 HP 滤波等方法比较后认为，HP 滤波的效果与 BP 滤波中某种特殊形式似，但 BP 滤波得到的波动成分相对更为光滑。此外，BP 滤波仍没完全克服 HP 滤波存在的平稳性及对称性假设等问题。Christian 和 Fitzgerald（2003）在 BP 滤波的基础上，进一步放松相关假设提出了 CF 滤波。但也有批评者对 CF 滤波提出质疑，Iacobucci 和 Noullez（2004）指出，CF 滤波的非平稳性和非对称性假设在某种情况下可能导致消极后果，此外，CF 滤波假设所有非平稳过程都产生于随机游走，不但在理论上很难站住脚，且在某些情况下会导致糟糕的近似。

在国内，关于以上几种滤波方法的介绍比较及在经济周期中的实证应用较为丰富。陈昆亭等（2004）综合比较了移动平均、HP 滤波、BP 滤波等方法，并选取 BP 滤波对中国经济的周期波动进行了分析。高铁梅等（2009）对比介绍 HP 滤波和 BP 滤波后认为，在经济周期波动问题研究中，BP 滤波能够更好地达到提取合意的波动成分的目的，且已在国际上得到广泛应用。汤铎铎（2007）系统评介并实证比较了 HP 滤波、BP 滤波和 CF 滤波，指出对于 GDP 等绝大多数国内年度宏观时间序列，除 HP 滤波外，经 Ravn 和 Uhlig 调整平滑参数的 HP 滤波、BP 滤波和 CF 滤波三者的趋势分解结果基本一致，且差异在可接受的范围内。但在样本较少、滤波频率较低时，CF 滤波的效果似乎不够好，与 BP 滤波的结果也差距较大。吕光明和齐鹰飞（2006）经比较多种趋势分解方法认为，相对于 HP 滤波和 BP 滤波，CF 滤波考虑了数据的时序特征，因而分解出的周期性成分更为客观准确，为此，选择 CF 滤波对中国经济周期波动的典型化事实进行了实证研究。在滤波方法应用于我国股市的实证方面，周佰成等（2006）运用 HP 滤液等方法对中美股市的波动周期进行了研究，得出上证指数 1990—2005 年间的平均波动周期为 61 周。饶为民和孙剑（2010）应用 BP 滤波对上证指数 1991—2009 年间的历史数据进行趋势分解，得出上证指数存在 2—3 年的明显波动周期。总体而言，滤波法应用于我国股市及相关指标波动的实证仍不多见，而 CF 滤波法更是在国内宏观经济和股市相关领域中均较少有人应用。

Kalman 滤波方法。Kalman 滤波则是在时域上的状态空间方法作为方法论的，提出于 20 世纪 60 年代初。1960 年和 1961 年，美籍匈牙利学者 Kalman 和美国学者布西提出了递推滤波算法，成功地将状态变量引进滤波理论中来，用时域上的状态空间方法提出了 Kalman 滤波理论，提出了便于计算机上递推实现的 Kalman 滤波算法，其计算量和储存量小，并解决了多维、非平稳随机信号的滤波问题。基本思想是利用前一时刻的状态估计值和当前时刻的观测值来确定当前状态的估计值，最终实现这种递推估计求解的优化准则依然是最小均方误差。Kalman 滤波相对于维纳滤波最大的改进是由于引入了递归，能够实时地快速处理更新的数据，而不必每次都用全部历史数据从头算起。

Kalman 滤波理论方法广泛应用已经超过 30 年，其主要是工程上估计和分析的一种重要工具，目前在经济研究中的应用还是比较少见的，但是，这种方法在参数估计和预测上具有实时跟踪等众多优点。一般来说，在对资本市场波动的各种预测模型中，时间序列模型一直占据着最主要的位置，从基本的 AR 模型到 VAR 模型和近 20 年在金融领域应用广泛的 GARCH 模型系列，都被广泛地用于对金融市场数据波动的预测研究中。但金融市场数据具有随机性，通常表现为非线性、非高斯特征。而 Kalman 滤波理论是针对非线性状态空间的估计方法，可以根据观测事物的状态进行动态调整，这无疑极大地修正了时间序列模型的估计误差。在金融领域，特别是在高频交易中，面对海量的高频数据，Kalman滤波的短期预测功能获得更广泛的应用。

在宏观经济领域研究中，高宇明等（2008）结合时变参数方法和 Kalman 滤波估计我国全要素生产率。许召元（2005）运用 Kalman 滤波方法估计 1979—2004 年间我国的潜在经济增长率和产出缺口。赵留彦（2005）将不可观测的预期通胀率和预期真实利率变动改写为状态空间表示，并通过 Kalman 算法求得关于预期通胀率的最优推断。桂文林等（2011）通过 Kalman 滤波递推算法对中国季度 GDP 状态向量各分量进行了最优估计、平滑和预测。张金清等（2009）通过建立状态空间模型并运用多变量卡尔曼滤波法对我国潜在产出水平进行估算。

在微观经济领域研究中，谢合亮等（2017）、金瑶等（2013）都以金融股票数据为样本进行试验，均认为在时间序列模型的预测方程的基础上，推导出 Kalman 滤波的状态和测量方程，利用 Kalman 方程对预测结果进行修正，能够大大提高预测精度。范龙振（2004）利用 Kalman 滤波法估计多因子 Vasicek 利率模型，认为 Kalman 滤波法和极大似然估计法估计模型中的有关参数是一种最优的估计方法。柳冬等（2012）构建了一个可以用于开放式基金动态资产配置结构的模型，并利用 Kalman 滤波算法对我国 54 支开放式基金近 5 年的时间序列样本进行了实证检验。

粒子滤波。由于时间序列是一个动态变化过程，由一般的最小二乘法、最大似然法估计模型参数不能快速实现实时更新，当得到新的观测数据时，必须对全部历史数据重新计算才可得到较准确的参数值，而随着观测值增多，重复运算的数据储存空间和计算量也随之增大。Kalman 滤波是一种动态数据处理方法，可以解决传统方法需要储存数据，计算量增大的问题，是公认的解决线性高斯问题的最优滤波器。但在实际中，测量数据与动态系统参数之间是非线性的，因此有学者提出了许多新的非线性滤波方法，如扩展卡尔曼滤波器（EKF）等，但只能处理弱非线性系统及高斯噪声下的估计问题，对实际中强的非线性非高斯问题处理效果不佳。粒子滤波是一种基于序贯蒙特卡罗方法（Sequential Monte Carlo Method，SMC）和递推贝叶斯估计的统计滤波方法，不受线性、高斯条件的约束，可用于解决实际中的非线性、非高斯问题，实现系统的状态估计。

粒子滤波方法通过重要性采样技术来近似随机变量的后验概率分布，解决优化状态估计问题。其基本思想是用一组样本（或称粒子）来近似表示系统的后验概率分布，然后使用这一近似的表示来估计非线性系统的状态。粒子滤波算法的出现要追溯到 20 世纪 40 年代 Metropolis 等提出的蒙特卡罗方法（Monte Carlo Method）。70 年代，蒙特卡罗方法首次用于解决非线性滤波问题，当时使用的是一种序贯重要性采样的算法（Sequential Importance Sampling，SIS），该算法使用一组从建议分布中提取的样本来近似表示目标分布，每一个样本都有相应的权值。由于 SIS 算法存在严重的样本权值退化问题，在很长一段时间内没有得到很好的解决。因此 SIS 算法在解决非线性滤波问题中的应用在当时非常有限，直到 1993 年，Gordon 等将重采样技术（resampling）引入蒙特卡罗重要性采样过程，提出一种自举滤波器，有效地解决了样本权值退化问题。1999 年，Carpenter 等通过对这一类 SIS 算法进行概括总结，首次提出粒子滤波器的概念，此后一直沿用了粒子滤波器的说法，许多文献也称之为粒子滤波算法。

由于粒子滤波算法适用于强非线性非高斯系统，在过去的几年中，粒子滤波算法在许多领域取得了成功的应用。例如，在金融经济领域，国外学者使用粒子滤波算法进行期权定价（Wang 等，2008；Creal. D，2012）、商品价格分析（Duan 等，2012）等问题。在国内，陈亚静等（2017）提出了一种基于粒子滤波（PF）的股价预测方法，用粒子滤波方法联合估计 NAR 模型的状态和参数，比传统的 NAR 模型预测精度更高。张波等（2017）通过辅助粒子滤波方法（APF）计算边际似然和 BF，对多达 17 万笔高频交易数据的研究发现了“首尾 5 分钟现象”，且数据具有较为显著的周期效应。吴建华等（2015）提出的变点粒子学习滤波在动态模拟样本数据方面具有更大的优势，可以用于对股票价格和成交量的联合动态轨迹进行实时模拟追踪。此外，还有学者对中国宏观经济数据进行相关分析，如刘静一等（2013）建立了一个带反馈机制多因素随机波动模型来刻画中国通货膨胀动态，基于粒子滤波与 MH 抽样相结合的贝叶斯方法估计模型参数，并利用粒子滤波方法得到通货膨胀的一步向前预测及随机波动分量的光滑估计。刘静一等（2014）还运用正则化辅助粒子滤波方法估计了一个状态转移概率具有随机时变性的区制转移状态空间模型，以准确地刻画中国经济周期的特征。

文献索引

边平勇，2009：“粒子滤波算法在贝叶斯模型中的应用”，《统计与决策》第 14 期。

陈迪红、陈睿，2009：“Kalman 滤波在非寿险未决赔款准备金估算中的应用”，《系统工程》第 1 期。

陈东、刘金东，2013：“农村信贷对农村居民消费的影响——基于状态空间模型和中介效应检验的长期动态分析”，《金融研究》第 6 期。

陈奉先，2015：“中国的实际汇率制度：基于 BBC 框架的动态考察”，《国际金融研究》第 11 期。

陈国进、颜诚、赵向琴，2016：“中国股市泡沫的识别和预测：基于 SSMS 模型”，《统计与决策》第 1 期。

陈娟，2009：“全要素生产率对中国经济增长方式的实证研究”，《数理统计与管理》第 2 期。

陈昆亭、周炎、龚六堂，2004：“中国经济周期波动特征分析：滤波方法的应用”，《世界经济》第 10 期。

陈蓉、吕恺，2010：“隐含波动率曲面：建模与实证”，《金融研究》第 8 期。

陈守东、王妍、唐亚晖，2013：“我国金融不稳定性及其对宏观经济非对称影响分析”，《国际金融研究》第 6 期。

陈学华、韩兆洲，2006：“基于卡尔曼滤波的投资组合时变风险估计”，《统计与决策》第10期。

陈亚静、蔡如华、吴孙勇、桂丛楠，2017：“基于粒子滤波的股价预测方法”，《统计与决策》第3期。

董进，2006：“宏观经济波动周期的测度”，《经济研究》第7期。

杜群阳、朱剑光，2011：“产业内贸易对东亚经济周期协动性影响的实证研究”，《国际贸易问题》第12期。

杜婷，2007：“中国经济周期波动的典型事实”，《世界经济》第4期。

方福前、詹新宇，2011：“我国产业结构升级对经济波动的熨平效应分析”，《经济理论与经济管理》第9期。

高铁梅、王金明，2001：“我国货币政策传导机制的动态分析”，《金融研究》第3期。

高铁梅、王金明、陈飞，2009：“中国转轨时期经济增长周期波动特征的实证研究”，《财经问题研究》第1期。

高宇明、齐中英，2008：“基于时变参数的我国全要素生产率估计”，《数量经济技术经济研究》第2期。

桂文林、韩兆洲，2011：“基于状态空间模型的中国季度GDP季节调整（1996—2009年）”，《数量经济技术经济研究》第7期。

郭雄、李亚琼，2006：“我国的产出缺口与通货膨胀”，《统计与决策》第2期。

韩蓓，2009：“HP滤波法及其在地区潜在经济增长率测算中的应用”，《经济师》第1期。

杭斌、申春兰，2004：“经济转型期中国城镇居民消费敏感度的变参数分析”，《数量经济技术经济研究》第9期。

杭斌、申春兰，2004：“经济转型中消费与收入的长期均衡关系和短期动态关系——中国城镇居民消费行为的实证分析”，《管理世界》第5期。

何德旭、姚战琪、余升国，2006：“资本流动性：基于中国及其他亚洲新兴国家的比较分析”，《经济研究》第9期。

黄晶，2013：“滤波方法提取周期信息的比较研究”，《数量经济技术经济研究》第7期。

黄新飞、舒元，2010：“基于HP滤波分析的中国牺牲率的长期影响研究”，《数量经济技术经济研究》第3期。

姜红艳、苑西恒、曾冰，2018：“人民币货币锚效应的实证检验——基于状态空间模型的经验证据”，《世界经济与政治论坛》第2期。

姜诗章、于维生、李宏纲，1998：“非线性时间序列分析方法——奇异值分解和噪声滤波”，《数量经济技术经济研究》第3期。

金晓彤、闫超，2010：“我国消费需求增速动态过程的区制状态划分与转移分析”，《中国工业经济》第7期。

金瑶、蔡之华，2013：“基于AR模型的Kalman滤波在股票价格预测中的应用”，《统计与决策》第6期。

李富强，2009：“掀起并购实证研究的新浪潮——评〈中国上市公司总体并购活动的时间性研究〉”，《数量经济技术经济研究》第11期。

李国祥、李永清、马天骄，2017：“基于 HP 滤波法的我国 CPI 波动规律研究”，《经济问题》第 10 期。

李进涛、孙峻、李红波，2012：“住宅增量与存量价格关系的实证检验”，《统计与决策》第 3 期。

李开顺、张连增，2008：“Kalman 滤波在未决赔款准备金评估中的应用”，《统计与决策》第 3 期。

李晓芳、高铁梅，2001：“应用 HP 滤波方法构造我国增长循环的合成指数”，《数量经济技术经济研究》第 9 期。

李晓嘉、刘鹏，2009：“中国经济增长与能源消费关系的实证研究——基于协整分析和状态空间模型的估计”，《软科学》第 8 期。

李占风、陈妤，2010：“我国货币流动性与通货膨胀的定量研究——基于时变参数模型的实证”，《数量经济技术经济研究》第 8 期。

刘斌、张怀清，2001：“我国产出缺口的估计”，《金融研究》第 10 期。

刘建平、陈光慧，2009：“基于卡尔曼滤波估计的连续性抽样调查研究”，《统计研究》第 4 期。

刘金全、金春雨、郑挺国，2006：“中国菲利普斯曲线的动态性与通货膨胀率预期的轨迹：基于状态空间区制转移模型的研究”，《世界经济》第 6 期。

刘金全、刘志刚，2004：“我国 GDP 增长率序列中趋势成分和周期成分的分解”，《数量经济技术经济研究》第 5 期。

刘金全、张小宇，2012：“时变参数‘泰勒规则’在我国货币政策操作中的实证研究”，《管理世界》第 7 期。

刘金全、郑挺国，2006：“利率期限结构的马尔科夫区制转移模型与实证分析”，《经济研究》第 11 期。

刘静一、张甜，2014：“基于粒子滤波的中国经济周期预测”，《统计与决策》第 19 期。

刘静一、朱柏松、简志宏，2013：“中国通货膨胀的预测模型与实证”，《统计与决策》第 5 期。

刘凌、何伦志，2011：“基于协整理论与卡尔曼滤波的专利制度对经济增长贡献研究”，《统计与决策》第 9 期。

刘天、顾芹，2017：“基于离散型 Kalman 滤波器的财务危机预警”，《统计与决策》第 11 期。

骆祚炎，2010：“城镇居民收入结构、收入初次分配格局与消费过度敏感性——1985—2008 年的经验数据”，《财贸研究》第 2 期。

吕超、王清川，2012：“基于 HP 滤波法的证券指数波动的协同性实证检验”，《统计与决策》第 7 期。

马思捷，2016：“中国农业经济潜在增长率分析”，《统计与决策》第 9 期。

彭建刚、钟海、李关政，2010：“对巴塞尔新资本协议亲周期效应缓释机制的改进”，《金融研究》第 9 期。

钱士春，2004：“中国宏观经济波动实证分析：1952—2002”，《统计研究》第 4 期。

瞿尚薇、王斌，2017：“投资时钟下我国经济周期的划分与资产配置”，《统计与决策》第 17 期。

邵军、徐康宁，2011：“转型时期经济波动对我国生产率增长的影响研究”，《经济研究》第 12 期。

石柱鲜、黄红梅、石庆华，2004：“关于中国潜在 GDP 与景气波动、通货膨胀的经验研究”，《世界经济》第 8 期。

司颖华，2014："我国房地产周期的测度及其非线性动态调整"，《统计与决策》第19期。

宋福铁、陈浪南，2006："Kalman滤波法模拟和预测沪市国债期限结构"，《管理科学》第6期。

宋凌峰、邬诗婕，2017："经济增长状态与银行系统性风险——基于马尔科夫区制转移的CCA模型"，《管理科学》第6期。

隋建利、刘碧莹，2017："中国旅游发展与宏观经济增长的非线性时变因果关系——基于非线性马尔科夫区制转移因果模型"，《经济管理》第8期。

孙祁祥、郑伟、肖志光，2011："经济周期与保险周期——中国案例与国际比较"，《数量经济技术经济研究》第3期。

汤铎铎，2007："三种频率选择滤波及其在中国的应用"，《数量经济技术经济研究》第9期。

唐绍祥，2006："我国并购浪潮假说的实证检验"，《财贸经济》第9期。

唐绍祥、蔡玉程、解梁秋，2008："我国股市的财富效应——基于动态分布滞后模型和状态空间模型的实证检验"，《数量经济技术经济研究》第6期。

唐绍祥、汪浩瀚、徐建军，2010："流动性约束下我国居民消费行为的二元结构与地区差异"，《数量经济技术经济研究》第3期。

唐晓彬，2010："Markov机制转换的状态空间模型及其在我国经济周期中的应用研究"，《统计研究》第2期。

陶磊，2009："中国能源消费与经济增长的动态关系——基于状态空间模型的变参数分析"，《数理统计与管理》第5期。

王必锋、赖志花，2011："我国服务业与经济增长关系的统计检验"，《统计与决策》第2期。

王春丽、胡玲，2014："基于马尔科夫区制转移模型的中国金融风险预警研究"，《金融研究》第9期。

王法胜、鲁明羽、赵清杰、袁泽剑，2014："粒子滤波算法"，《计算机学报》第8期。

王海鹏、田澎、靳萍，2006："基于变参数模型的中国能源消费经济增长关系研究"，《数理统计与管理》第3期。

王凯涛、陈金贤、袁泽沛，2003："中国封闭式基金折价的联动性检验"，《数量经济技术经济研究》第10期。

王鑫、胡昌华、暴飞虎，2007："粒子滤波器的若干改进算法"，《统计与决策》第3期。

王艺明，2008："房租资本化、模型误设与房地产投机泡沫：基于北京、上海和广州住房二级市场的研究"，《世界经济》第6期。

魏金萍，2013："企业财务风险预警状态空间模型的构建及检验"，《统计与决策》第24期。

吴建华、王新军、张颖，2015："时变参数状态空间模型估计研究"，《统计研究》第9期。

吴雪，2013："基于HP分离ARIMA—Markov模型的我国生猪存栏量预测"，《统计与决策》第6期。

夏程波、曹智辉、庄媛媛，2012："中美房地产周期波动特征的比较研究"，《统计与决策》第7期。

向书坚、徐海云，2011："改革开放以来我国货币供给周期波动特征"，《统计研究》第3期。

肖威、刘德学，2013："垂直专业化分工与经济周期的协同性——基于中国和主要贸易伙伴的实证研究"，《国际贸易问题》第3期。

谢合亮、张砣，2017："卡尔曼滤波在高频金融时间序列模型预测中的应用"，《统计与决策》第

13 期。

谢子远、王合军、杨义群，2007：“农村居民消费倾向的变参数估计及其演化机理分析”，《数量经济技术经济研究》第 5 期。

许冰、王赛花，2005：“影响我国保险业发展的城乡经济因素对比分析”，《统计与决策》第 2 期。

许召元，2005：“中国的潜在产出、产出缺口及产量——通货膨胀交替关系——基于‘Kalman 滤波’方法的研究”，《数量经济技术经济研究》第 12 期。

杨建辉、张然欣，2013：“基于 HP 滤波和 GARCH 模型的股票价格趋势预测”，《统计与决策》第 5 期。

余辉、余剑，2013：“我国金融状况指数构建及其对货币政策传导效应的启示——基于时变参数状态空间模型的研究”，《金融研究》第 4 期。

余力、赵新伟，2013：“不同时期我国金融发展与经济增长的实证研究”，《统计与决策》第 17 期。

张兵，2015：“中美经济周期的协动性：基于马尔科夫区制转移模型的研究”，《南开经济研究》第 3 期。

张波、蒋远营，2017：“基于中国股票高频交易数据的随机波动建模与应用”，《统计研究》第 3 期。

张会平，2012：“基于 HP 滤波视角的国民幸福指数的波动分析”，《统计与决策》第 4 期。

张金清、赵伟，2009：“开放经济条件下我国潜在产出水平的估算与解析——基于新凯恩斯主义的理论框架”，《数量经济技术经济研究》第 9 期。

张琳、王轶铭，2006：“运用动态线性模型对未决赔款准备金的评估”，《统计与决策》第 20 期。

张世晴、陈文政，2010：“进出口贸易拉动 GDP 增长的 HP 滤波分析及协整检验——基于 1978—2007 年我国数据的分析”，《国际贸易问题》第 2 期。

张同斌、高铁梅，2015：“中国经济周期波动的阶段特征及驱动机制研究——基于时变概率马尔科夫区制转移（MS - TVTP）模型的实证分析”，《财贸经济》第 1 期。

张五六，2010：“物价、利率与收入对居民消费需求影响研究——基于时变参数状态空间模型”《数理统计与管理》第 4 期。

张言方、聂锐、王迪，2013：“我国煤炭供给缺口度量及其结构突变研究”，《统计与决策》第 15 期。

章上峰、许冰，2009：“时变弹性生产函数与全要素生产率”，《经济学（季刊）》第 2 期。

赵留彦，2005：“中国通胀预期的卡尔曼滤波估计”，《经济学（季刊）》第 3 期。

赵留彦，2006：“中国核心通胀率与产出缺口经验分析”，《经济学（季刊）》第 3 期。

赵昕东、耿鹏，2009：“基于 Bayesian Gibbs Sampler 的状态空间模型估计方法研究及其在中国潜在产出估计上的应用”，《统计研究》第 9 期。

赵宇，2011：“基于 Kalman 滤波法的 M2 对证券市场的有效性分析”，《统计与决策》第 10 期。

郑挺国、王霞，2010：“中国产出缺口的实时估计及其可靠性研究”，《经济研究》第 10 期。

郑毅、谷贺，2014：“国际热钱和国内物价、房价与股价关系研究”，《统计与决策》第 11 期。

朱慧明、邓慧敏、谢赤、马超群、王延彦，2014：“基于贝叶斯 Markov 转换模型的股市收益与通胀波动关系研究”，《统计与决策》第 19 期。

祝梓翔、邓翔、徐蒙，2013：“中国和其他新兴市场国家经济波动之比较研究”，《统计与决策》第

2 期。

庄倩、陈良华，2015：“基于卡尔曼滤波的企业财务困境动态预警模型”，《统计与决策》第 24 期。

Anderson, B. D. O. , Moore J. B. , and Eslami M. , 2007, "Optimal Filtering, Ieee Transactions on Systems Man & Cybernetics", 12 (2): 235 - 236.

Baxter M. , King R. G. , 1999, "Measuring Business Cycles: Approximate Band - Pass Filters for Economic Time Series", *Review of Economics & Statistics*, 81 (4): 575 - 593.

Bollerslev T. , 1986, "Generalilzed Autoregressive Conditional Heteroscedasticity", *Journal of Econometrics*, 31: 307 - 327.

Carpenter J. , Clifford P. , Fearnhead P. , 1999, "Improved Particle Filter for Non - linear Problems", *IEF Proceedings F*, 146 (1): 2 - 7.

Chan V. , 2013, "Theory and Application of Monte Carlo Simulations", *Rijeka*, *Croatia*: *InTech.*

Christiano L. J. , Fitzgerald T. J. , 2003, "The Band Pass Filter", *International Economic Review*, 44 (2): 435 - 465.

Creal D. , 2012, "A Survey of Sequential Monte Carlo Methods for Economics and Finance", *Econometric Review*, 31 (3): 245 - 296.

Danthine J. P. , 1989, "Girardin M. Business Cycle in Switzerland: A Comparative Study", *European Economic Review*, 1989 (33): 31 - 50.

Doucet A. , Johansen A. M. , 2011, "A Tutorial on Particle Filtering and Smoothing: Fifteen Years Later", *In Handbook of Nonlinear Filtering* (*eds*), 12.

Duan J. , Hardle W. , and Gentle J. , 2012, "Handbook of Computational Finance", *Berlin Heidelberg*: *Springer - Verlag*.

Fabio Canova, 1998, "Detrending and Business Cycle Facts", *Journal of Monetary Economics*, (41): 475 - 512.

Fahrmeir L. , Tutz G. , 1996, "Multivariate Statistical Modelling Based On Generalized Linear Models", *Journal of the American Statistical Association*, 91 (434).

Gordon N. , Salmond D. , and Smith A. , 1993, "Novel Approach to Nonlinear/non - Gaussian Bayesian State Estimation", *IEE Proceedings F* (*Radar and Signal Processing*), 140 (2): 107 - 113.

Hamilton J. D. , 1994, "Time Series Analysis", Princeton University Press.

Hamilton J. D. , 1985, "Uncovering Financial Market Expectations of Inflation", *Journal of Political Economy*, 93 (6): 1224 - 1241.

Harvey, 1980, "Classical and Neoclassical Theories of General Equilibrium", Oxford University Press, 180 - 200.

Harvey, Andrew C. , 1990, "Forecasting Structural Time Series Models", Cambridge University Press, 1031 - 1033.

Hodrick R. J. , Prescott E. C. , 1997, "Post War U. S. Business Cycles: An Empirical Investigation", *Social Science Electronic Publishing*, 29 (1): 1 - 16.

Jazwinski, Andrewh, 1970, "Stochastic Processes and Filtering Theory", Academic Press, 1730.

Jones R. H. , 1993, "Longitudinal Data with Serial Correlation", Chapman & Hall/CRC, 161 - 175.

Kalman R. E. , 1960, "A New Approach to Linear Filtering and Prediction Problems Theory", *Trans. ASME J. Basic Eng*, 82: 35 - 45.

Kalman R. E. , Bucy R. S. , 1961, "New Results in Linear Prediction Filtering Theory", *Trans AMSE J*, 83 (1).

Kalman R. E, 1960, "A New Approach to Linear Filtering and Prediction Problems", *Journal of Basic Engineering Transactions*, (82): 35 - 45.

Kim C. J. , Nelson C. R. , 1998, "Business Cycle Turning Points, A New Coincident Index, and Tests of Duration Dependence Based on A Dynamic Factor Model with Regime Switching", *Review of Economics & Statistics*, 80 (2): 188 - 201.

Kim C. J. , 1994, "Dynamic Linear Models with Markov - Switching", *Journal of Econometrics*, 60 (1 - 2): 1 - 22.

Oleksandr Movshuk, 2003, "Does the Choice of Detrending Method Matter in Demand Analysis?", *Japan and the World Economy*, 2003 (15): 341 - 359.

Shumway R. H. , Stoffer D. S. , 1982, "An Approach to Time Series Smoothing and Forecasting Using the Em Algorithm", *Journal of Time*, 3 (4): 253 - 264.

Stock, James H. , Watson, and Mark W. , 1998, "Chapter 1 Business Cycle Fluctuations in Us Macroeconomic Time Series", *Handbook of Macroeconomics*, 1: 3 - 64.

Wang Fa - Sheng, Zhao Qing - Jie, 2008, "A New Particle Filter for Nonlinear Filtering Problems", *Chinese Journal of Computers*, 31 (2): 346 - 352 (in Chinese).

Zhou, T. , 2002 "Approximate Em Algorithms for State Space Models with Markov Regime Changes".

第八章

波动率模型

在对实际经济问题建模过程中，尤其是对金融时间序列的建模，如何较好的刻画经济变量的波动性一向是计量经济学的研究热点。本章将介绍自回归条件异方差（ARCH）模型和随机波动（SV）模型这两类波动率模型，并根据研究脉络介绍这两个模型在不同方向和问题上的拓展模型。最后本章还会对ACD模型、连续时间随机波动率模型以及方差Gamma模型进行介绍，以丰富对波动率模型的认识。

一、连续时间随机波动模型（SV）

金融时间序列波动性建模在最近几十年得到了很好的发展，也一直是热点问题。主要的模型有两类：一类是自回归条件异方差（ARCH）模型，由 R. F. Engle 提出，并且有 T. Bollerslev 扩展到 GARCH 领域；另一类是随机波动（SV）模型，由 Talyor 提出，并由 Jacquier、Harvey 等学者将其引用到计量经济模型领域。由于 SV 模型的波动是一个不可观测的随机过程决定的，它被认为更适合于金融领域的实际研究。但是 SV 模型的参数估计比较困难，所以它的应用一直受到很大的限制。沈根祥（2003）通过对金融资产时间序列数据特点的分析，指出 GARCH 模型在描述金融资产时序数据的局限，尝试用随机波动模型刻画股票收益的波动规律，采用 GMM 方法估计模型参数，并以上海证券交易所综合指数日收益率数据为样本，对沪市指数收益波动进行实证研究，探讨涨跌停板制度对股市波动的作用。为检验重大风险事件对我国商品期货市场的冲击效应，刘庆富和华仁海（2012）在构建基于重大风险事件的随机波动模型的基础上，运用贝叶斯 MCMC 推断技术对中国商品期货市场进行了实证研究，实证结果表明，经济事件、政治事件和自然灾害对中国商品期货市场的收益和波动均存在显著的冲击，并且“利好事件”和“利空事件”对收益和波动的影响均具有显著的不对称特征。

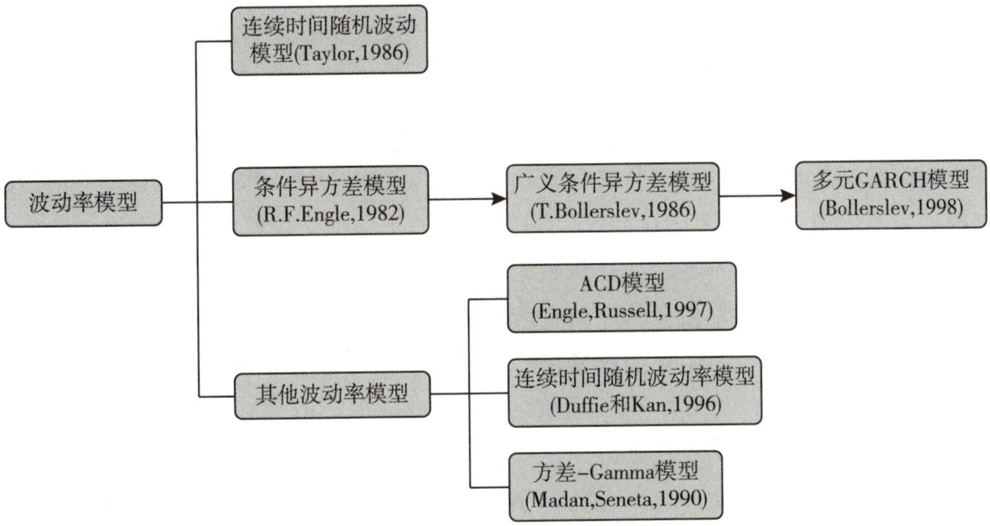

图 8－1　波动率模型

标准的 SV 模型由 Taylor（1986）提出，后来经 Harvey 等和 Jacquier 等引入计量经济学领域。基于不同金融波动的问题，SV 模型得到了很多方面的扩展。由于 SV 模型包含不可观测的隐波动变量，因此难以得到似然函数的精确表达，而其各种扩展形式更为复杂，实现潜在状态变量和参数的估计都极为困难，因此模型的估计过程一直是理论和实证研究中的重点和难点问题。近年来，随着计算技术的不断发展，以蒙特卡洛模拟为基础的估计方法在处理高维积分的问题方面显示了独特的优势。在贝叶斯方法的框架下，将模型参数设定为随机变量，从而能有效克服经典统计建模过程中难以确定检验统计量的精确临界值的问题，特别是对于经济金融系统发展所造成的预期变量生成行为的变化，贝叶斯估计方法提供了一种有效的分析工具，在此背景下，贝叶斯随机波动模型应运而生。SV－N 模型是由 Taylor 于 1986 年提出，陆庆松和杨辉耀（2009）基于正态分布下的 SV－N 模型来测量我国沪深股市波动性，结果明显优于 GARCH 类模型，其能够更好地描述其统计特征。现实中的许多金融收益序列常常出分布上的尖峰厚尾和平方收益的长记忆性。而 SV－N 模型并不能同时描述这两个特征，因此 SV－N 模型被扩展为扰动部分服从 t 分布的 SV 模型，也就是 SV－t 模型。陈丽娟（2013）用 SV－t 模型对人民币对美元、日元及欧元汇率收益的波动率进行分析，在此基础上分别运用 VaR 和 ES 方法对其风险进行动态的度量与分析比较，结果表明：SV－t 模型能够刻画出人民币汇率收益率序列的波动特征。汤鑫和黄仙（2014）提出一种基于随机波动（SV）模型的短期风速预测方法。该方法引入贝叶斯推理以解决 SV 参数的估计问题，并以我国西北某风电场实采风速数据作为样本，建立标准 SV 模型和某一参数服从 t 分布的 SV－t 模型。Koopman 将 ARCH－M 模型推广到 SV 模型中，提出了 SV－M 模型，在 SV－M 模型中考量了风险补偿的问题。秦伟良和颜华实（2010）为了有效揭示收益率与波动的关系，采用极大重叠离散小波变换，将收益率分解在不同的交易周期上，建立各自的 SV－M 模型，考察各周期收益率与波动的关系及其他参数随交易周期的变化情况。实证表明，全球各大股票交易市场的收益率，收益率与波动的在较小的尺度上关系不显著，但在较大尺度上，存在明显的正相关关系；且随交易周期的增长，收益率的相关性及波动持续性逐渐增强。王鹏（2011）在深入考察现有的两种收益与波动关系模型（GARCH－M 和 SV－M）差异的基础上，以新兴股票市场中的上证综指和成熟股票市场中的标准普尔 500 指数为例，运用更具理论优势的 SV－M 模型，实证考察了两种类型市场中风险溢价与波动率之间关系的不同状况。SV－M 模型可以根据扰动项分布的不同分为多种，最常见的就是扰动项服从正态分布的 SV－MN 模型。SV－MT 模型是扰动项服从 t 分布的另一种 SV－M 模型。董耀武等（2012）针对金融资产收益的异常变化，采用 SV－MT 模型对风险资产的预期收益做风险补偿并捕捉收益序列的厚尾性、波动的异方差性等特征，将收益序列转化为标准残差序列，通过 SV－MT 模型与极值理论相结合拟合标准残差的尾部分布，建立了一种新的金融风险度量模型——基于 EVT－POT－SV－MT 的动态 VaR 模型。研究结果表明该模型能够合理有效地度量上证综指收益的风险。李宗龙（2013）在传统 SV－MT 模型的基础上加入交易量变化率和未平仓合约变换率两个微观结构因子，构成 SV－Vol－OI－MT 模型，以 15 分钟高频收益率分析沪深 300 股指期货收益波动性。研究发现：中国沪深 300 股指期货市场存在显著的波动聚集现象，其价格在整体上是随机波动的。

两因素的SV模型最初是由Chervnov（2003）提出的，他们基于DJIA日度数据，使用有效矩估计（EMM估计）比较了各种流行的SV模型，实证结果发现带反馈机制的两因素对数线性模型优于其他所有模型（包括仿射单因素SV模型和带跳SV模型），并较为理想地刻画了收益分布特征的各个方面。但该文献仅仅是一种实证层面上的发现，并没有给出各个波动因素的经济意义解释，更没有对两因素SV模型建立相应的理论模型。曾裕峰和向修海（2016）基于修正混合分布假设模型（MMDH模型），将单因素SV模型拓展为两因素随机波动模型，并赋予每个波动因素新的经济意义解释。通过对中国股市高频数据和日数据进行校准分析，所得校准结果与理论假设保持一致，并发现股价波动与信息到达过程和流动性风险均成正相关，最后，使用有效矩估计方法（EMM）比较了两因素SV模型和传统SV模型，其模型拟合统计量显示前者绝对优于后者。

现有随机波动（SV）模型依赖于参数条件分布形式假设，无法充分描述金融资产收益的偏态厚尾等典型特点，而非参数分布能够更全面地刻画这些特性。基于此，杨爱军等（2016）将SV模型和非参数分布相结合，构建一类半参数SV模型，并以我国美元兑人民币汇率市场为例，对半参数SV模型在收益特性刻画以及极端风险预测方面的实际效果进行了检验。研究结果发现，标准参数SV模型低估了模型波动率，且半参数SV模型比参数SV模型具有更好地样本外极端风险预测效果。

自20世纪70年代以来社会经济制度的变革以来和随着电子技术的进步，金融学工程化的趋势越来越明显，并取得了长足的发展。研究者们把数学建模、数值计算、网络图解、仿真模拟等工程技术方法应用到金融领域，建立了许多描述金融资产的运行特征数理模型，来开发设计新的金融衍生产品，并对它们定价和风险防范。跳跃模型就是在此基础上发展起来的。单纯跳跃模型是Cox等（1979）第一次提出来的。单纯跳跃模型导致隐含分布（Implied distribution）具有右肥尾和左瘦尾的特征，该特征正好与股票实际观测的相反，更不切实际的是该模型只允许向上跳跃。Merton（1976）年提出了基于布朗运动的股价有层次的跳跃。该模型只是在均值中引入了跳跃，其实，引起股价变动的主要原因来自波动项。在以往人们对股价收益统计特性的研究中，不管是SV模型还是跳跃模型都不能完全描述因大规模的市场运动所产生的肥尾现象。于是，学者们又把两种模型结合在一起，产生了新的模型，在此基础上产生了随机波动跳跃模型。高延巡等（2010）基于上证综指样本数据，探讨双跳跃随机波动模型并研究股市波动跳跃行为，结果显示，中国股市跳跃波动程度和强度较大，对股市收益和波动均有显著影响；在引入跳跃成分刻画股市异常波动行为后，双跳跃模型显著提高股市收益波动率的估计精度与预测能力。朱慧明（2010）针对金融市场中跳跃特征的刻画问题，提出了贝叶斯跳跃厚尾随机波动模型。通过随机波动模型的结构分析和状态空间转换，设计了模型参数估计的MCMC算法，利用Kalman滤波和高斯模拟平滑方法估计模型的潜在波动，运用贝叶斯因子对随机波动类模型进行比较分析，并利用中国和美国的股市收益数据进行实证分析。研究结果表明：在刻画中、美两国股票市场的波动特征方面，跳跃厚尾随机波动模型要明显优于厚尾随机波动模型和标准随机波动模型，并且金融危机背景下的中国和美国股票市场都具有明显的波动持续性以及跳跃特征。

二、条件异方差模型（ARCH 和 GARCH）

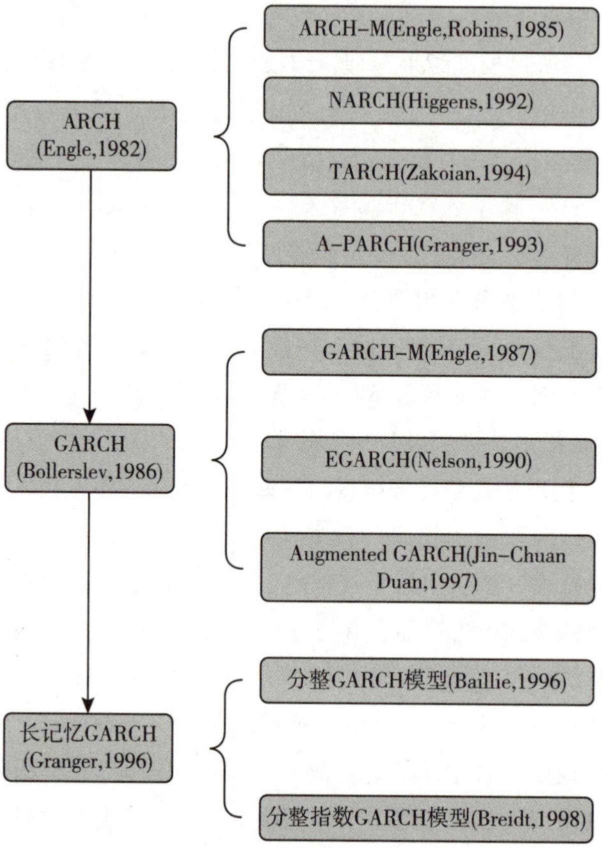

图 8－2　AHCH 和 GARCH 演变历史

自 ARCH 模型创立以来，主要经历了两次突破，第一次是 Bollerslev（1986）提出的广义 ARCH（Generalized ARCH）模型，即 GARCH 模型，从此以后，几乎所有的 ARCH 模型新成果都是在 GARCH 模型基础上展开的。第二次则得益于长记忆在经济学上的突破性研究，其与 ARCH 模型结合，诞生了一系列长记忆 ARCH 模型，其研究自 Granger（1996）来便方兴未艾。

自回归条件异方差（ARCH）模型是由 Engle（1982）首先提出的，其创造性地提出以 ARCH 模型对时变的波动率进行建模，以此来刻画英国通货膨胀率中存在的条件异方差。ARCH 模型突破了传统的异方差模型，能够更好地与实践相结合。但其也存在一定的局限性：即模型中参数个数较多，往往带来较大的估计成本，同时还会带来解释变量多重共线性等问题。唐齐鸣和陈健（2001）对 ARCH 模型的发展及各模型的特点进行了较为详细的讨论，在分析中国股市波动性特征的基础上，利用 ARCH 类模型对中国股票市场的波动性进行了检验，发现中国股市具有较为明显的 ARCH 效应，针对中国股市现存问题，借鉴成熟股市的经验，提出了加快发展中国股市的政策建议。曹红辉和王琛（2008）建立 CNYNDF 的高频日汇率随机游走模型，利用 ARCH 族模型检验该模型的残差后发现，其时间序列数据具有“尖峰厚尾性”和集群性特征。王春丽和白红丽（2012）将上证 180 指数和深证 100 指数成分股作为研究对象，运用 ARCH 模型对 2006 年至 2011 年的中国股市进行实证分析。研究表明，羊群行为在近期中国股市剧烈震荡过程中依然显著存在。深圳证券市场比上海证券市场羊群行为更加严重，股票上涨阶段的羊群行为比下跌阶段更为显著。

基于此，Engle 和 Robins（1985）首次提出了 ARCH－M 模型，其是 ARCH 模型考虑到条件方差作为随时间改变的风险度量这一重要用途，而将风险与收益紧密联系在一起产生，即是对 ARCH 模型的重要改进，是 ARCH 模型族的重要分支。张思奇等（2000）以上海 A 股市场综合指数为样本，借助 ARMA－ARCH－M 模型手段，研究市场收益的时间序列行为，以分析市场整体风险配置性质，从而验证市场有效程度及变化。由于 ARCH－M 所表达的经济意义十分显著，Engle（1986）又提出了 GARCH－M 模型，也得到了广泛的认同，但其存在着较为严重的模型估计难题。田华和曹家和（2003）运用 GARCH－M 模型对上海和深圳股票市场的市场波动特征以及市场波动和报酬间的关系进行了实证研究，探讨引起我国股票市场波动较大，收益相对较低的原因，同时分析涨跌停板交易制度对市场报酬和波动产生的影响。曹栋和张佳（2016）通过在股票价格指数的生成过程中融入风险测量构建了适应我国股市的高拟合程度的 GARCH－M 模型，研究股指期货对股市波动的影响，结果表明，我国股票市场波动表现出正反馈效应，股指期货推出前后表现出不同程度的波动性，并且呈现出明显的“波动集群性”。

门限 ARCH（TARCH）模型最早由 Zakoian（1994）提出，与之前模型相比，该模型考虑到了方差与扰动项正负符号的相关性。邓长荣和马永开（2011）采用门限 ARCH 模型研究了我国住宅价格涨跌幅，波动的非对称性与住宅空置量之间的动态关系，实证结论表明，我国住宅空置量与住宅价格涨跌和住宅价格波动呈负相关关系，住宅价格波动具有非对称性，低住宅空置时住宅价格波动大于高空置时的住宅价格波动。NARCH 模型首次由 Higgens（1992）提出，是另一种非常重要的非线性 ARCH 模型。上述两类模型的提出，能有效地解决线性 ARCH 模型的部分缺陷。

ARCH 模型无法表达“某些情形中自相关系数消退很慢”这一信息，而且在实际应用中对完全自由的滞后分布的估计常导致对非负约束的破坏，GARCH 模型应运而生。广义

ARCH（generalized ARCH）模型，即 GARCH 模型是由 Bollerslev（1986）首次提出的，GARCH 模型更加简便，具有更强的应用性，因而，其开辟了 ARCH 模型族的新篇章。岳朝龙（2001）利用 GARCH 模型族，实证分析了上海股市收益率的波动特征，指出上海股市收益率不仅具有条件异方差性，而且具有“杠杆效应”。惠晓峰等（2003）运用时间序列的 GARCH 模型，对汇率体制改革后的人民币美元汇率建模进行预测。王佳妮和李文浩（2005）运用 GARCH 模型分析了 1999—2004 年欧元、日元、英镑、澳元等四种货币兑美元的汇率，最后进行波动率的预测并对各种预测效果进行评估。

GARCH 模型较好地解决了早期 ARCH 所存在的问题：GARCH 模型较好地避免了 ARCH 模型中参数过多所带来的估计难题；GARCH 模型补充了 ARCH 模型无法描述自相关系数消退速度慢的缺陷，提供了一个更加灵活的滞后结构。但与此同时，GARCH 模型依旧存在其局限性。

由于在 GARCH 模型中，由于假定正冲击和负冲击对条件方差的影响是对称的，因而其不能较好地刻画金融市场上收益率条件方法波动的非对称性。基于此，Nelson（1991）首次提出了指数 GARCH（exponential GARCH）模型，由于其采取条件方差对数的形式，允许前期的残差平方和与条件方差的假设更加灵活，从而能更好地捕捉条件不对称的现象。但该模型的不足之处在于，扰动项由其条件标准偏差决定，因而波动源对可见变量的波动的效果很难得到解释（Zakoian，1994）。

Granger（1993）提出了一种归纳行很强的 A－PARCH（Asymmetric power ARCH）模型，该类模型捕捉到了金融市场上捕捉到了收益与波幅负相关的信息，并将前述 ARCH 族模型作为其特例。闰冀楠和孙浩（1998）以“延中实业”为例，利用处理异方差的前沿工具 A－PARCH 模型，实证建立了上海股市的时变 CAPM，估计出了“延中实业”的序列。于 A－PARCH 模型提出后不久，Duan（1997）利用 Box－Cox 转换提出了一种概括能力更强的模型，将除 ARCH－M 模型及 GARCH－M 模型外的现有其他短记忆 ARCH 模型囊括其中，该特性使得其模型设定检验中有得天独厚的优越性。Granger（1993）所提出的 IGARCH 模型适用于异方差函数具有单位根及单整性的特性，其是介于短记忆 GARCH 模型与长记忆 GARCH 模型之间的模型。

ARCH 模型扰动项的自相关系数呈现出典型的双曲率衰减特征，这就引发了 ARCH 模型与长记忆性相结合的研究热潮。目前，见诸文献的长记忆 ARCH 模型主要有 3 个：长记忆 GARCH 模型、分整 GARCH 模型及分整指数 GARCH 模型。

经研究发现，许多时间序列数据的波动的记忆性都比所有短记忆 ARCH 模型所刻画的波动的记忆性要强。通常 GARCH（1，1）过程描述短期效应的效果要好于对长期效应的描述，因而，可以认为不同的波动部分控制着序列的不同时段，某些部分有很强的短期效应，衰减也非常迅速，另一些部分则有相对小的短期效应，却能持续相当长的时期。在这种思路下，Granger（1996）提出了长记忆 GARCH 模型。曹广喜等（2012）在考虑股市收益率和波动率序列双长记忆性的基础上，基于上证综合指数和深圳成分指数的日收盘价序列，从证券投资风险量化的角度，引入受险值 VaR 和相对正确符号指标 PCS 作为模型预测误差衡量指标，比较分析了双长记忆 GARCH 族模型在不同分布假设情况下的拟合与预测精度。

分整 GARCH 模型最早由 Baillie（1996）提出，分整指数 GARCH 模型最早由 Breidt（1998）提出，但由于其参数估计量获取的困难性，其应用具有一局限性。基于此，柯珂和张世英（2003）通过仿真实验和实证研究说明分整增广 GARCH – M 模型在实际经济分析中的必要性。

三、多元 GARCH 模型

在经济中表征时间序列的量往往是相互联动的，如 2008 年美国次贷危机席卷全球，引发了全球金融海啸，这种跨市场的风险传递（风险溢出）关系显然无法通过一元的 GARCH 模型刻画，Bollerslev（1998）就提出了使用 MGARCH 模型研究风险溢出，相比于只适用于刻画单个资产波动率在时间序列上的纵向传递，MGARCH 不仅能刻画多个资产在时间序列纵向上的波动集聚，还能描述它们波动率之间的交叉传递关系。

自 1980 年 Bollerslev 提出 MGARCH 模型以来，MGARCH 逐渐衍生除了许多拓展或修正模型，其中最主要的包括 VEC、BEKK、DCC、CCC、VC、EWMA、FACTOR – MV-GARCH、O – GARCH、GO – GARCH 等模型，李文君（2009）对几种有代表性的多元 GARCH 模型进行评述，并对这些模型的基本框架、适用条件、模型的优劣做了一个总结。刘志东（2010）以多元 GARCH 模型结构特征、参数估计和假设检验等为线索，系统地回顾了国内外对于多元 GARCH 模型的发展与最新研究成果，指出了现在和未来该领域研究的主要方向。Bauwens 等（2006）调查总结了多元 GARCH 最重要的发展，总结了模型设定和推理方法，比较了同一问题下不同多元 GARCH 模型的功效，并且确定了未来的研究方向。

在 VEC 刚被提出时，一个简单的 VEC（1，1）模型仅考虑滞后一期就需要估计 O（n^4）个待估参数，这一估计难度阻碍了这一模型在实际中的应用和推广。尽管如此，Bollerslev 等（1998）使用了 VEC 模型估计了债券和股票收益率的广义自回归条件异方差过程，研究发现，条件异方差随时间变化很大，是时变风险溢价的重要决定因素，同时隐含的 beta 也是时变并且可预测的。孙克竞（2015）采用 VEC 模型重点分析现行地方财政体制、经济增长模式、民生支出压力、土地财政、城镇化发展，以及地方债自身存量对地方政府债务规模变化的长期动态影响及各成因间的相互作用。研究结果表明，地方政府债务规模的自身滚动增长、现行财政体制、地方政府投资性支出构成了地方政府债务规模变化趋于长期膨胀的主要成因，由土地财政引发的地方政府债务风险很可能被高估了。张冀（2010）通过IRF和VEC模型验证了保险与消费的关系，对比不同储蓄形式下的消费计划，发现人身保险是比传统储蓄更高级的储蓄形式。由此认为人身保险对消费的影响是长期大于短期，人身保险是促进居民消费的有效机制，保障了个人及家庭长期消费的稳定。

一般来说，VEC模型中的参数有明确的经济解释，但在高维情形下，模型参数呈现爆炸性增长，很少使用VEC模型分析超过三维的例子，由此Engle和Kronter（1995）提出BEKK模型，提出了多元GARCH过程的新参数化并给出了MGARCH模型的形成和估计的理论结果。BEKK模型本质上也是一个VEC模型，通过巧妙的设定，与VEC保持了相同的参数个数但比VEC在正定性上更具优势，由此研究者更多地采用了BEKK模型。李成等（2010）采用四元VAR（6）－GARCH（1，1）－BEKK模型分析了我国主要金融市场（股票市场、债券市场、外汇市场以及货币市场）的溢出关系。研究发现，上述市场有很强的波动集聚性和持续性，大多数金融市场间存在显著的双向均值溢出，所有市场间均存在显著的双向波动溢出，还发现市场间溢出可能主要来自市场传染效应。熊正德等（2015）采用小波多分辨分析与多元BEKK－GARCH（1，1）模型相结合方式研究了国内汇市与股市之间的波动溢出关系，实证结果不仅表明两大市场存在显著的波动溢出效应，还发现在不同交易周期下存在着不同的波动溢出效应，短期来看股市向汇市有单向传递效应，随周期变长发展为双向溢出，其中又以汇市向股市波动溢出效应更为显著，长期则仅有小幅度溢出效应存在于股市向汇市波动传递过程中。徐国祥（2013）利用发达市场和新兴市场8个国家和地区货币兑瑞士法郎汇率日数据，构建BEKK－MGARCH模型，结果发现人民币和美元之间存在着显著的交互波动传导效应关系，人民币相比于“金砖四国”其他货币具有更强的波动传导效应。

Bollerslev（1990）提出了具有时变条件方差和协方差的多变量时间序列模型——常相关多元GARCH（Constant Conditional Correlation－MVGARCH，简称CCC）模型，条件协方差矩阵被分解为条件方差和条件相关系数两部分，通过设定条件相关系数矩阵为常数矩阵使得模型参数个数相对其他MGARCH大大降低。但这一假设与经济特征不太吻合，不能捕捉时间序列的动态特征。针对这一缺陷，Engle（2001）提出了动态条件相关多变量GARCH模型（DCC）。DCC在估计过程中采用了两步处理，第一步先利用原始数据给每一个变量的时间序列做一元GARCH估计，第二步再利用第一步的估计结果估计方程中的参数进行多元GARCH的估计，这一做法在变量维数较多时更能体现出优势。刘丽萍（2015）将主成分和门限方法有效结合，应用到DCC模型的估计中，提出了基于主成分正交补门限方法的DCC模型（poet DCC）。通过模拟和实证研究发现：较DCC模型而言，poet DCC模型明显提高了高维协方差阵的估计和预测效率，并且将其应用在投资组合时，投资者获得了更高的投资收益和经济福利。Annastiina（2009）利用模拟数据比较了不同MGARCH模型的特性，结果表明BEKK模型及其拓展模型相比于CCC模型更难估计，并且在非参和半参情形下讨论了模型设定检验，某些情况下确实存在可以用于检验模型设定的统计检验。王雪标（2012）利用扩展的4维（E）DCC－MGARCH（1，1）模型，分析了4个原油市场（Brent、WTI、Dubai、China）之间的相互波动溢出效应，认为中国和美国原油市场波动都是暂时的，而Brent原油市场波动性是持久的。董秀良（2008）使用DCC－MGARCH模型对我国沪深A、B股市场之间的相关性进行了动态考察，研究发现：沪深两市A、B股之间的相关系数总体为正，并具有明显的时变特征。游家兴等（2009）采用非对称M－GARCH模型，并应用Engle提出的动态条件相关方法（DCC）捕捉资产价格的动态相关系数。在此基础上，通过对中国与亚洲、欧美7个重要的资本市场的实证分析，发现伴随着中国金融自由化政策的渐近推进和逐步深化，中国证券市场从最初的、相对独立的分割状态逐渐走向日益紧密的全球整合。于鑫和龚仰树（2007）构建二元GARCH模型对我国两个国债交易市场之间的波动溢出效应进行研究，发现银行间市场与交易所市场存在稳定的一阶矩长期关系及二阶矩的双向信息流动；并构造时变的条件相关系数对市场一体化程度进行分析，发现总体上两市场一体化程度较差，在检验期末的时段，相关系数开始呈现上升趋势。申菊梅和智冬晓（2009）从资本资产定价模型的理论定义入手，使用多元GARCH模型分析资产收益率的时变方差和协方差，并在此基础之上动态估计CAPM中β系数。实证结果表明，时变β系数较好地体现了风险是时变波动的状况，而且实证结果同理论和经验研究保持了一致。王曦（2017）等将房地产、股票价格以及金融状况指数（FCI）作为资产价格变量，使用包含马尔科夫区制转换的BEKK多元GARCH模型来研究我国货币政策对资产价格的反应，以捕捉货币政策的时变特征。方毅（2009）等利用沪深300的10个行业指数，对常用多种模型进行比较，发现结构简洁的MGARCH模型具有较强预测能力，应用价值高。

四、AHBS模型

由传统的BS模型可知，在无风险利率为常数的情况下，看涨期权的价格与股票价格、到期日、执行价格及波动率有关。Dumas（1998）在固定时间并且假定股票价格的情况下，得到了波动率与执行价格和到期日之间关系的AHBS模型。在该模型下，他们指出每一个期权都有自身的隐含波动率。考虑到“波动率微笑”现象，Kim（2004）从隐含波动率与期权在值程度的关系提出了改进的AHBS模型。

霍存霞（2014）在前人研究的基础上，通过引入不同解释变量构造了三种类型的隐含波动率函数模型。实证分析结果表明，综合考虑了期权的剩余期限及在值程度对隐含波动率的影响，AHBS模型均较好刻画了BS隐含波动率微笑形态，无论是用均方根误差（RMSE）度量还是用百分比误差（MRE）度量，该模型在样本内拟合和样本外定价的误差都最小。Frino和Khan（1991）使用最近10年的数据进行横截面测试，结论是Black

Scholes模型不能被拒绝，因此市场在Black Scholes意义上有效地以无偏见的方式定价期权，或者可以说该模型能够有效地定价期权。他们还进行了对错误定价的时间序列进行分析，以确定这是否可归因于随时间的“市场学习效应”。Jeremy（2009）证明了使用隐含波动率做复杂插值的期权估值方法是一种正规渐近的意义上的情况。他将ABHS方法用于标准普尔100指数期权的结果表明，控制多项式的顺序以及重新校准频率使得AHBS在评估实际期权价格样本外时优于Black - Scholes公式。

五、其他波动率模型

随机波动率模型是波动模型中内容丰富的一个分支，具体的模型包括自回归条件久期模型（ACD）类，连续时间随机波动率模型和方差 - Gamma模型，等等。

自回归条件久期模型是非常重要的一类随机波动模型，这类模型的提出和发展主要针对高频金融数据不等间隔问题。Engle和Russell（1997）第一次提出了自回归条件久期模型（ACD），并在后续年度进行了完善和发展。Ghysels和Jasiak（1998）发展出ACD - GARCH模型，关注交易间隔时间与收益波动存在因果关系。同时，提出用分式求积ACD模型。Engle和Lunde（1998）提出二元ACD模型，包含价格和交易量双变量标值点过程。Dufour和Engle（2000）提出了Box - Cox ACD模型。

ACD模型是用随机标值点过程来刻画交易过程，不同的随机标值点过程可以得到不同的ACD模型，具体体现在模型中随机扰动项的不同分布上。Engle和Russell（1998）给出基于指数和威布尔分布的ACD模型。Grammig和Maurer（2000）给出了基于Burr分布的ACD模型。Lunde（1999）给出了基于广义Gamma分布的ACD模型。Bauwens和Giot（2000）提出了对数形式的ACD模型，避免了线性模型中隐含的参数约束。Zhang等（2001）提出了一种非线性的门限ACD模型，引入门限方法，对非线性模型进行分段线性处理。Hujar等（2002）提出了Markov体制转移ACD模型。Bauwens和Giot（2003）提出了一种非对称ACD模型。Mika和Timo（2006）提出了光滑转移（Smoothtransition）和时变（Time - varing）ACD模型。Ghysels等（2004）引入了一种非线性两因子模型——随机波动久期时间模型（SVD），分别处理持续时间的均值和方差结构。Bauwens和Verdas（2004）提出了随机条件久期模型（SCD），该模型假设持续时间是由动态随机潜在变量所生成的。Drost和Werker（2004）提出了半参数ACD模型。Cosma和Galli（2006）给出了非参数ACD模型

Bauwens等（2000）、鲁万波（2005）和Pacurar（2008）等众多中外学者都对于ACD模型进行了详尽的综述和评论。

连续时间随机波动率模型是随机波动模型中的另外一个重要类别，其中，典型模型包括Duffie和Kan（1996）提出的拟似模型，为随机波动率的讨论提供了必要出发点，这一

模型出现的主要原因是衍生品定价可以通过傅立叶转换计算。后来，为了更好地拟合股票市场的波动，Engle 和 Lee（1999）提出了两因素模型，在拟似模型中引入两个波动因素，一个实现持续的随机波动率，一个实现非高斯尖峰数据。Chernov 等（2003）总结了带线性漂移和扩散项的两因素线性指数方案，提出的指数线性模型，带一个线性高斯因素。为了保护波动因素动态简易性又使得波动指数方程形式的非参数化，Dai 和 Singleton（2000）提出了一种半参数模型，即含参数分量，又含非参数分量。从 Merton（1976）开始，引入更多波动因素去满足条件密度的回报过程的厚尾，提出了在价格过程中允许离散跳跃的跳跃扩散模型。后来，Andersen 等（2002）给出了拟似跳跃模型的具体形式。

跳跃成分可以较好说明厚尾分布，而随机波动模型中的方差 Gamma 模型（VG）就是为了捕捉这种跳跃而发展出来的。Madan 和 Seneta（1990）提出了纯粹跳跃过程的 VG 收益模型（早期模型有 Merton 跳跃扩散模型，过于复杂和 Cox - Ross 纯粹跳跃收益模型，只有单方向跳跃）。这个纯粹跳跃的价格过程对应的是金融市场中跳跃的供需冲击积累效应，表现为买卖订单直接推动着资产的价格波动。

后来很多国内外学者应用了 VG 模型，包括 Mandan 等（1998）运用 VG 模型研究期权定价问题，Rathgeber 和 Stadler（2016）运用 VG 进行股票回报研究。

波动性是经济和计划内容时间序列普遍存在的现象，随机波动模型是刻画这种波动性的一类重要模型，具有与经济理论和数据符合度高的优点，在经济尤其是金融分析以及金融预测等方面用途广泛，但是随机波动模型的似然函数难以获得，其参数也难以用一般方法估计，因为应用比较受限。因此，不难发现，随机波动模型的一系列补充和发展，都是在探讨不同似然函数以及其参数估计的问题。

其他类型的随机波动模型大多源自业界的应用，其中的不确定波动率模型（UVM，Uncertain Volatility Model）对波动率的假设只有一个，那就是在一个固定的范围内波动。而它具体的统计特性不清楚，包含一族随机波动率模型。通过这种模型为衍生品定价可以得到最为“保险”的价格，也就是说这样计算出来的价格不会低估合约的价值。但也就是因为它的“保险系数”最高，定出来的价格最不具备吸引力。

波动模型中的动态 ATM 波动率模型是通过波动率监测常规手段——波动率曲面来进行构建的。不同行权价、不同剩余期限对应的期权的隐含波动率构成了波动率曲面，期权交易和策略的核心在于波动率曲面的监控，波动率曲面的异常形态意味着存在套利空间，即使是方向性的投机交易也需要依靠其寻找最佳行权点。在传统的波动率期限结构中，有几个行权价就有几条曲线，有些合约由于深度实值或深度虚值，交易量较少，给实际交易的借鉴并不多，为了将最具代表性合约的波动率呈现出来，只选取平价合约，构建动态 ATM（At The Money）波动率模型。将同一到期日、不同交易日的平价期权隐含波动率连接起来即可得到动态 ATM 波动率模型（波动率监测常规手段——波动率曲面。不同行权价、不同剩余期限对应的期权的隐含波动率构成了波动率曲面，期权交易和策略的核心在于波动率曲面的监控，波动率曲面的异常形态意味着存在套利空间，即使是方向性的投机交易也需要依靠其寻找最佳行权点）。

文献索引

曹栋、张佳，2017：“基于 GARCH－M 模型的股指期货对股市波动影响的研究”，《中国管理科学》第 25 卷第 1 期。

曹红辉、王琛，2008：“人民币汇率预期：基于 ARCH 族模型的实证分析”，《国际金融研究》第 4 期。

曹广喜、曹杰、徐龙炳，2012：“双长记忆 GARCH 族模型的预测能力比较研究——基于沪深股市数据的实证分析”，《中国管理科学》第 20 卷第 2 期。

陈丽娟、朱淑珍，2011：“SV－t 模型下人民币汇率 VaR 和 ES 的动态度量与分析”，《中国金融工程学年会》。

董耀武、周孝华、姜婷，2012：“基于 EVT－POT－SV－MT 模型的极值风险度量”，《管理工程学报》第 26 期。

董秀良、吴仁水，2008：“基于 DCC－MGARCH 模型的中国 A、B 股市场相关性及其解释”，《中国软科学》第 7 期。

邓长荣、马永开，2011：“住宅价格涨跌幅、波动非对称性与空置量关系的实证研究”，《管理评论》第 23 卷第 2 期。

方毅、张运鹏、桂鹏，2009：“基于多元 GARCH 的金融资产预测研究”，《统计与决策》第 21 期。

霍存霞，2014：“对嵌入 AHBS 模型中的波动率函数稳定性探索”，华中师范大学。

惠晓峰、柳鸿生、胡伟，2003：“基于时间序列 GARCH 模型的人民币汇率预测”，《金融研究》第 5 期。

高延巡、胡日东、苏梽芳，2010：“中国股市跳跃行为的随机波动模型分析”，《华侨大学学报（自然版）》第 3 期。

顾锋娟，2009：“GARCH 模型和 SV 模型的应用比较研究——以上证指数的波动性为例”，《浙江万里学院学报》第 22 期。

孔庆雨、李超杰，2006：“具有随机波动率的期权定价的研究进展”，《经济师》第 12 期。

柯珂、张世英，2003：“分整增广 GARCH－M 模型”，《系统工程学报》第 18 卷第 1 期。

刘金全、李楠、郑挺国，2010：“随机波动模型的马尔可夫链——蒙特卡洛模拟方法——在沪市收益率序列上的应用”，《数理统计与管理》第 6 期。

刘庆富、华仁海，2012：“重大风险事件对中国商品期货市场的冲击效应——基于学生分布的随机波动模型”，《数量经济技术经济研究》第 5 期。

刘志东，2010：“多元 GARCH 模型结构特征、参数估计与假设检验研究综述”，《数量经济技术经济研究》第 27 卷第 9 期。

刘丽萍、马丹、白万平，2015：“大维数据的动态条件协方差阵的估计及其应用”，《统计研究》第 32 卷第 6 期。

陆庆松、杨辉耀，“SV－N与SV－M模型测量股市波动性的应用”，《区域金融研究》第5期。

鲁万波，2005：“ACD模型及其扩展——金融高频数据计量模型的新动态”，《统计与决策》第10期。

李成、马文涛、王彬，2010：“我国金融市场间溢出效应研究——基于四元VAR－GARCH（11）－BEKK模型的分析”，《数量经济技术经济研究》第27卷第6期。

李莹，2008：“股价跳跃扩散模型的发展综述”，《商业文化月刊》第2期。

李宗龙，2013：“中国沪深300股指期货市场波动性研究——基于扩展SV－MT模型的高频数据分析”，《中国商论》第22期。

李文君、尹康，2009：“多元GARCH模型研究述评”，《数量经济技术经济研究》第26卷第10期。

闰冀楠、孙浩，1998：“利用A－PARCH模型对上海股市时变CAPM的实证”，《全国经济与管理系统学术会议》。

秦伟良、颜华实，2010：“基于SV－M模型的全球股市交易指数波动与收益率的多分辨分析”，《运筹与管理》第19卷第2期。

沈根祥，2003：“股票收益随机波动模型研究”，《中国管理科学》第11卷第3期。

申菊梅、智冬晓，2009：“基于多元GARCH的动态CAPM”，《统计与决策》第7期。

孙克竞，2015：“地方政府债务成因的长期动态关系及其疏导——基于省际面板数据的VAR/VEC模型分析”，《经济管理》第37卷第5期。

汤鑫、黄仙，2014：“基于贝叶斯随机波动模型的短期风速预测”，《太阳能学报》第35卷第11期。

唐齐鸣、陈健，2001：“中国股市的ARCH效应分析”，《世界经济》第3期。

田华、曹家和，2003：“中国股票市场报酬与波动的GARCH－M模型”，《系统工程理论与实践》第23卷第8期。

王春丽、白红丽，2012：“基于ARCH模型的中国股市羊群行为实证分析”，《数学的实践与认识》第42卷第19期。

王佳妮、李文浩，2005：“GARCH模型能否提供好的波动率预测”，《数量经济技术经济研究》第22卷第6期。

王雪标、周维利、范庆珍，2012：“我国原油价格与外国原油价格的波动溢出效应——基于DCC－MGARCH模型分析”，《数理统计与管理》第31卷第4期。

王曦、朱立挺、王凯立，2017：“我国货币政策是否关注资产价格？——基于马尔科夫区制转换BEKK多元GARCH模型”，《金融研究》第11期。

王春峰、蒋祥林、吴晓霖，2005：“随机波动性模型的比较分析”，《系统工程学报》第20卷第2期。

王鹏，2011：“基于SV－M模型的股票市场风险溢价与波动关系研究”，《管理评论》第23卷第6期。

魏宇、高隆昌，2008：“基于有偏胖尾分布的随机波动模型估计及其检验”，《系统管理学报》第17卷第3期。

吴鑫育、马超群、汪寿阳，2012：“具有有偏厚尾的非对称SV模型及其实证研究”，《系统工程》第1期。

徐国祥、杨振建，2013：“人民币分别与发达市场和新兴市场货币汇率波动传导效应研究——基于多元 BEKK - MGARCH 模型的波动传导测试”，《金融研究》第 6 期。

熊正德、文慧、熊一鹏，2015：“我国外汇市场与股票市场间波动溢出效应实证研究——基于小波多分辨的多元 BEKK - GARCH（11）模型分析”，《中国管理科学》第 23 卷第 4 期。

游家兴、郑挺国，2009：“中国与世界金融市场从分割走向整合——基于 DCC - MGARCH 模型的检验”，《数量经济技术经济研究》第 26 卷第 12 期。

于鑫、龚仰树，2007：“基于二元 GARCH 方法对我国国债市场的分割性检验”，《数量经济技术经济研究》第 12 期。

岳朝龙，2001：“上海股市收益率 GARCH 模型族的实证研究”，《数量经济技术经济研究》第 18 卷第 6 期。

杨爱军、蒋学军、林金官，2016：“ 基于 MCMC 方法的金融贝叶斯半参数随机波动模型研究”，《数理统计与管理》第 35 卷第 5 期。

余素红、张世英，2004：“SV 和 GARCH 模型拟合优度比较的似然比检验”，《系统工程学报》第 19 卷第 6 期。

张思奇、马刚、冉华，2000：“股票市场风险、收益与市场效率：——ARMA - ARCH - M 模型”，《世界经济》第 5 期。

张冀，2010：“基于 VEC 模型的人身保险与消费的实证分析”，《经济评论》第 6 期。

曾裕峰、向修海，2017：“随机波动模型的扩展：理论与中国股市的实证”，《经济学》第 1 期。

朱慧明、黄超、郝立亚，2010：“基于状态空间的贝叶斯跳跃厚尾金融随机波动模型研究”，《中国管理科学》第 18 卷第 6 期。

Amdersen T. G. , Lund J. , 1997, “Estimating Continuous - Time Stochastic Volatility Modes of the Short - Term Interest Rate”, *Journal of Econometrics*, 77: 343 - 377.

Annastiina Silvennoinen and Timo Teräsvirta, 2009, “Multivariate GARCH models”, *Handbook of Financial Time Series*, pp 201 - 229.

Andersen, T. G. , L. Benzoni, and J. Lund, 2002, “An Empirical Investigation of Continuous Time Equity Return Models”, *Journal of Finance*, 57: 1239 - 1284.

A. Frino, E. Khan, 1991, “The Black Scholes Call Option Pricing Model and the Australian Options Market: Where Are We after 15 Years”, *the international journal of accounting and business society*. 1: 40 - 57.

Abanto - Valle C. A. , Bandyopadhyay D. , Lachos V. H. , and et al. , 2010, “Robust Bayesian Analysis of Heavy - tailed Stochastic Volatility Models using Scale Mixtures of Normal Distributions”, Comput Stat Data Anal, 54 (12): 2883 - 2898.

A. Ronald Gallant, David Hsieh, and George Tauchen, 1997, “Estimation of Stochastic Volatility Models with Diagnostics”, *Social Science Electronic Publishing*, 81 (1): 159 - 192.

Andersen T. G. , Bollerslev T. , 1998, “Answering the Skeptics: Yes, Standard Volatility Models do Provide Accurate Forecasts”, *International Economic Review*, 39 (4): 885 - 905.

Broto C. , Ruiz E. , 2010, “Estimation Methods for Stochastic Volatility Models: A Survey”, *Journal of Economic Surveys*, 18 (5): 613 - 649.

Bauwens L. , Giot P. , 2000, "The Logarithmic ACD Model: An Application to the Bid – Ask Quote Process of Three NYSE Stocks", *Annales Déconomie Et De Statistique*, 60 (60): 117 – 149.

Bauwens L. , Giot P. , 2003, "Asymmetric ACD Models: Introducing Price Information in ACD Models", *Empirical Economics*, 28 (4): 709 – 731.

Baillie R. T. , Bollerslev T. , and Mikkelsen H. , 1996, "Fractional Integrated Generalized Autoregressive Conditional Heteroskedasticity", *Journal of Econometrics*, 74: 3 – 30.

Bollerslev T. , 1986, "Generalized Autoregressive Conditional Heteroskedasticity", *Journal of Economics*, 31: 307 – 327.

Bollerslev T. , Mikkelsen H. O. , 1996, "Modeling and Pricing Long Memory in Stock Market Volatility", *Journal of Econometrics*, 73: 151 – 184.

Breidt F. J. , Crato N. , and Pedro de Lima, 1998, "The Detection and Estimation of Long Memory in Stochastic Volatility", *Journal of Econometrics*, 83: 325 – 348.

Brock W. A. , Hsieh D. A. , and Le Beron B. , 1991, "Nonlinear Dynamics, Chaos and Instability: Statistical Theory and Economic Evidence", Cambrige, MA: MLT Press.

Cosma A. , Galli F. , 2006, "A Nonparametric ACD Model", Mpra Paper.

Chernov, M. , A. R. Gallant, E. Ghysels, and G. Tauchen, 2003, "Alternative Models for Stock Price Dynamics", *Journal of Econometrics*, 116: 225 – 258.

Christie A. A. , 1982, "The Stochastic Behavior of Common Stock Variances: Value, Leverage, and Interest Rate Effects", *Journal of Financial Economics*, 10: 407 – 432.

Cragg J. G. , 1983, "More Efficient Estimation In The Presence of Heteroskedasticity of Unknown Form", *Econometrica*, 51: 751 – 764.

Carvalho C. M. , Lopes H. F. , 2007, "Simulation – Based Sequential Analysis of Markov Switching Stochastic Volatility Models", *Computational Statistics & Data Analysis*, 51 (9): 4526 – 4542.

Chernov, M. , A. R. , Gallant, and E. , Ghysels, 2003, "Alternative Models for Stock Price Dynamics", *Journal of Econometrics*, 116 (1): 225 – 257.

Ding Zhuanxin, Granger C. and W. J. , 1996, "Modeling Volatility Persistence of Speculative Returns: A New Approach", *Journal of Econometrics*, 73: 185 – 215.

Ding Zhuanxin, Granger C. W. J. , and Engle R. F. , 1993, "A Long Memory Property of Stock Market Returns and A New Model", *Journal of Empirical Finance*, 1: 83 – 106.

Duan Jin – Chun, 1997, "Augmented GARCH (p, q) Process and its Diffusion Limit", *Journal of Econometrics*, 79: 97 – 127.

Dai Q. , Singleton K. J. , 2000, "Specification Analysis of Affine Term Structure Models", *Journal of Finance*, 55 (5): 1943 – 1978.

Dufour A. , Engle R. F. , 2000, "Time and the Price Impact of a Trade", *Journal of Finance*, 55 (6): 2467 – 2498.

Dumas, Bernard, Fleming, Jeff, Whaley, and Robert E. , 1998, "Implied Volatility Functions: Empirical Tests", *The Journal of Finance*, 53 (6): 2059 – 2106.

Drost F. C. , Werker B. and J. M. , 2004, "Semiparametric Duration Models", *Journal of Business & Economic Statistics*, 22 (1): 40 - 50.

Duffie D. , Kan R. , 1996, "A Yield - Factor Model of Interest Rates", *Mathematical finance*, 6 (4): 379 - 406.

Engle R. F. , Lee G. G. J. , 1999, "A Permanent and Transitory Model of Stock Return Volatility", *Social Science Electronic Publishing*.

Engle R. F. , Russell J. R. , 1997, "Forecasting the Frequency of Changes in Quoted Foreign Exchange Prices with the Autoregressive Conditional Duration Model", *Journal of Empirical Finance*, 1997 (4): 187 - 212.

Engle, R. F. , Kroner, and K. F. , 1995, "Multivariate Simultaneous Generalized ARCH" . *Econometric Theory*, 11 (01): 122 - 150.

Engle, R. F. , Sheppard, and K. K. , 2001, "Theoretical and Empirical Properties of Dynamic Conditional Correlation Multivariate GARCH" . Department of Economics, UC San Diego.

Engle R. F. , 1982, " Autoregressive Conditional Heteroskedasticity with Estimates of the Variance of U. K. Inflation", *Econometrica*, 50: 987 - 1008.

Engle R. F. , Lilien, and Robins R P, 1987, "Estimating Time Varying Risk Premia in the Term Structure: the ARCH - M Model", *Econometrica*, 55: 391 - 407.

Engle R. F. , Bollerslev T. , 1986, "Modeling the Persistence of Conditional Variances", *Econometric Reviews*, 5: 81 - 87.

Engle R. F. , Ng V. K. , 1993, "Measuring and testing the impact of news on volatility", *Journal of Finance*, 48: 1749 - 1778.

Engle R. F. , Wald, 1984, " Likelihood Ratio and Lagrange Multiplier Tests in Econometrics. In: Z. Griliches and M. D Intriligator", *Handbook of Econometrics*, vol. 11. North - Holland: Amsterdam.

Eraker B. , Johannes M. , and Polson N. , 2003, "The Impact of Jumps in Volatility and Returns", Journal *of Finance*, 58 (3): 1269 - 1300.

Eric Jacquier, Rossi P. E. , and Nick Polson, 2001, "Bayesian Analysis of a Stochastic Volatility Model with Leverage Effect and Fat Tails", Ssrn Electronic Journal.

Geweke J. , 1986, "Modeling the Persistence of Conditional Variances: A comment", *Econometric Reviews*, 5: 57 - 61.

Glosten L. , Jaganathen R. and Runkle D. , 1989, "Relationship between the Expected Value and the Volatility of the Nominal Excess Return On Stocks".

Ghysels E. , Gouriéroux C. , and Jasiak J. , 2004, "Stochastic volatility duration models", *Journal of Econometrics*, 119 (2): 413 - 433.

Ghysels E. , Gourieroux C. , and Jasiak J. , 1998, "Causality between Returns and Trated Volumes", Working Papers, 60: 189 - 206.

Grammig J. , Maurer K. O. , 2000, "Non - Monotonic Hazard Functions and the Autoregressive Conditional Duration Model", *Econometrics Journal*, 3 (1): 16 - 38.

Hujer R. , Vuletic S. , and Kokot S. , 2002, "The Markov Switching ACD Model", *Social Science Elec-*

tronic Publishing.

Hansen L., Singleton K., 1982, "Generalized Instrumental Variables Estimation of Nonlinear Rational Expectations Models", *Econometrica*, 50: 1269-1286.

Higgens M. L., Bera A. K., 1992, "A Class of Nonlinear ARCH models", *International Economic Review*, 33: 137-158.

Hsieh D. A., 1991, "Chaos and Nonlinear Dynamics: Applications to finacial markets", *Journal of Finance*, 46: 1839-1878.

Heston S. L., 1993, "A Closed-Form Solution for Options with Stochastic Volatility with Applications to Bond and Currency Options", *Review of Financial Studies*, 6 (2): 327-343.

JingZhi Huang, Li Xu, 2014, "Stochastic Volatility Models for Asset Returns with Leverage, Skewness and Heavy-Tails via Scale Mixture", *Quarterly Journal of Finance*, 4 (03): 1450011.

Jeremy B., 2009, "On Justifications for the ad hoc Black-Scholes Method of Option Pricing", *Studies in Nonlinear Dynamics and Econometrics*, 14 (1): 1-27.

Kim S., 2004, "Empirical Comparison of alternative option pricing models: Evidence from Korean KOSPI 200 index options market", *Pacific-Basin Finance Journal*, 12: 117-142.

Kim S., Shephard N., 1998, "Chib S. Stochastic Volatility: Likelihood Inference and Comparison with ARCH Models", *Review of Economic Studies*, 65 (3): 361-393.

Kwiatkowski L., 2010, "Markov Switching In-Mean Eect. Bayesian Analysis in Stochastic Volatility Framework", *Central European Journal of Economic Modelling & Econometrics*, 2: 59-94.

Lengua Lafosse P., "An empirical Application of Stochastic Volatility Models to Latin-American Stock Returns Using GH Skew Student's T-Distribution".

Lunde A., 1999, "A generalized Gamma Autoregressive Conditional Duration Model", *Department of Economics*.

Luc Bauwens, S. Ebastien Laurent, and Jeroen v. k. Rombouts, 2006, "Multivariate Garch Models: A Survey", *Journal of Applied Econometrics*, 21: 79-109.

Li Handong, Zhang Shiying, 2001, "Common Persistence and Error-Correction Model in Conditional Variance", *Journal of Systems Science and Systems Engineering*, 10 (3): 257-264.

Melino A., Turnbull S., 1990, "Pricing foreign Currency Options with Stochastic Volatility", *Journal of Economics*, 45: 239-266.

Madan D. B., Seneta E., 1990, "The Variance Gamma (V. G.) Model for Share Market Returns", *Journal of Business*, 63 (4): 511-524.

Madan D. B., Carr P. P., and Chang E. C., 1998, "The Variance Gamma Process and Option Pricing", *Review of Finance*, 2 (1): 79-105.

Mei S., Xiao Z., Hai W., and et al., 2001, "The Applications of Rake Receiver with PSACD in Wideband CDMA Systems", *Journal of Beijing University of Posts & Telecommunications*.

Meitz M., Teräsvirta T., 2006, "Evaluating Models of Autoregressive Conditional Duration", *Journal of Business & Economic Statistics*, 24 (1): 104-124.

Merton, R. C., 1976, "Option Pricing When Underlying Stock Returns Are Discontinuous", *Journal of Financial Economics*, 3: 125 - 144.

Meyer R., Yu J., 2000, "BUGS for a Bayesian Analysis of Stochastic Volatility Models", *Econometrics Journal*, 3 (2): 198 - 215.

Mukhoti S., 2014, "Non - Stationary Stochastic Volatility Model for Dynamic Feedback and Skewness", Mpra Paper.

Nelson D. B., 1990, "ARCH Models as Diffusion Approximations", *Journal of Econometrics*, 45: 7 - 38.

Omori Y., Chib S., Shephard N., and et al, 2007, "Stochastic Volatility with Leverage: Fast and Efficient Likelihood Inference", *Journal of Econometrics*, 140 (2): 425 - 449.

Professor Siem Jan Koopman, Eugenie Hol Uspensky, 2010, "The Stochastic Volatility in Mean Model: empirical Evidence from International Stock Markets", *Journal of Applied Econometrics*, 17 (6): 667 - 689.

Pantula S. C., 1986, "Modeling the Persistence of Conditional Variance: A comment", *Econometric Reviews*, 5: 1 - 50.

Pacurar M., 2008, "Autoregressive Conditional Duration Models In Finance: A Survey of the Theoretical and Empirical Literature", *Journal of Economic Surveys*, 22 (4): 711 - 751.

Rathgeber A. W., Stadler J., and Stöckl S., 2016, "Modeling Share Returns - An Empirical Study on the Variance Gamma Model", *Journal of Economics and Finance*, 40 (4): 653 - 682.

Russell J. R., Engle R. F., 1998, "Econometric Analysis of Discrete Valued, Irregularly Spaced Financial Transaction Data Using a New Autoregressive Conditional Multinomial Model", Crsp Working Papers, 66 (557171).

Robert Engle, 2002, "Dynamic Conditional Correlation: A Simple Class of Multivariate Generalized Autoregressive Conditional Heteroskedasticity Models", *Journal of Business & Economic Statistics*, Vol. 20, No. 3: 339 - 350.

Schwert G. M., 1989, "Why Does Stock Market Volatility Change Over Time", *Journal of Finance*, 44: 1115 - 1153.

Schein kman J. A., Le Baron B., 1989, "Nonlinear Dynamic and Stock Returns", *Journal of Business*, 62: 311 - 337.

Siu T. K., 2008, "Modelling Long - Term Investment Returns via Bayesian infinite Mixture Time Series Models", *Scandinavian Actuarial Journal*, 2008 (4): 243 - 282.

Smith D. R., 2007, "A Stochastic Volatility Model with Fat Tails, Skewness and Leverage Effects", *Social Science Electronic Publishing*.

Tim Bollerslev, 1990, "Modelling the Coherence in Short - Run Nominal Exchange Rates: A Multivariate Generalized Arch Model", *The Review of Economics and Statistics*, Vol. 72, No. 3: 498 - 505.

Taylor S., 1986, "Modeling financial Time Series", New York, NY: Wiley and Sons.

Weiss A. A., 1986, "Asymptotic Theory for ARCH Models: Estimation and Testing", *Econometric Theory*, 2: 107 - 131.

Zakoian J. M., 1994, "Threshold Heteroskedastic Models", *Journal of Economic Dynamics and Control*, 18: 931 - 955.

第九章

风险度量模型

在金融投资领域中，风险管理一直被学术界广泛的研究和讨论，而风险度量是风险管理的前提，但由于风险本身的客观性和复杂性，不同的风险度量方法直接影响资产配置结果。本章系统详尽地介绍了 VaR 风险度量模型、Expected Shortfall 模型和 Expectile 模型的特点和发展。其中，因为 VaR 风险度量模型具有缺陷和不足，学者提出了两种修正方法，即 CVaR 和 LVaR。

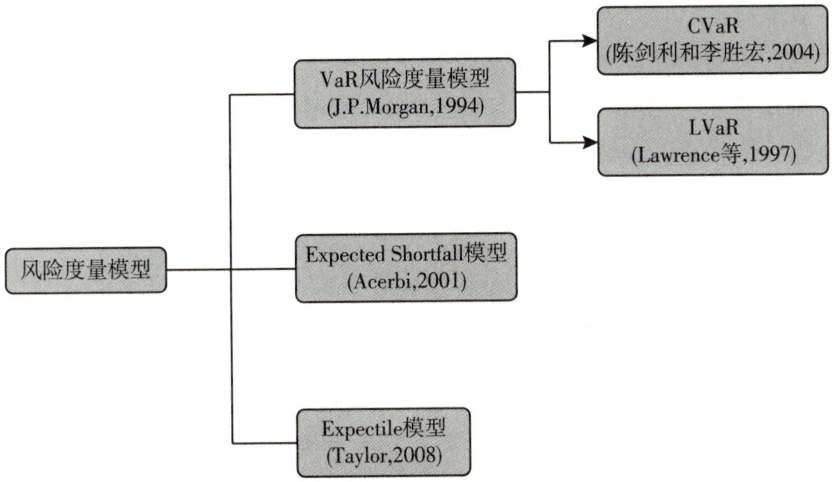

图 9-1 风险度量模型

一、VaR 风险度量模型

传统的 ALM（Asset - Liability Management，资产负债管理）过于依赖报表分析，缺乏时效性；利用方差及 β 系数来衡量风险太过于抽象，不直观，而且反映的只是市场（或资产）的波动幅度；而 CAPM（资本资产定价模型）又无法糅合金融衍生品种。在上述传统的几种方法都无法准确定义和度量金融风险时，G30 集团在研究衍生品种的基础上，于 1993 年发表了题为《衍生产品的实践和规则》的报告，提出了度量市场风险的 VaR（Value at Risk：风险价值）方法已成为目前金融界测量市场风险的主流方法。1994 年，J. P. Morgan 适时将研究出的用于计量 VaR 的"Risk Metrics"模型，包括技术手册和协方差矩阵在网络上公布，并每日公布协方差矩阵所用数据。这些数据的广泛可获取性及技术支持，使其被迅速加以运用。相较于以往的风险度量模型，VaR 模型存在以下优势：(1) 可以用来简单明了地表示市场风险的大小，没有任何技术色彩、没有任何专业背景的投资者和管理者都可以通过 VaR 值对金融风险进行评判；(2) 可以事前计算风险，不像以往风险管理的方法均是在时候衡量风险大小；(3) 不仅能计算单个金融工具的风险，同时也能计算由多个金融工具组合的投资组合风险。VaR 方法的这些特点使其成为银行、证券公司、投资基金等金融机构和市场监管组织乃至非金融公司进行风险度量和管理的重要工具。

刘宇飞（1990）尝试提供对 VaR 模型在金融监管中的运用的概括性分析，同时也将指出它在金融监管哲学的转变方面的特别意义。吴世农和陈斌（1999）在对度量风险的不同方法（方差、Downside - Risk 和 VaR）及其相应的资产配置模型（马克维兹模型、哈洛模型和 VAR 模型）进行理论研究和比较总结的基础上，收集我国证券市场股票和国债的有关数据，分别对方差—马克维兹模型、Downside - Risk - 哈洛模型和 VAR 模型进行系统的实证研究，最后根据实证研究结果，对这三类模型在我国证券市场的应用效率展开比较研究。刘静（2002）研究指出 VaR 方法是当今国际上最流行的金融风险管理方法之一，在对其在风险度量、风险管理、绩效评估、资源配置、信息披露以及统一监管等方面的应用进行了简要的分析之后，提出了我国在学习与运用 VaR 技术方面的几个难题。

虽然学者对 VaR 模型爱不释手，但是对 VaR 模型作为风险度量手段的缺陷和不足的讨论也不绝于耳，主要有如下四个观点：第一，VaR 是一个非一致风险测度，并不满足次可加性的要求。第二，对尾部风险的估计不足，VaR 无法反映出分位点下方的左尾损失，然而危机爆发时，左尾损失才是应该关注的重点。第三，正态分布假设与实际差异较大。实际中收益率有着尖峰、厚尾和负偏的非正态分布特征且存在波动聚集效应。第四，对于历史数据的依赖导致其缺乏前瞻性预测未来极端事件发生的能力。针对这些不足和缺陷，学者们从 VaR 模型自身定义的角度出发，开发了一些 VaR 的变种。

鉴于 VaR 的上述缺陷，理论界提出了一种 VaR 的修正方法，即条件风险价值，简称 CVaR。CVaR 是损失超过 VaR 的条件均值，代表了超额损失的平均水平，反映出金融头寸的潜在损失。CVaR 是个一致性的风险度量，因为它具有次可加性和凸性，在数学上也容易处理，最近研究表明，CVaR 可以通过使用线性规划算法来进行优化。很多实证分析表明，最小化 CVaR 的同时，也得到了 VaR 的近似最优解。

陈剑利和李胜宏（2004）运用风险度量指标 VaR 和 CVaR，提出一个新的最优投资组合模型。介绍了模型的算法，而且利用我国的股票市场进行了实证分析，验证了新模型的有效性，为制定合理的投资组合提供了一种新思路。孟志青等（2006）着重研究了基于条件风险值（CVaR）模型的房地产组合投资风险度量问题，通过定义离散 VaR、CVaR 损失值以及 FCVaR 损失值的等价函数，建立了基于离散 CVaR 模型的房地产组合投资优化模型，通过计算得到在一定置信水平下的组合投资比例和风险损失，从而为房地产投资决策提供依据。孟志青等（2007）研究了基于动态条件风险值（CVaR）模型的房地产组合投资风险度量问题，定义一种动态 CVaR 模型，其证明其可以等价为一个非线性规划问题求解。

传统的 VaR 隐含了很多假设，忽略了对于流动性风险的度量，因而低估了头寸或组合所面临的风险。基于此，基于流动性调整的 VaR 模型提出。目前，国外基于流动性调整的 VaR 模型的研究主要有以下三种方法：基于买卖差价的 LVaR 模型；基于资产头寸变现期限调整的 LVaR 模型；基于最优交易策略法引入市场冲击的 LVaR 模型。

Bangia（1998）认为买卖差价的波动可以衡量资产的外生流动性风险，于是把买卖差价引入传统的 VaR 模型中进行流动性风险度量，因而提出了基于流动性调整的 VaR 模型（简称 BDSS 模型）。Saout（2002）在 BDSS 模型的基础上用加权买卖差价代替了模型中的买卖差价，通过实证分析发现内生流动性风险和外生流动性风险是总风险中不可忽略的一部分，采用传统的 VaR 模型会低估风险。Timotheos 和 Alexandros（2005）用成交量调整后的隐式差价来代替 BDSS 模型中的买卖差价，通过对希腊股票市场的实证分析发现，股本越大价格越高的股票流动性越好，流动性风险占总风险的比例非常小；然而股本越小价格越低的股票流动性就很差，这些股票所面临的流动性风险就很大，不容忽视。刘晓星和邱桂华（2008）以个股日最高价和最低价之间的价差为度量指标，结合经流动性调整的风险价值模型（BDSS），考察了沪市 25 个行业的 25 只样本股票面临的流动性风险值。胡晖和王琰（2009）从标准的相对价差定义出发，得到经流动性调整的 VaR 模型，优化了 BDSS 模型，经实证分析表明优化后的 BDSS 模型更能够充分地估计流动性风险。

基于买卖差价来度量流动性风险的 LVaR 模型在实际中得到了广泛的应用，然而该模型依旧存在两方面的不足：一方面，此模型是价格风险和流动性风险的简单加总，这意味着两种风险同时对资产产生影响，然而现实中这两种风险往往是非同步的，说明该模型从一定程度上高估了资产的风险；另一方面，买卖差价是衡量资产外生流动性风险，该模型没有考虑到内生流动性风险，而且买卖差价的高频数据有着很大的噪音，买卖差价的分布不容易估计。

随后，Lawrence 和 Robinson（1997）根据均值方差理论，通过综合对市场风险和流动性风险得出的最优出清策略来推导经流动性调整的 LVaR 模型。Lawrence 和 Robinson（1997）认为持有期应根据头寸的规模和市场流动性的变化来进行调整。但其研究方法不具一般性，在实际应用中遇到很多困难。Jarrow 和 Subramanian（1997）通过最大化实现资产的收益来确定持有期限，从而推导出一个最优出清策略。Haberle 和 Persson（2000）提出了以价格中性交易量为基础来确定变现期限从而推导得出 LVaR 的研究方法。Almgren 和 Chriss（1999；2000）提出了基于最优交易策略法的 LVaR 模型，该模型在传统 VaR 模型的基础上引入了交易的市场影响机制。此后，Hisata 和 Yamai（2000）分别构建了离散时间和连续时间的 LVaR 模型。Almgren（2003a）考虑到实际交易中成交价格往往具有随机性质，因而假设瞬时价格冲击函数是非线性的随机的函数变量，研究了连续时间框架下的 LVaR 模型。刘海龙等（2003）假设证券价格服从离散时间算术布朗运动，根据最优交易策略法构建了 LVaR 模型，分析了开放式基金流动性风险的最优交易策略问题。仲黎明等（2002）研究了证券价格服从连续的算数布朗运动时机构投资者的最优变现问题。Shamroukh（2001）提出了另一个基于流动性风险调整的 VaR 模型（LA - VaR）。研究结果发现，和传统 VaR 模型计算出来的风险价值相比，LA - VaR 模型计算出来的风险价值相当于传统 VaR 模型计算得出的风险价值乘以一个放大因子。林辉（2010）通过放松传统 VaR 模型无摩擦市场的假设，基于 GARCH 模型来估计中间价格和价差的波动性，构建条件异方差 La - VaR 模型，并利用模型对亚洲金融危机中泰铢汇率进行实证研究，研究结果表明：流动性是金融危机的预警指标。最后，对金融危机中流动性风险的变化模式进行微观结构分析。

使用极值理论来估计 VaR 值相比参数模型与非参数模型具有如下优点：（1）由于极值理论描述的是尾部数据的分布密度，可以更好地用来估计后尾分布的分位数，譬如用于估计 VaR 值。使用极值理论我们只需关注回报率尾部值的分布，而不必通过直接估计整个回报率分布来推断尾部值；（2）与其他 VaR 方法不同，极值理论不需要对观测值服从的分布做出任何假定，并且由于大多数金融时间序列服从的分位数估计问题，有利于预测极限情况下的损失。基于此，VaR - GARCH - EVT 模型提出。蒋晶晶等（2015）在分析碳市场价格波动特征基础上，将条件方差和极值理论纳 VaR 计量框架，建立量化碳市场价格波动风险的 VaR - GARCH - EVT 模型。应用该模型对欧盟碳排放交易市场进行实证研究，结果显示：碳市场价格波动具有尖峰、厚尾、自相关、波动性聚类和条件方差等典型特征。

由于 VaR 不是一致性风险度量，在实际的风险度量过程中，存在着致命的缺陷，例如，由于不满足次可加性，容易低估投资风险，并且很难用于投资组合优化中。Artzner 等（1999）提出了能够满足“一致性风险测度”预期损失 ES（expected shortfall，ES）模型，ES 模型充分考虑了超过 VaR 值的尾部极端分布状况，与现实金融风险的经济意义和测度意义更为贴合，也更加符合金融实际操作的要求，能够在一定程度上弥补 VaR 风险价值模型的缺陷。王菡等（2008）将期望损失方法引入，建立了供应链风险度量模型，提出供应链收益最大同时风险损失最小的双目标函数，建立双层规划模型，并运用遗传算法进行了模型求解。

目前已有学者在 Copula 方法的基础上，构建了 ES 预期损失模型，并进行了有益的探索与研究，于文华等（2015）结合 EVT 极值理论，构建了 4 类时变 Copula 模型，拟合了股指间的动态极值相依系数，并对各类资产组合进行了预期损失 ES 风险测度，并对比研究了不同时变 Copula - EVT - ES 模型的风险测度精度。实证结果表明，在市场极端波动状况下，结合 EVT 极值理论的时变 Copula - ES 模型能够对资产组合尾部极值风险进行有效测度。

二、Expected Shortfall 模型

Expected Shortfall（ES）是目前市场风险估值的新型工具，被用来估计 VaR（Value - at - Risk）的尾部风险。该模型最早由 Acerbi（2001）提出，是指在损失超出 VaR 时的条件期望值。从 VaR 的定义可以知道，其无法衡量损失一旦超过 VaR 估计值后发生什么。而 ES 可以明确指出 VaR 估计失败时损失的条件期望值，所以对 ES 进行估计，有助于我们对投资组合尾部风险的分析。

陈学华和杨辉耀（2003）介绍了 ES 的概念，给出了 MEAN - ES 模型，并对基于 ES 的组合优化模型的特性进行了分析。结果表明，与均值—方差模型相比，MEAN - ES 模型有着更多的优点。陈学华和杨辉耀（2004）建立了计算时变风险值 VaR 和 ES 的模型，并在多种分布情形下动态测算上证综合指数的风险，结果表明基于 GED 分布的 VaR 模型能够较好地刻画高频时间序列的尖峰肥尾性及杠杆效应等特性，而 ES 模型则有效地弥补了 VaR 模型的不足之处。王新宇（2007）等基于混合密度网络模型估计金融时间序列的时变条件密件，提出数值模拟方法计算 Expected - Shortfall。对香港恒生指数的实证研究表明，混合密度网络可以有效地描述收益的经验分布统计特征和波动规律，模型评估指标反映出预测效果良好，Value - at - Risk 的预测精度在高端分位点表现较好，且可有效计算 Expected - shortfall 指标，是金融市场风险测量的有效方法。孙阳（2009）讨论了 VAR 与 ES 这两个风险度量指标在理论上的完备性以及在处理特定风险管理问题时的应用选择关系——互补或是替代。苏明政等（2013）将整体预期损失作为系统风险的度量，评估我国上市商业银行系统重要性水平，并分析其系统重要性指数的动态特征，计算其对系统风险的贡献百分比。陈守东等（2007）通过伪最大似然估计方法估计的 GARCH 模型对收益数据进行拟合，得到了基于尾部估计产生收益序列的 VaR 和 ES 值。实证研究表明用 ES 度量风险能够使我们了解不利情况发生时风险的可能情况。蒋春福等（2007）讨论了 ES（Expected Shortfall）风险度量的估计的一致性问题，发现有些估计为一致性估计，有些估计不满足一致性公理中的次可加性。由于风险度量方法是证券组合选择模型的重要部分，因此在对风险度量进行估计时，有必要对估计的一致性问题进行相应的分析，对风险管理和投资组合分析有一定的指导意义。于文华（2014）等以中国上证综指、德国法兰克福 DAX 指数、美国 S&P500 指数为研究对象，分别运用 DCC - GARCH 及时变 Copula - EVT 模型建模，探讨了欧债危机爆发后股市间相依关系的变化状况。在此基础上，将三个股指收益两两组合，分别建立了各类模型假定下的资产组合预期损失 ES 模型，并通过后验分析方法，探讨了危机爆发后，各类 ES 风险模型测度精度的变化状况及对比结果。

Harmantzis 等（2006）使用了常用的标普 500、DAX、CAC 等指数和汇率超过 10 年的数据，发现在 VaR 的度量方法下极值理论下的广义帕累托模型难以准确预测非肥尾风险。Stavroyiannis（2017）使用 ES 度量下的 GARCH 对比特币和以太币等数字货币进行建模，比较了 VaR 和 ES 度量的不同性质，认为数字货币的风险较高，因此需要更高的缓冲和风险资本来弥补潜在的损失。Almudhaf 等（2018）对 8 种上市欧洲房地产证券和房地产投资信托（REITs）的预期亏损（ES）使用有条件和无条件预测（回测），结果发现在描述和捕捉金融危机等极端事件中的风险时，ES 通常优于风险价值，这个结果对监管机构，风险管理者和投资者具有重要意义。Sukcharoen（2016）选择小麦品种时比较了均值—方差模型和平均预期缺口（ES）模型（基于下行风险测量），指出当小麦品种产量的分布是多元非正态时，方差不是正确的风险度量，平均预期缺口（ES）模型可能是一个更好的工具。基于德克萨斯州布莱克兰地区数据的结果证实了平均 ES 框架在选择小麦品种方面比均值—方差模型表现更好。Du 和 Escanciano（2017）通过蒙特卡罗模拟研究了 ES 的有限样本性质，对三个主要股票指数的实证应用发现 VaR 通常对诸如最近金融危机期间经历的极端事件没有反应，而 ES 提供了更准确的风险描述。So（2012）提出用于估算 GARCH 模型下多期预期缺口的统计方法，从统计和财务角度评估预期缺口和中位数缺口估计的绩效，通过将预期缺口估计和其他现有方法应用于 7 个国际市场，为确定预防损失所需的最低资本提供公正的参考。

三、Expectile 模型

大量研究表明，金融资产的收益率具有波动性聚集的特点，而这一特点在统计学中常常表示为收益率分布是自相关的。因此，现实情况下金融收益率序列的自相关问题是不容忽视的。Taylor（2008）将 expectile 应用到条件自回归模型上，提出了条件自回归 Expectile（Conditional Auto - Regressive Expectile Models，CARE）模型。CARE 是使用 Newey（1987）提出的非对称最小二乘法（ALS），其优点是避免了分布假设，通过使用 ALS 法直接对 expectile 建模，同时，允许收益率序列的条件分布是时变的。已有实证显示，CARE 模型要好于其他模型。但是，CARE 模型也存在着一定的缺陷：该模型虽然更好地捕捉了收益率的非对称信息，但是在描述尾部 expectile 的动态特征上仍有不足，没有考虑风险因素的交互作用和动态效应。

苏辛和周勇（2013）研究了日收益率之下开放式基金的业绩评价和检验问题，提出了改进的条件自回归 expectile（CARE）模型并应用到基金业绩评价的问题研究中。谢尚宇等（2014）引入 ARCH 效应提出了一个线性 ARCH - Expectile 模型，旨在确定资产或资产组合的风险来源以及评估各风险因素的贡献大小，并应用 expectile 间接评估 VaR 和 ES 风险大小。同时，给出了参数的两步估计算法，并建立了参数估计的大样本理论。刘晓倩和周勇（2016）基于充分利用多个 Expectile 信息能提高参数估计效率的假设，提出了 AR 模型的加权复合 Expectile 回归（WCER）估计，探讨了该估计的最优权重，建立了其大样本性质。应用所提出的方法分析恒生指数和标准普尔 500 指数的实证分析表明：他们所提出的 WCER 估计在有效性意义下非常具有竞争力。Hamidi 等（2009）将动态自回归 expectile（DARE）模型引入投资组合保险策略中，根据保险的投资组合表现来增加受保护的底线，提出了标准 CPPI 的替代方法，在时变框架下有条件地确定倍数，以使风险敞口不变。Kuan 等（2009）基于对极端损失相对于 QVaR 更敏感的 Expectile 风险价值度量，提出了各种条件自回归 Expectile 模型，采用了 Newey 等（1987）提出的非对称最小二乘估计和检验，并在股票市场实证运用了 EVaR 的方法。Bellini 等（2017）通过简单的 GARCH（1，1）模型提供了一个用于计算 Expectiles 的实际数据示例，使用 Gneiting（2011）建议的一致损失函数评估预测的准确性，理论和数值结果表明，Expectiles 是 VaR 和 ES 风险度量的完全合理的替代方案。Mao 等（2015）研究基于 Expectiles 的风险集中的渐近性质和尾部概率的二阶渐近性，并且扩展到 Expectiles 的二阶渐近性，由此可以应用于 Expectiles 和 VaR 的风险集中度量。

文献索引

曹欢、范体军、刘丽萍，2017：“基于 CVaR 的危险品公铁联运路径选择研究”，《运筹与管理》第 26 卷第 6 期。

柴尚蕾、郭崇慧，CHAIShang - lei，2012：“基于 Mean - CVaR 约束的股指期货动态套期保值模型研究”，《管理工程学报》第 26 卷第 2 期。

陈剑利、李胜宏，2004：“CVaR 风险度量模型在投资组合中的运用”，《运筹与管理》第 13 卷第 1 期。

陈金龙、张维，2002：“CVaR 与投资组合优化统一模型”，《系统管理学报》第 11 卷第 1 期。

陈学华、杨辉耀，2003：“基于 Expected Shortfall 的投资组合优化模型”，《管理科学》第 16 卷第 4 期。

陈守东、孔繁利、胡铮洋，2007：“基于极值分布理论的 VaR 与 ES 度量”，《数量经济技术经济研究》第 3 期。

陈学华、杨辉耀，2004：“股市风险 VaR 与 ES 的动态度量与分析”，《系统工程》第 1 期。

方毅、张屹山，2004：“CVaR 在金融工具复制上的应用”，《系统工程理论与实践》第 24 卷第 8 期。

高岳林、陈东志、鲍卫军，2009：“基于 CVaR 约束的单位风险收益最大投资组合模型及实证”，《统计与决策》第 13 卷第 13 期。

郭辰、施秋圆、郭梦云，2013：“优化企业年金资产配置——基于均值—CVaR 模型”，《现代商业》第 9 期。

胡晖、王琰，2009：“La - VaR 模型在股票市场流动性风险度量中的应用”，《商业时代》第 31 期。

黄芳芳、范辉、金琴，2011：“CVaR 模型在资产投资组合优化中的应用”，《现代经济信息》第 12 期。

蒋春福、尤川川、彭红毅，2007：“Expected Shortfall 风险度量的一致性估计”，《统计与决策》第 14 期。

林辉、何建敏，2003：“VaR 在投资组合应用中存在的缺陷与 CVaR 模型”，《财贸经济》第 12 期。

刘海龙、吴冲锋、仲黎明，2003：“开放式基金的最优变现策略”，《管理工程学报》第 7 卷第 12 期。

刘静，2002：“VAR 应用分析以及对我国的启示”，《南开经济研究》第 3 期。

刘小茂、李楚霖、王建华，2005：“风险资产组合的均值——CVaR 有效前沿（Ⅰ）”，《管理工程学报》第 7 卷第 1 期。

刘晓星，2006：“基于 CVaR 的投资组合优化模型研究”，《商业研究》第 14 期。

刘宇飞，1999：“VaR 模型及其在金融监管中的应用”，《经济科学》第 21 卷第 1 期。

刘晓倩、周勇，2016：“自回归模型的加权复合 Expectile 回归估计及其应用”，《系统工程理论与实践》第 36 卷第 5 期。

孟志青、虞晓芬、高辉，2006：“基于条件风险值 CVaR 模型的房地产组合投资的风险度量与策略”，《中国管理科学》第 14 卷第 1 期。

孟志青、虞晓芬、蒋敏，2007：“基于动态 CVaR 模型的房地产组合投资的风险度量与控制策略”，《系统工程理论与实践》第 27 卷第 9 期。

邱桂华、刘晓星，2008：“基于 BDSS 模型的我国股票市场流动性风险研究”，《广东财经大学学报》第 1 期。

曲圣宁、田新时，2005：“投资组合风险管理中 VaR 模型的缺陷以及 CVaR 模型研究”，《统计与决策》第 10 期。

荣喜民、夏江山，2007：“基于 CVaR 约束的指数组合优化模型及实证分析”，《数理统计与管理》第 26 卷第 4 期。

苏辛、周勇，2013：“条件自回归 expectile 模型及其在基金业绩评价中的应用”，《中国管理科学》第 21 卷第 6 期。

苏明政、张庆君、赵进文，2013：“我国上市商业银行系统重要性评估与影响因素研究——基于预期损失分解视角”，《南开经济研究》第 3 期。

孙阳，2009：“Expected shortfall 和 VaR——互补或替代”，西南财经大学。

田新民、黄海平，2004：“基于条件 VaR（CVaR）的投资组合优化模型及比较研究”，《数学的实践与认识》第 34 卷第 7 期。.

王菡、韩瑞珠、赵林度，2008：“基于 ES 模型的供应链系统风险度量”，《统计与决策》第 8 期。

王新宇、张静、孙自愿，2007：“基于混合密度网络模型拟合收益统计分布与计算 Expected Shortfall”，《数理统计与管理》第 26 卷第 1 期。

吴世农、陈斌，1999：“风险度量方法与金融资产配置模型的理论和实证研究”，《经济研究》第 9 期。

席金平、吴润衡，2009：“CVAR 在商业银行风险度量中的比较分析及应用”，《山西财经大学学报》第 1 期。

谢尚宇、姚宏伟、周勇，2014：“基于 ARCH - Expectile 方法的 VaR 和 ES 尾部风险测量”，《中国管理科学》第 22 卷第 9 期。

徐维军、周平平、李婷，2017：“基于 CVaR 和多元权值约束下的积极投资组合模型”，《系统管理学报》第 26 卷第 2 期。

杨天山、韦增欣、雷震，2015：“基于 CVaR 的多目标投资组合模型”，《数学的实践与认识》第 45 卷第 2 期。

于辉、邓亮、孙彩虹，2011：“供应链应急援助的 CVaR 模型”，《管理科学学报》第 14 卷第 6 期。

于文华、魏宇、康明惠，2015：“不同时变 Copula - EVT - ES 模型精度比较研究”，《管理科学学报》第 18 卷第 5 期。

于文华、魏宇、淳伟德，2014：“欧债危机环境中资产组合 ES 模型比较研究”，《中国管理科学》第 22 卷第 5 期。

张清叶、高岩，2017：“基于 CVaR 投资组合优化问题的非光滑优化方法”，《中国管理科学》第 10 期。

仲黎明、刘海龙、吴冲锋，2002：“机构投资者的最优变现策略”，《管理科学学报》第 5 卷第 5 期。

朱元倩、苗雨峰，2012：“关于系统性风险度量和预警的模型综述”，《国际金融研究》第 1 期。

Acerbi C. , Tasche D. , 2001, “Expected Shortfall: A Natural Coherent Alternative to Value at Risk”, *Economic Notes*, 31 (2): 379 - 388.

Almudhaf F. , 2018, “Backtesting Expected Shortfall: Evidence from European Securitized Real Estate”, *Applied Economics Letters*, February 2018; 25 (3): 176 - 182.

Amos T. , 1990, “The Psychology of Risk”, *Journal of Economic Perspectives*, Vol. 4, No. 2.

Anderson F. , Mausser H. , Rosen D. , and Uryasev S. , 2000, “Credit Risk Optimization with Conditional Value - at - Risk Criterion”, *Mathematical Programming*, series B, December.

Artzner P. , Delbaen F. , and Eber J M. , 1999, “Coherent measures of risk”, *Mathematical Finance*.

Bellini F. , Di Bernardino E. , 2017, “Risk Management with Expectiles” . *European Journal of Finance*, March 23 (4 - 6): 487 - 506.

Cont R. , 2001, “Empirical Properties of Asset Returns: Stylized Facts and Statistical Issues”, *Quantitative Finance*.

Du Z. , Escanciano J. , 2017, “Backtesting Expected Shortfall: Accounting for Tail Risk”, *Management Science*, April 63 (4): 940 - 958.

Fotios C. Harmantzis, Linyan Miao, and Yifan Chien, 2006, “Empirical Study of Value - At - Risk and Expected Shortfall Models with Heavy Tails”, *the Journal of Risk Finance*, Vol. 7 (2): 117 - 135.

Hamidi, Benjamin, Maillet, Bertrand B. and Prigent, Jean - Luc, 2009, “A Dynamic Autoregressive Expectile for Time - Invariant Portfolio Protection Strategies”.

Kuan, Chung - Ming, Yeh, Jin - Huei and Hsu, Yu - Chin, 2009. “Assessing value at risk with CARE, the Conditional Autoregressive Expectile models,” *Journal of Econometrics*, vol. 150 (2): 261 - 270.

Leslie A. Balzer, 1995, “Measuring Investment Risk: A Review”, *the Journal of Investing*.

McNeil A. , Frey R. , 2000, “Estimation of Tail - Related Risk Measures For Heteroscedastic Financial Time Series: An Extreme Value Approach”, *Journal of Empirical Finance*.

Mao T. , Yang F. , 2015, “Risk Concentration Based on Expectiles for Extreme Risks under FGM Copula”, *Insurance: Mathematics and Economics*, 64: 429 - 439.

Newey W. K. , Powell J. L. , 1987, “Asymmetric Least Squares Estimation and Testing” *Econometrica*, 55 (4): 819 - 847.

Patton A. J. , 2004, “On the Out - Of - Sample Importance of Skewness and Asymmetric Dependence for Asset Allocation”, *Journal of Financial Econometrics*.

Patton A. J. , 2002, “Modelling Time - Varying Exchange Rate Dependence Using the Conditional Copula”. San Diego: University of California.

Soltane H. B. , Karaa A. , and Bellalah M. , 2012, “Conditional VaR using GARCH - EVT approach: Forecasting Volatility in Tunisian Financial Market”, *Journal of Computations & Modeling*.

Sukcharoen K., Leatham D., 2016, "Mean - Variance versus Mean - Expected Shortfall Models: An Application to Wheat Variety Selection", *Journal of Agricultural and Applied Economics*, May 48 (2): 148 - 172.

So M., Wong C., 2012, "Estimation of Multiple Period Expected Shortfall and Median Shortfall for Risk Management", *Quantitative Finance*, May 12 (5): 739 - 754.

Taylor J. W., 2008, "Estimating Value at Risk and Expected Shortfall Using Expectiles", *Social Science Electronic Publishing*, 6 (2).

Uryasev Stanislav, 2000, "Conditional Value - at - Risk: Optimization Algorithms and Applications", *Financial Engineering News*, 14.

Yamai Y., Yoshiba T., 2002, "On the Validity of Value - at - Risk: Comparative Analyses with Expected Shortfall", *Monetary & Economic Studies*, 20 (1): 57 - 85.

第十章

双重差分法

双重差分法是政策效应评估方法之一，一般仅适用于面板数据。双重差分法是以随机化实验为基础的，观测研究类似复杂的随机化实验，需要通过科学的设计将分配机制设计出来。这个分配或识别机制就是双重差分法。双重差分法相比传统政策评估方法的模型设置更加科学，可以很大程度避免内生性问题等。本章将对双重差分法这一重要的政策评估方法进行介绍，包括双重差分法的由来、原理和分类，并针对国内外应用双重差分法的文献进行梳理。

关于双重差分（Difference - in - Difference，DID），该方法是将非随机政策在实施地区和非实施地区的对比，看作有实验组和对照组的准自然试验。此类方法存在较显著的特点，即不同组的间样本在政策实施前可能存在事前差异，仅通过单一前后对比或横向对比的分析方法会忽略这种差异，继而导致对政策实施效果的有偏估计。双重差分（DID）模型正是基于准自然试验得到的数据，通过建模来有效控制研究对象间的事前差异，将政策影响的真正结果有效分离出来。与传统的固定效应相似，双重差分估计时可以通过差分，将未观测因素的影响消除。双重差分法最重要的应用前提是共同趋势假设，即干预组个体在还没有受到政策干预时，其被解释变量的变动趋势将与控制组的变动趋势相同。通常是在控制了一系列协变量之后满足该假设即可，不过这里的协变量必须是在政策实施之前取值或者不受政策干预影响的变量，受政策影响的观测变量将会造成选择偏误。值得注意的是，共同趋势假设具有函数依赖性，是结果水平的增量相同还是结果取对数后增量相同，或其他函数形式变化后增量相同，不同函数的共同趋势假设，将得到不同的估计。因此在利用该方法时需要仔细考虑共同趋势假设应该在哪种函数形式上更有可能成立。同时，双重差分方法比较适合于面板数据，对于横截面数据也可以使用，但是需要仔细考察政策干预前后两组个体的构成是否发生变化，即事前的干预组和事后的干预组是否相似，事前的控制组与事后的控制组是否相似。如果两组事前事后的构成不同，可能出现样本选择偏误，从而该方法失效。西方经济学界从自然科学界引入双重差分法早在 20 世纪 70 年代末，以 Ashenfelter（1978）为代表。Meyer（1995）对于双重差分法进行了综述，并发现双重差分方法中最常见的问题包括“选择偏误”问题，“遗漏关键变量”问题，控制变量或解释变量与被解释变量高度相关的同步性问题和实验设计与研究者本意不符的外部效度问题等。一旦样本选择和分组的目的性很强，以随机性为前提的自然实验就可能不成立，Heckman 等（1998）提出，只有有效控制选择偏误，双重差分回归结果才会可靠。Heckman 和 Robb（1985）、Manski（1989）等学者从计量技术方面探讨了选择偏误问题及其对回归结果的影响。国内最早使用该方法的文章是周黎安和陈烨（2005），考察了农村税费改革的政策效果，该文从各个方面保证了使用双重差分法的必要条件，从各个维度考察了实证结果的稳健性。随着该方法被广泛应用，哈佛大学的 Abadie（2005）提出了半参数双重差分模型。Athey 和 Imbens（2006）提出了可以适用于连续型解释变量的非线性双重差分模型（NL - DID），也称为双重变换模型（CIC），该方法可以估计处理组和控制组的潜在结果分布，识别更加有效的处理效应分布，提供更广阔的研究视角。Puhani（2012）给出了严格单调递增函数形式的非线性双重差分模型的平均处理效应的理论值，指出其处理效应不是简单等于可观测数据的混合偏导数，而是等于可观测数据条件均值的混合偏导数与控制组潜在结果条件均值的混合偏导数之差。一个与双重变换模型相类似的非线性双重差分模型是分位数双重差分方法（QDID），该模型能够求出不同分位点上的处理效应，而不是平均处理效应，因此可以用来分析不同分布的协变量下政策实施的效应。Bonhomme 和 Sauder（2011）、Fan 和 Yu（2012）对分位数双重差分方法识别问题进行探讨。Callaway 和 Yu（2017）研究了基于面板数据的分位数双重差分方法识别问题。Clement 和 Xavier（2018）提出了模糊双重差分模型。

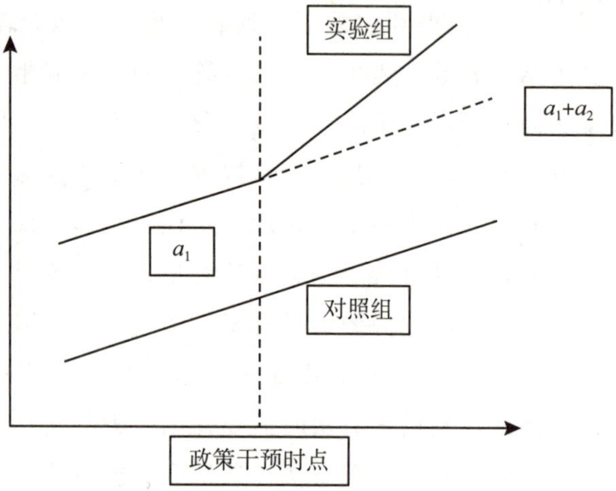

图 10－1　双重差分法原理示意图

国内运用经典双重差分法进行的研究也层出不穷。其中，齐良书和赵俊超（2012）是国内最典型的一篇双重差分研究文献，该文直接构造了一次针对贫困地区中小学寄宿生的营养干预实验，通过对比同一地区是否参与营养补助实验的青少年样本，发现营养补贴的积极作用。此外，虽然有部分文献在运用双重差分法时无法克服系统性误差，也无法否认其重要的学术价值。郑新业等（2011）基于河南省数据利用双重差分方法估计了“省直管县”改革对经济增长的影响，行文严谨，对分组的随机性级同质性都进行了实验前侧，发现分组随机条件可能不满足。庄毓敏等（2012）以双重差分法研究了美国 1992—2007 年银行业信用衍生品交易市场兴起对银行业系统风险的影响，该文基本满足自然实验研究的基本假设，但是仍然无法避免系统性误差。

部分运用了宏观或产业层面的数据，对于国家各领域的政策改革进行了研究。例如，赵峦和孙文凯（2010）利用中国农信社体制改革的分省分批试点特征，以双重差分法考察了组建省级农村信用社实验对农户扶持力度的影响。李楠和乔榛（2010）利用 1999—2006 年中国工业行业数据，通过构建双重差分模型，对始于 20 世纪末第三阶段国有企业改革绩效进行评估。刘瑞明和赵仁杰（2015）采用 1994—2012 年中国 283 个地级市的面板数据，利用双重差分法研究了高新区对地区经济发展的影响。周晶等（2015）基于 2003—2011 年省级面板数据，利用双重差分方法估计了 2007 年以来实施的“一揽子”补贴政策对生猪养殖规模化水平增长率的影响。邓涛涛等（2016）遵循双重差分模型的思路，采用 2009—2014 年中国 12 个主要海滨旅游城市的面板数据，对发生在海南的这一轮旅游业重大政策改革效果进行了评估。王庶和岳希明（2017）利用 2006—2010 年国家统计局贫困监测调查数据，利用双重差分法评估了退耕还林在农民增收、非农就业和扶贫开发等方面的政策效果。

还有部分运用了微观个体数据，研究内容也十分丰富。例如，廖理和张学勇（2008）基于双重差分法，利用中国家族上市公司股权分置改革前后的季度时间数据，实证研究股份全流通纠正终极控制者利益取向的有效性，进而对股改的公司治理效果做出判断。许红伟和陈欣（2012）基于双重差分模型，研究了我国融资融券试点对股票定价效率和收益率分布的影响，发现其仅在少数指标上有一定积极作用，总体上效果仍然相当有限。范子英和李欣（2014）以 2003 年政府交替期间的部长更换作为一次自然实验，利用双重差分法研究了地方官员晋升部级干部后，政治关联对其原来所在地区获得的转移支付产生的积极影响。肖浩和孔爱国（2014）基于双重差分模型检验了融资融券对股价特质性波动的影响及其机理。李丹等（2016）基于我国开通融资融券交易的自然实验构建双重差分模型，主要研究卖空机制对分析师乐观性偏差的影响。刘瑞明和赵仁杰（2017）利用中国经济学期刊采用匿名审稿制度创造的“准自然实验”，采用双重差分方法就匿名审稿制度对中国经济学学术进步的推动作用进行系统评价。陈远燕等（2017）将中关村自主创新示范区高新技术企业作为实验组，将天津、深圳和广州等三市的高新技术企业作为对照组，采用双重差分模型，通过 2006—2014 年度的企业财务报表数据，实证分析了 2010 年中关村自主创新示范区高新技术企业税收优惠政策效应。

非线性双重差分模型的应用方面，CIC 模型在国内外实证研究中的应用还不多，Lucas 和 Mbiti（2012）利用该模型研究了肯尼亚小学义务教育政策对升学考试成绩分布的影响。项后军等（2016）将“设立自贸区”视为自然实验，通过合成控制法生成与处理组相对应的组合控制组，利用双重变换模型分析了自贸区设立对资本流动的影响，结果表明上海自贸区的设立对资本流动具有正向影响。另外，相对于 CIC 模型，部分非线性双重差分模型中被解释变量是离散型的，例如，Courtemanche 和 Zapata（2014）研究美国马萨诸塞州的医疗改革对居民健康的影响时，被解释变量自我报告的健康指数是有序离散变量；Bronzini 和 Piselli（2016）为了评估意大利艾米利亚—罗马涅大区实施的创新政策对企业创新的影响时，将专利申请作为企业创新代理变量，对计数的专利用非线性双重差分方法，对二元离散型的专利进行了实证分析。QDID 方法出现的时间比较早，在国外应用比较广泛，如 Havnes 和 Mogstad（2015）利用该方法分析挪威儿童保育的效应问题，但是国内利用该方法进行政策评估的文献还比较少。彭飞（2016）利用经典双重差分模型证实捐赠抵税政策确实增加了企业的捐赠额，为了进一步研究该政策对不同捐赠规模企业是否具有异质性效应，引入了 QDID 方法，结果发现捐赠抵税政策对不同捐赠力度区间的企业都有正向作用，但这种作用主要集中在捐赠规模较小企业内，即表明捐赠规模较小的企业在捐赠抵税政策的影响下更能扩宽其捐赠额度。

文献索引

陈远燕、何明俊、冯文芸，2017：“中关村鼓励创新税收优惠政策效果评估——基于双重差分模型的实证分析”，《税务研究》第10期。

邓涛涛、邹光勇、马木兰，2016：“国际旅游岛战略提升了海南旅游业国际化水平吗？——基于双重差分方法的政策效果评估”，《经济管理》第7期。

范子英、李欣，2014：“部长的政治关联效应与财政转移支付分配”，《经济研究》第6期。

李丹、袁淳、廖冠民，2016：“卖空机制与分析师乐观性偏差——基于双重差分模型的检验”，《会计研究》第9期。

李楠、乔榛，2010：“国有企业改制政策效果的实证分析——基于双重差分模型的估计”，《数量经济技术经济研究》第2期。

廖理、张学勇，2008：“全流通纠正终极控制者利益取向的有效性——来自中国家族上市公司的证据”，《经济研究》第8期。

刘瑞明、赵仁杰，2017：“名审稿制度推动了中国的经济学进步吗？——基于双重差分方法的研究”，《经济学（季刊）》第1期。

刘瑞明、赵仁杰，2015：“国家高新区推动了地区经济发展吗？——基于双重差分方法的验证”，《管理世界》第8期。

彭飞、范子英，2016：“税收优惠、捐赠成本与企业捐赠”，《世界经济》第7期。

王庶、岳希明，2017：“退耕还林、非农就业与农民增收——基于21省面板数据的双重差分分析”，《经济研究》第4期。

肖浩、孔爱国，2014：“融资融券对股价特质性波动的影响机理研究：基于双重差分模型的检验”，《管理世界》第8期。

项后军、何康，2016：“自贸区的影响与资本流动——以上海为例的自然实验研究”，《国际贸易问题》第8期。

赵峦、孙文凯，2010：“农信社改革对改善金融支农的政策效应评估——基于全国农户调查面板数据的倍差法分析”，《金融研究》第3期。

郑新业、王晗、赵益卓，2011：“‘省直管县’能促进经济增长吗？——双重差分方法”，《管理世界》第8期。

周黎安、陈烨，2005：“中国农村税费改革的政策效果：基于双重差分模型的估计”，《经济研究》第8期。

Abadie A, 2010, “Semiparametric Difference - in - Differences Estimators”, *Review of Economic Studies*, 72 (1): 1 - 19.

Alberto Abadie, 2005, “Semiparametric Difference - in - Difference”, *Review of Economic Studies*”, 72: 1 - 19.

Ashenfelter O., 1976, “Estimating the Effect of Training on Earning”, *Review of Economics & Statistics*, 60.

Bonhomme S., Sauder U., 2011, "Recovering Distributions in Difference – in – Differences Models: A Comparison of Selective and Comprehensive Schooling", *Review of Economics & Statistics*, 93 (2): 479 – 494.

Bronzini R., Piselli P., 2016, "The Impact of R&D Subsidies on Firm Innovation", *Research Policy*, 45 (2): 442 – 457.

Callaway B., Li T., 2017, "Quantile Treatment Effects in Difference in Differences Models with Panel Data", *Social Science Electronic Publishing*.

Chaisemartin, C., Haultfoeuille, and X., 2018, "Fuzzy Difference – in – Difference", *NBER*, Working Paper.

Courtemanche C. J., Zapata D., 2014, "Does Universal Coverage Improve Health? The Massachusetts Experience", *Journal of Policy Analysis & Management*, 33 (1): 36.

Fan, Y. Z., and Yu, 2012, "Partial Identifi Cation of Distributional and Quantile Treatment Eeffects in Difference – in – Differences Models", *Economics Letters*, 115 (3): 511 – 515.

Havnes T., Mogstad M., 2011, "No Child Left Behind: Subsidized Child Care and Children's Long – Run Outcomes", *American Economic Journal Economic Policy*, 3 (2): 97 – 129.

Heckman J. J., Robb R., 1986, "Alternative Methods for Solving the Problem of Selection Bias in Evaluating the Impact of Treatments on Outcomes", *Drawing Inferences from Self – Selected Samples Springer New York*, 63 – 107.

Heckman J., Ichimura H., Smith J., and et al., 1998, "Characterizing Selection Bias Using Experimental Data", *Econometrica*, 66 (5): 1017 – 1098.

Lucas A. M., Mbiti I. M., 2012, "Access, Sorting, and Achievement: The Short – Run Effects of Free Primary Education in Kenya", *American Economic Journal Applied Economics*, 4 (4): 226 – 253.

Meyer B., 1995, "Natural and Quasi – Experiments in Economics", *Journal of Business & Economic Statistics*, 13 (2): 151 – 161.

Puhani P. A., 2012, "The Treatment Effect, the Cross Difference, and the Interaction Term in Nonlinear Difference – in – Differences Models", *Economics Letters*, 115 (1): 85 – 87.

Susan, A., Guido, and I., 2006, "Identification and Inference in Nonlinear Difference – in – Differences Models", *Econometrica*, 74 (2): 431 – 497.

第十一章

自然实验与准实验

随着处理效应逐渐被引入经济学研究中，但是处理效应是以随机试验为基础，而经济数据往往并非从试验中获得。对于观测数据，经济学家尽量寻找满足随机试验发生的条件，因此诞生了自然实验和准实验，进而产生了诸如断点回归、倾向匹配得分、合成控制法、边际处理效应等方法，极大丰富了处理效应和政策评估的研究深度。本章主要对自然实验和准实验进行方法介绍和文献梳理。

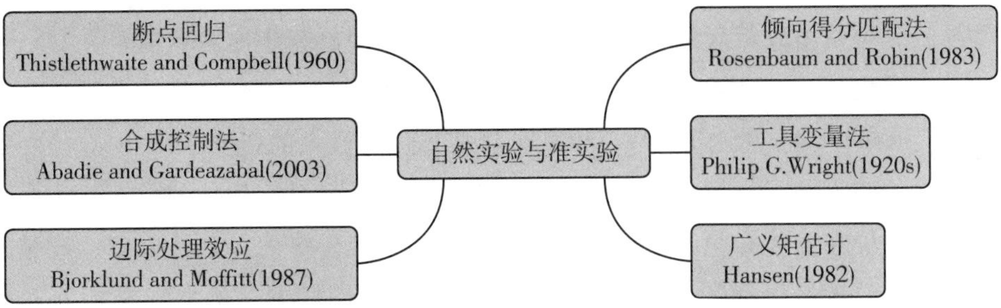

图 11－1　自然实验与准实验方法概述

近年来，一些经济计量学家，把统计学、教育学、流行病学和生物统计学中的处理效应方法应用到经济政策效应评价问题当中。这种方法以随机试验作为最理想的情况。在现实中缺乏随机试验的情况下，经济学家会尽力寻找满足随机实验发生的条件，如 Rubin（1974）引入的准随机试验方法、Imbens 和 Angrist（1994）等为解决变量的随机性（从而解决内生性问题）而引入的异质性工具变量方法。20 世纪 90 年代后期在学术文章中出现了以随机试验为基础的匹配方法、双重差分以及断点回归等方法。这些方法后来在政策评估领域得到了广泛的应用。被 Angrist 和 Pischke 称为引起了计量经济学因果推断的可信性革命。这些方法都是处理效应模型的一部分：评估一项政策的实施效应，就是在给定其他条件相同的情况下，比较实施政策后的表现（如价格）与假定没有实施政策后的表现的差异。这句话虽然很简单，但其背后的前提条件是非常苛刻的。举一个通俗的例子，假定我们要评估的是大学教育对工资的贡献度，首先让某人在现实中读大学，然后记录他工作时的收入 A，接着我们用时空穿梭机将他再送回去，这次不让他上大学，记录他另一个平行世界中的收入 B，则 A－B 就是此人上大学的教育回报。在政策评估的方法论中，这个例子中的 B 就是 A 的完美的反事实对照组（Counterfactual），也就是说，一旦其接受政策干预，则表现是 A，如果没有接受政策干预，结果就是 B。政策评估的科学方法，其本质上是要找到反事实参照组。反事实参照组要满足两个基本条件：一是要保证呈现反事实的特征，即一旦实验组没有受到政策影响，实验组的结果应该与反事实组是完全一致的；二是反事实参照组不能受到实验组的影响，即那些受到政策干预的人群不能把这种影响传递给其他人，理论上是允许实验组内部的互相影响，但如果这种影响外溢到参照组，无论这种外溢是主观还是客观原因，都会导致对政策效应估计的偏误，一般情况下都是低估了政策的效应。

随机试验的方法起源于从 20 世纪 70 年代早期，Rubin（1974）在文献中发展构建了现代流行的因果关系分析框架。这种方法的基本思想是随机的把个体分配到实验组（也称为干预组）和控制组中，因此这两个组唯一的不同就是个体是否参与了该项政策，而个体的分配是随机的，我们认为两个组中的个体在总体上是无差异的，因此最终结果的差异就是政策效果。注意，随机分组是我们得到政策效果的前提。如果不是随机分组，那么实验组和控制组中的参与者会有一定程度的差异，那我们就不能认为实验组和控制组在实施政策后的差异，完全是由政策导致的，而是掺杂了两个组中参与者本身就有的差异。也就是说，控制组在随机分配条件下才成为了实验组的反事实参照组。在经济学领域最早应用该分析框架的是 Ashenfelter 等（1978），评估了技能培训对收入的影响。

绝大多数的政策并不是根据评估的要求来实施的，因此政策评估的数据并不是一种实验数据，而是一种观测数据，即政策实施之后收集的数据。在大多数情况下，政策评估方并没有直接参与政策的设计和实施过程，无法按照科学评估方法的要求来构造和生产数据，因此任何利用观测数据的政策评估就必须非常小心和科学论证，针对不同的数据结构和政策类型采用不同的评估方法，并反复检验该方法的适用性。如果政策是先试点后推广；或者无法在全部范围内实施，需要集中资源重点发展某些地区或者某些行业的“一刀切”，则我们可以利用科学评估方法对这两种政策进行合理估计，估计方法主要有断点回归和合成控制法。下面会分别具体介绍。

倾向得分匹配方法（PSM），使用前提和线性回归一样，要求条件独立性假设（CIA）。通过在控制组中寻找特征相似的控制组个体与干预组个体相匹配，从而用控制组个体的结果来估计干预组个体的反事实结果。该方法是由 Rosenbaum 和 Robin（1983）第一次在文章中提出。倾向指数是指具有某项特征的个体接受干预的可能性，在研究中该指数往往是未知的，需要进行估计，通常使用 logit 模型进行估计。利用倾向指数进行匹配，分配机制就类似于随机试验。政策效果就是分别属于实验组和控制组，利用倾向指数进行匹配后的个体的观测结果之差。这种方法解决了传统匹配方法中的“维度诅咒”问题，使得根据观测变量进行匹配转向对一维的倾向指数进行匹配，可操作性大大提高。为每个干预组个体寻找特征相似的控制组个体进行匹配，如何定义相似性是匹配的基础。在控制好协变量之后，倾向得分匹配方法利用线性话倾向指数，即求倾向指数的对数似然比的欧式或者马似距离作为相似性的测度。具体的匹配方法，包括近邻匹配和分层匹配。在近邻匹配中，Dehejia 和 Wahba（1999）提出的做法是将倾向指数由高到低排序，先匹配倾向指数最高的也是最难匹配的，再匹配倾向指数低的样本，包括一对一近邻匹配（为每个实验组个体在控制组中寻找一个最为相似的控制组个体）和一对多（为每个实验组个体在控制组中找到多个相似的控制组个体）近邻匹配。分层匹配是根据模型中的协变量或者倾向指数进行分层，使得层内两组个体特征比较相似，从而降低估计偏差。关于分层匹配的详细介绍，可以参考 Imbens 和 Rubin（2015）。注意，如果条件独立性假设（CIA）不成立，即控制所有可观测变量后，仍然有未观测因素对实验组和控制组的观测结果造成系统性差异，出现内生性问题，那么匹配和回归方法都是一样的，无法解决该问题。因此，认为匹配可以解决内生性的看法是错误的。

早期，社会科学领域对倾向得分匹配法的关注多集中在基本逻辑研究方面。Smith（1997）使用倾向得分匹配法研究了医院改革对患者死亡率的影响。该文充分展现了匹配方法的优点，并采用变异数分解法（variance - component model）来处理配对样本较多的问题。Winghip 等（1999）梳理了如何运用统计方法进行因果推论，同时对倾向得分匹配法进行了讨论，进一步提升了倾向得分匹配法在社会学研究领域的影响。进入 21 世纪以来，倾向得分匹配法的应用更为常见。一般来看，只要存在将样本划分为实验组与对照组的分析与研究，均能使用这一方法。Perkins 等（2000）在药物学与传染病学的研究领域采用了倾向得分匹配法；Hitt 等（2002）借助于倾向得分匹配法研究了网上银行的使用对消费者获益的影响；Bryson（2002）运用倾向得分匹配法分析了企业工会会员身份对员工工资的影响；Davies 等（2003）将倾向得分匹配法应用到买卖差价对上市公司的影响的分析中；Harding（2003）则采用倾向得分匹配法研究了贫困对社区青少年辍学以及早孕的影响。由此可见，倾向得分匹配法在国外的研究中已经深入社会科学研究的各个领域。An（2010）进一步梳理了倾向评分匹配技术的应用情况，并指出倾向得分匹配法在教育社会学、互联网使用、失业问题、健康问题等领域均有所涉及。

近年来，国外学者们更加注重学科间的交叉性，开始逐步尝试将倾向得分匹配法与其他统计学方法结合。Drichoutiset 等（2009）基于有序因变量，选用一类分层模型，对每一层采用倾向得分匹配法，研究了营养标签的使用对肥胖的影响。指出与之前采用其他研究方得到的标签的使用对消费者饮食习惯有显著影响的结论不同，使用营养标签并没有显著影响消费者的体重，对消费者的肥胖现象没有显著影响。An（2010）结合贝叶斯方法，将倾向得分匹配法应用到包含不确定性因素的研究中，有效拓宽了倾向得分匹配法应用范围。

在国内，倾向得分匹配法逐渐发展为一个普适的统计研究方法，并越来越得到重视，近年来涌现了多领域的丰富研究。周惠馨等（2008）运用倾向得分匹配法，就非随机临床研究中治疗效果估计有偏，致使治疗效果组间无可比性的问题，进行了深入的探讨。自此，倾向得分匹配法开始在宏观经济研究、企业管理、农业经济等领域相继崭露头角。宏观经济管理方面，胡宏伟等（2012）基于 2011 年“中国城乡居家养老服务”调查数据，使用倾向得分匹配方法，估计社会医疗保险对老年人卫生服务利用的影响；苑德宇等（2017）基于 2008—2013 年中国 645 个城市的数据，构建“反事实框架”并利用倾向得分匹配法，系统考察了外商直接投资（FDI）进入对城市基础设施绩效的影响；邓富华和霍伟东（2017）采用 2009—2014 年中国对 178 个国家或地区的跨国面板数据，运用 Heckman 两阶段选择模型和倾向得分匹配法克服样本选择性偏误，并划分货物贸易协定与服务贸易协定，区分自由贸易协定缔结对象的经济发展差异，以及考虑自由贸易协定与制度环境的交互特征，实证考察自由贸易协定对跨境贸易人民币结算的影响。企业管理方面，李静等（2013）基于 1998—2007 年中国工业企业微观数据，运用 OLS 计量回归和倾向得分匹配方法，考察了出口贸易对员工工资的影响，检验了出口企业是否存在比非出口企业更高收入的出口工资红利；贾生华和陈文强（2015）运用倾向得分匹配法，研究了国有控股和市场竞争这两种基本制度环境对股权激励与企业绩效相关关系的影响机制和作用效果；程瑶和闫慧慧（2018）以2015年深圳证券交易所上市公司（A股主板）的面板数据为基础，采用倾向得分匹配法，并对比传统OLS回归方法，估计不同税收优惠方式对企业研发投入的政策效应；吴勇等（2018）基于公司治理视角，以2007—2015年我国沪深两市A股上市公司的数据为样本，采用倾向得分匹配方法，在控制样本自选择偏差后，研究董事责任保险购买决策对公司价值的影响。农业经济管理方面，陈玉萍等（2010）运用倾向得分匹配法分析了滇西南农户采用改良的陆稻技术对农户收入的影响；岳爱等（2013）以消费和储蓄生命周期理论为基础，结合我国新农保政策实践，构建了新农保政策实施对农村居民消费影响的研究框架并提出待检验假说，在此基础上分析了新农保参保对农村居民家庭日常费用支出的作用机制和影响，利用新农保采用先试点，逐步推广的特点构建工具变量，很好地解决了估计中可能存在的内生性问题，并利用倾向得分匹配法对上述分析结果进行稳健性检验；薛彩霞和姚顺波（2016）基于四川省石棉县黄果柑种植农户的微观抽样调查数据，采用倾向得分匹配法实证分析了地理标志使用对农户生产行为的影响，并探讨了农户使用地理标志的影响因素。其他社会科学领域方面，黄华（2012）在教育学领域运用了倾向得分匹配法；李庆海等（2014）利用2013年安徽、河南两省调查数据，考察了农村劳动力不同外出务工模式对留守儿童学习成绩的影响。为纠正自选择性引致的估计偏误，通过联立方程组估计不同外出务工决策的广义倾向得分，然后应用广义倾向得分匹配法估计平均处理效应。

关于工具变量法，其主要是为了解决条件独立假设（CIA）不成立时的参数识别问题。因为未观测因素会造成的选择偏差，进而导致感兴趣的变量与误差项相关造成内生性问题，会导致估计系数有偏。该方法的主要思路是寻找到与内生解释变量相关但是与回归方程的残差项不相关的变量，通过将内生变量对寻找到的工具变量回归，从而将内生解释变量中的外生工具变量能够解释的部分分离出来，进而用两阶段最小二乘法解决回归的内生性问题。Wright（1928）在其书中最早使用该方法考差了美国关税与进出口贸易之间的关系。工具变量法由于能够解决内生性导致的估计系数的偏误，在经济学的实证研究中被广泛使用。工具变量法又分为同质性工具变量法和异质性工具变量法。Imbens 和 Angrist（1994）首先将异质性因果效应引入工具变量法，利用潜在因果框架的语言重新表述了工具变量法，从而使得工具变量法的解释更为清晰。异质性工具变量法主要强调了局部平均处理效应（LATE），其基础是以准自然实验方法中的反事实框架，告诉我们异质性工具变量估计的是依从者的平均因果效应。在异质性工具变量法的框架下，不同的工具变量作用于样本的不同部分即会有不同的依从者，因此同一问题采用不同的工具变量，估计结果可能会相差很大。关于工具变量法的具体介绍，可以参见 Angrist 和 Krugger（2001）。

国内外学者对于工具变量方法的应用在近10年开始丰富。经济学和社会学中一个非常热门的研究课题是同侪效应，此时需要解决个人异质性导致的内生性问题。Bentolila 等

(2010) 用联邦就业率作为工具变量来分析“使用社会关系”对个人收入是否具有作用。联邦就业率与收入没有直接关系，但就业率高，则在联邦内使用关系求职的必要性就低。丁从明（2018）利用 CFPS2014 微观数据研究了宗族对农村人力资本投资的影响，在考虑了可能存在的内生性问题之后，使用历史上的宗族力量作为工具变量进行回归。自然现象在一定地域范围内具有高度的随机、外生特性，也经常被用来作为工具变量。Hoxby (2000) 在一篇经典研究中，采用区域内河流数量作为该区域学校数量的工具变量，以此来验证学区内的学校竞争是否可以提高教学质量。Culter 和 Glaeser（1997）把贯穿大都市的河流数量作为邻里区隔的工具变量，以分析区隔程度对居住者的影响。Cipollone 和 Rosolia（2007）以地震导致的男性免征兵政策作为高中班级性别构成的工具变量，以分析意大利学生中班级性别构成对女生成绩的影响。陈云松（2012）以中国农民工来源村庄的自然灾害强度作为本村外出打工者数量的工具变量，证明了同村打工网的规模直接影响农民工在城市的收入。陈诗一和陈登科（2018）使用 2004—2013 年中国 286 个地级及以上城市 PM2.5 浓度这一独特的雾霾数据，采用劳动生产率来度量经济发展质量，系统考察了雾霾污染对中国经济发展质量的影响及其传导机制，并创新性地选取能够控制雾霾污染空间溢出效应的空气流动系数以及能够全面度量地方政府环境政策和治理力度的政府环境治理指标作为减缓雾霾污染变量内生性的两个工具变量，在两阶段最小二乘的统一框架内估计了政府环境治理的减霾效果和对中国经济发展质量的影响。出生日期、季度、性别、死亡率等都曾被巧妙地作为工具变量运用在因果推断之中。Acemoglu 等（2001）把殖民地时代一个国家的自然死亡率作为该国当今制度的工具变量。Maurin 和 Moschion（2009）考察了法国邻里中其他母亲的就业如何影响单个母亲的就业，为了消解内生性问题，他们用邻里平均的头两个子女的性别组合作为邻里母亲就业的工具变量。Bentolila 等（2010）的研究，在使用联邦就业率作为“使用社会关系”的工具变量的，同时，还使用年长的兄姊数目作为工具变量。马光荣等（2017）利用 1997—2009 年城镇住户调查数据和工具变量方法估算出，特定年龄段高教育劳动力的相对供给增加 10%，将导致该年龄段的高等教育溢价下降 4.1%距离和价格等和人类的行为与社会相关的工具变量也经常出现在研究中。Hall 和 Jones（1999）则非常具有想象力地用各国到赤道的距离作为工具变量。Qian (2008) 巧妙地用茶叶的价格作为中国家庭中男性收入和女性收入之比的工具变量，证明了家庭收入的性别结构最终影响了中国家庭男女出生性别比例。李超和李涵（2017）运用企业微观数据，从能见度降低影响交通运输效率，进而引起企业增加库存水平这一微观渠道，识别了大气污染与企业生产力下降之间的因果关系，运用了距离作为工具变量。张军等（2018）首先构建理论模型阐述了就业技能需求影响人力资本投资的机制，然后使用 2002—2012 年中国工业企业数据和城镇住户调查数据研究了地级市层面就业技能结构变化对家庭人力资本投资的影响，使用出口冲击和至港口距离作为工具变量。白重恩和冀东星 (2018) 分析了中国 1998—2007 年大规模建设的国道主干线对出口的影响，我们基于地理特征构建施工成本最低的公路网络，以此作为实际公路路线的工具变量，解决了内生性问题。不少研究自然实验和虚拟实验来挖掘适当的工具变量。Bobonis 和 Finan（2008）把墨西哥村庄中参与 Progresa 项目（国家给生活困难的母亲以补助）的比例作为村庄儿童平均就学的工具变量，以此来分析乡村同龄人的入学率是否影响个体的入学决定。方颖、赵扬（2011）为估算各地区产权保护制度对经济增长的贡献，采用的工具变量是 1919 年中国不同城市基督教初级教会小学注册人数在当地人口中的比例。章元、陆铭（2009）在分析农民工的家庭网、亲友网和收入之间的关系时，用农民工祖辈的社会背景及是否来自革命老区作为工具变量。Bayer 和 Ross（2009）在研究就业是否存在邻里同侪效应时，为解决被访者个体异质性和自选择问题，他们用与被访者具有相同个人特征的其他被访者的平均邻里特征来作为被访者邻里特征的工具变量。Contreras 等（2007）采取类似的方法，发现邻里的非农就业对玻利维亚妇女获得非农工作具有正面影响。邓黎桥和董亮（2017）选取哥伦比亚和新西兰两个代表性国家总结其外汇干预经验，然后基于面板工具变量法，对全球 23 个国家和地区的外汇干预有效性进行实证分析。李明和李德刚（2018）借鉴模糊断点回归思路构造工具变量，基于约 1600 个县级单位 1994—2007 年的样本，评估了中国地方政府财政支出乘数。康书隆（2018）通过构建刻画参保者行为的生命周期模型，数值模拟分析平均工资增长对参保者效用的影响；借助自然实验构建固定效应工具变量回归，实证研究平均工资增长对参保行为的影响，研究养老保险参保缴费逆向激励产生的原因、作用机制以及后果。

关于广义矩估计。关于广义矩估计方法，Hansen（1982）最早进行了比较系统的描述，是经典矩方法的拓展，其核心是把距离函数引入传统的矩估计中，使得矩条件方程在参数估计中的权重不同。经典矩方法是用总体矩等于观察到的样本矩建立方程，进而得到未知参数的估计值，但是经典矩方法一般是参数的个数等于方程个数。当方程的个数大于待估参数的个数时，可能无法求出待估参数；同时，当 1 个随机解释变量可以找到多个互相独立的工具变量，人们希望充分利用这些工具变量的信息，能否利用及如何利用成为核心问题。广义矩方法为上述问题的解决提供了思路。

随着计量经济学的逐步发展，广义矩估计法在计量经济学中的应用逐渐扩大，这主要是由动态面板数据的广泛使用带来的。与时间数据和横截面数据相比，面板数据可以很好地研究一些动态行为，例如，增长的收敛性、失业的持久性、收入不平等的持久性等动态经济问题，因此动态面板数据可以用来研究的范围比较广。在使用面板数据进行研究时，常常会碰到内生性的问题，即随机扰动项和解释变量相关，造成了估计系数有偏。解决内生性问题的方法常常是引入工具变量，如果引入的是一组工具变量，出现工具变量个数大于解释变量个数时，就需要考虑使用广义矩估计检验是否出现了过度识别问题。广义矩估计是一个稳健估计量，因为它不要求扰动项的准确分布信息，允许随机误差项存在异方差和序列相关，所得到的参数估计量比其他参数估计方法更合乎实际。而且可以证明，广义矩估计包容了许多常用的估计方法，普通最小二乘法、广义最小二乘法和极大似然法都是它的特例。

另外，广义矩估计法由于其与工具变量法搭配的便利性，还应用在更复杂的面板数据分析中。如果模型的内生性是由于解释变量中包含了因变量的滞后项，造成估计量的不一致，可以将工具变量法与广义矩估计法结合起来进行计量经济分析。Arellano 和 Bond（1991）证明了如果观测值在横截面之间是独立的，可以采用差分广义矩估计，在差分广义矩估计法的基础上，Arellano 和 Bover（1995）综合了一阶差分方程和水平方程，提出了具有更完备的矩条件的系统广义矩估计法。广义矩估计的方法在实证中的应用并不多，国内较为代表性的一篇为王治政等（2016）基于我国 2002 年到 2012 年的季度数据，使用广义矩估计方法检验了耐用品长期风险模型。模型参数依赖的状态变量不可观测，通过推导把状态变量表示成可以观测的指标价格红利比率，从而可以对模型参数进行估计。

关于断点回归，断点回归（RDD）相比于前面提到的各个方法，它更加接近随机实验，因此更能够相对准确的识别因果关系。该方法利用断点附近的变量跳跃的随机性进行因果推断。断点回归设计的基本思想是一个原因变量或干预完全依赖于一个参考变量，原因变量或者干预的分配完全参考这一变量是否超过一个临界值。参考变量本身可以对结果有影响，也可以没有影响，假设结果变量与参考变量之间的关系是连续的，其他可能影响结果的因素在断点处也是连续的，那么结果变量在断点处的跳跃就可以解释为原因变量的影响。举例来说，假设今年的高考录取线为 500 分，则所有大于等于 500 分的考生都能够进入大学，而所有低于 500 分的考生则无法被录取，此时，500 分就是高考“一刀切”的门槛，500 分左右的一个小范围则是断点区域，例如 495—499 分的录取概率为 0，而 500—504 分的录取概率跳跃至 100%。我们可以计算 500 分（上大学）和 499 分（没上大学）两组人群的收入差异，由于两者的高考分数仅相差 1 分，可以认为两者之间的能力和智商是几乎无差别的，两组之间的收入差异就只可能是因为大学教育带来的。断点回归设计根据干预的分配规则可以分为两类，精确断点回归和模糊断点回归。精确断点回归是指干预分配完全由参考变量是否超过临界值决定；如果参考变量超过临界值，则个体就接受干预，否则个体就没有被干预。如果干预的分配不是完全由参考变量决定的，干预的分配还受到研究者看不到的其他因素的影响，断点左右的个体接受干预的可能性不同，这种情况就适合模糊断点回归。断点回归有三个基本的要求。首先，“一刀切”的政策执行力度要彻底，以高考为例，不能存在没达到录取线的学生被录取、达线的学生却没录取的情况，政策执行力度越弱，断点的跳跃就越小；其次，选择门槛的依据要素必须是个体不能改变的，例如在高考后才公布录取线，考生能否过线是既定事实，反过来说，如果事先公布录取线，就会使得那些比录取线低几分的考生，通过一些努力达到录取线；最后，那些影响政策结果的其他因素，不能也在门槛附近出现跳跃，比如考生的家庭财富如果在录取线附近突然增加，那么考生将来的收入就不一定是因为大学教育的效应，而可能是其家庭财富带来的。最早使用该方法的是 Thistlethwaite 和 Compbell（1960），研究了奖学金对学生未来成绩的影响。后来该方法得到正式证明才得以广泛应用，Hahn 和 Todd（2001）对断点回归方法的识别条件、估计条件、统计推断进行了理论上的证明，从而该方法重新焕发生机。RDD 的估计方法主要有边界非参数回归、局部线性回归和局部多项式回归。由于非参数回归在边界上的收敛速度比较慢，在断点处的估计并不理想，Hahn 等（2001）、Imbens 和 Lemieux（2008）、Lee 和 Lemieux（2010）等建议采用非参数局部线性回归方法，从而避免在边界上收敛速度慢的问题。值得一提的，Angrist 和 Lavy（1999）曾指出，该方法固然值得称道，但遗憾的是在现实中，很难找到只存在单一混淆变量的情况，教育学仅仅是个例外。

断点回归被视为仅次于随机实验，能够有效利用现实约束条件分析变量之间的因果关系的实证方法，因而得到广泛的运用，特别是在教育学、政治学、经济学以及一些政策效应评估上。Angrist 和 Lavy（1999）利用以色列教育制度，用断点回归方法来研究班级大小对学生成绩的影响，在它们的制度中，班级大小必须小于等于 40 人，超过 40 人则必须分为两个班，通过研究发现班级人数越少，其班级成绩越好。Lee 等（2004）利用 50% 的得票率是获选的关键决定因素来研究选举对政策的影响，结果发现选民会选择制定了对自己最有利政策的竞选者。Lee（2008）在同样的背景下，研究美国众议院当选者会不会利用本次当选所得到的权利来影响下次再次当选，通过断点回归结果表明众议院的当选者在下一届选举中获胜的可能性要大些。Cunat（2012）通过分析市场对企业公司治理年度会议中决策的通过与否的反应对股东价值的影响，发现政策建议的通过会给股东带来正向回报。在国内学者研究中，相关实证文献较为缺乏。Dell（2015）研究了墨西哥的选举和毒品犯罪问题，断点回归设计的结果发现在这些行动党候选人以微弱优势赢得市长选举的城市，与毒品相关的犯罪数量大量增加，这样的实证结果可能是由于：行动党对贩毒集团大力镇压后，贩毒集团为抢回势力范围而实施了更多犯罪。Hansen（2015）研究了严厉的惩罚措施对于醉酒驾驶行为的影响，惩罚措施由血液中酒精浓度和以往醉驾记录决定。断点回归设计结果显示个体血液中酒精浓度超过醉驾标准临界值使得未来四年再犯的可能性降低 2%；如果超过严重醉驾标准临界值则使再犯可能性进一步降低 1%。Schmieder 等（2016）使用精确断点回归设计研究了德国增加失业金领取时间对失业者再就业工资的影响，使用工具变量的方法估计局部平均处理效应，结果发现中年工人失业时间增加一个月会使得工资降低 8%。Deshpande（2016）研究了美国取消低收入年轻残疾人享受辅助性保障收入资格对其成年后收入的影响，断点设计策略基于美国 1996 年一项福利制度改革。Feldman 等（2016）则研究了家庭对于他们所适用的边际税率是否真正理解，在美国当家庭中子女年龄超过 17 岁，即自动失去儿童税收抵免资格，断点设计策略基于这一现实。Card（2016）研究了美国某学区实施的一项小学教育政策对学生成绩的影响，该文使用基于排序的断点线性回归以及通过对不同年级学生的比较研究了这一政策的实施效果，研究结果显示这一政策使得非高智商学生在学习成绩上进步显著，特别是非洲裔和西班牙裔族群学生。

国内利用断点回归的方法，影响比较大的文章是陈玉宇等（2013）研究中国北方冬季燃煤取暖对人均寿命带来的影响，研究发现燃煤造成的污染会造成北方居民平均寿命减少5年。这个研究之所以适用断点评估法，是因为以淮河为界的政策是“一刀切”的，在未实施集中供暖政策之前，淮河南北的城市之间差异很小，特别是淮河沿岸的城市之间几乎没有差异，因此淮河南岸的城市可以作为北岸城市的反事实参照组。曹静等（2014）运用断点回归方法，对2008年北京奥运会后采取的限行政策对空气质量的影响进行评估，发现限行政策尤其是“尾号限行”对空气质量的影响甚微。邹红和喻开志（2015）基于国家统计局城镇住户调查2000—2009年的家户数据，利用退休制度对城镇男性户主退休决策的外生冲击，在断点回归设计框架下采用工具变量参数估计法和非参数估计法检验了我国是否存在退休消费骤降现象，并探讨了其原因。席鹏辉和梁若冰（2015）设计了多断点回归模型检验空气污染对地方环保投入的影响。结果表明较低水平的空气污染会导致环保支出比重的下降；而较高水平的空气污染并不存在这种效应。刘生龙等（2016）利用中国城镇住户调查数据（2007—2009年），基于断点回归设计方法对1986年开始实施的义务教育法对个体受教育年限及教育回报率进行实证研究。刘行等（2017）利用我国2002年所得税征管体制改革这一“自然实验”，采用断点回归分析方法，考察企业避税程度变化如何影响其债务融资行为。我们发现，随着企业避税难度增加，企业总体负债率显著上升。曲顺兰和武嘉盟（2017）运用模糊断点回归设计的方法，对2008年前后的慈善捐赠企业所得税税前扣除政策效果进行评估。储德银等（2017）采用断点回归估计方法与2010—2012年中国综合社会调查数据库，全面审视了主观空气污染与居民幸福感之间的关系。李江一和李涵（2017）利用中国家庭金融调查2013年数据，采用断点回归设计识别了新型农村社会养老保险对老年人劳动参与决策的影响。秦雪征（2018）基于2005年全国1%人口抽样调查数据，利用断点回归等多种计量方法对中国人口数量与质量之间的因果关系进行识别。

关于合成控制法，Abadie和Gardeazabal（2003）提出“合成控制法”（Synthetic Control Method）。其基本思想是，基于Rubin（1974）的基于反事实情况下的随机实验框架，将目标样本个体作为实验组，并且用未受事件影响的样本个体构成控制组，这就与受事件影响的样本区别开来。建模时合成控制法会赋予控制组样本个体不同的权重，将控制组样本进行加权合成一个与实验组十分相似但又没有受政策影响的反事实的实验组。通过比较真实实验组和虚拟的反事实实验组在政策实施前后某些变量的变化，来识别外生政策对实验组的影响。合成控制法的一大优势是，可以根据数据（data - driven）来选择线性组合的最优权重，避免了研究者主观选择控制组的随意性。Abadie等（2010）首次证明了合成控制法的基本性质，并将其应用于研究美国加州1988年第99号控烟法的效果。余静文

（2013）研究了重庆市的发展政策试点对该市收入差距的影响，结果表明设立试验区后重庆的城乡收入差距比没有设立试验区高了9.1%。刘甲炎、范子英（2013）考察了重庆市征收房产税对重庆市房价的影响，结果表明房产税的征收对大面积的住房价格影响最大，而且此举措有效降低了整体房价，为房产税的试验提供了证据。苏治和胡迪（2015）利用合成控制法考察了实行通货膨胀目标制政策在相关实施国家中是否稳定了经济发展水平，结果表明这类国家在控制通胀方面明显比不实行该政策的国家做得出色。项后军和何康（2016）采用改进后的合成控制法发现，通过基于控制省市的权重所得到的“合成上海”对上海设立自贸区之前的模拟程度更高。刘秉镰和吕程（2018）运用合成控制法，选取中国31个省、市、自治区的月度面板数据，分别从货物进出口贸易、经济增长、固定资产投资等方面对上海、天津、广东、福建4个自贸区成立的经济影响进行评估。该方法的应用范围虽然很广泛，但也存在一定的限制。其中，最大的限制是无法应用于极端样本，例如，该方法就不能用于上海房产税政策效应的评估，因为上海是全国房价最高的城市之一，很难从其他城市中找到足够与上海房价相似的样本，因此就无法选择控制组和相应的权重，这会导致拟合的试验组的结果变量效果非常差。从操作层面来说，这种限制是因为控制组的权重都是界于0和1之间，如果放松这个假设，相应的应用限制也就不存在。

关于边际处理效应。Heckman等（2007）在一系列论文中，基于广义Roy模型，在Bjorklund和Moffitt（1987）提出的边际处理效应以及Imbens和Angrist（1994）提出的局部平均处理效应（LATE）的基础上，构建了以MTE为基石的新的反事实因果框架来进行更广义的政策效应评价。所谓的广义Roy模型，举个例子，假设异质性个体的收入具有可加性，形式如下：

$$Y_1 = \mu_1(X) + U_1$$

$$Y_2 = \mu_2(X) + U_2$$

其中，变量X表示收入方程可以观测到的特征变量，U_0和U_1表示收入方程中不可观测的变量。Y_1是参与政策时的潜在收入，Y_0是未参与政策时的潜在收入。对于参与政策的个体只能观测到Y_1，对于未参与政策的个体只能观测到Y_0。个体参与政策时的成本模型为：

$$C = \mu_c(W) + U_c$$

其中，W为可观测的变量，U_c为不可观测的变量。个体根据预期收益$I_D = Y_1 - Y_0 - C$决定是否参与政策。为表示方便，令$Z = (X, W)$，$V = U_1 - U_0 - U_C$，则它们可以表示为：

$$I_D = \mu_D(Z) - V$$

$$D = 1(I_D \geqslant 0)$$

假设即使在给定可观测变量时，模型的各个误差项之间仍然相关。以上就定义了广义Roy模型。

假设个体特征变量$X = x$，不可观测变量$V = v$时，可以定义边际处理效应

（MTE）为：

$E(Y_1 - Y_0 \mid X = x, V = v)$

它是当 $V = v$ 时个体参与政策时的收益。在 Roy 模型中，当 $\mu_D(Z)V$，D = 1。依据概率转换定理，这等价于 $F_V(\mu_D(Z)) > F_V(V)$。其中 $F_V(V)$ 是变量 V 的累积分布函数，值域是负无穷到正无穷。因此，如果用个体参与政策的概率 $P(Z)$ 用 $F_V(\mu_D(Z))$ 表示，U_D 用 $F_V(V)$ 表示，则选择模型可以表示为 $P(Z) > U_D$。此时，边际处理效应可以表示为：

$MTE(x, u_D) = E(Y_1 - Y_0 \mid X = x, U_D = u_D)$

其中，由基本概率知识可知 U_D 的值域是（0，1）。通过这样的转化，把不可观测因素的取值范围统一在一个固定的区间内。MTE 以可观测变量 X 和不可观测因素 U_D 为前提条件进行定义。根据 Heckman 和 Vytlacil（2005），异质性工具变量定义的 LATE 和常见的 OLS 都可以表示为 MTE 的加权平均值。对 MTE 的估计有两种方法，一种是假定随机误差项服从联合正态分布的参数方法，另一种是半参数的局部工具变量法（LIV：local instrument variable）。

中国的政策研究和评估，是需要有科学方法为前提的。但是方法本身是工具性的，方法论的发展都是中性的。我们在提倡大力普及科学评估方法的必要性时，也要非常清楚每一种方法的适用性，那些用错了方法的政策评估，其危害甚至要超过没有用这些方法的状况。我们可以将以上这些方法的应用前提总结为最重要的一点：反事实假设。所有的方法应用，如果能够满足这一基本假设，那么其应用满足了基本的条件，方法的应用总体上不会出现逻辑上的错误。除此之外，有时候方法与制度要能够有机结合，每一种类型的制度和改革，实际上都有对应的方法，与其说是理解方法的应用前提，不如说是了解制度的细节。任何方法都有应用前提，同时也有其局限性。在我们使用这些方法评估政策效应时，也要在心里明白这些方法不能解决的问题，因此对结果的解读要非常谨慎，只能就结果解释结果，而不适合得出衍生性的结论。总体上，这些方法的应用有两个方面要特别引起重视：再分配效应和外溢效应。所谓的再分配效应，是指政策或者改革虽然有明确的标准，但是由于人、企业和其他要素是可以自由流动的，他们会通过改变自身行为来达到政策的要求，如果这种流动本身是跟随政策走的，那么很可能政策本身并没有实际效果，而是政策导致了要素在不同地区的重新配置。再分配效应一般是导致了高估，外溢效应则是低估。从学术研究的角度来说，外溢效应影响不大，但是从政策研究的角度来说，外溢效应导致的低估，还是会对政策的把握出现偏差。外溢效应是指那些被政策干预的组别，通过其他渠道，把政策的影响也传递给了非政策干预组。在逻辑上，我们是将非干预组作为干预组的反事实参照组，这就是说，假设政策没有实施，那些干预组的表现，就应该和非干预组是一样的，但如果出现外溢效应，这一假设也不满足。我们可以举个例子来说明外溢效应的影响，比如，我们想评估一下中国高速公路对地方经济的拉动作用，进而为中国高速公路建设提供一些理论支撑。简单的处理方法，是比较有高速公路经过的县和没有高速公路经过的县，两组之间的区别，如果再复杂一点，还可以加入两组县在高速公路开通之前的经济表现。一眼看上去，这是一个标准的双重差分法。但这里就出现了外溢效应，比如A县有一个高速公路出入口，B县没有，但是一旦A县的出入口开通之后，B县可以经由A县的出入口使用高速公路，因此A县的高速公路对B县带来了外溢效应，此时，我们比较A县和B县的差异，就包含了这种外溢效应，由于B县的表现比没有高速公路时更好，所以外溢效应会导致对高速公路的低估。

文献索引

白重恩、冀东星，2018："交通基础设施与出口：来自中国国道主干线的证据"，《世界经济》第1期。

陈诗一、陈登科，2018："雾霾污染、政府治理与经济高质量发展"，《经济研究》第2期。

陈玉萍、吴海涛、陶大云、Sushil、Pandey、徐鹏、胡凤益、丁士军、王怀豫、冯璐，2010："基于倾向得分匹配法分析农业技术采用对农户收入的影响——以滇西南农户改良陆稻技术采用为例"，《中国农业科学》第17期。

程瑶、闫慧慧，2018："税收优惠对企业研发投入的政策效应研究"，《数量经济技术经济研究》第2期。

邓富华、霍伟东，2017："自由贸易协定、制度环境与跨境贸易人民币结算"，《中国工业经济》第5期。

丁从明、邵敏敏、梁甄桥，2018："宗族对农村人力资本投资的影响分析"，《中国农村经济》第2期。

方颖、赵扬，2018："寻找制度的工具变量：估计产权保护对中国经济增长的贡献"，《经济研究》第5期。

胡宏伟、张小燕、赵英丽，2012："社会医疗保险对老年人卫生服务利用的影响——基于倾向得分匹配的反事实估计"，《中国人口科学》第2期。

黄华，2012："从多轨制到双轨制——德国基础教育学制改革实证研究介评"，《教育研究与实验》第1期。

贾生华、陈文强，2015："国有控股、市场竞争与股权激励效应——基于倾向得分匹配法的实证研究"，《浙江大学学报（人文社会科学版）》第5期。

康书隆、余海跃、王志强，2017："平均工资、缴费下限与养老保险参保"，《数量经济技术经济研究》第12期。

李超、李涵，2017："空气污染对企业库存的影响——基于我国制造业企业数据的实证研究"，《管理世界》第8期。

李明、李德刚，2017："中国地方政府财政支出乘数再评估"，《管理世界》第2期。

李江一、李涵，2017："新型农村社会养老保险对老年人劳动参与的影响——来自断点回归的经验证据"，《经济学动态》第3期。

李静、彭飞，2012："出口企业存在工资红利吗？——基于1998～2007年中国工业企业微观数据的经验研究"，《数量经济技术经济研究》第12期。

李庆海、孙瑞博、李锐，2014："农村劳动力外出务工模式与留守儿童学习成绩——基于广义倾向得分匹配法的分析"，《中国农村经济》第10期。

刘秉镰、吕程，2018："自贸区对地区经济影响的差异性分析——基于合成控制法的比较研究"，《国际贸易问题》第3期。

刘甲炎、范子英，2013："中国房产税试点的效果评估：基于合成控制法的研究"，《世界经济》第11期。

刘生龙、周绍杰、胡鞍钢，2016："义务教育法与中国城镇教育回报率：基于断点回归设计"，《经济研究》第2期。

刘行、赵健宇、叶康涛，2017："企业避税、债务融资与债务融资来源——基于所得税征管体制改革的断点回归分析"，《管理世界》第10期。

马光荣、纪洋、徐建炜，2017："大学扩招如何影响高等教育溢价？"，《管理世界》第8期。

秦雪征、庄晨、杨汝岱，2018："计划生育对子女教育水平的影响——来自中国的微观证据"，《经济学（季刊）》第3期。

曲顺兰、武嘉盟，2017："慈善捐赠企业所得税政策效果评价"，《税务研究》第3期。

苏治、胡迪，2015："通货膨胀目标是否有效——来自合成控制法的新证据"，《经济研究》第6期。

王治政、吴卫星、殷弘，2016："耐用品长期风险模型的广义矩估计和可测性研究"，《数理统计与管理》第1期。

吴勇、李倩、朱卫东，2018："董事责任保险能否提升公司价值？——基于公司治理视角的研究"，《中国管理科学》第4期。

席鹏辉、梁若冰，2015："空气污染对地方环保投入的影响——基于多断点回归设计"，《统计研究》第9期。

项后军、何康，2016："自贸区的影响与资本流动——以上海为例的自然实验研究"，《国际贸易问题》第8期。

薛彩霞、姚顺波，2016："地理标志使用对农户生产行为影响分析：来自黄果柑种植农户的调查"，《中国农村经济》第7期。

余文静，2013："重庆统筹城乡改革缩小了城乡收入差距吗？——基于合成控制法的经验研究"，《西部论坛》第1期。

苑德宇、李德刚、杨志勇，2017："外商直接投资进入是否增进了中国城市基础设施绩效"，《世界经济》第8期。

岳爱、杨矗、常芳、田新、史耀疆、罗仁福、易红梅，2013："新型农村社会养老保险对家庭日常费用支出的影响"，《管理世界》第8期。

张军、张慧慧、徐力恒，2018："劳动力市场分割的技能偏向如何影响家庭人力资本投资"，《中国工业经济》第8期。

章元、陆铭，2018："社会网络是否有助于提高农民工的工资水平？"，《管理世界》第3期。

周惠馨、李卫、王杨、王睿、胡泊，2008："倾向得分法在非随机临床研究中的应用"，《中国循环杂志》第 4 期。

邹红、喻开志，2015：“退休与城镇家庭消费：基于断点回归设计的经验证据”，《经济研究》第 1 期。

Abadie, A., Gaedeazabal, and D., 2003, “The Economic Cost of Conflict: A Case Study of the Basque Country”, *American Economic Review*, 93 (1): 113 - 132.

Abadie, A., Hainmueller, and D., 2010, “Synthetic Control Methods for Comparative Case Studies: Estimating the Effect of California's Tobacco Control Program”, *Journal of the American Association*, 105 (409): 493 - 505.

Acemoglu, D., S. Johnson, and J. A. Robinson, 2001, “The Colonial Origins of Comparative Development: An Empirical Investigation”, *American Economic Review*, 91 (3): 513 - 521.

An W, 2010, “Bayesian Propensity Score Estimators: Incorporating Uncertainties in Propensity Scores into Causal Inference”, *Sociological Methodology*, 40 (1): 151 - 189.

Bayer, P., and S. L. Ross, 2009, “Identifying Individual and Group Effects in the Presence of Sorting: A Neighborhood Effects Application”, NBER Working Paper, 12211.

Bentolila, S., C. Michelacci, and J. Suarez, 2010, “Social Contacts and Occupational Choice”, *Economica*, 77 (305): 22 - 47.

Bjorklujnd, A., Moffitt, and R., 1987, “The Estimation of Wage Gains and Welfare Gains in Self Selection Models ”, *The Review of Economic and Statistics*, 60 (2): 47 - 57.

Bobonis, G. J., and F. Finan, 2008, “Neighborhood Peer Effects in Secondary School Enrollment Decisions”, Working Paper.

Bryson A., 2002, “The Union Membership Wage Premium: An Analysis Using Propensity Score Matching”, *Lse Research Online Documents on Economics*, 90 (5): 51 - 79.

Card D., Giuliano L., 2016, “Can Tracking Raise the Test Scores of High - Ability Minority Students?”, *American Economic Review*, 56 (10): 2783 - 2816.

Chen, Y., and et al., 2013, “Evidence on the Impact of Sustained Exposure to Air Pollution on Life Expectancy from China's Huai River Policy”, *PNAS*, 110 (32): 12936 - 12941.

Cipollone, Piero, and Alfonso Rosolia, 2007, “Social Interactions in High School: Lessons from an Earthquake”, *American Economic Review*, 97 (3): 513 - 521.

Cutler, David, and Edward Glaeser, 1997, “Are Ghettos Good or Bad?”, *Quarterly Journal of Economics CXII*, 20 (4): 201 - 225.

Contreras D., Zapata D., and Ochoa M., 2007, “The Role of Social Networks in the Economic Opportunities of Bolivian Women”, *Social Science Electronic Publishing*, 32 (40): 55 - 76.

Davies R., Kim S., 2003, “Matching and the Estimated Impact of Interlisting”, *Discussion Paper in Finance*, 62 (4): 500 - 525.

David Card, Alan Krugger, 1994, “Minimum Wages and Employment, a Case Study of the Fast - Food Industry in New Jersey and Pennsylvania”, *American Economic Review*, 84 (4): 772 - 793.

Deshpande M., 2016, “Does Welfare Inhibit Success? The LongTerm Effects of Removing Low - Income

Youth from the Disability Rolls", *American Economic Review*, 22 (11): 3300 - 3330.

Dell M., 2015, "Trafficking Networks and the Mexican Drug War", *The American Economic Review*, 33 (6): 1738 - 1779.

Dehejia, R., Wahba, and S., 1999, "Causal Effects in Non - experimental Studies: Reevaluating the Evaluation of Training Programs", *Journal of American Statistical Association*, 94 (3): 1053 - 1062.

Donald, T., Donald, and C., 1960, "Regression - Discontinuity Analysis: An Alternative to The Export Facto Experiment", *Journal of Educational Psychology*, 51 (6): 309 - 317.

Donald Rubin, 1974, "Estimating Causal Effects of Treatments in Rondomized and Nonran - randomized Studies", *Journal of Educational Psychology*, 66 (5): 688 - 701.

Drichoutis A. C., Nayga Jr. R. M., and Lazaridis P., 2009, "Can Nutritional Label Use Influence Body Weight Outcomes?", *Kyklos*, 62 (4): 500 - 525.

Feldman N. E., Katuscák P., and Kawano L., 2016, "Taxpayer Confusion: Evidence from the Child Tax Credit". *American Economic Review*, 34 (3): 807 - 835.

Guido, I., Joshua, and A., 1994, "Nonparametric Estimation of Average Treatment Effects under Exogeneity: A Review", *Econometrica*, 62 (2): 467 - 475.

Guido, I., Lemieux, and T., 2008, "Regression Discontinuity Designs: A Guide to Practice", *Journal of Econometrics*, 142 (8): 615 - 635.

Harding D. J., 2003, "Counterfactual Models of Neighborhood Effects: The Effect of Neighborhood Poverty on Dropping Out and Teenage Pregnancy", *American Journal of Sociology*, 109 (3): 676 - 719.

Hansen B., 2015, "Punishment and Deterrence: Evidence from Drunk Driving", *The American Economic Review*, 102 (4): 1581 - 1617.

Hahn, J., Todd, and P., 2001, "Identification and Estimation of Treatments and Effects With a Regression Discontinuity Design", *Econometrica*, 69 (1): 201 - 209.

Hall, R. E., and C. I. Jones, 1999, "Why Do Some Countries Produce So Much More Output per Worker than Others?", *Quarterly Journal of Economics*, 114 (1): 1 - 26.

Heckman, J., Vytlacil, and J., 2005, "Estimating Treatment Effects fot Discrete Outcomes When Responses to Treatment Vary: An Application to Norweign Vocational Rehabilitation Programs", *Journal of Econometrics*, 125 (5): 15 - 51.

Heckman, J., 2007, "Econometric Evaluation of Social Programs, Part I: Distributional Treatment Effects, Dynamic Treatment Effects, Dynamic Discrete Choice, and General Equilibruim Policy Evaluation", *Handbook of Econometrics*, 72 (8): 5145 - 5303.

Hitt L. M., Frei F. X., 2002, "Do Better Customers Utilize Electronic Distribution Channels? The Case of PC Banking", *Management Science*, 48 (6): 732 - 748.

Hoxby, Caroline, 2000, "Does Competition Among Public Schools Benefit Students and Taxpayers?", *American Economic Review*, 90 (5): 51 - 79.

Imbens G. W., Rubin D. B., 2016, "Causal Inference for Statistics, Social, and Biomedical Sciences: An Introduction", *International Statistical Review*, 84 (1): 39 - 50.

Joshua, A. , and Alan, K. , 2001, "Instrumental Variables and the Search for Identification, from Supply and Demand to Natural Experiments", *Journal of Economic Perspectives*, 15 (4): 69 - 85.

Lee, D. , Lemieux, and T. , 2010, "Regression Discontinuity Designsin Economics", *Journal of Economic Literature*, 48 (3): 281 - 355.

Maurin, E. , and J. Moschion, 2009, "The Social Multiplier and Labor Market Participation of Mothers", *American Economic Journal: Applied Economics*, 1 (1): 45 - 64.

Orley Ashenfelter, 1978, "Estimating the Effect of Training Programs on Earnings", *Review of Economics and Statistics*, 3 (1): 47 - 57.

Paul, R. , Donald Rubin, 1983, "The Central Role of the Propensity Score in Observational Studies for Causal Effects", *Biometrika*, 70 (2): 41 - 55.

Perkins S. M. , Tu W. , Underhill M. G. , and et al. , 2000, "The Use of Propensity Scores in Pharmacoepidemiologic Research", *Pharmacoepidemiology & Drug Safety*, 9 (2): 103 - 104.

Qian, Nancy, 2008, "Missing Women and the Price of Tea in China: The Effect of Sex - specific Earnings on Sex Imbalance", *Quarterly Journal of Economics*, 123 (3): 134 - 153.

Smith H. L. , 1997, "Matching with Multiple Controls to Estimate Treatment Effects in Observational Studies" , *Sociological Methodology*, 27 (1): 325 - 353.

Schmieder J. F. , von Wachter T. , and Bender S. , 2016, "The Effect of Unemployment Benefits and Nonemployment Durations on Wages", *The American Economic Review*, 12 (3): 739 - 777.

Winship C. , Morgan S. L. , 1999, "The Estimation of Causal Effects from Observational Data", *Annual Review of Sociology*, 40 (3): 59 - 706.

第十二章

综合评价方法

综合评价方法是指利用多项指标对某个对象的某种属性进行定性、定量估计，或者对多个评价对象的属性进行定性、定量评估，然后对优劣顺序排序。综合评级方法是为科学决策服务的，然而，由于各种评价方法的原理不同、适用范围不同，分析具体问题时，需根据实际情况，选择适当的方法类型。本章介绍了效用函数综合评价法、层次分析法、熵权法、多元统计综合评价法、模糊综合评价、灰色系统综合评价法、数据包络分析等综合评价方法，为评价工作提供参考。

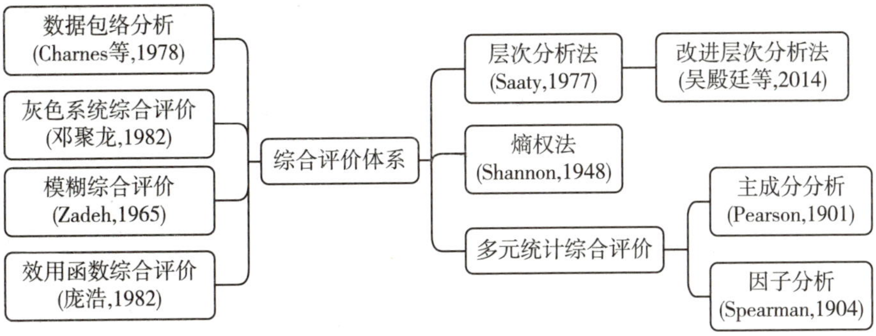

图 12-1　综合评价体系

一、效用函数综合评价法

对于多指标综合评价，一种非常简明的评价思想是：将每一个评价指标按照一定的方法量化，变成对评价问题测量的一个“量化值”即效用函数值，然后再按一定的合成模型加权合成求得总评价值。这种评价方法称为“效用函数平均法”或“效用函数综合评价法”。国内外理论界对效用函数综合评价方法的研究一开始都是十分分散的。从今天的眼光来看，人们所提出的一系列综合评价方法其实都是属于“无量纲化方法”的不同。国内最早的研究是 20 世纪 80 年代初期从经济效益综合评价领域开始的。后来才逐渐被应用于其他一些领域的综合评价。

庞浩等（1983）借用多目标决策方法而提出了功效系数，通过将每一个指标按照功效系数公式进行量化，然后再采用加权几何平均法进行合成。这一方法在当时统计学界产生了很大的影响。在此后的许多教材中，功效系数法都被当作综合评价的重要方法来使用（包括经济效益综合评价、居民生活质量评价等），也有一些应用者将之应用于具体问题的综合评价。邱东（1991）对改进的功效系数法、生活质量指数、综合经济效益指数法及其他一些方法常规方法进行了全面的剖析。并对这类综合评价方法中的两大基本问题——无量纲化方法与合成方法进行了系统的分析，还讨论了这类综合评价方法的特点。胡祖光提出了采用极差变换法、高中差变换法、低中差变换法等进行经济效益综合评价的思想，并对有关理论问题进行了一系列的研究。戴文战（1999）提出了一种与众不同的无量纲化函数，并将之应用于一些评价实践。陈湛匀（1991）认为直线型功效系数法不能反映实际情况，应该改成非线性的，从而提出了指数型功效系数法（Ⅰ型、Ⅱ型），认为这一方法不受价格的影响。苏为华（1993）以及钱尚瑞等（1997）则根据直线功效系数法及指数型功效系数法评价结论易受量纲影响的缺点，提出了对数型功效系数法。王学全（1993）曾对单项指标的非线性记分法进行了专门研究，提出了一种新的非线性函数，实质也是一种指数型的功效系数法。郭亚军（1998）讨论了在综合评价模型及权重系数给定情况下，综合评价结果（或排序）关于评价指标类型一致化、评价指标无量纲化方法的敏感性问题。张卫华和赵铭军（2005）根据各无量纲化方法所做的等级排序与合理等级排序的等级相关系数来进行无量纲化方法的筛选，并认为均值化是一种较好的方法。由于指数记分模型的正向指标与逆向指标的功效函数形式并不统一，且其功效分值易受样本变动的影响，因此彭非等（2007）对指数功效函数进行了改进，改进后的模型无需使用样本均值，这使得模型中的指标评价值更加稳定，具备更加优良的数学性质和经济含义。郭亚军和易平涛（2008）给出了理想线性无量纲化方法应该满足的一些性质（并证明了满足这些性质的理想无量纲化方法不存在），认为标准化处理法、极差正规化法和功效系数法满足的性质最多，因而相对于其他方法来说更为优良。

与其他综合评价方法相比较，效用函数平均法的最大特点是：评价结论的直观性、通俗性，评价过程各环节之间没有信息传递关系，各环节都有众多的方法可供选择，这些方法可以进行多方位的组合，因此从理论上讲，效用函数综合评价方法的内容最为丰富。

二、层次分析法

20 世纪 70 年代，美国著名运筹学家 Thomas L. Saaty 在第一届国际数学建模会议上发表了“无结构决策问题的建模——层次分析法”，首次提出了层次分析法（Analytic Hierarchy Process，AHP），引起了人们的关注。Saaty 运用该方法在七八十年代先后为美国各部门解决了电力分配、应急研究、石油价格预测等方面问题，证明该方法在实际运用中的效果。此后，层次分析法逐渐在西方得到了广泛的研究和应用。在 1982 年的中美能源、资源与环境学术会议上，Saaty 的学生 Gholamnezhad 向中国介绍了层次分析法，该方法得到了与会人员的认可，我国学者也由此开始对层次分析法进行了解和深入的研究，并逐渐广泛被用于经济计划、行为科学、能源分析、成果评价等诸多领域，得到了较快的发展（申志东，2013）。

层次分析法经过多年的发展，衍生出改进层次分析法、模糊层次分析法、可拓模糊层次分析法和灰色层次分析法等多种方法，并根据研究的实际情况各有其适用的范围（郭金玉等，2008）。改进层次分析法、模糊层次分析法和可拓模糊层次分析法都是基于判断矩阵不好确定的情况下，通过改进判断标度来帮助决策者更加容易地构造质量好的判断矩阵，例如，张吉军（2000）引入模糊一致矩阵概念，提出了模糊层次分析法，使得判断矩阵的一致性检验方法更加简单，调整过程更加方便，检验准则更加合理。灰色层次分析法则是将灰色系统理论和层次分析法相结合，使灰色理论贯穿于建立模型、构造矩阵、权重计算和结果评价的整个过程中。例如，王青等（2013）应用灰色关联法和层次分析法相结合的方法，可以有效地对盆栽多头小菊各株系进行综合评价，并快速优选出符合育种目标的株系，为选择育种提供了一种相对科学严谨的方法。此外，吴殿廷和李东方（2004）针对层次分析法存在的问题，结合教师绩效考核实践提出了具体的改进建议。邓雪等（2012）介绍了层次分析法的基本概念，同时也分析了层次分析法权重的几种计算方法：几何平均法、算术平均法、特征向量法、最小二乘法，并指出以往的文献利用层次分析法解决实际问题时，都是采用其中的某一种方法求权重向量，不同的方法会导致结果有些偏差，将对一具体实例，采用 4 种计算方法分别得出权重向量再进行排序和综合分析，这样可以避免采用单一方法所产生的偏差，得出的结论将更全面、更有效。

严武等（1992）利用层次分析法对企业的社会效益指标进行分值量化来构建不同企业的社会效益评价体系。钱水土和周春喜（2002）运用层次分析法和模糊数学原理进行指标权重确定和专家打分的数学处理，建立了基于模糊综合评价模型的定量化研究方法，为风险投资机构的投资决策提供重要参考。王会强和赵亮（2004）则引入计算数学迭代的思想，对层次分析法中的判断矩阵进行改进。袁政（2008）为进一步提高政府绩效评估效果对层次分析法确定指标权重过程重新分析并提出新的改进思路。李春好等（2010）通过构建评价问题的新分析结构和方案评价的价值体系给出一种关于方案优选排序的变权 AHP 实现方法，这一方法克服了传统层次分析法无法改变权重的缺陷。由于客观事物的复杂性以及主观思维的模糊性，层次分析法中用于提取推理判断信息的两两比较判断矩阵通常很难构造，而且判断矩阵有时也很难达到一致性检验的要求，而谢忠秋（2015）提出通过变换以构造判断矩阵进而计算得到唯一结果和排序的 Cov - AHP 方法，这一方法较好地解决了人的主观确定标度之一根本性问题，进一步提高了层次分析法的可操作性。朱克毓等（2015）利用几何平均法对来自单个判断的多个专家打分进行合成从而简化 Laarhoven 等提出的三角模糊层次分析法。吕跃进和杨燕华（2018）将区间粗糙数引入层次分析法中获得区间粗糙数形式的排序权重向量，可用于反映决策者的风险偏好。

三、熵权法

熵原本是源于热力学的一个概念，Shannon（C. E. Shannon）最早将熵这一物理学的概念引入信息论，并将它称为信息熵。熵值赋权法是一种客观赋权方法，它是根据各个指标变异程度的大小计算出各指标的熵权，再通过熵权对各指标的权重进行修正，从而得出较为客观的指标权重。熵权法现已广泛应用于工程技术、社会经济等领域。谢赤和钟赞（2002）针对在以往通常采用的加权综合评价法中权重由人为确定而存在的缺陷，构建了适用于银行领域的综合评价指标体系，将熵权系数法应用于非国有独资银行经营绩效的综合评价过程当中，得出了熵权决策法具有较强实际意义的结论，并认为熵权法这种根据指标数据提供的信息量，客观计算权重的方法是一种在实际应用中既简单又可行的科学方法。郭显光（1998）针对运用熵值法进行经济效益评价时常会遇到某些指标的极端值无法处理的困难，通过对熵值法的改进，有效地解决了这个问题。戴文战（1998）探讨了奖罚加权矩阵概念及其系数确定法，提出了一种基于熵权法的教育质量评价方法，该方法突出的是学生的进步而不仅仅是分数。周梅华（2003）则从系统理论出发，把系统熵理论应用在制定消费系统的可持续测度中，即通过熵权赋值来制定消费系统的可持续性测度。陈明星等（2009）从城市化内涵的人口、经济、社会、土地四个方面，构建中国城市化水平的综合评价指标体系。基于熵值法对1981—2006年的中国城市化进行综合测度。程启月（2010）基于熵理论，提出了主观赋值法语客观赋值法相结合的结构熵权法，主要是将采集专家意见的德尔斐专家调查法语模糊分析法相结合，对形成的“典型排序”按照给定的熵决策公式进行熵值计算。庞雅颂和王琳（2014）研究比较了生态安全中的评价方法（熵权法、主成分分析法、层次分析法、灰色关联分析法、模糊综合评价法、人工神经网络、物元分析法、生态足迹、景观生态安全模型、数字生态安全模型）等进行了总结，分析比较了各方法的优缺点，并展望了区域生态安全评价方法的发展方向。陈晓红等（2017）构建了基于区间直觉模糊数的用户影响力动态评价模型去研究社交网络数据高度动态及非结构化的特性。秦露琪等（2018）通过熵权法求出各因素在影响失独家庭幸福感中所占权重，给出提高失独家庭幸福感的相关建议。

四、多元统计综合评价法

主成分分析（Principle Components Analysis，PCA）最早是Pearson（1901）提出的，当时只是应用于非随机变量，后来经由霍特林（Harold Hotelling，1933）研究发展，拓展到随机向量，从而得到广泛应用。作为主流研究方法，主成分分析相关研究十分活跃。一些学者对主成分分析原始数据无量纲化方法进行了研究。孟生旺（1992）认为采用标准化方法（ZSCORE）在消除量纲和数量级影响的同时，丢失了原始数据的部分信息，因而建议采用均值化方法；叶双峰（2001）通过数学推导给出了这一观点的合理性的证明，并且在装备战备水平评估（豆建斌等，2011）、火电机组综合评价（商立群等，2014）等多领域评价实践中得到成功应用。此外，李靖华和郭耀煌（2002）、周萓棋等（2014）等学者还考虑了权重应兼顾重要性权与信息量权，对规格化后的原始数据进一步加重要性权再进行主成分分析。针对主成分分析评价指标之间信息重复问题，李靖华和郭耀煌（2002）、叶宗裕（2006）等将分级评价指标体系的思路引入了主成分分析，李连香等（2015）、王晓鹏和曹广超（2013）构建了分层构权主成分评价模型，乌拉孜别克·热苏力汗等（2016）则引入了组合加权主成分评价模型等。对于指标间存在的非线性关系或主成分与原始数据之间的非线性关系，Schölkopf等（1998）、潘文砚和王宗军（2016）引入了核主成分分析法，叶双峰（2001）引入了“对数中心化”的非线性主成分分析法，Lopez－Paz等（2014）运用了随机非线性主成分分析法，叶明确等（2016）引入了基于非线性投影的对数主成分评价法，袁周等（2016）则建立了灰色主成分评价模型。此外，还有一些学者结合实际研究问题的特点，探讨了面向变量均值与协方差结构时变的切换主成分分析法（De Roover 等，2014）、面向函数型数据的函数型主成分分析法（Salvo 等，2015）、面向样本中含有离群值的稳健主成分分析法（Oh 等，2016），等等。考虑到灰色关联度可以测度序列或者变量之间的非线性、小样本的关联关系，针对主成分分析存在的一些局限，王玲玲和方志耕（2018）将灰色关联度和主成分分析加以融合，构建分层构权灰色主成分评价模型。林海明和杜子芳（2013）针对目前运用主成分分析进行综合评价的应用的存在的问题，提出主成分在综合评价中的应用条件：指标是正向、标准化的，主成分载荷阵达到更好的简单结构，主成分正向，主成分与变量显著相关。熊志斌（2013）基于自联想神经网络和传统 PCA 方法中的序数主成分概念的基础上提出顺序自联想神经网络的非线性主成分分析法，并将该方法与神经网络模型和 Logistic 模型相结合，结果发现神经网络模型的信用评估效果优于 Logistic 模型。

因子分析模型是在 1904 年由英国心理学家 Charles Spearman 为定义和测定智力所提出的（高华川和张晓峒，2016）。20 世纪 30 年代，瑞典心理学家 Turstone 打破了流行的单因素假设，提出了多元因子分析。目前，因子分析早已广泛应用于生物、教育、医疗、经济等领域。因子分析是主成分分析的一个扩充、是对应分析的基础、是构造方程模型的组成部分，由于因子载荷阵有直接的统计意义、可旋转，使得因子分析解决实际问题更为精细，故因子分析在多元统计分析的理论和解决实际问题中都起着重要的作用。游家兴（2003）探讨了运用因子分析进行综合评价时需要注意的问题，尤其是因子得分模型仅适用于对评价对象的静态比较，并不适用于动态比较。为了更好地应用因子分析，傅德印（2007）建立因子分析统计检验体系，其中包括因子分析适用性的统计检验以及提取公共因子数目的检验。林海明（2008）指出了因子分析在数学理论中并不完善，依然存在的 8 个问题，并整理总结了众多学者在这些方面的贡献。林海明（2013）提出因子分析中降维性、解释性、拟合性更好的量化优良性准则并证明有目标函数最大化的因子分析模型 L 是因子分析的一个优良模型。由于传统因子分析方法对离群值较敏感导致计算结果与实际不符，为克服离群值的影响，王斌会和李雄英（2015）利用 FAST－MCD 方法对传统因子分析方法进行改进，构建出因子分析的稳健算法。

五、模糊综合评价

对于模糊综合评价方法的理论研究，主要集中在模糊数学界，模糊集合理论（fuzzy sets）的概念于 1965 年由美国自动控制专家查德（L. A. Zadeh）教授提出，用以表达事物的不确定性。因为模糊综合评判本身就是模糊数学的一项重要研究内容，所以每一本模糊数学理论或应用著作都讨论模糊综合评判问题。同时，包括应用者在内，人们也提出了一些新的模糊综合评判思想。如李洪兴（1995）等提出“变权综合”的思想。Watada

(1983) 在讨论模糊多元统计方法时提出了"线性模糊评价函数"。Kim 和 Park (1990) 提出了用最优化指数来对模糊集进行排序的方法。陈守煜 (1993) 根据自己建立的"模糊优选理论"提出了"优属度"概念并将之应用于综合评价。王爱民 (1995) 将神经网络理论应用于模糊综合评价，给出了一种基于三层神经元的多用量化评价方法。吕昌会 (1997) 等则提出了一种基于三角模糊权数的模糊数排序新方法。邱东教授从统计多指标综合评价角度对模糊综合评价方法进行了非常系统的分析，包括隶属关系矩阵确定方法（对主观指标等级比重法进行了充分的肯定，并提出了两条改进思路。而对客观指标的历史数据频数法提出了批评意见，对其他方法指出了其局限性，并对单一等级评语情况进行了分析）、模糊台成算子选择（通过对几种模糊算子的分析，认为"乘与有界和算子"是理想的算子）、晟大隶属原则有效度及加权平均原则应用等问题，提出了许多独到的见解，并对这一类综合评价方法的优点与特点进行了评价。刘玉斌 (1998) 则对模糊综合评判中的取大取小算法进行了批判。张晓慧和冯英浚 (2005) 在线性模糊综合评价模型的基础上提出一种更为一般的非线性模糊综合评价模型，其既可以反映某种指标的突出影响又能把线性加权平均模型看作为该模型的特例。许俊杰 (2002) 利用模糊数学方法建立了城市总体环境质量的二级模糊聚类方法对某市的总体环境质量进行综合评价。李希灿等 (2003) 则利用模糊综合评价方法和趋势灰色预测方法来预测和评估空气质量。阎骏和王毓钟 (1990) 则从系统论观点出发引进模糊数学方法，利用较为系统的模糊综合评价数学模型来研究太原市晋阳湖的水体质量。模糊综合评价方法也被广泛应用于企业竞争力、上市公司盈利能力、企业技术创新能力、投资项目选择、投资风险度量、审计风险度量、旅游服务质量等多领域（陈蔓生等，1999；王雷等，2000；徐绪松等，2000；辛金国，2000；陈学中等，2001；吴永林等，2002；张立军，2003；易晓文，2003）。此外，程蕾 (2002) 结合温州非公有制工业企业的融资特点对企业最可能采取的 7 种融资方式的融资效率进行模糊综合评价，并根据研究结果对如何提高融资效率提出建议。汪晓霞等 (2002) 则利用多层模糊综合评价模型来研究科学技术奖励评价指标体系以实现科学技术奖励工作的客观、公正与公平。罗荣桂和郑守峰 (2000) 则运用模糊综合评判方法来对企业的获利能力进行评价。赵晓东冬和郭涛 (2003) 构建了基于 FUZZY - AHP 评价方法来研究我国个人信用评级模型的指标体系。彭勇行和张晨霞 (2003) 基于多层次结构的企业资信评价指标体系来建立企业资信综合评价模型来使资信评价工作实现结构化和程序化。何有世 (2002) 采用模糊综合评价和神经网络模型相结合的方法来综合评判 CIMS 项目投资风险的概率大小。

六、灰色系统综合评价法

邓聚龙 (1982) 首先提出了灰色系统的概念，并建立了灰色系统理论。之后，灰色系统理论得到了较深入的研究，并在许多方面获得了广泛的应用。灰色关联度分析（Gray Relational Analysis，GRA）便是灰色系统理论应用的主要方面之一，它是针对少数据且不明确的情况下，利用既有数据的潜在信息来白化处理，并进行预测或决策的方法。灰色系统排序综合评价与分类综合评价大致分为四种情况，第一种是基于白化函数所做的分类与排序评价，第二种是基于关联分析所做的排序评价，第三种是基于关联分析所做的分类评价（兼排序），第四种是同时基于白化函数与关联系数进行的排序与分类评价。理顺其中的关系，将有助于我们对这一综合评价方法的认识。灰色系统方法也是目前人们应用较多的一种综合评价方法。人们将之应用于环境质量综合评价（安景文等，1999；孔海燕等，2018）、水质污染综合评价（冯玉国，1992；岳超等，2017）、经济效益综合评价（彭家生等，1992；许建和王志伟，2018）等众多领域。

七、数据包络分析

数据包络分析（Data Envelopment Analysis，简称 DEA）是著名运筹学家查恩斯（Charnes）、库伯（Cooper）、罗兹（Rhodes）等在研究部门之间“相对有效性评价”基础之上提出的，评价具有多指标输入和多指标输出的多个决策单元（Decision Making Units，简称 DMU）系统的较为有效的方法。自 1978 年第一个分析模型 C^2R 提出以来，经过许多学者的发展，已经成为管理科学与系统工程领域的一种重要而有效的分析工具，被应用于不同领域的效率评价。

效率评价概念首次由 Farrell（1957）提出，在其效率评价理论中，生产单元的效率可以分为两部分：配置效率和技术效率。两种效率相辅相成，分别从投入和产出的角度对效率的概念做了不同的阐述。Farrell 的效率评价理论的研究基于生产单元是单投入单产出的情况，然而现实生活中，生产单元普遍存在多投入多产出的生产情况。针对这一问题，Charnes 等（1978）在 Farrell 的效率评价理论基础上提出了数据包络分析方法（DEA）。成果中的 DEA 模型后来以这三位创始人的姓氏首个字母命名 CCR 或 C^2R 模型。Christensen 和 Diewert（1982）在 CCR 模型的基础上构造 Malmquist 全要素生产率指数，来测度技术效率问题。Banker 等（1984）放宽了 CCR 模型中的固定规模回报假设，建立起可变规模报酬情况下的 BCC 模型。CCR 模型是生产规模报酬不变模型，其 DMUs 的 DEA 有效性是同时针对规模有效性和技术有效性而言；BCC 模型则是生产规模报酬变化模型，其 DMUs 的 DEA 有效性是针对纯技术有效性而言。随着 DEA 模型研究的不断深入，先后有国内外学者提出了 C^2WH、C^2WY、C^2ZL 等模型，同时相关的理论也不断完善。除了上述经典 DEA 模型之外，还拓展出了许多新的研究领域和研究模型，包括引进 4 个取值为 0 和 1 的参数，将经典的 DEA 模型 CCR、BCC 及 C^2WY 等统一为一个模型的综合 DEA 模型；可实现投入/产出指标的随机化与模糊化处理的随机 DEA 和模糊 DEA 模型；带有体现决策者对输入和输出指标之间重要性的“偏袒锥”和体现对 DMUs 侧重的“偏袒锥”的锥比率模型 C^2WH；确定最优化问题中的某些参数，使得某个可行解为该最优化问题的最优解的逆 DEA 模型（Wei 等，2000）以及考虑从最初投入到最终产出的多阶段之间的联结关系（网络结构），使用各阶段数据进行分阶段评价的网络 DEA 模型等（方锐等，2018；Copper 等，2004；Hatami，2011）。如今，DEA 已经成为经济学、管理学、数学、系统科学等学科交叉研究的新领域。经过近 30 多年的发展，DEA 方法的理论创新不断涌现。

然而，传统 DEA 模型及其拓展模型对决策单元进行效率评价时依然存在诸多缺陷，比如决策单元只能被评价为有效或者无效单元，不能对所有决策单元进行完全排序。另外，这些模型都是自评为主，即求解效率的权重都只对该决策单元最有利，这样往往很容易夸大自己的优势，回避劣势，导致产生表面有效的现象。因此学者们开始对传统 DEA 模型作进一步拓展和完善，其中 Sexton 等（1986）提出的交叉效率评价方法就是一个典型的改进方法。交叉效率方法的主要原理是利用决策单元之间自评和他评体系来代替自我评价体系，然后将每个决策单元的自评和他评值综合成最终的评价值。该方法的主要优点有两个：避免传统自评 DEA 模型中不合理的权重现象；从全局最优的角度对所有的 DMU 进行完全排序（吴杰，2008）。因此，交叉效率方法在决策单元效率评价和排序方面得到了极大应用，如高效科研绩效评价（沈立宏和赵怡，2016）、疗养院效率评价、柔性制造系统评估和选择、工业机器人系统评估选择、奥运会参赛国效率排序等。DEA 方法在应用过程中有一个重要部分，就是动态效率分析：通过 Malmquist 指数模型可以对连续观测的不同时期生产率的变化进行纵向动态分析（Krishnasamy 等，2004）。Banker 和 Morey（1986）年提出并研究了具有固定不变输入输出的 DEA 模型。Fare 等（1992）在 DEA 模型基础上用两个曼奎斯特生产率指数的几何平均值来计算全要素生产率的变化，然后将该生产率指数分解为相对技术效率和技术进步两个部分。在 BCC 模型的基础上，Färe 等（1994）应用距离函数将效率变化指数分解为规模效率变化指数、要素可处置度变化指数和纯技术效率变化指数，并将技术进步指数可以分解为中性技术进步、产出非中性技术进步和投入非中性进步三个部分，等等。刘永清（1997）针对输入输出的有限取值范围，给出了更广泛的 DEA 模型。另一个改进 DEA 的方向是对权系数做出限制，权系数不同，所得 DEA 结果也不同。Golany（1988）针对滞后效应等因素提出 DEA 权重可以存在强序性和弱序性。Thompson 等（1990）使用保证域（AR）限制权重的方法，或者使用 AHP 方法确定权重。DEA 采用数学规划方法研究多目标决策等问题属于运筹学的研究范畴，因此可以将运筹学中的理论推广到 DEA 中去。朱乔（1994）研究的 DEA 灵敏度分析便是其中典型的例子；其中主要用到基础解析矩阵来分析，也有利用 DEA 投影来分析的。Chares 等（1986）研究了具有无穷多个 DMU 的半无限规划的 DEA 模型 C^2W 和 C^2WY，半无限规划的 DEA 模型也属于一个数学规划领域，C^2W 模型是国际上第一个非线性的 DEA 模型，它深刻地揭示了 DEA 在数学和经济上的含义，被认为提出了一个精美的结构，并且对统计方面的研究给出了一个分析基础。机会约束规划是随机规划的一个重要而实用的分支，随机 DEA 模型和具有锥结构的 DEA 模型，曾被认为是两个重要的研究方向，Huang 和 Li（1996）在研究所有的输入、输出均为随机变量时，给出了随机非支配点的概念，由此得到备受瞩目的机会约束的 DEA 模型。

魏权龄（1998）出版了国内关于 DEA 的首本专著，促进了国内 DEA 的研究与发展。目前 DEA 被定义为通过数学规划（包括线性规划、多目标规划、随机规划、具有锥结构的广义最优化等）建立模型，评价具有相同类型的部门或单位（DMUs）的多项输入和输出的相对有效性（DEA 有效）的综合评价与数据挖掘方法，且 DEA 已逐渐成为经济管理科学，决策分析和技术评价等领域重要的分析工具和研究手段（方锐等，2018）。近年来，数据包络分析的应用依然活跃在各个领域。梁本哲和王占岐（2018）以 2006—2016 年武汉城市圈 11 个年份主要经济指标为研究对象，运用数据包络—曼奎斯特指数分析法计算全要素生产率，通过分析其时空演化规律和预测未来趋势发展，以此对武汉城市圈经济增长质量进行评价。李奕璋等（2017）根据 12 个样本科室的人力、床位投入及医疗服务产出方面的数据，基于 Malmquist 指数模型，纵向跨期对其科室运行效率进行系统评价。梅昌新（2017）引入数据包络分析方法，运用吉林省营改增后的相关数据，从微观和宏观两个层面实证了营改增的政策效应。蓝以信等（2017）指出，传统 DEA - Malmquist 生产率指数的测量与分析都建立在精确的投入产出数据基础之上，缺乏对非精确数据的分析与应用研究，其针对投入为确定性而产出为区间型数据的情形，构建了基于有效前沿面的区间 DEA - Malmquist 指数，探讨了区间 Malmquist 指数及其分解部分的性质，并提出了一种综合可能度所有位次重要性的区间数排序方法，将构建的理论应用于 2006—2009 年全国 11 个主要沿海省市工业行业的全要素生产率分析。国内一些文献将 DEA 用于一些问题的综合评价特别是经济效益综合评价之中。例如，孙宇等（1986）将之应用于全国重点特殊钢企业技术水平的评价，魏权龄等（1990）将之应用于全国纺织企业经济效益的评价及全国性学会的效益评价。杨国梁等（2013）旨在围绕以上关键要素对方法近年的若干重要研究工作和模型进行梳理和分类，并简要介绍了模型的若干应用最后，给出未来可能的若干研究方向。蓝虹等（2014）运用三阶段 DEA 模型的 BCC 分析法，重点从考虑非期望产出指标角度，对 2007 年以来 115 家样本农村信用社改革总体绩效和涉农服务绩效进行定量分析。

DEA 模型中投入产出变量的权重由数学规划模型根据数据产生，不受人为主观因素的影响，在实际问题应用中，相对于其他的决策管理方法，DEA 方法具有明显的经济和管理意义。比如：（1）DEA 可以很好地处理决策单元具有多个输入和多个输出的问题，而其他方法对于处理这种情况则十分困难；（2）在对一组决策单元进行效率评价时，不需要决策者预先给出的任何主观信息，具有黑箱类型的研究特色，因而得到的结果十分客观；

(3) DEA 方法不但可以对所有的决策单元进行效率评价，而且还可以通过 DEA 对偶模型进行投影分析。由于这些特点，模型被广泛应用于学校、银行、酒店、医院及政府部门等各种系统或组织的效率评价工作。但其也有缺陷，例如该模型容易受到随机因素的影响。

起初，DEA 被用来建立生产函数和研究技术问题。魏权龄（1989）利用 DEA 方法，引入“前沿生产函数”的概念研究了如何从样本观测值估计相应的生产函数，即前沿生产函数。1991 年，魏权龄等通过 DEA 模型确定生产前沿面的途径，给出了测量技术水平和技术进步的模型，并且讨论了估计每个决策单元技术进步的相对年限的方法。杨仕辉（1993）借助于 DEA 理论研究过技术进步与规模报酬关联分析，在评价技术进步方面开创了很好的探索。在应用 DEA 方法对生产前沿面有效性分析的研究中，Banker 和 Thrall（1992）应用 DEA 方法来评价生产规模收益并给出最佳生产规模的概念，他们在近期又针对 DEA 模型可能存在多个最优解的情况来判别生产规模的收益情况；另外还有 Senupta（1987）关于随机生产前沿面有效性分析的研究以及应用目标规划和 DEA 方法评价随机生产配置有效性的研究，朱乔（1994）等讨论的评价输入输出最佳组合的非参数方法也属于生产配置有效性的研究。赵燃、骆乐（2008）等把面板数据和非参数包络分析的 Malmquist 生产率指数结合起来，分析了中国农产品加工业发展过程中全要素生产率的变动状况，进一步将其分解为技术效率和技术进步。

但 DEA 方法最为活跃的领域应属于企业管理效率的综合评价问题。从美国军用飞机的飞行、基地维修保养以及银行、医院到交通，每个企业单位或生产单位都可以使用 DEA 方法评价其生产的相对有效性。朱南（2008）等使用 DEA 方法，对中国证券公司的生产效率进行了横向和纵向的比较分析，发现用证券公司的 Malmquist 生产力指数所代表的全要素生产力的提升主要来自技术进步，但由于生产效率的降低，阻碍了全要素生产力进一步的增长。朱南和谭德彬（2015）运用 DEA 方法，对 2007—2010 年我国 67 家财务公司资金使用效率、效率动态变化和资金使用效率的影响因素进行实证分析，我国财务公司资金使用，绝大部分处于无效状态，但财务公司资金使用效率改变在增加。熊婵等（2014）综合基本 DEA 效率评价模型及改进竞争型 DEA 交叉效率模型，以企业的技术创新、广告投入、品牌价值等若干高科技企业的重要运营指标作为评价指标，对中国不同地区的高科技创业企业的运营效率进行评价，并对各地区非 DEA 有效的高科技创业企业投入冗余和产出不足情况进行分析。

DEA 方法还可以用来研究宏观经济的运行情况，甚至可以进行政策模拟和政策评价。马占新和唐焕文（2002）给出了一种用于区域经济发展评价的 DEA 方法，并对某省宏观经济发展状况进行了试评价，结果表明该方法用于宏观经济发展状况综合评价是有效的，评价结果能够反映该省宏观经济发展的实际情况。魏楚等（2010）通过将污染物纳入全要素生产率框架，并利用 2005—2007 年中国 30 个省（市、区）的要素投入、经济产出和污染物排放数据，使用了 DEA 方法对各地区的能源效率、节能潜力与减排潜力进行了估计。

刘璨（2003）采用DEA方法分析中国森林资源丰富地区农村经济运行效率情况，分析农户全要素生产率的变化，并将全要素生产率与贫困发生率有机地联系起来，分析结果表明，森林资源管理和林业发展可以有效消除贫困。杨开忠和谢燮（2002）采用数据包络分析（DEA）有效性方法对我国直辖市和省会城市的投入产出效率进行评价，提出了在西部大开发中提高投入产出效率的政策建议。

在金融领域，DEA方法也是评价基金业绩的一种可靠度量方式，丁文桓等（2002）针对传统投资基金业绩评估方法的局限性，提出将数据包络分析（DEA）作为工具，建立一种投资基金业绩评估模型。邓超和袁倩（2007）使用的动态DEA模型对中国投资基金市场基金绩效进行评价，为证券基金绩效评价问题提供了新的思路。

文献索引

安景文、韩朝、关红、徐向阳，1999：“灰色聚类关联分析法在大气环境质量评价中的应用”，《数量经济技术经济研究》第12期。

陈湛匀，1991：“现代决策分析概论”，上海科学技术文献出版社。

陈守煜、赵瑛琪，1993：“系统模糊决策理论与应用”，中国控制与决策学术年会论文集。

陈蔓生、张正堂，1999：“企业竞争力的模糊综合评价探析”，《数量经济技术经济研究》第1期。

陈学中、马力、李光红，2001：“投资项目选择的评价体系和模糊综合评价模型”，《数量经济技术经济研究》第10期。

陈明星、陆大道、张华，2009：“中国城市化水平的综合测度及其动力因子分析”，《地理学报》第4期。

陈晓红、赵翠翠、杨立，2017：“基于区间直觉模糊数的群决策模型及其在社交网络中应用”，《系统工程理论与实践》第7期。

程蕾，2002：“温州非公有制工业企业融资效率模糊评价”，《中国工业经济》第11期。

程启月，2010：“评测指标权重确定的结构熵权法”，《系统工程理论与实践》第7期。

戴文战，1998：“基于熵权法的教育质量评价法”，《系统工程理论与实践》第5期。

戴文战，1999：“基于三层BP网络的多指标综合评估方法及应用”，《系统工程理论与实践》第5期。

戴文战、陈杰，1998：“基于熵权法的教育质量评价方法”，《系统工程理论与实践》第2期。

邓雪、李家铭、曾浩健、陈俊羊、赵俊峰，2012：“层次分析法权重计算方法分析及其应用研究”，《数学的实践与认识》第7期。

邓聚龙，1985：“灰色系统：社会、经济”，国防工业出版社。

邓超、袁倩，2007：“基于动态DEA模型的证券投资基金绩效评价”，《系统工程》第1期。

丁文桓、冯英浚、康宇虹，2002：“基于DEA的投资基金业绩评估”，《数量经济技术经济研究》第3期。

豆建斌、卢兴华、杨彭远、王琦，2011：“基于改进主成分分析法的装备战备水平评估研究”，《指挥控制与仿真》第 1 期。

冯玉国，1992：“灰色聚类与水质污染综合评价”，《系统工程理论与实践》第 6 期。

傅德印，2007：“因子分析统计检验体系的探讨”，《统计研究》第 6 期。

伏润民、常斌、缪小林，2008：“我国省对县（市）一般性转移支付的绩效评价——基于 DEA 二次相对效益模型的研究”，《经济研究》第 11 期。

方锐、苏锦河、胡镜清、葛金文、许伟明，2018：“数据包络分析方法及其在医学研究建模中的应用”，《中国中西医结合杂志》。

郭亚军，1998：“综合评价结果的敏感性问题及其实证分析”，《管理工程学报》第 3 期。

郭亚军、易平涛，2008：“线性无量纲化方法的性质分析”，《统计研究》第 2 期。

郭金玉、张忠彬、孙庆云，2008：“层次分析法的研究与应用”，《中国安全科学学报》第 5 期。

郭显光，1998：“改进的熵值法及其在经济效益评价中的应用”，《系统工程理论与实践》第 12 期。

高华川、张晓峒，2015：“动态因子模型及其应用研究综述”，《统计研究》第 12 期。

杭州商学院省自然科学基金课题组，1996：“‘序号总和理论’及其在综合经济效益排序中的应用”，《数量经济技术经济研究》第 1 期。

胡祖光，1986：“均匀度定理和协调度定理及其在企业综合经济效益排序中的应用”，《数量经济技术经济研究》第 2 期。

何有世，2002：“CIMS 项目风险评估的模糊神经网络方法”，《数量经济技术经济研究》第 5 期。

孔海燕、赵颖、陈珂、孙燕、王建英，2018：“改进的灰色关联度分析在环境质量评价中的运用”，《环境与发展》第 1 期。

蓝虹、穆争社，2014：“中国农村信用社改革后的绩效评价及提升方向——基于三阶段 Dea 模型 Bcc 分析法的实证研究”，《金融研究》第 4 期。

蓝以信、王旭、王应明，2017：“区间型产出下的 Dea - Malmquist 生产率指数及其应用研究”，《系统科学与数学》第 6 期。

梁本哲、王占岐，2018：“基于数据包络——曼奎斯特指数分析法的武汉城市圈经济增长质量评价”，《国土资源科技管理》第 2 期。

刘璨，2003：“金寨县样本农户效率与消除贫困分析——数据包络分析（DEA）方法”，《数量经济技术经济研究》第 12 期。

刘汉涛，2004：“对我国商业银行效率的测度：DEA 方法的应用”，《经济科学》第 6 期。

刘力昌、冯根福、张道宏、毛红霞，2004：“基于 DEA 的上市公司股权融资效率评价”，《系统工程》第 1 期。

刘满芝、周梅华、杨娟，2009：“基于 DEA 的城市物流效率评价模型及实证”，《统计与决策》第 6 期。

刘玉斌，1998：“模糊综合评判的取大取小算法是一个错误算法”，《系统工程理论与实践》第 12 期。

李光金、刘永清，1997：“基于多目标规划的 DEA”，《系统工程理论与实践》第 3 期。

李春好、孙永河、贾艳辉、杜元伟，2010：“变权层次分析法”，《系统工程理论与实践》第 4 期。

李奕璋、郑建、刘玉兰，2017：“基于数据包络分析的医院综合绩效改革效果研究”，《中国卫生统计》第 6 期。

李靖华、郭耀煌，2002："主成分分析用于多指标评价的方法研究——主成分评价"，《管理工程学报》第 1 期。

李连香、许迪、程先军、李晓琴、余和俊，2015："基于分层构权主成分分析的皖北地下水水质评价研究"，《资源科学》第 1 期。

李洪兴，1995："因素空间理论与知识表示的数学框架（VIII）——变权综合原理"，《模糊系统与数学》第 3 期。

李希灿、程汝光、李克志，2003："空气环境质量模糊综合评价及趋势灰色预测"，《系统工程理论与实践》第 4 期。

林海明，2008："因子分析精确解的研究综述——纪念张尧庭、方开泰教授标准化主成分理论 26 周年"，国际应用统计学术研讨会。

林海明、杜子芳，2013："主成分分析综合评价应该注意的问题"，《统计研究》第 8 期。

林海明，2013："因子分析模型 L 的优良性和应用"，《数量经济技术经济研究》第 3 期。

吕跃进、杨燕华，2018："区间粗糙数层次分析法"，《系统工程理论与实践》第 3 期。

吕昌会、何湘藩，1997："具有专家权重的模糊多层次多目标群决策方法"，《数量经济技术经济研究》第 5 期。

罗荣桂、郑守峰，2000："企业集约经营获利能力的模糊综合评价"，《数量经济技术经济研究》第 9 期。

孟生旺，1992："用主成分分析法进行多指标综合评价应注意的问题"，《统计研究》第 4 期。

马占新、唐焕文，2002："宏观经济发展状况综合评价的 DEA 方法"，《系统工程》第 2 期。

梅昌新，2017："基于数据包络分析的我国营改增效应评价——以吉林省数据为例"，《税务研究》第 10 期。

庞浩、谢胜智，1983："再论评价综合经济效益的多目标规划方法"，《财经科学》第 4 期。

庞雅颂、王琳，2014："区域生态安全评价方法综述"，《中国人口・资源与环境》第 S1 期。

彭非、袁卫、惠争勤，2007："对综合评价方法中指数功效函数的一种改进探讨" 第 12 期。

彭家生、陈述云、黄茹，1992："经济效益评价的灰色——多元方法"，《统计与决策》第 2 期。

彭勇行、张晨霞，2003："企业资信的多层次综合评价研究"，《数量经济技术经济研究》第 2 期。

潘文砚、王宗军，2016："基于核主成分分析的低碳经济发展水平评价研究"，《金融与经济》第 4 期。

秦露琪、刘婷、龙欣、王仙云，2018："基于熵权法的失独家庭幸福感之研究"，《科技视界》第 2 期。

钱尚瑞、王岳能、苏为华，1997："经济效益综合评价方法研究"，杭州大学出版社。

钱水土、周春喜，2002："风险投资的风险综合评价研究"，《数量经济技术研究》第 5 期。

邱东，1991："多指标综合评价方法的系统分析"，中国统计出版社。

苏为华，1993："对数型功效系数法初探"，《统计研究》第 3 期。

沈立宏、赵怡，2016："基于数据包络分析的地方高校科研绩效评价"，《高等工程教育研究》第 3 期。

盛昭瀚、朱乔、吴广谋，1996：“DEA 理论、方法与应用”，科学出版社。

商立群、王守鹏，2014：“改进主成分分析法在火电机组综合评价中的应用”，《电网技术》第 7 期。

孙宇、刘静海、徐向羽，1986：“企业多指标综合评价方法——前缘分析方法”，《数量经济技术经济研究》第 8 期。

申志东，2013：“运用层次分析法构建国有企业绩效评价体系”，《审计研究》第 2 期。

魏楚、杜立民、沈满洪，2010：“中国能否实现节能减排目标：基于 DEA 方法的评价与模拟”，《世界经济》第 3 期。

魏权龄，1988：“评价相对有效性的 Dea 方法”，中国人民大学出版社。

魏权龄、卢刚、蒋一清、盛景烨，1990：“DEA 方法在企业经济效益评价中的应用”，《统计研究》第 2 期。

魏权龄，2000：“数据包络分析（DEA）”，《科学通报》第 17 期。

吴杰，2008：“数据包络分析（DEA）的交叉效率研究”，中国科学技术大学。

王学全，1993：“多指标综合评分法中单项指标的非线性记分法”，《统计研究》第 5 期。

王青、戴思兰、何晶、季玉山、王朔，2012：“灰色关联法和层次分析法在盆栽多头小菊株系选择中的应用”，《中国农业科学》第 17 期。

王会强、赵亮，2004：“层次分析法中判断矩阵的改进”，《统计研究》第 9 期。

王玲玲、方志耕，2018，“分层构权灰色主成分评价模型及其应用”，《控制与决策》。

王会斌、李雄英，2015：“稳健因子分析方法的构建及比较研究”，《统计研究》第 5 期。

王晓鹏、曹广超，2013：“基于多元统计和 Gis 的环境质量评价研究”，科学出版社。

王爱民，1995：“神经网络应用于模糊综合评价的研究”，《系统工程理论与实践》第 10 期。

王雷、胡维华，2000：“多因素层次模糊综合评价在上市公司赢利能力分析中的应用研究”，《数量经济技术经济研究》第 1 期。

汪晓霞、李岱松、王瑞丹，2002：“科学技术奖励多层次模糊综合评价模型研究”，《数量经济技术经济研究》第 11 期。

吴永林、高洪深、林晓言，2002：“企业技术创新能力的多级模糊综合评价”，《数量经济技术经济研究》第 3 期。

吴殿廷、李东方，2004：“层次分析法的不足及其改进的途径”，《北京师范大学学报（自然科学版）》第 2 期。

吴永林、高洪深、林晓言，2002：“企业技术创新能力的多级模糊综合评价”，《数量经济技术经济研究》第 3 期。

乌拉孜别克·热苏力汗、龚朝庭、陈敏，2016：“基于组合加权主成分方法的新疆工会服务能力综合评价”，《数理统计与管理》第 4 期。

谢忠秋，2015：“Cov－AHP：层次分析法的一种改进”，《数量经济技术研究》第 8 期。

谢赤、钟赞，2002：“熵权法在银行经营绩效综合评价中的应用”，《中国软科学》第 9 期。

熊婵、买忆媛、何晓斌、肖仁桥，2014：“基于 DEA 方法的中国高科技创业企业运营效率研究”，《管理科学》第 2 期。

熊斌，2013：“基于非线性主成分分析的信用评估模型研究”，《数量经济技术经济研究》第 10 期。

徐俊杰，2002："城市总体环境质量的二级模糊综合评价"，《统计研究》第 3 期。

徐绪松，2000："高技术项目投资风险模糊综合评价模型"，《数量经济技术经济研究》第 1 期。

辛金国，2000："模糊综合评价在审计风险计量中的应用"，《数量经济技术经济研究》第 10 期。

许健、王志伟，2018："基于灰色层次理论的既有居住建筑节能改造效益评价"，《内蒙古财经大学学报》第 1 期。

岳超、郑志国、杨会清、张秀敏，2017："灰色关联分析法在地表水水质评价中的应用"，《治淮》第 12 期。

杨国梁、刘文斌、郑海军，2013："数据包络分析方法（DEA）综述"，《系统工程学报》第 6 期。

杨仕辉，1993："技术进步评价比较研究"，《系统工程理论与实践》第 5 期。

杨开忠、谢燮，2002："中国城市投入产出有效性的数据包络分析"，《地理学与国土研究》第 3 期。

袁政，2008："政府绩效评估权重涉及中 AHP 法之改进"，《统计研究》第 7 期。

严武、陈运娟、林毓铭，1992："层次分析法在社会效益评价中的应用"，《统计研究》第 2 期。

叶明确、杨亚娟，2016："主成分综合评价法的误区识别及其改进"，《数量经济技术经济研究》第 10 期。

叶双峰，2001："关于主成分分析做综合评价的改进"，《数理统计与管理》第 2 期。

叶宗裕，2006："对主成分综合评价方法若干问题的探讨"，《浙江师范大学学报（社会科学版）》第 6 期。

游家兴，2003："如何正确运用因子分析法进行综合评价"，《统计教育》第 5 期。

袁周、方志耕，2016："灰色主成分评价模型的构建及其应用"，《系统工程理论与实践》第 8 期。

易晓文，2003："基于 BP 神经网络的民营企业技术创新能力的模糊综合评价"，《数量经济技术经济研究》第 8 期。

阎骏、王毓钟，1990："水体质量评价与富营养化评价中的模糊数学方法"，《系统工程理论与实践》第 4 期。

张晓慧、冯英浚，2005："一种非线性模糊综合评价模型"，《系统工程理论与实践》第 10 期。

张立军，2003："旅游服务质量模糊综合评价方法研究"，《数量经济技术经济研究》第 1 期。

张吉军，2000："模糊层次分析法（FAHP）"，《模糊系统与数学》第 2 期。

朱克毓、董庆兴、梁昌勇、杨善林，2015："一类三角模糊层次分析法的无效性分析"，《系统工程理论与实践》第 8 期。

朱乔，1994："数据包络分析（DEA）方法综述与展望"，《系统工程理论方法应用》第 4 期。

朱南、刘一，2008："中国证券公司生产效率的数据包络分析"，《金融研究》第 11 期。

朱乔、陈遥，1994："数据包络分析的灵敏度研究及其应用"，《系统工程学报》第 1 期。

赵燃、骆乐、韩鹏，2008："中国农产品加工业技术效率、技术进步与生产率增长"，《中国农村经济》第 4 期。

赵晓东、郭涛，2003："基于 FUZZY－AHP 评价方法的个人信用等级评价模型指标体系"，《数量经济技术经济研究》第 6 期。

周茛棋、徐向阳、贾晨、朱靖，2014："改进主成分分析法在区域水资源综合评价中的应用研究"，《中国农村水利水电》第 3 期。

周梅华，2003：“可持续消费测度中的熵权法及其实证研究”，《系统工程理论与实践》第12期。

张卫华、赵铭军，2005：“指标无量纲化方法对综合评价结果可靠性的影响及其实证分析”，《统计与信息论坛》第3期。

Banker，R. D.，1984，“Estimating Most Productive Scale Size Using Data Envelopment Analysis”，*European Journal of Operational Research*，17（1）：35 – 44.

Banker R. D.，Morey C.，1986，“Efficiency Analysis for Exogenously Fixed Inputs and Outputs”，*Operations Research*，34（4）：513 – 521.

Banker，Rajiv D.，and Robert M. Thrall，1992，“Estimation of Return to Scale Using Data Envelopment Analysis”，*Operations Research*，62（1）：74 – 84.

Charnes，A.，William Wager Cooper，and Rhodes，E. L.，1979，“Measuring Efficiency of Decision – Making Units”，*European Journal of Operational Research*，2（6）：429 – 444.

Charnes，Abraham，William Wager Cooper，and Q. L. Wei，1987，“A Semi – infinite Multicriteria Programming Approach to Data Envelopment Analysis with Infinitely Many Decision Making Units”，*Texas Univ at Austin Center for Cybernetic Studies*，No. CCS：551.

Charnes，A.，and et al.，1987，“Data Envelopment Analysis and Axiomatic Noting of Efficiency and Reference Sets”，*Texas Univ at Austin Center for Cybernetic Studies*，No. CSS：588.

Charnes，A.，and et al.，1989，“Cone Ratio Data Envelopment Analysis and Multi – objective Programming”，*International Journal of Systems Science*，20（7）：1099 – 1118.

Cooper，W. W.，and et al.，2004，“Chance Constrained Programming Approaches to Congestion in Stochastic Data Envelopment Analysis”，*European Journal of Operational Research*，155（2）：487 – 501.

De Roover，Kim，and et al.，2014，“Switching Principal Component Analysis for Modeling Means and Covariance Changes Over Time”，*Psychological Methods*，19（1）：113 – 132.

Färe，Rolf，Shawna Grosskopf，and Mary Norris，1997，“Productivity Growth，Technical Progress，and Efficiency Change in Industrialized Countries：Reply”，*The American Economic Review*，87（5）：1040 – 1044.

Farrell，M. J.，1957，“The Measurement of Productive Efficiency”，*Journal of the Royal Statistical Society*，120（3）：253 – 290.

Hatami – Marbiniabc，A.，2011，“A Taxonomy and Review of the Fuzzy Data Envelopment Analysis Literature：Two Decades in the Making”，*European Journal of Operational Research*，214（3）：457 – 472.

Hwang C.，K. Yoon，1981，“Multiple Attribute Decision Making Methods and Applications：A State of the Art Survey”，*Springer Berlin Heidelberg*，1 – 531.

Hotelling，H.，1933，“Analysis of a Complex of Statistical Variables Into Principal Components”，*Journal of Educational Psychology*，24（6）：417 – 520.

Karlpearson，F. R. S.，1901，“Liii. On Lines and Planes of Closest Fit to Systems of Points in Space”，*Philosophical Magazine*，2（11）：559 – 572.

Kaoru Tone，2001，“A Slacks – based Measure of Efficiency in Data Envelopment Analysis”，*European Journal of Operational Research*，130（3）：498 – 509.

Kaoru Tone，Miki Tsutsui.，2008，“Network DEA：A Slacks – based Measure Approach”，*European Jour-*

nal of Operational Research, 197 (1): 243 - 252.

Krishnasamy Geeta, Ridzwa Alfieya Hanuum, and Perumal Vignesen, 2004, "Malaysian Post Merger Banks of Productivity: Application of Malmquist Productivity Index", *Managerial Finance*, 30 (4): 63 - 74.

K. Kim, K. S. Park, 1990, "Ranking Fuzzy Numbers with Index of Optimism", *Fuzzy Sets & Systems*, 35 (2): 143 - 150.

Lopez - Paz, D., and et al., 2014, "Randomized Nonlinear Component Analysis", *Computer Science*, 4: 1359 - 1367.

Oh, T. H., Tai, Y. W., Bazin, J. C., Kim, H. and Kweon, I. S., 2016, "Partial Sum Minimization of Singular Values in Robust Pca: Algorithm and Applications", *Ieee Transactions On Pattern Analysis & Machine Intelligence*, 38 (4): 744 - 758.

R. Allen, A. Athanassopoulos, R. G. Dyson, and E. Thanassoulis, 1997, "Weights Restrictions and Value Judgements in Data Envelopment Analysis: Evolution, Development and Future Directions", *Annals of Operations Research*, 73: 13 - 34.

Sexton, T. R., Richard H. Silkman, and Andrew J. Hogan, 2010, "Data Envelopment Analysis: Critique and Extensions", *New Directions for Program Evaluation*, 32: 73 - 105.

Sengupta J. K., 1987, "Data Envelopment Analysis for Efficiency Measurement in the Stochastic Case", *Computers Operations Research*, 14 (2): 117 - 129.

Salvo, F. D., Ruggieri, M. and Plaia, A., 2015, "Functional Principal Component Analysis for Multivariate Multidimensional Environmental Data", *Environmental & Ecological Statistics*, 22 (4): 739 - 757.

Smola, A., 1998, "Nonlinear Component Analysis as a Kernel Eigenvalue Problem", MIT Press, 1299 - 1319.

Toshiyuki Sueyoshi, Kazuyuki Sekitani, 2003, "Returns to Scale in Dynamic DEA", *European Journal of Operational Research*, 161 (2): 536 - 544.

Wei, Quanling, J. Zhang, and X. Zhang, 2000, "An Inverse Dea Model for Inputs/Outputs Estimate", *European Journal of Operational Research*, 121 (1): 151 - 163.

Watada, J., 1983, "Theory of Fuzzy Multivariate Analysis and its Applications", University of Osaka Prefecture.

Yao Chen, Liang Liang, and Joe Zhu., 2007, "Equivalence in Two - stage DEA Approaches", *European Journal of Operational Research*, 193 (2): 600 - 604.

Zadeh, L. A., 1965, "Fuzzy Sets", *Information & Control*, 8 (3): 338 - 353.

第十三章

定性比较分析方法

定性比较分析（QCA）是一种案例导向的方法，借助具体的分析工具和对案例的明确定义，使用 QCA 技术对不同的案例进行系统比较。QCA 方法通过提炼不同案例中的相同因素，认为这些因素是促成某类事件发生的原因。本章对定性比较分析方法进行介绍，例如多值 QCA、清晰集 QCA、时序 QCA 等，进而对国内外应用 QCA 解决经济金融问题的文献进行梳理和总结。

定性比较分析（QCA）最早由 Ragin（1987）提出，它是一种案例导向的方法，借助具体的分析工具和对案例的明确定义，可以使用 QCA 技术对不同的案例进行系统比较。QCA 方法通过提炼不同案例中的相同因素，认为这些因素是促成某类事件发生的原因。

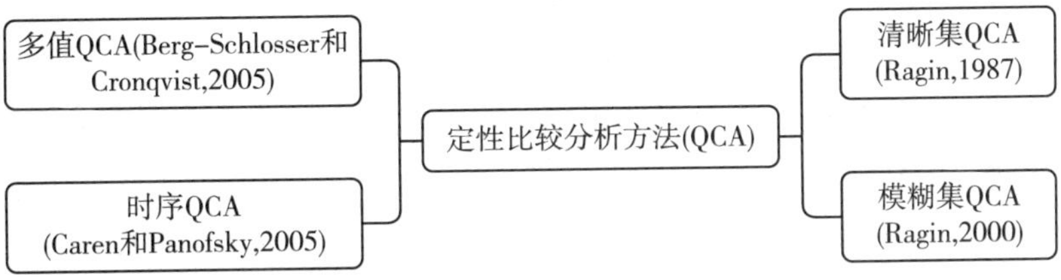

图 13－1　定性比较分析方法

在分析技术方面，定性比较分析拥有自身独特的数据处理方式，清晰集分析、模糊集分析与多值分析是发展成熟、运用广泛的三种分析技术，其中清晰集分析和模糊集分析更具影响，而时序分析等新技术也在发展之中。清晰集定性比较分析（Crisp－Set Qualitative Comparative Analysis，简称 cs/QCA）是 Ragin（1987）最早提出的，定性比较分析的基础技术，其结合了定性方法和定量方法。然而，清晰集分析具有局限性，尤其是只能用于分析二分变量，对于变量的取值只能是非此即彼的 1 和 0，因此无法用于处理数学信息更多的定序变量和定距变量。Ragin（2000）提出模糊集分析技术以处理多值变量，试图弥补清晰集分析的缺陷。与模糊集分析类似，多值定性比较分析（Multi－Value Qualitative Comparative Analysis，简称 mv/QCA）同样基于清晰集分析的二元变量局限性提出的（Berg－Schlosser 和 Cronqvist，2005）。但与模糊集分析不同，多值分析的条件变量取值是离散的，并且结果变量取值认为二元划分，也就是说，多值分析结余清晰集与模糊集分析之间。以上三种定性比较分析方法无法区分条件组合之间的发生顺序，假定条件变量的作用与影响没有先后之分。而不同结果的条件组合是由一系列有先后顺序的变量组成的，它们的排列会显著影响分析结果，因此，Caren 和 Panofsky（2005）提出了时序定性比较分析（Temporal Qualitative Comparative Analysis，简称 TQCA）。Schneider 和 Wagemann（2012）广泛讨论了如何评估定性比较分析方法的稳定性以及如何呈现变量之间的关系。

在应用方面，QCA 方法被广泛应用于社会学的分析当中。例如，黄荣贵和桂勇（2009）使用 QCA 方法研究了互联网与集体抗争之间的关系。倪宁和杨玉红（2009）运用模糊集理的定性比较方法来研究文化企业经营人才的胜任力与企业能力之间的匹配关系，结果发现执行能力是文化类企业经营人才的必要能力，而创新能力并不是必需的。唐睿和唐世平（2013）分别利用回归分析以及定性比较分析来研究历史遗产与民主转型之间的关系并认为定性比较分析比回归分析更具有优势。王凤彬等（2014）利用 QCA 方法探索性地识别出了央企集团的管控架构。刘丰（2015）将 QCA 方法应用于国际关系研究。毛湛文（2016）则将定性比较分析法引入新闻传播学领域中并就其在新闻传播研究中的应用前景提出展望。程聪和贾良定（2016）采用清晰集定性比较分析方法来研究我国企业跨国并购驱动机制，结果认为我国企业跨国并购的驱动机制主要分为企业内部主导型、积极制度主导型、消极制度主导型和内外配合主导型四种。池毛毛等（2017）则利用模糊集的定性比较分析方法来研究企业平台双元性的实现构型，该研究丰富了企业平台双元性的相关理论。郝瑾等（2017）利用 QCA 方法分析了海外子公司角色分类及其与管控方式的匹配效应。杜运周和贾良定（2017）认为定性比较分析方法结合了案例研究与定量研究的优势，同时为解释管理学研究中的非对称、并发因果、等效性等复杂因果关系提供了新的研究思路。邓胜利和付少雄（2017）将定性比较分析引入到国内图书情报研究领域，其结合 QCA 方法与相关性分析方法，研究了网络社区健康信息搜寻的影响因素并对比了 QCA 方法与相关性分析方法的差异性。唐建荣等（2018）利用 QCA 方法分析了价值观多元化与企业绩效提升的关系。于晓东等（2018）利用 QCA 方法分析了家族企业亲属关系组合与企业治理模式之间的关系。章文光和王耀辉（2018）运用定性分析方法来探究影响我国产业升级的因素。

文献索引

池毛毛、赵晶、李延辉、王伟军，2017："企业平台双元性的实现构型研究：一项模糊集的定性比较分析"，《南开管理评论》第 3 期。

程聪、贾良定，2016："我国企业跨国并购驱动机制研究——基于清晰集的定性比较分析"，《南开管理评论》第 6 期。

邓胜利、付少雄，2017："定性比较分析（QCA）在图书情报学中的应用——以网络社区健康信息搜寻影响因素研究为例"，《情报理论与实践》第 12 期。

杜运周、贾良定，2017："组态视角与定性比较分析（QCA）：管理学研究的一条新道路"，《管理世界》第 6 期。

郝瑾、王凤彬、王璁，2017："海外子公司角色分类及其与管控方式的匹配效应——一项双层多案例定性比较分析"，《管理世界》第 10 期。

黄荣贵、桂勇，2009："互联网与业主集体抗争：一项基于定性比较分析方法的研究"，《社会学研究》第 5 期。

刘丰，2015："定性比较分析与国际关系研究"，《世界经济与政治》第 1 期。

毛湛文，2016："定性比较分析（QCA）与新闻传播学研究"，《国际新闻界》第 4 期。

倪宁、杨玉红，2009："基于模糊集定性比较分析方法改进胜任力建模"，《工业工程与管理》第 2 期。

唐建荣、赵菲、唐雨辰，2018："价值观多元化与企业绩效提升——基于 QCA 方法的实证分析"，《软科学》第 2 期。

唐睿、唐世平，2013："历史遗产与原苏东国家的民主转型——基于 26 个国家的模糊集与多值 QCA 的双重检测"，《世界政治》第 2 期。

王凤彬、江鸿、王璁，2014：“央企集团管控架构的演进：战略决定、制度引致还是路径依赖？——一项定性比较分析（QCA）尝试”，《管理世界》第12期。

于晓东、刘刚、梁晗，2018：“家族企业亲属关系组合与高效治理模式研究——基于中国家族上市公司的定性比较分析”，《中国软科学》第3期。

章文光、王耀辉，2018：“哪些因素影响了产业升级？——基于定性比较分析方法的研究”，《北京师范大学学报（社会科学版）》第1期。

Berg - Schlosser, Dirk and Lasse Cronqvist, 2005, "Multi - Value Qualitative Comparative Analysis (MVQCA): A New Tool for Cross - National Research", *American Political Science Association Washington DC.*

Caren, Neal, and Aaron Panofsky, 2005, "TQCA: A Technique for Adding Temporality to Qualitative Comparative Analysis", *Sociological Methods & Research*, 34 (2): 147 - 172.

Schneider, Carsten Q., and Claudius Wagemann, 2012, "Set - theoretic Methods for The Social Sciences: A Guide to Qualitative Comparative Analysis", Cambridge University Press.

Ragin, Charles C., 1987, "The Comparative Method: Moving Beyond Qualitative and Quantitative Strategies", University of California Press.

Ragin, Charles C., 2000, "Fuzzy - Set Social Science", University of Chicago Press.

下篇

数量经济学前沿与展望

第十四章

空间计量经济学

空间计量经济学作为现代微观计量经济学的一个分支，是一种旨在处理横截面数据或面板数据中的空间效应、空间相关性、空间异质性的专门的建模、估计与统计检验方法。在理论层面，本章详细介绍了空间计量经济学的基本概念范畴，继而从不同数据类型角度，分别介绍了空间横截面模型和空间面板模型等空间计量基本的理论模型。在实证应用层面，空间计量经济学被广泛运用至各个社会科学方面，包括社会学、犯罪学、政治学、经济学等。本章较为详细地列举了空间计量经济学方法在国内外不同领域中的代表性实证研究成果。

一、空间计量经济学理论

（一）基本定义

空间计量经济学是用于处理模型中空间相关关系的一种方法，是计量经济学的新兴分支之一。20 世纪 70 年代，空间计量经济学的概念即被提出，自 20 世纪 90 年代以来，空间计量经济学理论得到了巨大的发展，且在实证研究中得到了广泛的应用。

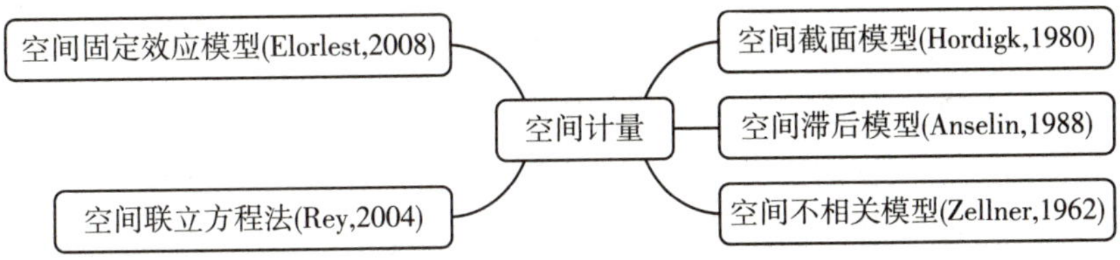

图 14－1　空间计量经济学模型

空间计量经济学起源于区域科学和计量经济学的共同发展，研究的是如何在横截面数据和面板数据中处理空间相互作用和空间结构问题，是计量经济学的一个分支。空间计量经济学由 Paelinck 和 Klaassen（1979）提出，指出空间计量经济学的研究领域主要有：（1）空间模型中的空间相关性问题；（2）空间关系的非对称性问题；（3）其他区域中的解释变量的重要性；（4）事前与事后联系的差异问题；（5）空间建模问题。他们为空间计量经济学发展奠定基础。Anselin（1988，1992）、Haining（1990）、LeSage（1999）等进一步发展了空间计量经济学，并进行了计算方法的软件实现。新经济地理学派对空间问题的解释也促进了空间计量经济学发展（Krugman，1998）。Elhorst（2014）将空间计量经济学定义为处理地理单元（包括邮政编码、城市、区域、国家等）空间关系的一门计量经济学分支。LeSage（2014）、Anselin 和 Rey（2012）为空间计量经济学贡献了理论表述更规范、理论观点更综合的研究文献。

（二）模型分类

根据不同的数据类型，空间计量模型可以分为空间横截面模型和空间面板模型。

空间横截面模型方面，Hordijk（1979）、Anselin（1980，1988a）和 Bivand（1984）探讨了几种常见的模型。Anselin（1988b）在其著作《空间计量经济学：模型与方法》对其进行了总结。他给出了一个广义的空间计量模型，模型中包括了空间滞后项、误差自相关、误差移动平均项和异方差。然后，Anselin（1988b）从该模型出发，不断地增加限制条件，得到了空间滞后模型（spatial lag model，SLM）、空间误差模型（Spatial errors model, SEM)、杜宾空间模型 (Dubin Spatial model, DSM) 等。在估计空间横截面模型方面, Liu 和 Lee (2013) 认为工具变量法和广义矩估计法可以较好地估计线性空间依赖性模型。

空间面板模型方面, 在 Zellner (1962) 提出似不相关回归模型 (seemingly unrelated regression, SUR) 基础上, Anselin (1988b) 和 Fik (1988) 把空间效应加入了 SUR 模型, 提出了空间似不相关回归模型 (spatial seemingly unrelated regression, SSUR)。Lee (2001a, 2001b, 2004) 和 Kelejian 和 Prucha (1999, 2002, 2004) 讨论了空间固定效应模型的设定以及空间矩阵的约束条件。Elhorst (2003) 利用最大似然估计方法来估计参数。Elhorst (2003) 和 Baltagi 和 Li (2004) 研究了空间随机效应模型, 空间随机效应模型包括空间自相关随机效应模型和空间残差自回归随机效应模型。Baltagi 等 (2004), Elhorst (2005) 和 Yu 等 (2006) 考虑了变量的时间滞后项, 给出了空间动态面板数据的设定方法, 并讨论了参数估计问题。此外, Anselin (1988b) 讨论了误差组合模型在面板数据中的应用, 提出了空间误差组合模型。Kapoor 等 (2007) 在此基础上分析了更一般意义上的空间面板误差组合模型, 并且将矩分析方法应用到模型的估计中。Baltagi 等 (2014) 提出了一种用于估计动态空间面板模型的动态空间广义矩估计法, 并举例说明了该方法在新经济地理学中的应用。

无论采取哪种模型, 首先要对经济变量间的空间相关性进行检验, 龙志和等 (2009) 通过使用 Bootstrap 方法, 验证了水平扭曲角度下空间经济计量模型 Bootstrap 检验的有效性。目前大部分的空间计量模型讨论的是单方程模型。在考虑变量的内生性时很少有研究者分析结构性空间变量的内生性问题。针对这一问题, Rey 和 Boarnet (2004) 给出了一个空间计量经济学联立方程模型系统的框架。除了上述模型外, 空间计量模型还包括了系数扩展模型 (Casetti, 1972, 1991), 空间 probit 模型 (Pinkse 和 Slade, 1998; LeSage, 2000; Beron 等, 2003; Murdoch 等, 2003)。传统的空间模型主要是用于分析全局空间溢出和空间乘数的横截面数据模型, 包括空间滞后模型和空间误差模型。然而, 随着空间经济经济学的不断发展, 这种简单的模型显然不适应发展的需求。因此, 学者们提出了各种更为复杂, 考虑更多因素的模型。尽管这些模型很难被估计且很少被用于实证研究中。另外, 大量文献只考虑线性的空间模型设定, 而很少涉及非线性的模型, 这也是空间计量经济学未来的发展方向之一。

二、空间计量经济学应用

随着几十年的发展, 空间计量经济学被广泛运用至各个社会科学方面, 包括社会学、犯罪学、政治学、经济学, 等等。最近研究尤其关注于经济学领域, 涉及的内容包括空间溢出、城市发展和组群经济、贸易和经济增长等。

表 14-1 空间计量经济学应用方向及文献

<table>
<tr><td rowspan="9">空间计量经济学应用分类</td><td rowspan="5">国外</td><td rowspan="2">其他领域</td><td>社会学</td><td>Abbot (1997); Sampson 等 (2002)</td></tr>
<tr><td>政治学</td><td>Gimpel (1999); Gimpel 和 Schuknecht (2003); Revelli (2002); Cho (2003)</td></tr>
<tr><td rowspan="3">经济学领域</td><td>空间溢出</td><td>Beron 等 (2005); Baltagi 和 Li (1999); Moreno 等 (2000)</td></tr>
<tr><td>城市发展和组群经济</td><td>Bao (2000); Ioannides (2001); Meliciani 和 Savona (2014)</td></tr>
<tr><td>贸易和经济增长</td><td>Eliste 和 Fredriksson (1999); Vaya 等 (2003); Fingleton (1999); Rey 和 Montouri (1999); Mossi 等 (2003)</td></tr>
<tr><td rowspan="4">国内（着重经济领域）</td><td colspan="2">经济增长</td><td>林光平等 (2006); 李培 (2007); 戴平生和陈建宝 (2008)</td></tr>
<tr><td colspan="2">空间相关性与溢出性</td><td>吴玉鸣和李建霞 (2006); 刘秉镰等 (2010); 邱瑾 (2014); 王立平等 (2006); 姚丽等 (2014); 张学良 (2010); 潘文卿 (2010); 任英华等 (2010); 程中华和于斌斌 (2014)</td></tr>
<tr><td colspan="2">创新分析</td><td>吴玉鸣 (2006a); 桂黄宝 (2014)</td></tr>
<tr><td colspan="2">其他方向</td><td>胡霞和魏作磊 (2006); 文娉和胡兵 (2014); 李刚 (2007); 龙小宁等 (2014); 李斌等 (2018)</td></tr>
</table>

在社会学方面，空间计量经济学被用于分析社会的空间互动问题。在独树一帜的芝加哥大学，空间计量被运用研究犯罪学和城市社会学领域，分析公司的外部性、犯罪在空间上的分布和蔓延、暴力现象的转移等（Abbot，1997；Sampson 等，2002）。在政治学方面，空间模型被运用于研究美国的政治选举。例如，Gimpel（1999）、Gimpel 和 Schuknecht（2003）、Revelli（2002）、Cho（2003）。此外，Gleditsch 和 Ward（2002），Starr（2001）把空间溢出和蔓延纳入国际关系和冲突的研究当中。

在研究空间溢出方面，Beron 等（2005）运用空间计量经济学方法，探讨一种测度人们对空气质量需求的间接方法；Baltagi 和 Li（1999）探讨了美国 46 个洲在 1963—1992 年的卷烟需求问题，作者通过不同的模型设定来说明跨洲的异质性和空间溢出（用自相关误差项的形式来表示）问题；Moreno 等（2000）中提出了一种全新的空间计量经济学方法来处理地区和产业的外部性问题。在研究城市发展和组群经济方面，Bao（2000）研究了空间互动在乡村发展过程在城市发展和聚集经济的实证研究中的作用；Ioannides（2001）提出了一种新颖的方法来模型化城市增长过程，他建立了一个基于新经济地理学的理论模型，模型中包括城市特有的人力资本、罗默型的金钱外部性；Meliciani 和 Savona（2014）通过分析 1999—2003 年 REGIO 面板数据，估计建立的空间杜宾模型，发现在解释商业服务区域专业化方面空间效应显著。在贸易和经济增长的研究方面，Eliste 和 Fredriksson（1999）提取了农业贸易流和环境标准数据，运用空间计量经济学方法，研究农业环境规则的空间模审视了区域经济增长问题；Vaya 等（2003）探讨了空间外部效应在生产要素积累过程中所扮演的角色。他们发展了一个理论上的增长模型，并允许空间外部性的存在。此外，Fingleton（1999）对于在考虑空间效应的情况下欧洲国家经济增长的收敛性的相关研究；Rey 和 Montouri（1999）对于美国各州收入 1929—1994 年收敛性的相关研究；Mossi 等（2003）对于巴西 1939—1998 年经济增长的空间结构的相关研究。

Anselin 和 Florax（1995b）指出：在主流经济学的实证中，空间要素日益受到关注。这主要表现在以下几个方面：其一，在 New Directions（Anselin 等，1995a）出版之后，有关空间计量的书籍被大量地出版，涉及的领域不仅包括区域经济学和经济地理学，而且包括社会学和政治学；其二，许多学者发表了大量的空间计量经济学方法论，为空间计量的发展注入了新的活力；其三，经济文献杂志也列出专门一章，介绍空间计量的横截面和空间模型。然而，到目前为止，空间相关性以及对于空间因素、空间随机过程等问题的处理尚未被提高到与时间序列处理方法同等重要的高度（Anselin，1988b）。

目前我国学者对于空间计量经济学的研究与应用才刚刚起步，主要的应用领域集中在经济增长、空间相关性与溢出性、创新分析等方面。

在经济增长方面，林光平等（2006）利用空间自回归、空间残差自相关以及空间残差移动平均模型，分析了我国 28 个省区 1978—2002 年经济增长的收敛性；李培（2007）利用空间自回归、残差自回归模型，分析了 1990—2004 年我国 216 个城市的经济增长效率问题；戴平生和陈建宝（2008）利用各省财政农业人均支出、农村人均用电量作为解释变量，建立了农民人均收入空间自相关模型。在空间相关性与溢出性方面，吴玉鸣和李建霞（2006）利用空间距离作为加权矩阵，测算了 2003 年我国省域工业全要素生产率；刘秉镰等（2010）利用空间面板计量方法研究了中国交通基础设施与全要素生产率增长之间的关系，研究表明中国地区间的全要素生产率在相应期间内具有空间相关性；邱瑾（2014）从贝叶斯空间计量的角度研究了我国经济增长的空间相关性；王立平等（2006）利用空间自回归模型和空间残差模型，分析了我国 FDI 省域空间相关性问题；姚丽等（2014）通过分析郑州市新建住宅数据研究了郑州市新建住宅价格的空间相关性及依赖性等问题；张学良（2010）利用空间计量经济方法研究了长三角区域经济增长的空间依赖性；潘文卿（2010）利用空间计量模型研究了我国经济增长的空间依赖性和空间集聚性；任英华等（2010）通过构建金融集聚影响因素空间计量模型，研究了我国 28 个省域之间金融集聚的空间依赖性和空间溢出效应；程中华和于斌斌（2014）利用空间计量模型对我国 2003—2012 年 285 个地级市数据分析研究了产业集聚对地区工资水平影响的空间溢出效应。在创新方面，吴玉鸣（2006a）利用空间自回归模型和空间残差自回归模型，分析了我国31个省域的科技创新能力；桂黄宝（2014）利用空间计量面板模型分析了我国高技术创新效率的影响因素。其他方面，胡霞和魏作磊（2006）将空间权值矩阵放入经济因素中，运用空间计量方法探讨了中国服务业的空间格局和造成服务业空间差异的因素；文婷和胡兵（2014）运用空间计量模型分析了相关因素对省域文化创意产业发展的影响程度；李刚（2007）利用空间残差自回归模型分析了我国环境Kuznuts曲线的“倒U形”特征问题；龙小宁等（2014）利用空间计量模型分析了我国县级政府之间税收竞争问题并提出了相关政策建议；李斌等（2018）利用建立的空间影响模型分析了房地产业对金融稳定的作用机制。

最后，不同估计方法和模型设定的比较研究。目前的文献较少涉及不同方法和模型之间的比较研究，如GMM和ML两种方法的优劣、贝叶斯和非贝叶斯估计量之间的比较以及变系数模型和联立方程模型在处理空间异质性的优劣性比较，等等。此外，把贝叶斯引入空间计量经济学，也是未来需重点关注的领域之一。

文献索引

程中华、于斌斌，2014：“产业集聚与地区工资差距——基于中国城市数据的空间计量分析”，《当代经济科学》第6期。

戴平生、陈建宝，2008：“财政支出、电力消费与农民收入的时空特征分析”，《数理统计与管理》第4期。

桂黄宝，2014：“我国高技术产业创新效率及其影响因素空间计量分析”，《经济地理》第6期。

胡霞、魏作磊，2006：“中国城市服务业发展差异的空间经济计量分析”，《统计研究》第9期。

李斌、卢明炜、张所地、范新英，2018：“房地产业对中国城市金融稳定的影响研究——基于空间计量模型的比较分析”，《数理统计与管理》录用待刊。

李刚，2007：“基于Panel Data和SEA的环境Kuznets曲线分析——与马树才、李国柱两位先生探讨”，《统计研究》第5期。

李培，2007：“中国城市经济运行的特征分析”，《财经研究》第5期。

刘秉镰、武鹏、刘玉海，2010：“交通基础设施与中国全要素生产率增长——基于省域数据的空间面板计量分析”，《中国工业经济》第3期。

林光平、龙志和、吴梅，2006：“中国地区经济σ-收敛的空间计量实证分析”，《数量经济技术经济研究》，第4期。

龙小宁、朱艳丽、蔡伟贤等，2014：“基于空间计量模型的中国县级政府间税收竞争的实证分析”，《经济研究》第8期。

龙志和、欧变玲、林光平，2009：“空间经济计量模型Bootstrap检验的水平扭曲”，《数量经济技术经济研究》第1期。

潘文卿，2010：“中国区域经济差异与收敛”，《中国社会科学》第1期。

邱瑾，2014：“基于Bayes空间计量视角的GDP增长影响因素及其区域集聚效应分析”，《数理统计与管理》第1期。

任英华、徐玲、游万海，2010：“金融集聚影响因素空间计量模型及其应用”，《数量经济技术经济研究》第5期。

王立平、彭继年、任志安，2006：“我国FDI区域分布的区位条件及其地理溢出程度的经验研究”，《经济地理》第2期。

文嫮、胡兵，2014：“中国省域文化创意产业发展影响因素的空间计量研究”，《经济地理》第2期。

吴玉鸣、李建霞，2006：“基于地理加权回归模型的省域工业全要素生产率分析”，《经济地理》第5期。

吴玉鸣，2006a：“空间计量经济模型在省域研发与创新中的应用研究”，《数量经济技术经济研究》第5期。

吴玉鸣，2006b：“中国省域经济增长趋同的空间计量经济分析”，《数量经济技术经济研究》第12期。

姚丽、谷国锋、王建康，2014：“基于空间计量模型的郑州城市新建住宅空间效应研究”，《经济地理》第1期。

张学良，2010：“长三角地区经济收敛及其作用机制：1993—2006”，《世界经济》第3期。

Abbot, A., 1997, “Of Time and Space: the Contemporary Relevance of the Chicago School”, *Social Forces*, 75 (4): 1149 - 1182.

Anselin, L., 1980, “Selection of Regressors”, *International Economic Review*, 21: 331 - 354.

Anselin, L., 1986, “Non - nested Tests on the Weight Structure in Spatial Autoregressive Models: Some Monte Carlo Results”, *Journal of Regional Science*, 26 (2): 267 - 284.

Anselin, L., 1988a, “Lagrange Multiplier Test Diagnostics for Spatial Dependence and Spatial Heterogeneity”, *Geographical Analysis*, 20 (1): 1 - 17.

Anselin, L., 1988b, “Spatial Econometrics: Methods and Models”, Springer, Berlin, Heidelberg.

Anselin, L., Florax, R. J., 1995, “Small Sample Properties of Tests for Spatial Dependence in Regression Models: Some Further Results”, *New directions in spatial econometrics*, Springer, Berlin, Heidelberg.

Anselin, L., Kelejian H, 1997, “Testing for Spatial Error Autocorrelation in the Presence of Endogenous Regressors”, *International Regional Science Review*, 20 (1 - 2): 153 - 182.

Anselin, L., 2001a, “Rao's Score Test in Spatial Econometrics”, *Journal of Statistical Planning and Inference*, 97 (1): 113 - 139.

Anselin, L., 2001b, “Spatial Effects in Econometric Practice in Environmental and Resource. Economics”, *American Journal of Agricultural Economics*, 83 (3): 705 - 710.

Anselin, L., 2003, “Spatial Externalities, Spatial Multiplier, and Spatial Econometrics”, *International Regional Science Review*, 26 (2): 153 - 166.

Arora, S., Brown M., 1977, “Alternative Approaches to Spatial Autocorrelation: an Improvement over Current Practice”, *International Regional Science Review*, 2 (1): 67 - 78.

Baltagi, B. H., Fingleton, B., & Pirotte, A., 2014, “Estimating and Forecasting with a Dynamic Spatial Panel Data Model", *Oxford Bulletin of Economics and Statistics*, 76 (1): 112 - 138.

Bivand, R., 1984, "Regression Modeling with Spatial Dependence: An Application of Some Class Selection and Estimation Methods", *Geographical Analysis*, 16 (1): 25 - 37.

Bockstael, N. E., 1996, "Modeling Economics and Ecology: The Importance of a Spatial Perspective", *American Journal of Agricultural Economics*, 78 (5): 1168 - 1180.

Burridge, 1980, "On the Cliff - Ord Test for Spatial Correlation", *Journal of the Royal Statistical Society B*, 42: 107 - 108.

Casetti, E., 1972, "Generating Models by the Expansion Method: Applications to Geographic Research", *Geographical Analysis*, 4 (1): 81 - 91.

Casetti, E., 1991, "the Investigation of Parameter Drift by Expanded Regressions: Generalities and a Family Planning Example", *Environment and Planning*, 23 (7): 1045 - 1061.

Cho, W. K. T., 2003, "Contagion Effects and Ethnic Contribution Networks", *American Journal of Political Science*, 47 (2): 368 - 387.

Elhorst, J. P., 2003, "Specification and Estimation of Spatial Panel Data Models", *International Regional Science Review*, 26 (3): 244 - 268.

Elhorst, J. P., 2005, "Unconditional Maximum Likelihood Estimation of Linear and Log - linear Dynamic Models for Spatial Panels", *Geographical Analysis*, 37 (1): 85 - 106.

Elhorst, J. P., 2014, "Spatial Econometrics from Cross - sectional Data to Spatial Panels", *James P Lesage*, 1 (1): 245 - 260.

Fik, T J., 1988, "Hierarchical Interaction: the Modeling of a Competing Central Place System", *The Annals of Regional Science*, 22 (2): 48 - 69.

Gimpel, J. G., 1999, "Separate Destinations: Migration, Immigration and the Politics of Places", *University of Michigan Press*, Ann Arbor, MI.

Gimpel, J. G., Schuknecht, J. E., 2003, "Political Participation and the Accessibility of the Ballot Box", *Political Geography*, 22 (5): 471 - 488.

Gleditsch, K. S., Wald, M. D., 2000, "War and Peace in Space and Time: The Role of Democratization", *International Studies Quarterly*, 44 (1): 1 - 29.

Hordijk, L., Nijkamp, P., 1977, "Dynamic Models of Spatial Autocorrelation", *Environment and Planning A*, 9 (5): 505 - 519.

Hordijik, L., 1979, "Problem in Estimating Econometric Relations in Space", *Papers of the Regional Science and Urban Economics*, 42 (1): 99 - 115.

Ioannides, Y. M., 2004, "Economic Geography and the Spatial Evolution of Wages in the United States", *Advances in spatial econometrics*, Springer, Berlin, Heidelberg.

Kapoor, M., Kelejian, H. H., and Prucha, H. H., 2007, "Panel Data Models with Spatial Correlated Error Components", *Journal of Econometrics*, 140 (1): 97 - 130.

Kelejian, H. H., Prucha, I. R., 1999, "A Generalized Moments Estimator for the Autoregressive Parameter in a Spatial Model", *International Economic Review*, 40 (2): 509 - 533.

Kelejian, H. H., Prucha, I. R., 2001, "On the Asymptotic Distribution of the Moran I Test Statistic with Applications", *Journal of Econometrics*, 104 (2): 219 - 257.

Kelejian, H. H., Prucha, I. R., 2002, "2SLS and OLS in a Spatial Autoregressive Model with Equal Spatial Weights", *Regional Science and Urban Economics*, 32 (6): 691 - 707.

Kelejian, H. H., Prucha, I. R., 2004, "Estimation of Simultaneous Systems of Spatially Interrelated Cross Sectional Equations", *Journal of Econometrics*, 118 (1 - 2): 27 - 50.

Kelejian, H. H., Prucha, I. R., 2007, "HAC Estimation in a Spatial Framework", *Journal of Econometrics*, 140 (1): 131 - 154.

Kim, C. W., Phipps T. T., and Anselin L., 2003, "Measuring the Benefits of Air Quality Improvement: a Spatial Hedonic Approach", *Journal of Environmental Economics and Management*, 45 (1): 24 - 39.

King, M., 1981, "A Small Sample Property of the Cliff - Ord Test for Spatial Correlation", *Journal of the Royal Statistical Society*, 43: 263 - 264.

Lin, K., Long, Z., and Ou, B., 2009, "Properties of Bootstrap Moran's I for Diagnostic Testing a Spatial Autoregressive Linear Regression Model", *World Congress of the Spatial Econometrics Association*, *Barcelona*.

Lee, L. F., 2001a, "Asymptotic Distributions of Quasi - maximum Likelihood Estimators for Spatial Econometric Models: I. Spatial Autoregressive Processes", Department of Economics, The Ohio State University, Columbus, OH.

Lee, L. F., 2001b, "Asymptotic Distributions of Quasi - maximum Likelihood Estimators for Spatial Econometric Models: II. Mixed Regressive, Spatial Autoregressive Models", Department of Economics, The Ohio State University, Columbus, OH.

Lee, L. F., 2002, "Consistency and Efficiency of Least Squares Estimation for Mixed Regressive, Spatial Autoregressive Models", *Econometric Theory*, 18 (2): 252 - 277.

Lee, L. F., 2003, "Best Spatial Two - stage Least Squares Estimators for a Spatial Autoregressive Model with Autoregressive Disturbances", *Econometric Review*, 22 (4): 307 - 335.

Lee, L. F., 2004, "Asymptotic Distributions of Quasi - maximum Likelihood Estimators for Spatial Autoregressive Models", *Econometrics*, 72 (6): 1899 - 1926.

Lee, L. F., 2007a, "GMM and 2SLS Estimation of Mixed Regressive, Spatial Autoregressive Models", *Journal of Econometrics*, 137 (2): 489 - 514.

Lee, L. F., 2007b, "The Method of Elimination and Substitution in the GMM Estimation of Mixed Regressive, Spatial Autoregressive Models", *Journal of Econometrics*, 140 (1): 155 - 189.

LeSage, J. P., 2000, "Bayesian Estimation of Limited Dependent Variable Spatial Autoregressive Models", *Geographical Analysis*, 32 (1): 19 - 35.

Meliciani, V., Savona, M., 2014, "The Determinants of Regional Specialisation in Business Services: Agglomeration Economies, Vertical Linkages and Innovation", *Journal of Economic Geography*, 15 (2): 387 - 416.

Moran, P. A. P., 1948, "The Interpretation of Statistical Maps", *Journal of the Royal Statistical Society*, 10 (2): 243 - 251.

Moran, P. A. P., 1950, "A Test for the Serial Independence of Residuals", *Biometrika*, 37 (1/2): 178 – 181.

Moreno, R. et al, 2004, "External Effects and Cost of Production", Ersa Conference Papers, 297 – 317.

Mossi, M. B., Aroca, P., Fernandez, I. J. and Azzoni, C. R., 2003, "Growth Dynamics and Space in Brazil", *International Regional Science Review*, 26 (3): 393 – 418.

Murdoch, J. C., Sandler, T. and Sargent, K., 2003, "A Tale of Two Collectives: Sulfur Versus Nitrogen Oxides Emission Reduction in Europe", *Economica*, 64 (254): 281 – 301.

Mudoch, J. C., Sandler, T. and Vijverberg, W. P. M., 2003, "The Participation Decision versus the Level of Participation in an Environmental Treaty: A Spatial Probit Analysis", *Journal of Public Economics*, 87 (2): 337 – 362.

Nelson, G. C., Hellerstein, D., 1997, "Do Roads Cause Deforestation? Using Satellite Images in Econometric Analysis of Land Use", *American Journal of Agricultural Economics*, 79 (1): 80 – 88.

Ord, K., 1975, "Estimation Methods for Models of Spatial Interaction", *Journal of the American Association*, 70 (349): 120 – 126.

Pace, R. K., 1997, "Performing Large Spatial Regressions and Autoregressions", *Economics Letters*, 54 (3): 283 – 291.

Pace, R. K., Barry, R., 2010, "Quick Computation of Spatial Autoregressive Estimators", *Geographical Analysis*, 29 (3): 232 – 246.

Pace, R. K., Barry, R. P., 1997, "Sparse Spatial Autoregressions", *Statistics and Probability Letters*, 33 (3): 291 – 297.

Pace, R. K., Zou, D., 2000, "Closed – form Maximum Likelihood Estimates of Nearest Neighbor Spatial Dependence", *Geographical Analysis*, 32 (2): 154 – 172.

Pace, R. K., LeSage, J. P., 2003, "Chebyshev Approximation of Log – determinants of Spatial Weights Matrices", *Computational Statistics and Data Analysis*, 45 (2): 179 – 196.

Paelinck, J., Klaassen, L., 1979, "Spatial Econometrics", Saxon House.

Pinkse, J., Slade, M. E., 1998, "Contracting in Space: An Application of Spatial Statistics to Discrete – choice Models", *Journal of Econometrics*, 85 (1): 125 – 154.

Revelli, F., 2002, "Local Taxes, National Politics and Spatial Interactions in English District Election Results", *European Journal of Political Economy*, 18 (2): 281 – 299.

Rey, S. J., Montouri, B. D., 1999, "U. S. Regional Income Convergence: A Spatial Econometric Perspective", *Regional Studies*, 33 (2): 143 – 156.

Rey, S. J., Boarnet, M. G., 2004, "A Taxonomy of Spatial Econometric Models for Simultaneous Equations Systems", Advances in Spatial Econometrics, 99 – 119.

Sampson, R. J., Morenoff, J. D. and Earls, F., 1999, "Beyond SocialCapital: Spatial Dynamics of Collective Efficacy for Children", *American Sociological Review*, 6 (4): 633 – 660.

Bao, S., Henry, M. and Barkley, D., 2004, "Identifying Urban – Rural Linkages: Tests for Spatial Effects in the Carlino – Mills Model", Advances in Spatial Econometrics, 321 – 334.

Starr, H. , 2001, "Using Geographic Information Systems to Revisit Enduring Rivalries: the Case of Israel", *Geopolitics*, 5 (1): 37 - 56.

Tiefelsdorf, M. , 1995, "The Exact Distribution of Moran's I", *Environment and Planning A*, 27 (6): 985 - 999.

Vayá E. , López - Bazo E. , Moreno R. , et al. , 2004, "Growth and Externalities Across Economies: An Empirical Analysis Using Spatial Econometrics", Advances in Spatial Econometrics, 433 - 455.

Liu, X. , Lee, L. F. , 2013, "Two - stage Least Squares Estimation of Spatial Autoregressive Models with Endogenous Regressors and Many Instruments", *Econometric Reviews*, 32 (5 - 6): 734 - 753.

Yu, J. , Jong, R. , and Lee, L. F. , 2006, "Quasi - maximum Likelihood Estimators for Spatial Dynamic Panel Data with Fixed Effects When Both n and T are Large", *Journal of Econometrics*, 146 (1): 118 - 134.

Zellner, A. , 1962, "An Efficient Method of Estimating Seemingly Unrelated Regressions and Tests of Aggregation Bias", *Journal of the American Statistical Association*, 57 (298): 348 - 368.

第十五章

混频数据模型

模型估计依赖于数据，但是不同数据具有不同的频率（日度、月度和年度等）。当模型面对不同频率的数据时，往往需要将（相对）高频的数据进行降频处理，这有利于模型估计，但却损失了部分信息。混频数据模型的提出解决了数据频率不一致的问题。本章内容将对混频数据模型进行介绍，包括混频回归、混频自回归、混频因子、协整混频和混频 GARCH 等。

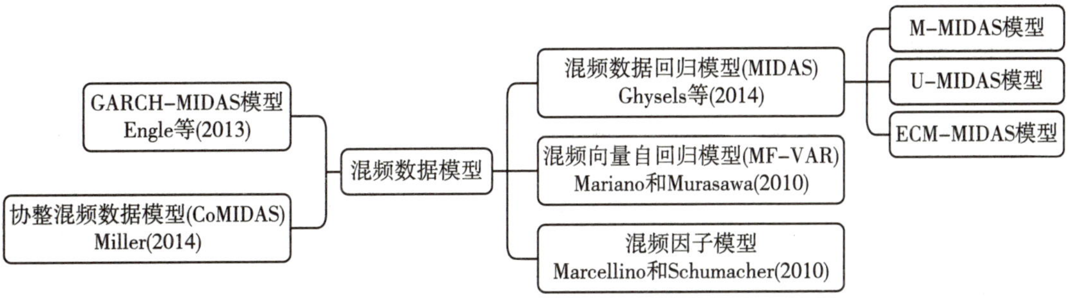

图 15-1　混频数据模型

一、混频数据简述

随着信息科技的创新，收集并存储大型数据已成为一件轻松的事情，从而使许多时间序列能够以非常高的取样频率被记录下来。然而，许多现实的时间序列存在着不同的采样频率，给时间序列的精确预测造成了一个两难困境：一方面高频率的变量包含潜在的有用信息；另一方面传统的时间序列模型要求所有的经济变量的频率必须是相同的，如果模型中的变量频率不一致，我们就不能直接利用高频率信息来进行预测。虽然高频数据包含潜在的有用信息，它也可能包含噪音和其他多余因素，这些因素对于低频宏观经济变量的预测效果很差。因此，在进行预测之前，有必要先对高频数据进行过滤。另外，当在传统的时间序列回归模型里使用加总的高频金融变量时会产生估计的问题，Andreou（2010）指出在采用相同加总、权重的回归模型里，所估计出的“斜率”参数呈渐进非有效而且在许多情况下不具有一致性。随着众多不同频率时间序列数据的出现，时间长度不断累积，数理模型不断创新和发展，软件编程技术及带来的数据处理能力不断提高，实际中经济领域的需求，在上述原因的驱动下，混频数据模型的研究与应用迅速发展起来。

混频数据的处理主要包括以下几种主流方法：“桥接方程”，该方法常用于中央银行和其他政策制定机构；混频数据模型（MIDAS）方法，该方法由 Ghysels 等（2004）提出，在最初的应用中被用于预测金融数据，Clements 和 Galvao（2008）首次将 MIDAS 回归应用到宏观经济数据；混频向量自回归模型（MF-VAR）由 Mariano 和 Murasawa（2010）在 Zadrozny（1988）提出的 VARMA 模型基础上命名，MF-VAR 在古典框架以及贝叶斯框架下均有应用，采用状态空间表达式来表述；混频因子模型可以提取出经济活动的一个不可观测状态，以创建一个新的同步指标并对研究对象进行预测或者“实时预报”。Marcellino 和 Schumacher（2010）将因子模型和 MIDAS 模型结合起来，利用大量的高频指标信息对低频变量进行“实时预报”或预测。

二、混频回归模型

（一）模型介绍

在介绍混频回归模型之前，先了解混频数据处理的一个较早期的方法——“桥接方程”。该方程将低频变量和时间加总指标联系起来。有关高频指标的预测值由特定的高频时间序列模型提供，这些高频变量被预测值加总之后，插入桥接方程获得低频变量的预测值。桥接方程为线性回归模型，它将高频变量如工业生产、零用销售等，跟低频变量如季度实际 GDP 增长率联系起来（即“搭桥”），在官方信息发布之前对其进行当前的或短期预测。以 GDP 的预测为例，由于在预测区间内，月度指标通常只是部分地可获得，因此对 GDP 增长率的预测分为两步：第一步，利用单变量时间序列模型对季度内其余月份的月度指标值进行预测，并对其进行加总获得相应的季度值；第二步，加总过的预测值被当成桥接方程里面的自变量，对 GDP 增长率进行预测。

为了解决传统时间序列回归模型的缺陷及基础数据频率的不一致的问题，Ghysels 等（2004）提出了混频数据回归模型（MIDAS）。该模型实质上为一个紧凑参数化的简化回归形式，可以直接将不同频率变量纳入同一模型中，并根据实际高频变量的样本数据，将变量的滞后阶数和权重函数放在一起考虑，从而得到模型的最优参数估计值，克服了传统同频率回归模型的参数缺乏灵活性和时变性的缺点。混频数据回归模型（MIDAS）弥补了传统时间序列回归模型的不足，随着建模理论和分析技术不断发展和创新，它由最初的一个高频变量预测低频变量逐渐发展到多元混频数据回归预测模型（简记为 M－MIDAS）。当高频变量和低频变量的频率相差很小，且估计的参数不多时，通常选择非限制混频数据回归模型对低频变量做出预测，根据传统分布滞后模型的建模机理，如果高频变量前不假设权重函数，可得非限制多元混频数据回归模型（简记为 U－MIDAS）。当假如非限制性混频数据回归模型中低频因变量与高频自变量存在长期均衡关系，就可以通过变形得到非限制性混频数据误差修正模型（ECM－MIDAS）。

MIDAS 回归实质上为一个紧凑参数化的简化回归形式，且包含不同频率的时间序列。对高频解释变量的反应由一个高度紧凑、简洁的分布滞后多项式来表达，以防止可能的参数数目扩散，以及与滞后除数选择相关等问题。MIDAS 回归模型由 Ghysels 等（2004）提出。他们研究了 MIDAS 回归估计的渐进性质，并与传统的分布滞后模型进行比较。他们发现，在大多数时候 MIDAS 模型相比传统的将高频序列加总为低频序列的方法更有效。进一步地，他们发现在某些情况下，当所有序列都处于最高频率时，MIDAS 回归模型同样可以与分布滞后模型相媲美。Clements 等（2008）考虑了一个简单的自回归结构 MIDAS 模型（AR－MIDAS），使用非线性最小二乘法（NLS）对该模型进行估计。Clements 等

(2008) 发现实时高频数据的使用大大增进了预测的效果。由于 AR - MIDAS 具有灵活性和易用性等特点，该模型是目前利用月度指标预测近期宏观经济总量模型的一个有益补充。处理混频数据的另一种方法是将模型表达为状态空间表达式。为了处理不同频率的数据，低频变量被看成是具有“缺失值”的高频变量，之后利用卡尔曼滤波器及卡尔曼平滑器对“缺失值”进行估计并生成预测值。另外，对低频和高频序列的动态分析是同时进行的。目前最引人注目的方法由 Zadrozny (1988) 提出，该方法对基于不同频率采样序列的 VARMA 模型进行直接估计。Mariano 和 Murasawa (2010) 引进混频向量自回归（即 MF - VAR）模型，他们介绍了局部潜伏时间序列的 VAR 模型（用状态空间形式表达）。由于向量自回归模型通常提供对包含解释变量模型富有竞争力的预测，因此在 MIDAS 模型中引入向量自回归项虽然不直观但似乎是一个理想的拓展。Ghysels 等 (2004) 指出，引入因变量的滞后项会造成效率损失，而且还会导致解释变量产生季节性模式。为避免这一点，Ghysels 引入一个向量自回归作为共同因子，进而将混频向量自回归模型（MF - VAR）因子扩展为混频数据因子回归预测模型（Factor - MIDAS）。此外，Doz (2011) 提出了大混频因子模型，其分析框架结合了主成分与卡尔曼滤波器：首先，该模型的参数由对估计因子进行 OLS 回归而得出，而估计因子又是由数据集计算出的主成分所获得的；其次，利用卡尔曼平滑器在整个不平衡的面板上更新对信号变量的估计。Miller (2014) 引入了协整混频数据模型（简称为 CoMIDAS），允许预测模型中的时间序列之间存在共同的随机趋势。CoMIDAS 回归嵌套了 Ghysels 等 (2014) 平稳 MIDAS 回归，以及 Clements 和 Galvao (2008) 的差分平稳 MIDAS 回归。Miller 在比现有文献更为宽松的条件下推导出了 CoMIDAS 回归的渐进性质。结果显示，非线性最小二乘估计量（NLS）依然是获得最小预测方差的参数向量，且其渐进分布为一个可能具有奇异方差的高斯分布。最后，作者对该方法进行实证检验，利用月度金融变量对全球实际经济活动进行“实时预报”，结果证实了 CoMIDAS 方法的有效性。此外，很多文献对 MIDAS 模型的各种拓展形式进行了分析，分析混频数据在不同领域的应用，并研究某些特定的特征。例如，有些研究将参数的机制转换或者解释变量的正负冲击所造成的非对称反应包括在模型中。

为了在 MIDAS 分析框架下，能够解释多于一个的解释变量，对基本的 MIDAS 模型进行拓展，其中多个解释变量间可能具有不同的滞后长度。Ghysels (2007) 进一步将其扩展为非线性 MIDAS 模型。

（二）模型应用

近年来，时间序列数据有了更广泛、更长时间的积累，特别是金融领域积累了大量不同频率的时间序列数据，如秒、分、小时、天、月度、季度、年度等为频率的数据。这些数据的诞生使得研究变量之间统计依赖关系的传统计量经济模型受到了前所未有的挑战，原因在于传统计量模型只能分析同频率变量之间的定量关系，当遇到不同频率的解释变量和被解释变量时，近几年通常的做法均是将高频数据通过一定的方法化为低频数据，即使对于同一研究问题，高频数据低频化的方法往往随着研究者的不同而不同，纵然使用同一模型，也会得出迥异的实证结果，使用传统计量经济模型，在建模之前完全独立于模型将高频数据低频化的可能会出现估计结果不稳定、结构参数可信度降低、预测精度下降等一系列的现实问题。结合实际经济运行中出现的问题，学术界针对混频数据的模型建立、参数估计及有效性检验等方面展开研究。

Stark（2000）利用美国经济数据，证实了当前季度内的每月数据对季度变量预测的桥接方程的有效性。通过在季度贝叶斯向量误差修正模型中生成一个向前一步的预测，Stark（2000）提出了一个携带季度模型中变量信息的月度计量模型，并使用该模型从月度指标中生成当前季度的平均预测指标。当通过这些月度指标获得季度平均的预测指标之后，便形成了对季度模型的当前季度预测的更新估计。研究表明，对月度信息的使用产生了经济上与统计上都十分显著的改进，在经济衰退时期表现得尤为明显。此外，桥接方程也被用于对欧元区 GDP 增长的“实时预报”。在 Baffigi 等（2004）的研究中，桥接模型被用于估计整个欧元区及区内一些主要国家的总体 GDP 水平及其组成成分。这些模型的短期表现随后被用于与基准的单变量以及多变量模型进行比较。结果显示：给定在预测期间内至少有一些指标是可获得的情况下，桥接方程的预测精度相比基准模型总是占优的。Diron（2008）利用欧元区数据的桥接方程提供对预测误差的评估，并考虑数据的修正，他使用 4 个年份的数据，在真实的实时条件下提供关于欧元区实际产出水平的预测误差的估计，并评估数据的修正对实际产出水平的短期预测。给定对活动指标的修正幅度，基于修正数据的短期预测指标的评估可能会产生误导性的后果。然而，对所有的桥接方程平均来说，无论使用的是初始的还是修正的数据，对每个季度的预测指标大致都是类似的。基于实时或者“伪实时”预测的 RMSE 值都很相似，且都比 AR 基准模型要低。Diebold - Mariano 检验显示这种差别是显著的，凸显出基于桥接方程的短期预测是包含丰富信息的。

MIDAS 方法广泛应用于市场波动性的预测。Ghysels 等（2005）采用从 1928—2000 年的美国月度及每日市场回报数据，利用条件方差的 MIDAS 模型，发现市场波动和预期收益之间存在显著的正相关关系，证实 Merton（1973）提出的跨期资本资产定价模型（ICAPM）。Ghysels 等（2006）应用 MIDAS 回归模型研究了收益波动率的可预测性。MIDAS 回归框架使得他们能够探究高频数据的使用是否必然导致在不同的预测区间都有更好的波动性预测，且保持较大的灵活性。他们发现“每日实现力”（即高频绝对收益的总和）是未来波动率（定义为二次变分的增量）的最佳预测指标，且优于“已实现波动率”（定义为二次变分的过去增量）为预测指标的模型。Ghysels 等（2007）提出了 MIDAS 的各种扩展模型，如广义 MIDAS 回归，非线性 MIDAS 回归，以及多元 MIDAS 回归等。他们应用这些拓展的 MIDAS 模型从 10 年日道琼斯指数收益数据中估计条件期望收益与风险之间的关系，发现即使采样周期或参数权重不一样，条件期望与风险（条件方差）依然存在统计显著的正向关系，这说明风险与收益的权衡是美国股市的稳健特征。Alper 等（2008）探讨了基于平方日收益的线性单变量 MIDAS 回归模型对相对每周股票市场波动性的预测表现，并利用 4 个发达国家与 10 个发展中国家的数据与基准 GARCH（1，1）模型进行了对比。结果表明，MIDAS 平方日收益率回归模型在 4 个发达国家的表现显著优于基准 GARCH 模型。此外，在 10 个新兴国家中，MIDAS 回归模型均优于 GARCH 模型。Bai 等（2013）利用 MIDAS 模型和状态空间模型对美国 GDP 进行了预测，并通过蒙特卡洛模拟对比分析了两种模型的预测精度，结果表明：MIDAS 模型在预测方面优于状态空间模型。对通货膨胀率的预测，Andreou 等（2013）提出了有关使用 MIDAS 方法的一些见解。他们研究发现，使用单变量用 MIDAS 模型预测后一季度的 CPI 指数相比传统的移动窗口（RW）模型、自回归（AR）模型以及因子—自回归（FAR）模型有分别 85%、53% 及 19% 的改进。当预测区间选取为 8 个季度时，作者发现紧凑的单变量 MIDAS 模型所得出的均方预测误差（MSFE）相比 RW、AR 及传统的因子模型分别有 28%、28% 及 50% 的改进。因子模型在计量经济学中不但有久远的传统，而且从经济学的角度来看也是吸引人的。因为它们将每个时间序列分解成为一个共同成分（该共同成分由数个代表关键经济驱动力的因子所构成），以及一个异质成分。Mariano 等（2003）为一小组可观测到的月度和季度序列设定了一个静态单因子模型，并推导出其状态空间表示式。Frale 等（2011）引进了关于欧元区经济条件的一个新的月度指标 EUROMIND，在月度的基础上跟踪实际 GDP。该月度指标的构造是间接地从两方面来进行的：一方面是从产出方面，通过供应部门增加值的时间分解；另一方面是从支出方面，通过需求主成分的时间分解。这两方面的估计分别被赋予最优的权重以反映它们的精确性。因此，该指标既包含月度也包含季度信息，且通过一个状态空间形式表达的动态因子来建模。其运算的效率是通过实行单变量过滤和平滑过程来实现的，且允许在统一的框架下处理粗糙边缘问题及其他的数据反常问题。作者发现模型对部门数据的应用有很好的效果。

Schorfheide 和 Song（2011）分析了加入月度高频数据后的 MF - VAR 模型的预测精度变化和预测效果。Foroni 和 Marcellino（2012）利用 MF - VAR 模型对欧元区的季度 GDP 进行了预报，结果表明 MF - VAR 模型在长期预报中预测效果要优于 MIDAS 模型。Kuzin 等（2012）通过混频数据回归模型、混频数据预测模型和因子混频数据回归模型三种模型研究预测了若干个国家 GDP，结果表明因子混频数据回归模型在处理大量数据面前有优势。

目前，国内学者对 MIDAS 模型的研究及应用还比较初步。最早将 MIDAS 模型引入国内的是徐剑刚等（2007），他们主要利用模型研究了我国股市的波动性。在经济预测方面，刘金全等（2010）介绍了混频数据模型并尝试利用该方法对中国宏观经济变量进行预测，他们的实证结果显示混频数据模型的参数估计和方差相比传统的同频数据模型（如加总法与插值法）而言都要更好，初步证实了混频数据取样模型在中国宏观经济应用上的有效性；刘汉和刘金全（2011）介绍了用于中国季度 GDP 增长率实时预报和预测的 MIDAS 模型，并且利用社会固定资产投资等指标的月度数据对我国宏观经济总量进行短期预测，实证结果显示，MIDAS 模型在短期预测方面具有精确性的比较优势，在实时预报方面具有可行性和时效性；郑挺国和尚玉皇（2013）在实时数据的基础上选取金融变量（如货币供应量）作为预测因子并通过 MIDAS 模型对 GDP 增长率进行短期预测，研究表明 MIDAS 模型的短期预测效果良好且考虑自回归项的 MIDAS 模型明显提高了预测精度；王维国和于扬（2016）针对我国季度 GDP 建立了 6 种不同的 MIDAS 模型，对 GDP 进行了短期预报并分析了混频回归联合预测模型的预测精度和效果；龚玉婷等（2011）利用自回归混频数据抽样模型探究了金融市场日度信息对 CPI 短期预测的影响。在研究我国经济周期波动方面，郑挺国和王霞（2013）利用我国 GDP 等数据建立了混频数据区制转移动态因子模型，并分析了我国 1992—2011 年的经济周期变化；李正辉和郑玉航（2015）利用 MS - MIDAS 模型考察了我国 1993—2013 年的经济周期区制变化，研究表明我国经济周期波动具有三区制阶段变化的特征；叶光（2015）利用混频数据建立了动态因子模型考察了我国经济的周期性波动特征；仝冰通过利用 DSGE 模型对年度数据进行估计，认为与投资相关的冲击是中国产出波动的主要影响因素。在研究经济作用机制方面，尚玉皇等（2015）利用混频 Nelson - Siegel 模型研究了我国国债收益率与 GDP 潜在因子等宏观经济变量的相互作用，结果表明了曲度因子、通胀因子以及 GDP 潜在因子之间的相互关系；尚玉皇和郑挺国（2018）利用混频 DSGE 模型探究了我国国债收益率与宏观经济的相互作用机制。此外，赵华和王杰（2018）利用混频 VAR 模型分析了我国实体经济与股票市场、债券市场之间的时变溢出效应，结果表明溢出效应具有显著的时变特征。

三、混频 GARCH 族模型

单因子混频 GARCH 族模型（GARCH - MIDAS）由 Engle 等（2013）提出，该模型可以用于对波动率进行分析，具体为将高频波动率分解为长期成分、短期成分，而用低频波动率结合经济变量解释长期成分。Conrad 和 Loch（2015）在单因子混频 GARCH 族模型的基础上进行了拓展，提出了多因子混频 GARCH 族模型，解决了不同经济变量与已实现波动率之间孤立的问题。

自 GARCH - MIDAS 模型提出以来，该模型的应用主要集中在波动率的分析方面。在研究股票市场波动方面，Engle 等（2013）利用提出的混频 GARCH 模型分析了美国 PPI 以及工业增加值与股票指数之间的关系，研究表明 PPI 和工业增加值对股票市场长期波动具有一定影响；Girardin 和 Joyeux（2013）同样利用该模型分析了我国股票市场的波动情况；Asgharian 等（2013）利用混频 GARCH 族模型则检验了宏观基本面信息在预测股市回报波动的长短期成分方面是否起作用；Conrad 和 Loch（2015）利用双因子混频 GARCH 族模型进行了相似的工作，探究了宏观经济变量对股市波动的影响；Su 等（2017）利用 GARCH－MIDAS 模型研究了以 NVIX 衡量的不确定性在预测美国长期市场波动中的作用，结果显示预测效果良好，他们以同样的方法（2018）检验了 NVIX 对亚太市场中长期波动和短期波动的预测能力，发现 NVIX 在确定短期波动方面比长期波动更有效；Fang 等（2018）研究了 NVIX 在发达市场长期股市波动中的作用，结果表明使用 GARCH－MIDAS 模型 NVIX 对全样本期股市方差有正向和显著的影响。在其他方面，Pan 等（2017）利用 GARCH－MIDAS 模型研究了石油价格波动与宏观经济基础之间的关系，结果发现宏观变量信息能够提供未来石油价格波动超过历史波动的有用信息。Wei 等（2018）基于混合数据回归的 GARCH－MIDAS 模型研究了热钱对我国股市收益率和波动率的影响，研究表明热钱增长率与中国股市收益率之间没有线性或非线性因果关系。Amendola 等（2018）通过扩展 GARCH－MIDAS 模型考察了宏观经济变化对金融市场波动的影响，并且在样本外分析中发现改进后的模型要优于以往的 GARCH－MIDAS 模型。Su 等（2018）采用双因子 GARCH－MIDAS 模型研究了美国经济不确定性对其他工业化国家和新生市场国家股市波动的溢出效应，结果表明不确定性在预测市场波动方面优势更加明显。

国内对于 GARCH－MIDAS 模型的实证分析相对较少。郑挺国和尚玉皇（2014）利用单因子和多因子两种 GARCH－MIDAS 模型分析了景气指数与股票市场波动率间的关系，研究表明 GARCH－MIDAS 模型在预测股市变动方面具有很好的优势，并且多因子 GARCH－MIDAS 模型预测优势更加明显。王建和何娟（2016）将 GARCH－MIDAS 模型引入国内大宗商品市场波动研究中，利用已实现波动率和宏观经济景气指数作为经济变动变量，希望解决高频价格小样本与长周期预测之间的难题。尹力博和李勍（2017）利用已实现波动率的 GARCH－MIDAS 模型对我国人民币汇率价差波动进行了分析，研究表明投资者关注能够显著增大人民币汇率价差波动，且对波动短期成分作用更强。

文献索引

龚玉婷、陈强、郑旭，2014："基于混频模型的 CPI 短期预测研究"，《统计研究》第 12 期。

李正辉、郑玉航，2015："基于混频数据模型的中国经济周期区制监测研究"，《统计研究》第 32 期。

刘金全、刘汉、印重，2010："中国宏观经济混频数据模型应用——基于 MIDAS 模型的实证研究"，《经济科学》第 5 期。

刘汉、刘金全，2011："中国宏观经济总量的实时预报与短期预测——基于混频数据预测模型的实证研究"，《经济研究》第 3 期。

尚玉皇、郑挺国、夏凯，2015："宏观因子与利率期限结构：基于混频 Nelson—Siegel 模型"，《金融研究》第 6 期。

尚玉皇、郑挺国，2018："基准收益率曲线与宏观经济：基于混频 DSGE 模型的研究"，《经济研究》

第 6 期。

仝冰，2017：“混频数据、投资冲击与中国宏观经济波动”，《经济研究》第 6 期。

王建、何娟，2016：“考虑外部系统性风险因素的供应链金融长期价格风险测度研究”，《金融经济学研究》第 4 期。

王维国、于扬，2016：“基于混频回归类模型对中国季度 GDP 的预报方法研究”，《数量经济技术经济研究》第 4 期。

徐剑刚、张晓蓉、唐国兴，2007：“混合数据抽样波动模型”，《数量经济技术经济研究》第 11 期。

叶光，2015：“基于混频数据的一致指数构建与经济波动分析”，《统计研究》第 8 期。

尹力博、李勍，2017：“投资者关注对人民币汇率价差波动的影响研究——基于 GARCH - MIDAS 模型”，《管理科学》第 5 期。

赵华、王杰，2018：“基于混频数据的实体经济与金融市场时变溢出效应研究”，《统计研究》第 7 期。

郑挺国、尚玉皇，2013：“基于金融指标对中国 GDP 的混频预测分析”，《金融研究》第 9 期。

郑挺国、尚玉皇，2014：“基于宏观基本面的股市波动度量与预测”，《世界经济》第 12 期。

郑挺国、王霞，2013：“中国经济周期的混频数据测度及实时分析”，《经济研究》第 6 期。

Alper, C. E., Fendoglu, S., and Saltoglu, B., 2008, “Forecasting Stock Market Volatilities Using Midas Regressions: an Application to the Emerging Markets”, *Mpra Paper*.

Amendola, A., Candila, V., and Gallo, G. M., 2018, “On the Asymmetric Impact of Macro - Variables on Volatility”, *Economic Modelling*, In Press.

Andreou, E., Ghysels, E., and Kourtellos, A., 2013, “Should Macroeconomic Forecasters Use Daily Financial Data and How”, *Journal of Business and Economic Statistics*, 31 (2): 240 - 251.

Asgharian, H., Hou, A. J., and Javed, F., 2013, “The Importance of the Macroeconomic Variables in Forecasting Stock Return Variance: a GARCH - MIDAS Approach”, *Journal of Forecasting*, 32 (7): 600 - 612.

Baffigi, A., Golinelli, R., and Parigi, G., 2004, “Bridge Models to Forecast the Euro Area Gdp”, *International Journal of Forecasting*, 20 (3): 447 - 460.

Bai, J., Ghysels, E., and Wright, J. H., 2013, “State Space Models and MIDAS Regressions”, *Econometric Reviews*, 32 (7): 779 - 813.

Burckhardt, C. B., 2013, “Analysis of Varactor Frequency Multipliers for Arbitrary Capacitance Variation and Drive Level”, *Bell Labs Technical Journal*, 44 (4): 675 - 692.

Cimadomo J, D' Agostino A, 2016, “Combining Time Variation and Mixed Frequencies: an Analysis of Government Spending Multipliers in Italy”, *Journal of Applied Econometrics*, 31 (7): 1276 - 1290.

Clements, M. P., Galvão, A. B., 2008, “Macroeconomic Forecasting with Mixed - Frequency Data: Forecasting Output Growth in the United States”, *Journal of Business & Economic Statistics*, 26 (4): 546 - 554.

Clements, M. P., Galvão, A. B., 2010, “Forecasting US Output Growth Using Leading Indicators: an Appraisal Using MIDAS Models”, *Journal of Applied Econometrics*, 24 (7): 1187 - 1206.

Conrad, C., Loch, K., 2015, “Anticipating Long - term Stock Market Volatility”, *Journal of Applied Econometrics*, 30 (7): 1090 - 1114.

Doz, C., Giannone, D., and Reichlin, L., 2011, "A Two - step Estimator for Large Approximate Dynamic Factor Models Based on Kalman Filtering", *Journal of Econometrics*, 164 (1): 188 - 205.

Diron, M., 2010, "Short - term Forecasts of Euro Area Real GDP Growth: an Assessment of Real - time Performance Based on Vintage Data", *Journal of Forecasting*, 27 (5): 371 - 390.

Engle, R. F., Ghysels, E., and Sohn, B., 2013, "Stock Market Volatility and Macroeconomic Fundamentals", *Review of Economics and Statistics*, 95 (3): 776 - 797.

Enocksson, D., 2013, "Forecasting Swedish Output Growth: An Empirical Comparison of MIDAS Regressions and the RAMSES Model", *Working paper*.

Ghysels, E., Santa - Clara, P., and Valkanov, R., 2005, "There is a Risk - return Trade - off after All", *Journal of Financial Economics*, 76 (3): 509 - 548.

Fang, L., Qian, Y., Chen, Y., and Yu, H., 2018, "How Does Stock Market Volatility React to NVIX? Evidence from Developed Countries", *Physica A: Statistical Mechanics and its Applications*, 505 (1): 490 - 499.

Foroni, C., Marcellino, M., 2012, "A Comparison of Mixed Frequency Approaches for Modelling Euro Area Macroeconomic Variables", *EUI ECO Working Papers*.

Foroni C, Ghysels E, and Marcellino M, 2013, "Mixed - Frequency Vector Autoregressive Models", *Advances in Econometrics*, 32: 247 - 272.

Frale, C., Marcellino, M., Mazzi, G. L., and Proietti, T., 2011, "Euromind: a Monthly Indicator of the Euro Area Economic Conditions", *Journal of the Royal Statistical Society*, 174 (2): 439 - 470.

Ghysels, E., Santa - Clara, P., and Valkanov, R, 2004, "The MIDAS Touch: Mixed Data Sampling Regression Models", *Working Paper*.

Ghysels, E., Sinko, A., and Valkanov, R., 2007, "MIDAS Regressions: Further Results and New Directions", *Econometric Reviews*, 26 (1): 53 - 90.

Girardin, E., and Joyeux, R., 2013, "Macro Fundamentals as a Source of Stock Market Volatility in China: a Garch - Midas Approach", *Economic Modelling*, 34 (6): 59 - 68.

Kuzin, V., Marcellino, M., and Schumacher, C., 2013, "Pooling Versus Model Selection for Nowcasting GDP with Many Predictors: Empirical Evidence for Six Industrialized Countries", *Journal of Applied Econometrics*, 28 (3): 392 - 411.

Marcellino, M., Schumacher, C., 2008, "Factor - MIDAS for Nowcasting and Forecasting with Ragged - Edge Data: a Model Comparison for German GDP", *Oxford Bulletin of Economics & Statistics*, 72 (4): 518 - 550.

Mariano, R. S., and Murasawa, Y., 2003, "A New Coincident Index of Business Cycles Based on Monthly and Quarterly Series", *Journal of Applied Econometrics*, 18 (4): 427 - 443.

Mariano, R. S., Murasawa, Y., 2010, "A Coincident Index, Common Factors, and Monthly Real GDP", *Oxford Bulletin of Economics & Statistics*, 72 (1): 27 - 46.

Pan, Z., Wang, Y., Wu, C., and Yin, L., 2017, "Oil Price Volatility and Macroeconomic Fundamentals: a Regime Switching GARCH - MIDAS Model", *Journal of Empirical Finance*, 43: 130 - 142.

Su, Z., Fang, T., and Yin, L., 2017, "The Role of News – based Implied Volatility among Us Financial Markets", *Economics Letters*, 157: 24 – 27.

Su, Z., Fang, T., and Yin, L., 2018, "Does NVIX Matter for Market Volatility? Evidence from Asia – pacific Markets", *Physica A: Statistical Mechanics and Its Applications*, 492: 506 – 516.

Su, Z., Fang, T., and Yin, L., 2018, "Understanding Stock Market Volatility: What is the Role of US Uncertainty?" *The North American Journal of Economics and Finance*, In Press.

Ghysels, E., Sinko, A., and Valkanov, R., 2007, "MIDAS Regressions: Further Results and New Directions", *Econometric Reviews*, 26 (1): 53 – 90.

Wei, Y., Yu, Q., Liu, J., and Cao, Y., 2018, "Hot Money and China's Stock Market Volatility: Further Evidence Using the GARCH – MIDAS Model", *Physica A: Statistical Mechanics and its Applications*, 492: 923 – 930.

Zadrozny, P. A., 1988, "Gaussian Likelihood of Continuous – time Armax Models when Data are Stocks and Flows at Different Frequencies", *Econometric Theory*, 4 (1): 108 – 124.

第十六章

系统动力学模型

系统动力学（System Dynamics）是美国麻省理工学院 Forrester 教授创立的一门新兴学科。利用该模型，企业可以分析管理政策对其长期发展的影响。系统动力学让人们通过计算机模拟了解我们周围世界的细节，并且向人们展示人类社会和物理世界之所以然。

系统动力学诞生60年来，其理论和应用研究涉及多个学科，在许多领域得到了广泛的应用，尤其在经济管理的研究中取得了丰硕的成果，如工业动力学模型（Forrester，1961）、城市动力学模型（Forrester，1969）、经济长波理论（Sterman，1985）等。国内主要利用系统动力学做政策分析方面的计算机模拟研究。

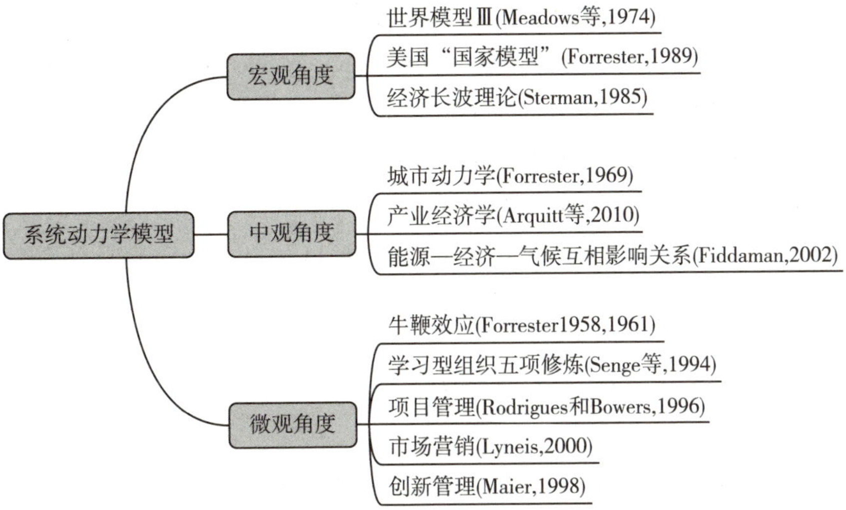

图 16－1　系统动力学模型

一、系统动力学模型分析方法综述

系统动力学（System Dynamics）是一门分析研究信息反馈系统的学科，其认为系统的行为模式与特性主要地取决于其内部的动态结构与反馈机制。系统动力学的动态性体现在其所包含的量是随时间变化的，能以时间为坐标的图形表示。系统动力学把系统运动想象成流体运动，这种建模思想虽已在理论和实务界得到广泛运用逾一个世纪之久，但是Forrester（1961）第一次系统地将该思想应用于分析商业过程，引入因果（或反馈）回路图（Causal Loop Diagrams or Feedback Loop Diagrams）和系统流图（Stock and Flow Diagrams）展现系统结构。Richardson and Pugh Ⅲ（1981）将反馈回路定义为由一系列的因果与相互作用链组成的闭合回路或者说是由信息与动作构成的闭合路径。反馈回路可分为正极反馈回路、负极反馈回路和耦合回路。流图由流位变量（Stock or Level）、流率变量（Flow or Rate）和信息（Information）三要素组成，把因果回路图和流图相结合即为系统流图，该图是系统动力学建模的基础。运用模型时须给出流位变量的初始值，由公式定义反馈系统中变量之间的关系，流位变量和流率变量之间的关系由微分方程表示。由系统中流位变量的个数可把系统分为一阶系统和复杂系统，在复杂系统中，随着系统阶数的提高，方程的阶数和数量都会增加。系统动力学模型中包含的物质流和信息流可能存在延迟（Delays），而对于信息流来说，平均或平滑（Averaging or Smothing）导致延迟。

然而，统计学中传统的显著性检验无法适用于系统动力学模型使该模型受到诟病和质疑。系统动力学模型的研究者们从最本质的哲学逻辑出发，以高质量的模型为目标，探索出一系列适合自己的检验模型有效性（Validation）的方法，而不是进行传统的信度和效度检验。Barlas（1996）总结了以往学者的研究，将系统动力学模型的有效性检验概括为按如下三步进行：第一步，进行直接的模型结构检验（Direct Structure Testing）；第二步，进行以模型结构为导向的模型行为检验（Structure - Oriented Behavior Testing）；第三步，进行模型行为准确性检验（Behavior Pattern Accuracy Testing）。

电子计算机的出现和发展为系统动力学提供了强大的模拟器硬件条件作为研究工具。最致力于系统动力学模型建模的汇编软件是由 Pugh 开发的 DYNAMO，20 世纪 80 年代又出现了图形界面的更加用户友好的软件模拟器如 STELLA，Powersim 以及 Vensim（Forrester，2010），为研究建模工作提供了更大的便利。

二、系统动力学模型实证应用综述

随着几十年的发展，系统动力学的应用几乎涉及社会科学乃至自然科学诸多领域，其中尤其在经济学领域的应用有着令人瞩目的研究成果，全面应用于微观、中观、宏观乃至世界经济等诸多经济领域。系统动力学产生于企业管理领域的供应链研究中，Forrester（1958；1961）构建的包含工厂、库房、分销商和零售商的供应链仿真模型，揭示了供应链中时间延迟、牛鞭效应（Bullwhip Effect）等动态性的存在。后来的学者在其基础了进行了一系列研究（Chen 等，2000；Kahn，1987；Lee 等，1997），并把前述研究拓展应用于供应链上下游企业的并购重组等决策。Forrester 教授的学生 Senge 等（1994）将系统动力学应用于组织研究中，提出以系统思考为核心，包含共同脑力模型、共同前景、团队学习、个人进取这“五项修炼”的学习型组织理论，成为 90 年代管理学理论研究的一项突破性进展。系统动力学研究方法还被广泛应用于项目管理（Lyneis 和 Ford，2010；Rodrigues 和 Bowers，1996）、市场营销（Lyneis，2000）、创新管理（Maier，1998）等领域。中观经济学领域应用角度，Arquitt 等（2010）将系统动力学的研究方法应用于产业经济学的研究中；在区域经济学领域，自 Forrester（1969）出版《城市动力学》（Urban Dynamics），应用系统动力学研究波士顿市的各种问题以来，系统动力学模型在区域经济学研究中同样得到广泛应用，涉及城市社会经济发展（Roseland，2000）、城市发展模式（Cheng 和 Masser，2003）等方面的研究。从宏观经济领域角度来看，系统动力学在资源、能源、生态环境与可持续发展领域的研究十分活跃，如 Ford（1997）运用系统动力学模型研究了电力行业的能源规划问题；Fiddaman（2002）以理性决策为起点，将内生技术进步考虑在内，构建系统动力学模型全面分析能源—经济—气候之间的相互影响和系统变化关系，而后他又在此基础上继续运用系统动力学的方法进一步研究了气候变化和政治环境之间的相互作用（Fiddaman，2010）。系统动力学还被用于构建复杂精妙的国家模型和世界模型，研究经济增长和各种宏观经济问题。Forrester 教授的学生 Meadows 等（1974）出版了《增长的极限》（The Limits to Growth）一书，提出了更为细致的“世界模型Ⅲ”，对世界经济增长所带来的一系列严重问题进行研究，这个由罗马俱乐部主持的世界模型的研究报告已被翻译成34种语言，在世界上发行了600多万册，具有重大的现实意义。继世界模型之后，经历了10年以上的研究，Forrester（1989）又提出了美国“国家模型”（System Dynamics National Model）。该模型在宏观经济学和微观经济学之间架起桥梁，成功地研究了通货膨胀和失业等社会经济问题，其中Sterman（1985）第一次从理论上阐明了西方经济学家长期争论不休的经济长波产生的机制。

我国学者在系统动力学的应用领域同样取得了丰硕的研究成果。在微观经济领域，郭宁和郭鹏（2017）、孙文清（2016）、杨天剑等（2007）将系统动力学方法用于供应链管理的相关研究；何晓兰和汪贤裕（2012）、徐升华和尹红丽（2013）关注于将系统动力学应用于组织学习和组织内部的知识管理和整合的研究；王宇静（2010）、翟丽等（2008）运用系统动力学进行项目管理研究；付红桥（2006）、徐红罡（2001）将系统动力学方法运用于市场营销领域的案例建模中；曹志广等（2005）运用系统动力学方法研究中国证券市场价格行为；许多学者还把系统动力学用于研究创新管理的仿真过程中（刘凤朝和冯婷婷，2011；吴传荣等，2010；姚艳虹和周惠平，2015；张军和许庆瑞，2015）。中观经济学研究层面，陈坤（2011）、孙晓华（2008）运用系统动力学方法研究产业经济学领域研究产业技术升级路线和产业集聚效应；在区域经济学领域，刘承良等（2013）；杨浩雄等（2014）把系统动力学发放用于城市圈经济资源规划和城市交通规划的研究中。在宏观经济研究方面，系统动力学更是同样发挥着重要的作用。在生态、资源和环境经济学方面的研究中，李静芝等（2013）、卢超等（2011）以及张晶（2014）用系统动力学的方法仿真研究了资源和生态等领域的问题，李桂君等（2016）、肖仁俊等（2014）将系统动力学在生态环境方面的研究，运用于研究具体城市的可持续发展问题，具有重大的现实意义。王其藩教授曾带领课题组构建我国发展的国家模型，对我国经济、社会、科技和生态问题运用系统动力学方法进行定量的全局性的仿真研究（王其藩和李农，2003）。

发展60年来，系统动力学还是一个充满活力的新兴学科，其作为一种全面考虑定性和定量特征的建模方法，通过计算机模拟仿真的方法为研究纷繁复杂的现实世界万千事物之间的系统性联系提供了一种较为科学和精准的实证研究工具，为人文社会科学乃至自然科学的发展起到了重要的推动作用。

文献索引

曹志广、杨军敏、王其藩，2005：“证券市场价格行为系统动力学研究”，《管理科学学报》第1期。

陈坤，2011：“基于系统动力学的产业技术路线图制定”，《科学学与科学技术管理》第4期。

付红桥，2006：“市场营销系统动力学模型仿真研究——某企业案例”，《系统工程理论方法应用》第2期。

郭宁、郭鹏，2017："突发事件下闭环供应链的契约协调——基于系统动力学方法"，《系统工程》第7期。

何晓兰、汪贤裕，2012："基于组织视角的隐性知识管理系统动力学分析"，《图书情报工作》第10期。

李桂君、李玉龙、贾晓菁、杜磊、黄道涵，2016："北京市水—能源—粮食可持续发展系统动力学模型构建与仿真"，《管理评论》第10期。

李静芝、朱翔、李景保、郭辉东，2013："基于系统动力学的湖南省水资源供需系统模拟研究"，《长江流域资源与环境》第1期。

刘承良、颜琪、罗静，2013："武汉城市圈经济资源环境耦合的系统动力学模拟"，《地理研究》第5期。

刘凤朝、冯婷婷，2011："国家创新能力形成的系统动力学模型——以发明专利为能力表征要素"，《管理评论》第5期。

卢超、王蕾娜、张东山、张亚雷，2011："水资源承载力约束下小城镇经济发展的系统动力学仿真"，《资源科学》第8期。

孙文清，2016："农产品供应链绩效影响的系统动力学研究"，《统计与决策》第23期。

孙晓华，2008："产业集聚效应的系统动力学建模与仿真"，《科学学与科学技术管理》第4期。

王其藩、李农，2003："中国经济与长波初探"，《复旦学报（自然科学版）》第2期。

王宇静，2010："一种基于系统动力学的项目管理方法"，《统计与决策》第12期。

吴传荣、曾德明、陈英武，2010："高技术企业技术创新网络的系统动力学建模与仿真"，《系统工程理论与实践》第4期。

肖仁俊、董志、李秀婷、董纪昌，2014："新疆能源可持续发展的系统动力学模型与分析"，《管理评论》第8期。

徐红罡，2001："潜在游客市场与旅游产品生命周期——系统动力学模型方法"，《系统工程》第3期。

徐升华、尹红丽，2013："组织内部知识整合的系统动力学模型研究"，《管理学报》第6期。

杨浩雄、李金丹、张浩、刘淑芹，2014："基于系统动力学的城市交通拥堵治理问题研究"，《系统工程理论与实践》第8期。

杨天剑、吕廷杰、张晓航、赵艳彬，2007："二级供应链系统的动力学仿真"，《系统工程理论与实践》第9期。

姚艳虹、周惠平，2015："产学研协同创新中知识创造系统动力学分析"，《科技进步与对策》第4期。

翟丽、宋学明、辛燕飞，2008："系统动力学在软件项目管理中的应用：对解决问题各备选方案的评价"，《软科学》第1期。

张晶，2014："基于系统动力学产业生态系统的限制因子的实证研究"，《中国科技论坛》第3期。

张军、许庆瑞，2015："企业知识积累与创新能力演化间动态关系研究——基于系统动力学仿真方法"，《科学学与科学技术管理》第1期。

Arquitt, S., Xu, H. and Johnstone, R., 2010, "A System Dynamics Analysis of Boom and Bust in the

Shrimp Aquaculture Industry", *System Dynamics Review*, 21 (4): 305 - 324.

Barlas, Y., 1996, "Formal Aspects of Model Validity and Validation in System Dynamics", *System Dynamics Review*, 12 (3): 183 - 210.

Chen, F., Drezner, Z., Ryan, J. K. and Simchilevi, D., 2000, "Quantifying the Bullwhip Effect in a Simple Supply Chain: The Impact of Forecasting, Lead Times, and Information", *Management Science*, 46 (3): 436 - 443.

Cheng, J., Masser, I., 2003, "Urban Growth Pattern Modeling: A Case Study of Wuhan City, PR China", *Landscape & Urban Planning*, 62 (4): 199 - 217.

Fiddaman, T., 2010, "Dynamics of Climate Policy", *System Dynamics Review*, 23 (1): 21 - 34.

Fiddaman, T. S., 2002, "Exploring Policy Options with a Behavioral Climate - Economy Model", *System Dynamics Review*, 18 (2): 243 - 267.

Ford, A., 1997, "System Dynamics and the Electric Power Industry", *System Dynamics Review*, 13 (1): 57 - 85.

Forrester, J. W., 1958, "Industrial Dynamics : A Major Breakthrough for Decision Makers", *Harvard Business Review*, 36 (4).

Forrester, J. W., 1961, "Industrial Dynamics", Cambridge Mass: The M. I. T. Press.

Forrester, J. W., 1969, "Urban Dynamics", Cambridge Mass: The M. I. T. Press.

Forrester, J. W., 1989, "The System Dynamics National Model: Macrobehavior from Microstructure", Springer Berlin Heidelberg.

Forrester, J. W., 2010, "System Dynamics - a Personal View of the First Fifty Years", *System Dynamics Review*, 23 (2 - 3): 345 - 358.

Kahn, J. A., 1987, "Inventories and the Volatility of Production", *American Economic Review*, 77 (4): 667 - 679.

Lee, H. L., Padmanabhan, V. and Whang, S., 1997, "Information Distortion in a Supply Chain: The Bullwhip Effect", *Management Science*, 43 (4): 546 - 558.

Lyneis, J. M., 2000, "System Dynamics for Market Forecasting and Structural Analysis", *System Dynamics Review*, 16 (1): 3 - 25.

Lyneis, J. M., Ford, D. N., 2010, "System Dynamics Applied to Project Management: A Survey, Assessment, and Directions for Future Research", *System Dynamics Review*, 23 (2 - 3): 157 - 189.

Maier, F. H., 1998, "New Product Diffusion Models in Innovation Management - a System Dynamics Perspective", *System Dynamics Review*, 14 (4): 285 - 308.

Meadows, D. H., 1972, "The Limits to Growth: A Report for the Club of Rome's Project on the Predicament of Mankind", New York: New American Library.

Richardson, G. P., Pugh III, A. L., 1981, "Introduction to System Dynamics Modeling with Dynamo", Cambridge, Massachusetts: Productivity Press.

Rodrigues, A., Bowers, J., 1996, "System Dynamics in Project Management: A Comparative Analysis with Traditional Methods", *System Dynamics Review*, 12 (2): 121 - 139.

Roseland, M., 2000, "Sustainable Community Development: Integrating Environmental, Economic, and Social Objectives", *Progress in Planning*, 54 (2): 73 - 132.

Senge, P. M., Kleiner, A. and Roberts, C., 1994, "The Fifth Discipline Fieldbook: Strategies and Tools for Building a Learning Organization", Currency, Doubleday.

Sterman, J. D., 1985, "A Behavioral Model of the Economic Long Wave", *Journal of Economic Behavior & Organization*, 6 (1): 17 - 53.

第十七章

机器学习

机器学习（Machine Learning）是一门多领域交叉学科，涉及数学、统计学、概率论、凸分析等学科，主要研究计算机模拟或实现人类的学习行为。目前，机器学习已经形成了完备的知识体系，也被广泛应用于经济金融、医学、语音图像识别、文本分析等领域中。本章将介绍主要的机器学习方法，并对机器学习的主要应用场景进行简要描述。

一、模型方法

机器学习是人工智能领域研究的核心问题之一，理论成果已经应用到人工智能的各个领域，机器学习算法通过模式识别系统根据事物特征将其划分到不同类别，通过对识别算法的选择和优化，使其具有更强的分类能力。机器学习的研究主旨是使用计算机模拟人类的学习活动，它是研究计算机识别现有知识、获取新知识、不断改善性能和实现自身完善的方法。机器学习中常用的方法有 6 种，分别是支持向量机、人工神经网络、决策树与随机森林、Boosting、关联规则与聚类。

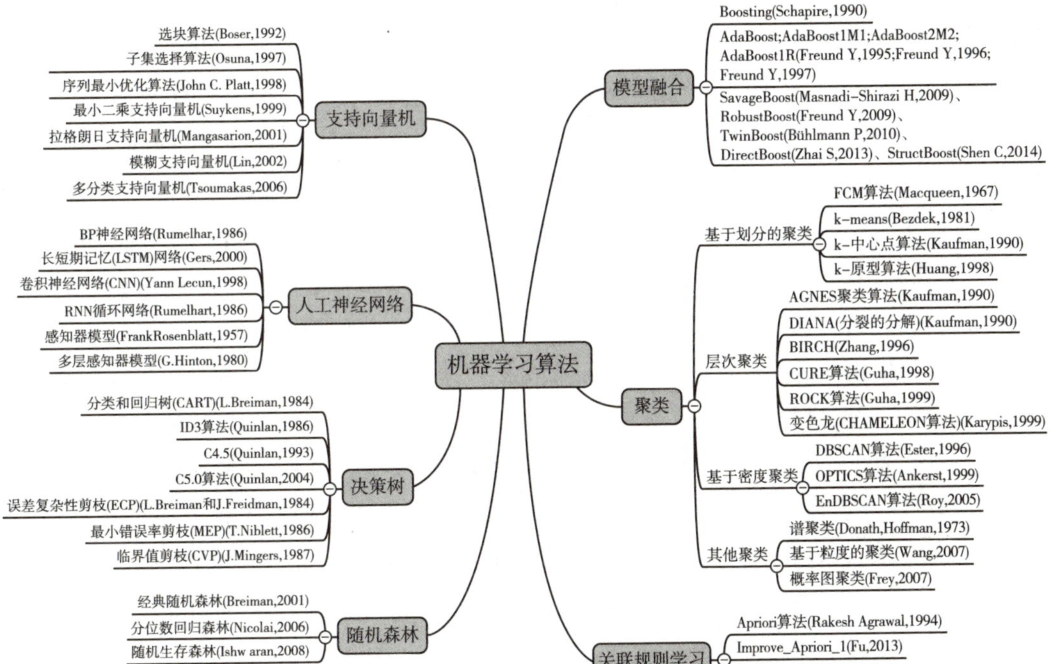

图 17－1　机器学习算法

（一）支持向量机

贝尔实验室的 Cortes 和 Vapnik（1995）正式提出了支持向量机（Support Vector Machine：SVM）的算法，它是一种基于统计学习的机器学习方法，从此迅速发展，已在许多领域（生物信息学，文本和手写识别等）都取得了成功的应用。SVM 研究的主要问题就是凸二次规划的求解，传统的 SVM 算法在计算上存在许多问题，包括训练算法速度慢、算法复杂而难以实现、测试阶段运算量大、抗击噪声及孤立点能力差等。所以在 SVM 算法的研究中，如何提高训练速度、减少训练时间、建立实用的学习算法是亟待解决的问题。为了优化凸二次规划求解问题，已有很多学者提出了相应算法，典型的算法有选块算法、子集选择算法、序列最小优化算法、模糊支持向量机、最小二乘支持向量机、拉格朗日支持向量机，近年来比较热门的还有多分类支持向量机。

选块算法（Chunking Algorithm）最早是由 Boser 等（1992）提出来的。块算法的目标就是通过某种迭代方式逐步排除非支持向量，这种方法可以大大减小算法占用的系统内存。然而，当样本集中的支持向量数目很大时，其算法复杂度仍然很大。为加快支持向量机的训练速度，Osuna 等（1997）提出了子集选择算法。该方法首先将数据集分块（Chunking），从分块数据中提取支持向量，并加以保留，然后补充新的样本，反复运算，直至所有的样本都满足 KKT（Karush - Kuhn - Tucker）收敛条件。Joachims（1998）指出，采用启发式迭代策略会提高算法的收敛速度，并提出一种称为 SVM - light 的支持向量机分解学习算法，该算法实际上是子集选择算法的推广。Platt（1998）提出并且改进了序列最小优化算法（Sequential Minimal Optimization，SMO），实验结果证明，SMO 表现出在速度方面的良好性能。最小二乘支持向量机（Least Squares Support Vector Machine，LSSVM）最早是由 Suykens（1999）提出的。LSSVM 将不等式约束换成了等式约束，将凸二次规划问题转变成了一个线性方程组。拉格朗日支持向量机（Lagrangian Support Vector Machine，LSVM）算法是由 Mangasarian 和 Musicant（2001）提出来的，它的算法思想是对对偶问题进行分析，先得出对偶问题的解，再由对偶问题的解求出原问题的解。

在进行数据挖掘的时候，数据集中会存在很多的噪声，也称为模糊信息，这些信息在用 SVM 算法进行预测的时候，使得其性能不能得到好的发挥，甚至是无能为力，在这种情况下 Lin 和 Wang（2002）提出了模糊支持向量机（Fuzzy Support Vector Machine，FS-VM）能够提高分类精度，又能解决异常数据造成的过学习问题。SVM 主要可分为两类，一类是研究分类问题的支持向量分类（Support Vector Classification，SVC），另一类是主要研究回归问题并进行预测的支持向量回归（Support Vector Regression，SVR）。SVC 的研究初期主要是针对两类问题的分类，但是在现实生活的应用中却普遍是多分类问题，怎样将 SVM 有效地应用在多分类问题中一直也是许多学者近年来研究的热点与难点。多分类支持向量机是将 SVM 从两分类算法推广到多分类的算法（Tsoumakas 等，2007）。SVR 是由 Drucker 等（1997）提出用于回归的支持向量机，其思想是寻求一个最优超平面去拟合所有的样本点，使样本点离超平面总方差最小。

（二）人工神经网络

美国数学家 Pitts 和心理学家 McCulloch 在 1943 年首次提出了人工神经网络这一概念，并使用数学模型对人工神经网络中的神经元进行了理论建模，开启了人们对人工神经网络的研究。Rosenblatt（1957）提出了“感知器”（Perceptron）模型。感知器是第一个用算法来精确定义的神经网络，第一个具有自组织自学习能力的数学模型，是日后许多新的神经网络模型的始祖。

基于传统的感知器结构，深度学习创始人 Hinton（1989）采用多个隐含层的深度结构来代替感知器的单层结构，多层感知器模型（Multi - Layer Perceptron，MLP）是其中最具代表性的，而且多层感知器也是最早的深度学习网络模型。Fukushima（1980）提出了卷积神经网络的原始模型神经感知机（Neocognitron）。Rumelhart 等（1986）提出循环神经网络（Recurrent Neural Networks，RNN），他们在《自然》发表论文，系统地提出了应用 BP（Back Propagation）算法的神经网络，把纠错的运算量下降到只和神经元数目成正比。循环网络与多层网络相比，会共享每层的权重，从而能够扩展和应用网络于不同长度的序列案例，以及泛化这些案例。长短期记忆（Long Short - Term Memory，LSTM）网络（Gers 等，2000）是循环神经网络的一个变体，可以有效地解决简单循环神经网络的梯度爆炸或消失问题。在 BP 算法提出 3 年之后，Lecun 等（1989）将 BP 算法用于训练多层卷积神经网络来识别手写数字，是 CNN 最早的雏形，但是直到 1998 年，Lecun 和 Bengio（1998）才正式提出卷积神经网络（Convolutional Neural Networks，CNN）。

Hinton（2006）提出了深度学习的概念，并与其团队共同提出了深度学习模型之一——深度信念网络（Deep Belief Nets），给出了一种高效的半监督算法：逐层贪心算法，来训练深度信念网络的参数，打破了长期以来深度网络难以训练的僵局。Hinton 等（2012）发表论文，提出了一种新的被称为“丢弃”（Dropout）的算法，来解决神经网络中过度拟合的问题。Silver 等（2016）在《自然》上发表的论文中提出 CNN + 蒙特卡洛搜索树算法，该算法在著名的围棋人机大战中以 4：1 的绝对性优势战胜李世石。Silver 等（2017）在《自然》上发表的论文中提出强化学习 + 蒙特卡罗搜索树算法，代号是 AlphaGo Zero。AlphaGo Zero 从空白状态学起，在无任何人类输入的条件下，AlphaGo Zero 能够迅速自学围棋。

（三）决策树与随机森林

最早的决策树算法是由 Hunt 等（1966）提出的概念学习系统（Concept Learning System，CLS）。当前最有影响的决策树算法是 Quinlan 提出的 ID3（Iterative Dichotomizer 3）（Quinlan，1986a）、C4.5（Quinlan，1992），以及 Breiman 等（1984）提出的分类和回归树（Classification And Regression Trees，CART）算法。ID3 选择信息增益值最大的属性划分训练样本，其目的是进行分裂时系统的熵最小，从而提高算法的运算速度和精确度。ID3 算法的主要缺陷是，用信息增益作为分裂属性选择的标准时，有偏向于取值较多的属性的毛病，而在某些情况下，这类属性可能不会提供太多有价值的信息。C4.5 是 ID3 的改进算法，不仅可以处理离散值属性，还能处理连续值属性。C4.5 采用了信息增益比作为选择测试属性的标准，弥补了 ID3 的不足。CART 与 C4.5 非常相似，但它不同之处在于它支持数值目标变量（回归），并且不计算规则集。CART 使用在每个节点产生最大信息增益的特征和阈值来构造二叉树。C5.0 是 Quinlan 于 2004 年根据专有许可证发布的最新版本。它使用更少的内存，并建立比 C4.5 更小的规则集，同时更准确。

在决策树剪枝算法上，Breiman 等（1984）提出了误差复杂性剪枝（Error Complexity Pruning，ECP）算法和第一个后剪枝算法——代价复杂性剪枝（Cost Complexity Pruning，CCP）；Niblett 和 Bratko（1986）提出了最小错误率剪枝（Minimum Error Pruning，MEP）算法；Quinlan（1986b）和 Mingers（1987）相继提出了减少错误剪枝（Reduced Error Pruning，REP）算法和临界值剪枝（Critical Value Pruning，CVP）算法。

Mehta 等（1996）提出了高速可伸缩的适合处理较大规模数据的 SLIQ 算法，Shafer 等（1996）提出了可伸缩并行归纳的 SPRINT 决策树算法，SLIQ 和 SPRINT 算法生成的都是二叉树，具有良好的伸缩性和并行性，分类预测精度很高。

随机森林（Random Forests，RF）是最普通的决策森林，这个算法在 20 世纪 90 年代中期被 Ho（1995，1998）提出，后来被 Breiman（2001）完善和推广。随机森林是一种基于统计学习理论的组合分类器，它利用重抽样方法（Bootsrap）从原始样本中抽取多个样本，对每个 Bootsrap 样本进行决策树建模，然后组合多棵决策树的预测，通过投票得出最终预测结果。Meinshausen（2006）基于随机森林的思想提出分位数回归森林，从数学上证明分位数回归森林具有一致性。Ishwaran 等（2008）基于随机森林的思想提出随机生存森林（Random Survival Forests，RSF）。RSF 利用 Bootstrap 重抽样方法从原始样本中抽取多个样本集，并对每个样本集建立生存分析树，最后将这些树的预测结果进行综合。随后他们证明了 RSF 的一致性，并认为 RSF 在处理高维数据时，显著优于其他生存分析方法（Ishwaran 和 Kogalur，2010）。

（四）模型融合

Boosting 思想源于 Ehrenfeucht 等（1988）抛出的一个理论问题：能否由一组弱学习器“提升”为高效的强学习器。这个问题最早由 Schapire（1990）对其进行了证明，他指出，当弱学习器的准确率优于随机猜测时，可以将任意一组弱学习器“提升”为在训练集上具有任意精度的强学习器，与此同时提出了 Boosting 算法。这个算法尽管在某种意义上是优化的，但却有一些实践上的缺陷。Freund 和 Schapire（1995）介绍了通过调整权重而运作的 AdaBoost 算法，随后该团队又开发出一系列 AdaBoost 的改进算法——AdaBoost. M1、AdaBoost. M2（Freund 和 Schapire，1996）、AdaBoost. MR 、AdaBoost. MH（Schapire 和 Singer，1999），解决了早期 Boosting 算法很多实践上的困难。

Friedman 等提出从统计学的角度看待 Boosting，并提出了 LogitBoost（Friedman 等，2000）和 GradientBoost（Friedman，2001），他们将 Boosting 算法看作叠加逻辑回归模型，并证明了二者的价性。自此，关于 Boosting 算法的研究分为两个方向，即以 AdaBoost 为代表的 WTSL（Weak To Strong Learner）和以 GradientBoost 为代表的 CWGD（Coordinate Wise

Gradient Descent）。近年来，很多学者根据 Boosting 算法框架设计新的 Boosting 算法，包括 SavageBoost（Masnadi - Shirazi 和 Vasconcelos，2008）、RobustBoost（Freund，2009）、TwinBoost（Bühlmann 和 Hothorn，2010）、DirectBoost（Zhai 等，2013）和 StructBoost（Shen 等，2014）等。

（五）关联规则

关联规则作为数据挖掘的核心研究内容之一，它是大量数据中发现信息之间可能存在的某种关联或者相关联系。通过分析这些挖掘出的数据联系，可以在现实中帮助我们预测或决定某些事情将会发生。

Apriori 算法是最著名的关联规则挖掘算法，它是一种以概率为基础的关联规则算法最早由 Agrawal 和 Srikant（1994）提出。Apriori 算法通过迭代检索方法找出数据库中的项集，该项集的支持度要不低于用户设定的阈值。但随着数据的增大，对于大型数据库的挖掘，该算法仍存在一些不足。其一，在产生大量的候选集时，需要花费大量的时间处理，降低了算法的效率。其二，该算法在对数据库进行扫描时，由于数据库的庞大，需要相当大的负载。

为此，付沙和周航军（2013）针对 Apriori 算法的两个缺陷进行了改进。改进算法 Improve_Apriori_1 主要通过构建辅助表来减少访问表中的无效记录来大幅降低访问数据库的次数，从而提升运算效率。谢志明和王鹏（2017）针对这个问题进行了研究，通过将基于矩阵关联规则算法与 MapReduce 算法结合，提出了一种基于矩阵的并行关联规则算法 Apriori_MMR。该算法结合了数据划分的思想进行并行化改进，只需要对事务数据库进行两次扫描。第一次是产生频繁 1 - 项集的集合；另一次是生成候选项集的局部支持度，利用局部支持度可以得出全局支持频度，最后生成所有频繁项集的集合。还有很多学者对关联规则挖掘算法进行了大量的研究和优化，如 Savasere 等（1995）设计了一个基于划分的算法，Park 等（1995）提出的基于散列的算法，Klemettinen（1994）提出的基于采样的方法，Lin 和 Dunham（1998）提出的反扭曲算法，Brin 等（1997）提出如何减少扫描数据库发现频繁项集算法等。

（六）聚类方法

从机器学习的视角来看，作为数据挖掘的一个重要分支——聚类，属于一种非监督学习方法，它试图在无标签的数据集中发现其分布状况或模式。通常，我们认为同一聚类中的数据点比不同聚类的数据点具有更大的相似性。传统的聚类算法大致可以分为划分聚类方法（Bezdek，1981；Macqueen，1967）、层次聚类方法（Guha 等，1998；Karypis 等，1999；Zhang，1996）、密度聚类方法（Ester，1996）等。近年来，谱聚类方法（Luxburg，2007）、粒度聚类方法、概率图聚类方法、同步聚类方法（Huang，2013）等也流行起来。

1. *基于划分的聚类方法*

基于划分的聚类算法通过构造一个迭代过程来优化目标函数，当优化到目标函数的最小值或极小值时，得到的聚类结果最终输出结果。多数基于划分的聚类算法都是非常高效的，但需要事先给定一个聚类数目 K。K - means 算法（Bezdek，1981）和 FCM（Fuzzy C Means）算法（Macqueen，1967）是该类型中最著名的两个算法。K - 中心点算法（Partitioning Around Medoid，PAM）（Kaufmann 和 Rousseeuw，1987）、k - 模算法（K - modes，适用于聚类分类数据）（Huang，1998）和 k - 原型算法（K - prototypes，适用于聚类混合数）（Huang 和 Ng，1999）是 K - means 算法的变形，也属于这种类型。虽然基于划分的聚类算法易于实现，聚类速度快，但是其他存在与初始值有关的两个重大缺陷（聚类数目 K 的确定、初始中心点集的选择）。为克服这两大缺陷，很多学者做了更深入的研究。一方面，在聚类中心点集的初始化方向上，Arthur 和 Vassilvitskii（2007）提出了复杂的 K - means + + 改进算法，但实际上，该算法的改进效果并不是十分明显；Zalik（2008）提出的算法较好地解决了 K 值和初始聚类中心的选择问题，有较好的应用参考价值；Cao 等（2009）提出了一种利用数据点的邻居信息来确定初始聚类中心的方法，也具有一定的参考价值。另一方面，在确定合适的聚类数目方向上，许多研究者在聚类有效性函数的构造方面开展了研究，取得的成果有：基于对象三元组的指标度量（Hubert 和 Arabie，1985）、基于簇相似性的度量指数（Davies 和 Bouldin，1979）、Dunn 推广指数（Dunn，1973）等。

2. *层次聚类法*

层次聚类方法（Johnson，1967）使用一个距离矩阵作为输入，经过聚类后得到一个反映该数据集分布状况的聚类层次结构图。层次聚类算法通常分为两种：第一种是凝聚的层次聚类算法，它首先把每个数据点看作一个类别，然后以自底向上的方式通过不断地选择最近邻居聚类对的合并操作；第二种是分裂的层次聚类算法，它首先把所有的数据点看作一个聚类，然后以一种以自顶向下的方式通过不断地选择最松散簇进行分裂操作。早期的层次聚类方法有 AGNES（Agglomerative Nesting，凝聚的嵌套）聚类算法和 DIANA（Divisive Analysis，分裂的分解）聚类算法（Kaufman 和 Rousseeuw，1990）。BIRCH（Balanced Iterative Reducing and Clustering using Hierarchies）算法（Zhang，1996）是一个更为著名的改进的凝聚型层次聚类算法，它采用 CF（Cluster Feature）树来进行层次聚类以达到改进聚类质量的目的。CURE 算法（Guha 等，1998）和 ROCK 算法（Guha 等，1999）及变色龙（CHAMELEON）算法（Karypis 等，1999）也是三个有名的层次聚类算法。其中，CURE 算法是为解决海量数据集的聚类问题而开发出来的一种高效聚类方法，在处理大数据集时，CURE 算法采用随机抽样和划分分区的方法，因此可以获得较好的时间效率。ROCK 算法是一种用于类别属性数据集的凝聚型聚类算法，也采用随机抽样技术，在计算两个数据点的相似度时，考虑它们共同邻居的数量，因此可以获得较好的稳健性。尽管层次聚类方法的时间代价高于划分聚类方法，但多数层次聚类算法并不需要事先设定一个难以确定的聚类数目这个参数，这是它区别于划分聚类方法的最大优点。

3. 基于密度的聚类

基于密度的聚类算法试图通过稀疏区域来划分高密度区域以发现明显的聚类和孤立点，主要用于空间型数据的聚类。DBSCAN（Density - Based Spatial Clustering of Applications with Noise）算法（Ester 等，1996）就是一个最为著名的基于密度的聚类算法。在该算法中，“密度可达性”被用来连接一些在某个距离范围内满足一定密度阈值的数据点。OPTICS（Ordering Points to Identify the Clustering Structure）算法（Ankerst 等，1999）是 DBSCAN 算法的一个推广，可以比 DBSCAN 算法更好地处理不同密度的数据集。EnDBSCAN 算法（Roy 和 Bhattacharyya，2005）则是 DBSCAN 算法在效率上的一个变种。

4. 其他聚类方法

除了以上提及的传统聚类算法外，近些年也发展起来不少新的聚类算法，具体如下。谱聚类（Spectral Clustering）（Donath 和 Hoffman，1973）方法通过源数据的相似度矩阵来计算特征值，进而可以发现明显的聚类区域。许多谱聚类算法都易于实现，其效果优于传统的聚类算法，如 K - means，它们在许多应用中也都获得了成功的实现。用于图像划分的 Shi - Malik 算法（Shi 和 Malik，2000）就是基于谱聚类方法开发出来的。基于粒度的聚类方法（Hu 等，2007），是从信息粒度角度上发展起来的一个新的聚类研究方向。目前这种聚类方法的研究还不太成熟，尤其是对粒度计算语义的研究还比较少。概率图聚类方法是近年来流行起来的一种聚类方法。最著名的概率图聚类方法为发表在《科学》上面的 AP（Affinity Propagation）聚类算法（Frey，2007）。

二、应用发展

表 17 - 1　　机器学习主要应用方向

<table>
<tr><th>应用领域</th><th colspan="2">代表性应用方法及文献</th></tr>
<tr><td rowspan="4">语音识别</td><td colspan="2">SVM 方法（Ganapathiraju，1998）</td></tr>
<tr><td rowspan="2">DNN 模型</td><td>语音输入（Hinton 等，2012）</td></tr>
<tr><td>唇语识别 LipNet（Assael 等，2016）</td></tr>
<tr><td colspan="2">RNN/LSTM 技术（Graves 等，2013）</td></tr>
<tr><td rowspan="3">图像识别</td><td colspan="2">SVM 方法（Yang 等，2009）</td></tr>
<tr><td colspan="2">Deep Learning 方法（Krizhevsky 等，2012）</td></tr>
<tr><td colspan="2">Deep Residual Learning 算法（He 等，2016）</td></tr>
<tr><td rowspan="2">文本分类</td><td colspan="2">SVM 方法（Joachims，1998；Dumais，1998）</td></tr>
<tr><td colspan="2">CNN 模型（Kim，2014）</td></tr>
</table>

续表

股价预测	ANN 方法研究金融时间序列，预测股价走势（Refenes 等，1997）
	神经网络方法挖掘诸多金融、经济信息与股价之间的联系（Enke 和 Thawornwong，2005）
	Deep Learning 方法处理自然语言，用于挖掘新闻报道、社交网络中的信息，预测股价（Bollen 等，2011；Kamijo 和 Tanigawa，1990）
信用评估	多层神经网络（Multistage Neural Network）（Yu 等，2008）
	BP、ELM、I－ELM 和 SVM 等多种方法建模比较（Zhong 等，2014）

（一）语音识别

在语音识别领域，SVM 方法由于其能较好地解决小样本、非线性、高维数和局部极小点等实际问题的优点，比隐马尔可夫模型（Hidden Markov Model，HMM）、人工神经网络等方法具有更好的泛化能力和分类精确性，更适合于语音识别。Ganapathiraju（1998）率先将 SVM 方法用于语音识别，与人工神经网络算法进行对比，发现 SVM 算法更优。

Hinton 等（2012）借用了 Hinton 使用的"限制玻尔兹曼机"（Restricted Boltzmann Machine，RBM）的算法（Hinton 和 Salakhutdinov，2006）对神经网络进行了"预培训"。深度神经网络模型（Deep Neural Networks，DNN）被用来估算识别文字的几率。在谷歌的一个语音输入基准测试中，单词错误率最低达到了 12.3%。

Graves 等（2013）使用 RNN/LSTM 的技术——一个包含三个隐层、430 万个自由参数的网络，在一个叫作 TIMIT 的基准测试中"音位错误率"达到 17.7%，优于同期的其他所有技术的表现水准。Assael 等（2016）提出 LipNet 的唇语识别方法，该方法是第一个将深度学习应用于模型的端到端学习的模型，可以将说话者的嘴唇的图像帧序列映射到整个句子上。这个端到端的模型在预测句子前不再需要将视频拆分成词。在 GRID 语料库上，LipNet 将错误率降低到了 6.6%。Xiong 等（2016）报告了他们的语音识别系统实现了和专业速录员相当甚至更低的词错率，达到了 5.9%。

我国学者在应用机器学习方法进行语音识别领域也有很大的研究进展。如张宇等（2018）针对远场语音识别任务，提出基于注意力机制和多任务学习框架的长短时记忆递归神经网络（Long Short－Term Memory，LSTM）声学模型。模型中嵌入的注意力机制使其自动学习调整对扩展上下文特征输入的关注度，显著提升了模型对远场语音的建模能力，获得了 1.5% 的绝对词错误率下降。

（二）图像识别

物体检测和图像分类是图像识别的两个核心问题，前者主要定位图像中特定物体出现的区域并判定其类别，后者则对图像整体的语义内容进行类别判定。Yang 等（2009）是传统图像识别算法中的代表，他们提出的采用稀疏编码来表征图像，通过大规模数据来训练支持向量机（Support Vector Machine，SVM）进行图像分类，图像识别是深度学习最早尝试的应用领域。

Krizhevsky 等（2012）将深度学习的最新技术用到 ImageNet 的问题上。他们让程序接受 120 万个图像训练，花了接近 6 天时间，模型的错误率只有 15.3%。He 等（2016）为了解决有效信息在层层传递中衰减的问题，尝试了一种称为“深度残余学习”（Deep Residual Learning）的算法。深度残余学习模型，使用深达 152 层的神经网络，错误率降低到 3.57%（正常人 5%）。

我国学者把基于机器学习方法的图像识别技术广泛应用于诸多生活以及科研领域，并针对应用中的具体问题，进行算法创新以解决实际问题。如赵勇和李怀宇（2017）针对图像分类识别问题，提出了一种用于图像特征提取的新方法。首先定义了基于图像字符串的复杂度以及通用图像距离（UID），然后依次提出了测量通用图像距离的 UID 距离测量算法，在维持特征类别之间的固有差异条件下对图像原型进行选择的原型选择算法，利用原型选择算法创建图像的特征向量表示从而生成待分类图像的特征向量生成算法，最后基于前述算法提出了对图像的感兴趣区域进行分离的图像分类学习算法。将所提出的方法应用于卫星图像数据的几个监督和非监督学习实验，结果表明文中所提方法效果理想。马成前等（2018）针对马路摄像机偏色检测的问题，提出一种基于机器学习的马路视频图像偏色检测模型。在 YUV 色彩空间下，对图像过滤马路的灰色信息，针对部分偏色采用 Floyd 算法将图片分割。根据色彩分布提取特征值，采用监督性机器学习算法，输入特征向量得到分类器。通过实验表明采用 BP 神经网络和 SVM 支持向量机算法，能得到很好的结果。

（三）文本分类

Maron（1961）发表了有关文本分类的第一篇论文，随后许多著名的情报学家如 Sparck 和 Willett（1997）、Salton 等（1974）等都在这一领域进行了卓有成效的研究。到 20 世纪 80 年代末之前，有效地建立自动分类系统的方法大多是知识工程的方法，即利用专家规则来进行分类；到了 90 年代以后，统计方法和机器学习的方法被引入文本自动分类中，逐渐取代了知识工程方法。

Joachims（1998）以及 Dumais（1998）最早将 SVM 方法用于文本分类，他们在不同的语料库中进行了反复的实验，实验结果表明，SVM 方法在文本分析中的应用比其他方法如贝叶斯、决策树更有效，也有较好的泛化能力，并且克服了高维表示中的困难。其缺点是核函数的选择缺乏指导，难以针对具体问题选择最佳的核函数；另外 SVM 训练速度极大地受到训练集规模的影响，计算开销比较大，针对 SVM 的训练速度问题，研究者提出了很多改进方法，包括 Chunking 方法（Cortes 和 Vapnik，1995）、Osuna 算法（Osuna 等，

1997）、SMO 算法（Platt，1998）和交互 SVM（Lu，1999）等。神经网络（Neural Network，NNet）技术是人工智能中的成熟技术，近些年，大多数学者将深度信念网络和卷积网络应用到文本分类上（Kim，2014）。Schapire 等（1998）率先将 Boosting 算法应用到文本分类中，Boosting 方法是一种有效的改进分类结果的方法，Adaboost 是 Boosting 算法的代表。

我国学者在文本分类这项应用领域的算法改进上也进行了一系列探索，如樊存佳等（2015）在研究文本分类问题时，采用改进的 K－Medoids 聚类算法裁剪对 KNN 分类贡献小的训练样本，从而减少 KNN 相似度的计算量，并定义代表度函数有差别地处理测试文本的 K 个最近邻文本，以提高 KNN 的分类精度。实验结果表明，改进后的方法在分类速度上和分类精度上均有明显地提高。

（四）股价预测

一般来说，预测股市的行为通常为预测股市数据的走势和预测股市数据的未来数值。当我们将股票走势看作两种状态（涨、跌），问题便转化为分类的问题，一类是涨，一类是跌。解决分类问题一般常用逻辑回归、支持向量机分类、决策树、随机森林、人工神经网络等方法。而预测股市未来的价格趋势是典型的回归问题，解决回归问题常用的方法有线性回归、支持向量机回归、随机森林、人工神经网络（Fan 等，2008）。这些机器学习算法不仅通过单纯研究金融时间序列的方式（Refenes 等，1997），而且通过数据挖掘寻找诸多金融、经济信息与股价之间的联系，以预测股价走势（Enke 和 Thawornwong，2005）。此外，还可以搜索有关该公司的新闻，并通过世界各地的消息源来了解市场对公司的看法。近几年来，深度学习方法在自然语言处理领域取得了许多进展，Kamijo 和 Tanigawa（1990）将深度学习方法运用到股票预测领域。他们提出了一种新的事件抽取方法，从新闻中抽取出结构化的事件。这些结构化的事件成为神经网络的输入，用于预测股票价格。在事件抽取工作的基础上，他们进一步学习出结构化事件的 Event Embedding，并使用卷积神经网络模型去预测股票价格。这种模型虽然考虑了事件对于股价的持续影响，但是忽略了多个事件对于股价的综合作用。

此外，通过自然语言处理技术，它可以通过浏览新闻频道和社交媒体的视频库来搜索更多有关该公司的数据。不过这些媒体上的内容一般不适用于单个股票的预测，只能对股市整体的情况（道琼斯工业指数、上证指数等）做出预测。Bollen 等（2011）在论文中运用 Twitter 上的内容对股市的涨跌做出预测。他们使用 Opinion Finder2 等工具分析 Twitter 上每天的大众情感，然后将这些情感特征加入预测模型中，对股市的涨跌做出预测。

我国学者在该领域运用我国证券市场数据进行的相关研究与创新。譬如，庄新田和苑莹（2007）基于多重分形理论，对上证指数进行实证研究，确认了多重分形谱参数与股价指数及股指收益率之间的统计关系，以此确定神经网络的输入、输出变量来构建以多重分形理论为依据的神经网络模型，并将其应用于股价指数的预测中。结果表明，该神经网络模型能够取得比较好的预测效果，预测的平均准确率达 98.9%，而且该模型能够较好地模拟股市的短期走势，对防范和控制风险具有现实意义。

（五）信用评估

统计学和机器学习最本质的区别在于根本目标不同，统计学家更关心模型的可解释性，而机器学习专家更关心模型的预测能力。由于银行业对预测准确度要求的越来越高，统计学方法的不适应性开始显现，很多问题不能构建出严谨的统计模型，而机器学习理论已被证明是此类研究有效的建模方法。Yu 等（2008）运用基于多层神经网络的机器学习方法研究信用评分模型，并对效果良好的建模结果进行叙述。Zhong 等（2014）在企业信用评级中，对 BP、ELM、I－ELM 和 SVM 的学习训练效果进行对比分析，其中 ELM 和 BP 神经网络的建模效果较优。

我国学者结合我国金融发展实践，应用此方法进行建模评估信用风险，以期可以指导实践发展。已有研究进展如王春峰等（1999）在其研究中对人工神经网络在银行信用风险评价中的应用展开对比讨论，结果表明，与传统统计方法相比，神经网络技术具有较高的稳定性和判别准确度。胡海青等（2012）从供应链金融的视角，提出了新的中小企业信用风险评估指标体系，该体系结合了核心企业资信情况及供应链关系情况，运用机器学习的方法支持向量机（SVM）建立信用风险评估模型；并通过与用 BP 神经网络算法建立的信用风险评估模型进行实证结果对比，结果表明在小样本下基于 SVM 的信用风险评估模型更具有效性和优越性，同时证实了供应链金融视角下的中小企业信用风险评估指标体系能够更准确地判断中小融资企业的信用状况，有助于缓解中小企业融资困境。

文献索引

樊存佳、汪友生、边航，2015：“一种改进的 KNN 文本分类算法”，《国外电子测量技术》第 12 期。

付沙、周航军，2013：“关联规则挖掘 Apriori 算法的研究与改进”，《微电子学与计算机》第 9 期。

胡海青、张琅、张道宏，2012：“供应链金融视角下的中小企业信用风险评估研究——基于 SVM 与 BP 神经网络的比较研究”，《管理评论》第 11 期。

马成前、王利、刘畅，2018：“基于机器学习的图像偏色检测”，《计算机应用与软件》第 3 期。

王春峰、万海晖、张维，1999：“基于神经网络技术的商业银行信用风险评估”，《系统工程理论与实践》第 9 期。

谢志明、王鹏，2017：“基于 MapReduce 架构的并行矩阵 Apriori 算法”，《计算机应用研究》第 2 期。

张宇、张鹏远、颜永红，2018：“基于注意力 LSTM 和多任务学习的远场语音识别”，《清华大学学报（自然科学版）》第 3 期。

赵勇、李怀宇，2017：“基于通用距离测量的机器学习方法用于图像分类和聚类”，《电子测量技术》

第9期。

庄新田、苑莹，2007：“基于多重分形谱的神经网络建模及股价指数预测”，《系统管理学报》第4期。

Agrawal, R., Srikant, R., 1994, "Fast Algorithm for Mining Association Rules", *Journal of Computer Science & Technology* 15 (6): 619-624.

Ankerst, M., Breunig, M. M. and Kriegel, H. P., 1999, "Optics: Ordering Points to Identify the Clustering Structure", *ACM SIGMOD International Conference on Management of Data*, 28 (2): 49-60.

Arthur, D., Vassilvitskii, S., 2007, "K-Means++: The Advantages of Careful Seeding", *Proceedings of the Eighteenth Annual ACM-SIAM Symposium on Discrete Algorithms*: 1027-1035.

Assael, Y. M., Shillingford, B., Whiteson, S. and De Freitas, N., 2016, "Lipnet: End-to-End Sentence-Level Lipreading", *arXiv preprint arXiv*: 1611.01599.

Bezdek, J. C., 1981, "Pattern Recognition with Fuzzy Objective Function Algorithms", New York: Plenum Press.

Bollen, J., Mao, H. and Zeng, X., 2011, "Twitter Mood Predicts the Stock Market", *Journal of Computational Science*, 2 (1): 1-8.

Boser, B. E., Guyon, I. M. and Vapnik, V. N., 1992, "A Training Algorithm for Optimal Margin Classifiers", *The Workshop on Computational Learning Theory*: 144-152.

Breiman, L., 2001, "Random Forests", *Machine Learning*, 45 (1): 5-32.

Breiman, L. I., Friedman, J. H., Olshen, R. A. and Stone, C. J., 1984, "Classification and Regression Trees (CART)", *Encyclopedia of Ecology*, 40 (3): 582-588.

Brin, S., Motwani, R. and Silverstein, C., 1997, "Beyond Market Baskets: Generalizing Association Rules to Correlations", *ACM SIGMOD Record*, 26 (2): 265-276.

Bühlmann, P., Hothorn, T., 2010, "Twin Boosting: Improved Feature Selection and Prediction", *Statistics & Computing*, 20 (2): 119-138.

Cao, F., Liang, J. and Jiang, G., 2009, "An Initialization Method for the K-Means Algorithm Using Neighborhood Model", Pergamon Press, Inc.

Cortes, C., Vapnik, V., 1995, "Support-Vector Networks", *Machine Learning*, 20 (3): 273-297.

Davies, D. L., Bouldin, D. W., 1979, "A Cluster Separation Measure", *IEEE Transactions on Pattern Analysis and Machine Intelligence*, 1 (2): 224-227.

Donath, W. E., Hoffman, A. J., 1973, "Lower Bounds for the Partitioning of Graphs", *IBM Journal of Research and Development*, 17 (5): 420-425.

Drucker, H., Burges, C., Kaufman, L., Smola, A. and Vapnik, V., 1997, "Support Vector Regression Machines", *Advances in Neural Information Processing Systems*, 28 (7): 779-784.

Dumais, S., 1998, "Using SVMs for Text Categorization", *IEEE Intelligent Systems*, 13 (4): 21-23.

Dunn, J. C., 1973, "A Fuzzy Relative of the Isodata Process and Its Use in Detecting Compact Well-Separated Clusters", *Journal of Cybernetics*, 3 (3): 32-57.

Ehrenfeucht, A., Haussler, D., Kearns, M. and Valiant, L., 1989, "A General Lower Bound on the

Number of Examples Needed for Learning", *The Workshop on Computational Learning Theory*, 82 (3): 247 -261.

Enke, D., Thawornwong, S., 2005, "The Use of Data Mining and Neural Networks for Forecasting Stock Market Returns", *Expert Systems with Applications*, 29 (4): 927 -940.

Ester, M., Kriegel, H. P. and Xu, X., 1996, "A Density - Based Algorithm for Discovering Clusters a Density - Based Algorithm for Discovering Clusters in Large Spatial Databases with Noise", *International Conference on Knowledge Discovery and Data Mining*: 226 -231.

Fan, R. E., Chang, K. W., Hsieh, C. J., Wang, X. R. and Lin, C. J., 2008, "Liblinear: A Library for Large Linear Classification", *Journal of Machine Learning Research*, 9 (9): 1871 -1874.

Freund, Y., 2009, "A More Robust Boosting Algorithm", *arXiv: 0905. 2138.*

Freund, Y., Schapire, R. E., 1995, "A Decision - Theoretic Generalization of on - Line Learning and an Application to Boosting", *European Conference on Computational Learning Theory*: 23 -37.

Freund, Y., Schapire, R. E., 1996, "Experiments with a New Boosting Algorithm", *Thirteenth International Conference on International Conference on Machine Learning*, 96: 148 -156.

Friedman, J., Hastie, T. and Tibshirani, R., 2000, "Additive Logistic Regression: A Statistical View of Boosting (with Discussion and a Rejoinder by the Authors)", *The Annals of Statistics*, 28 (2): 337 -374.

Friedman, J. H., 2001, "Greedy Function Approximation: A Gradient Boosting Machine", *The Annals of Statistics*, 29 (5): 1189 -1232.

Fukushima, K., 1980, "Neocognitron: A Self - Organizing Neural Network Model for a Mechanism of Pattern Recognition Unaffected by Shift in Position", *Biological Cybernetics*, 36 (4): 193 -202.

Ganapathiraju, A., 1998, "Support Vector Machines for Speech Recognition", *Fifth International Conference on Spoken Language Processing*, 2 (3): 2348 -2355.

Gers, F. A., Schmidhuber, J. and Cummins, F., 2000, "Learning to Forget: Continual Prediction with LSTM", *Neural Computation*, 12 (10): 2451 -2471.

Graves, A., Mohamed, A. R. and Hinton, G., 2013, "Speech Recognition with Deep Recurrent Neural Networks", *IEEE International Conference on Acoustics, Speech and Signal Processing*: 6645 -6649.

Guha, S., Rastogi, R. and Shim, K., 1998, "Cure: An Efficient Clustering Algorithm for Large Databases", *Information Systems*, 26 (1): 35 -58.

Guha, S., Rastogi, R. and Shim, K., 1999, "Rock: A Robust Clustering Algorithm for Categorical Attributes", *Information Systems*, 25 (5): 345 -366.

He, K., Zhang, X., Ren, S. and Sun, J., 2016, "Deep Residual Learning for Image Recognition", *IEEE Conference on Computer Vision and Pattern Recognition*: 770 -778.

Hinton, G., Deng, L., Yu, D., Dahl, G. E., Mohamed, A., Jaitly, N., Senior, A., Vanhoucke, V., Nguyen, P. and Sainath, T. N., 2012, "Deep Neural Networks for Acoustic Modeling in Speech Recognition: The Shared Views of Four Research Groups", *IEEE Signal Processing Magazine*, 29 (6): 82 -97.

Hinton, G. E., 1989, "Learning Distributed Representations of Concepts", *Eighth Conference of the Cognitive Science Society.*

Hinton, G. E. , Osindero, S. and Teh2, Y. – W. , 2006, "A Fast Learning Algorithm for Deep Belief Nets", *Neural Computation*, (7): 1527 – 1554.

Hinton, G. E. , Salakhutdinov, R. R. , 2006, "Reducing the Dimensionality of Data with Neural Networks", *Science*, 313 (5786): 504 – 507.

Hinton, G. E. , Srivastava, N. , Krizhevsky, A. , Sutskever, I. and Salakhutdinov, R. R. , 2012, "Improving Neural Networks by Preventing Co – Adaptation of Feature Detectors", *Computer Science*, 3 (4): 212 – 223.

Ho, T. K. , 1995, "Random Decision Forests", *International Conference on Document Analysis and Recognition*: 278.

Ho, T. K. , 1998, "Random Subspace Method for Constructing Decision Trees", *IEEE Transactions on Pattern Analysis & Machine Intelligence*, 20 (8): 832 – 844.

Hu, F. , Wang, G. and Xia, Y. , 2007, "Attribute Core Computation Based on Divide and Conquer Method", Springer Berlin Heidelberg.

Huang, Z. , 1998, "Extensions to the K – Means Algorithm for Clustering Large Data Sets with Categorical Values", *Data Mining & Knowledge Discovery*, 2 (3): 283 – 304.

Huang, Z. , Ng, M. K. , 1999, "A Fuzzy K – Modes Algorithm for Clustering Categorical Data", *IEEE Transactions on Fuzzy Systems*, 7 (4): 446 – 452.

Hubert, L. , Arabie, P. , 1985, "Comparing Partitions", *Journal of Classification*, 2 (1): 193 – 218.

Hunt, E. B. , Marin, J. and Stone, P. J. , 1966, "Experiments in Induction", *American Journal of Psychology*, 80 (4): 17 – 19.

Ishwaran, H. , Kogalur, U. B. , 2010, "Consistency of Random Survival Forests", *Statistics & Probability Letters*, 79 (13): 1056 – 1064.

Ishwaran, H. , Kogalur, U. B. , Blackstone, E. H. and Lauer, M. S. , 2008, "Random Survival Forests", *Statistics*, 2 (3): 841 – 860.

Joachims, T. , 1998, "Text Categorization with Support Vector Machines: Learning with Many Relevant Features", *Proceedings of European Conferenece on Machine Learning*, 1398: 137 – 142.

Johnson, S. C. , 1967, "Hierarchical Clustering Schemes", *Psychometrika*, 32 (3): 241 – 254.

Kamijo, K. , Tanigawa, T. , 1990, "Stock Price Pattern Recognition – a Recurrent Neural Network Approach", *Proceedings of European Conferenece on Machine Learning*: 215 – 221 vol. 211.

Karypis, G. , Han, E. H. and Kumar, V. , 1999, "Chameleon: Hierarchical Clustering Using Dynamic Modeling", *Computer*, 32 (8): 68 – 75.

Kaufman, L. , Rousseeuw, P. J. , 1990, "Finding Groups in Data: An Introduction to Cluster Analysis", Wiley.

Kaufmann, L. , Rousseeuw, P. J. , 1987, "Clustering by Means of Medoids", *Proceedings of Statistical Data Analysis Based on the L1 Norm Conference*: 405 – 416.

Kim, Y. , 2014, "Convolutional Neural Networks for Sentence Classification", Eprint Arxiv.

Klemettinen, M. , 1994, "Finding Interesting Rules from Large Sets of Discovered Association Rules",

Proceedings of the Third International Conference on Information and Knowledge Management, 10: 401 – 407.

Krizhevsky, A., Sutskever, I. and Hinton, G. E., 2012, "Imagenet Classification with Deep Convolutional Neural Networks", *International Conference on Neural Information Processing Systems*: 1097 – 1105.

Lecun, Y., Bengio, Y., 1998, "Convolutional Networks for Images, Speech, and Time Series", MIT Press.

Lecun, Y., Boser, B., Denker, J. S., Henderson, D., Howard, R. E., Hubbard, W. and Jackel, L. D., 1989, "Backpropagation Applied to Handwritten Zip Code Recognition", *Neural Computation*, 1 (4): 541 – 551.

Lin, C. F., Wang, S. D., 2002, "Fuzzy Support Vector Machines", *IEEE Transactions on Neural Networks*, 13 (2): 464 – 471.

Lin, J. L., Dunham, M. H., 1998, "Mining Association Rules: Anti – Skew Algorithms", *IEEE Computer – Society 14th International Conference on Data Engineering*: 486 – 493.

LU, Z., 1999, "Interactive Support Vector Machine Learning Algorithm and Its Application", *Journal of Tsinghua University*.

Macqueen, J. B., 1967, "Some Methods of Classification and Analysis of Multivariate Observations", *Proceedings of the Fifth Berkeley Symposium on Mathematical Statistics and Probability*, 1 (14): 281 – 297.

Mangasarian, O. L., Musicant, D. R., 2001, "Lagrangian Support Vector Machines", *Journal of Machine Learning Research*, 1 (3): 161 – 177.

Maron, M. E., 1961, "Automatic Indexing: An Experimental Inquiry", *Journal of the ACM*, 8 (3): 404 – 417.

Masnadi – Shirazi, H., Vasconcelos, N., 2008, "On the Design of Loss Functions for Classification: Theory, Robustness to Outliers, and Savage Boost", *Advances in Neural Information Processing Systems*: 1049 – 1056.

Mcculloch, W. S., 1943, "A Logical Calculus of Ideas Imminent in Nervous Activity", *Biol Math Biophys*, 5.

Mehta, M., Agrawal, R. and Rissanen, J., 1996, "SLIQ: A Fast Scalable Classifier for Data Mining", *International Conference on Extending Database Technology*: *Advances in Database Technology*: 18 – 32.

Meinshausen, N., 2006, "Quantile Regression Forests", *Journal of Machine Learning Research*, 7 (2): 983 – 999.

Mingers, J., 1987, "Expert Systems – Rule Induction with Statistical Data", *Journal of the Operational Research Society*, 38 (1): 39 – 47.

Niblett, T., Bratko, I., 1986, "Learning Decision Rules in Noisy Domains", *Proceedings of Expert Systems '86, The 6th Annual Technical Conference on Research and development in expert systems III*.

Osuna, E., Freund, R. and Girosi, F., 1997, "An Improved Training Algorithm for Support Vector Machines", *Neural Networks for Signal Processing VII – Proceedings of the 1997 IEEE Workshop*: 276 – 285.

Park, J. S., Chen, M. S. and Yu, P. S., 1995, "An Effective Hash – Based Algorithm for Mining Association Rules", *Proceedings of the ACM SIGMOD Conference on Management of Data*, 24 (2): 175 – 186.

Platt, J. C., 1998, "Sequential Minimal Optimization: A Fast Algorithm for Training Support Vector Machines", *Advances in Kernel Methods – Support Vector Learning*: 212 – 223.

Quinlan, J. R., 1986a, "Induction of Decision Trees", *Machine Learning*, 1 (1): 81 – 106.

Quinlan, J. R., 1986b, "Simplifying Decision Trees", *International Journal of Man – Machine Studies*, 27 (3): 221 – 234.

Quinlan, J. R., 1992, "C4. 5: Programs for Machine Learning", Morgan Kaufmann Publishers Inc.

Refenes, A. P. N., Burgess, A. N. and Bentz, Y., 1997, "Neural Networks in Financial Engineering: A Study in Methodology", IEEE Transactions on Neural Networks, 8 (6): 1222 – 1267.

Rosenblatt, F., 1957, "The Perceptron – a Perceiving and Recognizing Automaton", *Math. Stat.*

Roy, S., Bhattacharyya, D. K., 2005, "An Approach to Find Embedded Clusters Using Density Based Techniques", *International Conference on Distributed Computing and Internet Technology*: 523 – 535.

Rumelhart, D. E., Hinton, G. E. and Williams, R. J., 1986, "Learning Representations by Back – Propagating Errors", *Nature*, 323 (6088): 399 – 421.

Salton, G., Wong, A. and Yang, C. S., 1974, "A Vector Space Model for Automatic Indexing", *Communications of the ACM*, 18 (11): 613 – 620.

Savasere, A., Omiecinski, E. and Navathe, S. B., 1995, "An Efficient Algorithm for Mining Association Rules in Large Databases", *International Conference on Very Large Data Bases*: 432 – 444.

Schapire, E. R., 1990, "The Strength of Weak Learnability", *Machine Learning*, 5 (2): 197 – 227.

Schapire, E. R., Singer, Y., 1999, "Improved Boosting Using Confidence – Rated Predictions", *Machine Learning*, 37 (3): 297 – 336.

Schapire, R. E., Singer, Y. and Singhal, A., 1998, "Boosting and Rocchio Applied to Text Filtering", *Proceedings of the 21st Annual International ACM SIGIR Conference on Research and Development in Information Retrieval*, 215 – 223.

Shafer, J. C., Agrawal, R. and Mehta, M., 1996, "Sprint: A Scalable Parallel Classifier for Data Mining", *Proceedings of the 22nd International Conference on Very Large Data Bases*: 544 – 555.

Shen, C., Lin, G. and Hengel, A. V. D., 2014, "StructBoost: Boosting Methods for Predicting Structured Output Variables", *IEEE Transactions on Pattern Analysis & Machine Intelligencel*, 36 (10): 2089 – 2103.

Shi, J., Malik, J., 2000, "Normalized Cuts and Image Segmentation", *IEEE Transactions on Pattern Analysis and Machine Intelligence*, 22 (8): 888 – 905.

Silver, D., Huang, A., Maddison, C. J., Guez, A., Sifre, L., Van, d. D. G., Schrittwieser, J., Antonoglou, I., Panneershelvam, V. and Lanctot, M., 2016, "Mastering the Game of Go with Deep Neural Networks and Tree Search", *Nature*, 529 (7587): 484 – 489.

Silver, D., Schrittwieser, J., Simonyan, K., Antonoglou, I., Huang, A., Guez, A., Hubert, T., Baker, L., Lai, M. and Bolton, A., 2017, "Mastering the Game of Go without Human Knowledge", *Nature*, 550 (7676): 354 – 359.

Sparck, J. K., Willett, P., 1997, "Readings in Information Retrieval", Morgan Kaufmann Publishers Inc.

Suykens, J. A. K., 1999, "Least Squares Support Vector Machine Classifiers: A Large Scale Algorithm",

European Conference on Circuit Theory and Design: 839 – 842.

Tsoumakas, G., Katakis, I. and Taniar, D., 2007, "Multi – Label Classification: An Overview", *International Journal of Data Warehousing & Mining*, 3 (3): 1 – 13.

Xiong, W., Droppo, J., Huang, X., Seide, F., Seltzer, M., Stolcke, A., Yu, D. and Zweig, G., 2016, "Achieving Human Parity in Conversational Speech Recognition", *IEEE/ACM Transactions on Audio Speech & Language Processing*, (99).

Yang, J., Yu, K., Gong, Y. and Huang, T., 2009, "Linear Spatial Pyramid Matching Using Sparse Coding for Image Classification", *IEEE Conference on Computer Vision and Pattern Recognition*: 1794 – 1801.

Yu, L., Wang, S. and Lai, K. K., 2008, "Credit Risk Assessment with a Multistage Neural Network Ensemble Learning Approach", *Expert Systems with Applications*, 34 (2): 1434 – 1444.

Zalik, K. R., 2008, "An Efficient K' – Means Clustering Algorithm", *Pattern Recognition Letters*, 29 (9): 1385 – 1391.

Zhai, S., Xia, T., Tan, M. and Wang, S., 2013, "Direct 0 – 1 Loss Minimization and Margin Maximization with Boosting", *Advances in Neural Information Processing Systems*: 872 – 880.

Zhang, T., 1996, "Birch: An Efficient Data Clustering Method for Very Large Databases", *ACM SIGMOD International Conference on Management of Data*, 25 (2): 103 – 114.

Zhong, H., Miao, C., Shen, Z. and Feng, Y., 2014, "Comparing the Learning Effectiveness of BP, ELM, I – ELM, and SVM for Corporate Credit Ratings", *Neurocomputing*, 128 (5): 285 – 295.

第十八章

复杂网络

世界上的任何事物都是紧密联系的，如果基于某种联系将一类事物或人联系在一起，实际上就组成了一个复杂网络。从网络视角分析变量之间的因果关系和相关性，比单纯考察两个变量的因果关系更精确。本章将介绍复杂网络的历史演进脉络，并介绍几种复杂网络的应用领域。

一、演化过程角度

用网络的观点描述客观世界起源于1736年德国数学家欧拉（Eular）使用图论解决哥尼斯堡七桥问题。数学家和物理学家在考虑网络的时候，往往只关心节点之间有没有边相连，至于节点到底在什么位置，边是长还是短，是弯曲还是平直，有没有相交等都是他们不在意的。科学家们认为真实系统各因素之间的关系可以用一些规则的结构表示，也就是说网络中任意两个节点之间的联系遵循既定的规则。用得最多的规则网络是由N个节点组成的环状网络，网络中每个节点只与它最近的K个节点连接。规则网络的特点是：每个节点的近邻数目都相同。但是对于大规模网络而言，由于其复杂性并不能完全用规则网络来表示。到了20世纪50年代末，Erdös和Rényi（1960）想出了一种新的构造网络的方法，在这种方法下，两个节点之间连边与否不再是确定的事情，而是根据一个概率决定。这是一种完全随机的网络模型，数学家把这样生成的网络叫作随机网络。随机网络ER模型的描述如下：给定网络节点总数N，网络中任意两个节点以概率P连接，生成的网络全体记为G(N，P)，构成一个概率空间。由于网络中连线数目是一个随机变量X，取值可以从0到N(N－1)/2。随机网络在接下来的40年里一直被很多科学家认为是描述真实系统最适宜的网络。规则网络和随机网络是两种极端的情况，随着信息技术的飞速发展，科学家们发现对于大量真实的网络系统而言，他们既不是规则网络，也不是随机网络，而是介于两者之间，具有与前两者皆不同的统计特征的一种复杂网络。于是人们开始考虑节点数量众多、连接结构复杂的各种实际网络的整体特性，诸多学科都开始深入研究各种复杂网络。Watts和Strogatz（1998）W－S网络模型，通过以概率p切断规则网络中原始的边，并随机选择新的端点重新连接，构造出一种介于规则网络和随机网络之间的网络——小世界网络（Small－world Networks）。显然，当p＝0时，相当于各边未动，还是规则网络；当p＝1时就成了随机网络。1999年，Ankerst等（1999）在《科学》上发表文章指出，许多实际的复杂网络的连接度分布具有幂律函数形式，由于幂律分布没有明显的可度量特征，该类网络又被称为无标度网络。为了解释幂率分布的产生机理，BA无标度模型考虑了网络的两个重要特性：网络规模增长性和优先连接性（Ebel等，2002）。这两篇文章分别揭示了复杂网络的小世界特征和无标度性质，并建立了相应的模型加以阐述这些特性的产生机理，可以看作复杂网络研究新纪元开始的标志。自此，复杂网络（Complex Network）理论及其应用研究的不断深入，已有大量关于复杂网络的文章发表在《科学》《自然》等国际一流的刊物上，侧面反映了复杂网络已经成为物理界的一个新兴的研究热点。

随着对复杂网络的深入研究，人们认识到真实网络的成员之间不仅仅局限于朋友、合作等正面的关系。因此学者们借用符号网络中的一些概念，对复杂网络进行推广。在符号网络中，正边表示积极的、正面的意义，负边表示消极的、负面的意义。将这些引入复杂

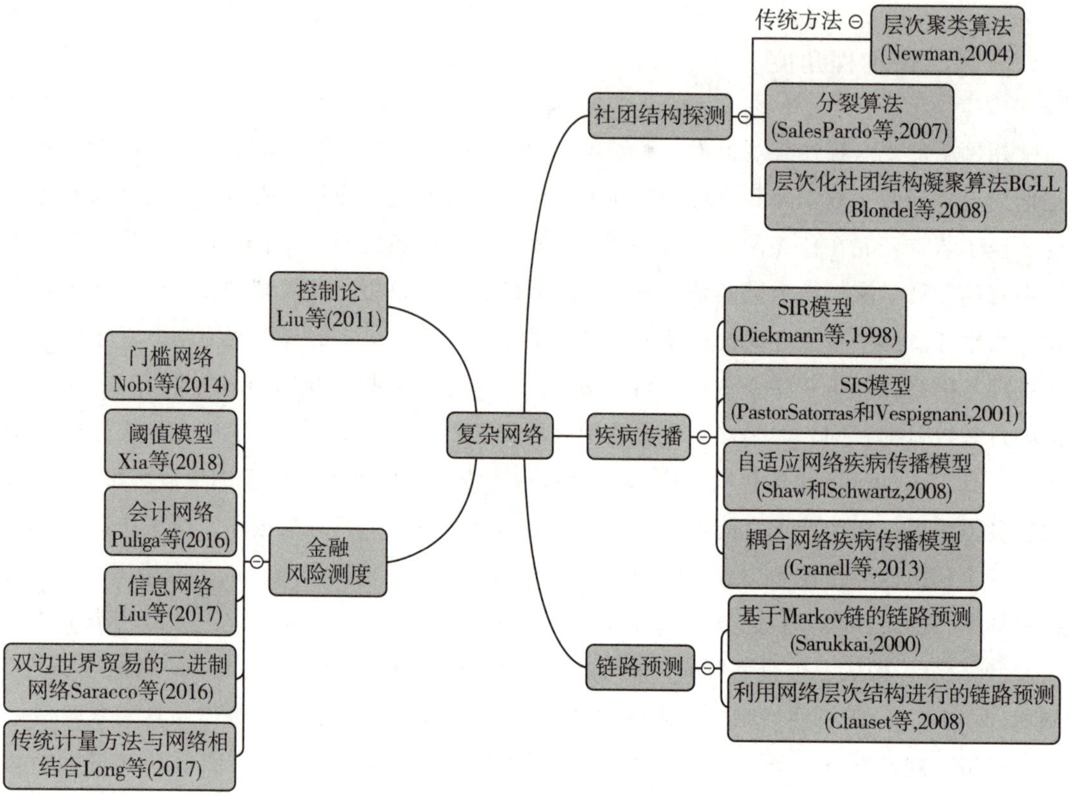

图 18-1 复杂网络发展脉络

网络，可以明确表示出复杂网络在给人们带来便利的同时，也带来了一些负面冲击。用符号网络进行社区发现分析就是近年来复杂网络的一个新兴的研究分支。目前，符号网络中的社区发现有两种思路，第一种思路是把社区划分看成对网络节点的划分。该思路首先设计刻画网络划分优劣的度量，然后通过优化该度量求解最好的划分从而发现社区。Gómez 等（2009）及 Traag 和 Bruggeman（2009）改进了传统针对全正网络的社区划分评价函数——模块度（Modularity）——以适用于符号网络。这两个工作的主要思路都是将正、负边构成的子图分拆开来单独计算模块度，然后将这两个模块度值加权求和得到整个网络的模块度。由于模块度函数中加入了连边密度的考虑，从而得到的划分符合传统意义上对社区的定义。第二种思路是进行抽取式社区发现。这种思路强调从局部出发进行社区发现，这一类算法的优点在于能够发现重叠社区。Yang 等（2007）提出一种通过随机游走来寻找符号网络中社区的算法 FEC（Finding and Extracting Community）；Kong 和 Yang（2011）通过添加选择目标节点功能，改用自动步数探测等方法对 FEC 算法进行了改进；Sharma 等（2009）提出了 CRA（Clustering Re-clustering Algorithm）算法；Huang 和 Qiu（2010）既讨论了无重叠社区的情形，也讨论了重叠社区的情形，并提出相应的启发式算法求解。

二、应用领域角度

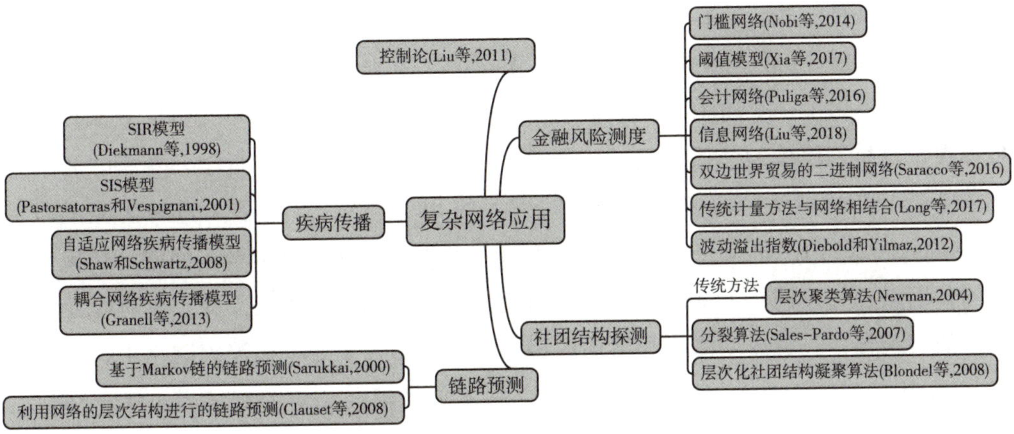

图 18-2 复杂网络应用领域

基于复杂网络的基础模型，复杂网络被运用于社团结构探测、疾病（病毒）传播、链路预测、金融系统性风险测度等领域，并与控制论相结合，衍生出新的研究领域。

网络中的社团结构是指一组相互之间有着比较大的相似性而与网络中的其他部分有着很大不同的节点的群。寻找社团结构并对其进行分析是了解现实生活中各种网络组织结构的一种很重要的方法，如社会网络中的社团结构使人们能够清晰地了解他们区别于其他社团的一些特质或者信仰等。社团网络探测（Community Detecting）的传统方法源于社会学中的分级聚类、谱聚类和非负矩阵分解。Newman（2004）较早提出了层次性聚类算法，这种聚类技术可以体现出图的多层次结构，在社会网络分析、生物网络等领域都有应用。但是，采用层次聚类的方法得到的社团中的节点有可能并没有被正确地划分，而且某些在模块中具有关键性作用的节点或边也可能会丢失掉，特别是在处理大型网络数据时这一问题更为突出。Sales-Pardo 等（2007）提出了一种自上而下的分裂算法，它可以区分出不具有社团特性的网络，或具有社团特性但不具有层次性的网络，或具有层次性社团的网络。但由于其计算量大，该算法在处理大型数据时并不适用。MarkovBGLL，解决了大规模数据计算的问题。在解决实际情景应用中的问题时，陈东明等（2018）在 User-based CF 算法中引入二分网络社团发现理论，提出一种基于二分网络社团划分的推荐算法（RACD），能够有效提高推荐系统实时推荐效率。

经典的疾病传播动力学模型主要考虑的是疾病在群体水平层次的传播，研究疾病在种群中发生、发展和分布的规律，以及制定预防、控制和消灭疾病的对策和措施。基于动力学模型的疾病传播的研究，最早在对天花预防接种以期延长人们寿命的研究中提出。经典的疾病传播模型假设人群是均匀混合的，即群体中任意两个个体是等概率接触。事实上，在接触过程中，个体之间的接触不可能是完全相同的，且不同的个体在单位时间内接触的个体数目可能是完全不同的，有时甚至会有很大差异。因此可以用网络来研究个体的疾病传播问题：个体被抽象成网络中的节点，而个体之间的关系如熟人、家庭和同事等被抽象为网络中节点间的连边。Diekmann 等（1998）考虑了规则网络上邻居之间具有重复接触的 SIR 模型（Susceptible Infected Recovered Model）。在此基础上，Pastorsatorras 和 Vespignani（2001）提出了一个动态 SIS 模型（Susceptible Infected Susceptible Model）来刻画计算机病毒在计算机网络中的传播，这是一种退火网络疾病传播模型。近十几年来，越来越多的工作基于节点的异质平均场理论研究网络上的 SIS 过程，产生了大量的研究成果，如 Liu 和 Zhang（2011）。进一步地，Moreno 等（2001）将 SIS 模型扩展至网络 SIR 模型，讨论了均匀网络和异质网络上 SIR 疾病传播的阈值和最终规模表达式。为了刻画稳定接触关系带来的疾病传播过程或网络拓扑结构的相关性，还需要仔细考虑淬火网络上疾病的传播过程（Keeling，1999）。为了更好地模拟现实疾病传播情况，学者们还提出了自适应网络疾病传播模型（Shaw 和 Schwartz，2008）、耦合网络疾病传播模型（Granell 等，2013）。李婵婵等（2014）提出结构强度可调的具有社团结构的动态小世界网络模型，可以模拟现实生活中的本地接触和移动接触现象，并基于平均场理论，建立该网络上的 SIR 病毒传播模型。

网络中的链路预测（Link Prediction），既包含了对未知链接的预测，也包含了对未来链接的预测。链路预测作为数据挖掘领域的研究方向之一在计算机领域已有较深入的研究，研究的思路和方法主要基于马尔科夫链和机器学习。Sarukkai（2000）最先应用马尔科夫链进行网络的链路预测和路径分析。随后，Zhu 等（2001）将基于马尔科夫链的预测方法扩展到自适应性网站的预测中。此外，Popescul（2003）提出一个回归模型在文献引用网络中预测科学文献的引用关系，方法不仅用到了引文网络的信息，还有作者信息、期刊信息以及文章内容等外部信息。相比节点的属性信息而言，网络的结构更容易获得，也更加可靠。同时，该类方法对于结构相似的网络具有普适性，从而避免了对不同网络需要机器学习获得一些特定的参数组合。Clauset 等（2008）提出了一种利用网络的层次结构进行链路预测的方法，并在具有明显层次结构的网络中表现很好。针对实际问题的应用，胡文斌等（2015）提出一种基于链路预测的社会网络事件检测方法 Link Event（由相似性计算算法 Sim C 和事件检测算法 Event D 组成），可以对不同网络的波动性进行统一评价，并依此建立事件检测模型。

控制论（Cybernetics）研究的是通过有选择地对网络中的部分节点施加控制而使整个网络具有期待的行为，其中研究的关键是控制的可行性和有效性。可行性是指复杂网络是否可控；有效性则是尽量降低控制的代价达到控制目标的效果。Liu 等（2011）基于线性系统控制理论建立了复杂网络可控制的理论模型，发现任意控制网络中的最有影响力的节点对整个网络控制的影响最大。席裕庚（2013）探索了用大系统控制理论和方法解决复杂网络结构分析和控制的可能性，分析了面临的困难和应对的思路。针对大规模复杂动态网络的控制和优化，提出了集网络科学的宏观分析方法、控制科学的定量设计方法和信息科学的智能处理方法于一体的多层递阶结构。

近年来，复杂网络的一个热门应用是对金融体系统性风险的测度。Nobi 等（2014）验证 2008 年全球金融危机对危机对当地韩国金融市场的门槛网络的影响。Xia 等（2017）建立中国股市网络的阈值模型，并研究了不同危机对这些网络的拓扑性质的影响等。此外，一些学者改进了复杂网络的构建方法或是提出了新的度量指标。Xu 等（2017）采用基于 t 检验的 P 阈值方法来减少股票网络的复杂度。Puliga 等（2016）通过公司财务报表中的矢量相似度技术来构建全球银行会计网络。Liu 等（2018）基于共同股东关系构建上市公司的信息网络，定义信息流动效率（IFE）和信息传播能力（IDE）来分析网络拓扑结构。Sandhu 等（2016）认为量化金融体系的系统性风险和脆弱性对于分析市场效率，决定投资组合分配以及遏制金融传染至关重要，因此构建了 Ricci 曲率用来衡量网络脆弱性。Nie 等（2016）构造 Rényi 指数描述金融市场最小生成树（MST）的拓扑结构，并且证明 Rényi 指数在不同时段显著不同。Lee 和 Nobi（2018）利用每个国家股票指数数据计算互相关矩阵［如阈值网络（TN）和最小生成树（MST）］生成复杂网络，考虑了金融危机前、中、后全球股市网络的变化情况。同时，也有对经济体系的研究，Saracco 等（2016）构建双边世界贸易的二进制网络，其中的国家和产品构成了两个不同层次的节点，之后按总体、分行业、分区域探索网络结构在金融危机前后的变化。值得关注的是，Xi 和 An（2018）分析了不同门槛值下上证综指能源股票市场的网络特征，并建立回归模型证实基于财务指标的网络结构对股票收益的影响是显著的。Long 等（2017）使用 BEKK - GARCH 估计行业的波动溢出效应，基于 ARCH 系数和 GARCH 系数，分别构造不同阶段的方向冲击网络和方差网络。几位学者将传统计量经济学的方法与复杂网络的研究相结合，为研究金融体系统性风险度量问题提供了一个新的视角。复杂网络模型在金融领域的另一个新兴研究热点是通过“波动溢出指数”构造复杂网络的方法以研究市场间的联动性。Diebold 和 Yilmaz（2009）首次提出溢出指数的定义，为了避免 Cholesky 分解中变量的排序问题，他们于 2012 年提出运用广义预测误差方差分解优化溢出指数的构建方法，通过向量自回归模型进行方差分解的原理构建多变量溢出指数（Diebold 和 Yilmaz，2012），并于 2014 年运用溢出指数追踪了近年来美国几个主要的金融机构股票回报波动的时变性，提出了几个由不同的方差分解所建立的连通性度量。他们认为方差分解定义了加权的有向网络，方差分解所建立的连通性度量与复杂网络中使用的连接度的关键度量密切相关，他们通过定向溢出指数构建了复杂网络来重点关注 2007—2008 年的金融危机，发现四个陷入困境的投资银行在 2007 年和 2008 年全球金融危机稳步展开时，曾多次出现高净关联度（Diebold 和 Yılmaz，2014）。

我国学者也尝试应用复杂网络这一新的建模方法，研究视角广泛涉猎于宏观、中观、微观等诸多经济领域。在宏观领域，学者们研究我国金融领域甚至放眼于世界金融领域的相关网络风险及其扩散与传播。一些学者主要研究我国内部金融市场之间的联动性，刘超等（2017）采用溢出指数从静态以及动态角度分析中国金融市场风险溢出的强度和方向，并运用方差分解贡献度构建风险溢出网络进一步分析风险溢出的情况，他们发现中国金融市场整体联动性较强，但是各市场滞后效应明显，当市场受到冲击时，对外溢出风险的程度与接收风险的程度成反向变动的趋势，货币市场中的回购市场对外溢出最强，是中国金融系统的风险中心，但在危机发生时，其他金融市场（金属、股票、房地产等）风险溢出作用增大。一部分学者通过研究世界金融市场的联动性，重点关注世界经济波动和危机对我国的影响。譬如王克达等（2018）从网络结构变化的角度定量刻画两次危机对全球及中国股市的传染，同时利用带有潜伏期的传染病模型模拟金融危机的传染过程。他们研究发现，金融危机的冲击会使全球股市网络出现结构突变，次贷危机对全球股票市场的传染性远高于欧债危机，但对中国股市的传染弱于欧债危机；中国股市在两次危机期间均没有受到美国和希腊的直接传染，尽管国际影响力仍然较低，但是外部冲击的影响却逐渐增强。庞晓波等（2015）利用复杂网络方法和具有潜伏期的 SEIR 模型对欧债危机传染性进行了模拟分析，并将随机网络与实际网络的传染性进行了对比。结果发现：全球网络具有无标度特征和小世界特征；全球网络的复杂性既表现出对危机的扩散性，又表现出吸收性，全球网络具备稳健性特征；危机传染力在低于扩散阈值时不会对他国构成负外部性，但危机越严重传染范围越广，高于崩溃阈值后传染范围达到最大；中国与美国在全球网络中节点度相同，但在传染模拟中中国先于美国被传染，且危机潜伏期越久此种特征越明显。在中观区域经济领域，学者们用复杂网络研究纷繁错综的空间关联（宋旭光和赵雨涵，2018）；对于微观经济活动参与者的相关研究，罗刚等（2015）以及杨康和张仲义（2013）分别从担保网络和供应链金融等微观领域应用复杂网络模型考察其中的网络关系；在劳动经济学等其他经济学领域的研究中，复杂网络也有着广泛应用（乐云等，2018）。

文献索引

陈东明、严燕斌、黄新宇、王冬琦，2018：“基于二分网络社团划分的推荐算法”，《东北大学学报（自然科学版）》第 8 期。

胡文斌、彭超、梁欢乐、杜博，2015：“基于链路预测的社会网络事件检测方法”，《软件学报》第 9 期。

乐云、白居、李永奎、郑弦，2018：“基于复杂网络的劳动力群体离职传播动力学模型及治理策略”，《系统管理学报》第 1 期。

李婵婵、蒋国平、宋玉蓉，2014：“动态小世界社团网络上的病毒传播研究”，《复杂系统与复杂性科学》第 3 期。

刘超、徐君慧、周文文，2017：“中国金融市场的风险溢出效应研究——基于溢出指数和复杂网络方法”，《系统工程理论与实践》第 4 期。

罗刚、赵亚伟、王泳，2015：“基于复杂网络理论的担保网络风险传播模式”，《中国科学院大学学报》第 6 期。

庞晓波、王姗姗、陈守东，2015：“欧债危机对全球及中国传染性的测度分析——基于复杂网络的模拟研究”，《世界经济研究》第 12 期。

宋旭光、赵雨涵，2018：“中国区域创新空间关联及其影响因素研究”，《数量经济技术经济研究》第 7 期。

王克达、庞晓波、王姗姗，2018：“金融危机对全球股票市场的传染研究：基于复杂网络分析方法”，《世界经济研究》第 4 期。

席裕庚，2013：“大系统控制论与复杂网络——探索与思考”，《自动化学报》第 11 期。

杨康、张仲义，2013：“基于复杂网络理论的供应链网络风险传播机理研究”，《系统科学与数学》第 10 期。

Ankerst, M., Breunig, M. M. and Kriegel, H. P., 1999, “Optics: Ordering Points to Identify the Clustering Structure”, *ACM SIGMOD International Conference on Management of Data*, 28 (2): 49 – 60.

Blondel, V. D., Guillaume, J. L., Lambiotte, R. and Lefebvre, E., 2008, “Fast Unfolding of Community Hierarchies in Large Networks”, *Journal of Statistical Mechanics*, abs/0803.0476.

Clauset, A., Moore, C. and Newman, M. E., 2008, “Hierarchical Structure and the Prediction of Missing Links in Networks”, *Nature*, 453 (7191): 98.

Diebold, F. X., Yilmaz, K., 2009, “Measuring Financial Asset Return and Volatility Spillovers, with Application to Global Equity Markets”, *Economic Journal*, 119 (534): 158 – 171.

Diebold, F. X., Yilmaz, K., 2012, “Better to Give Than to Receive: Predictive Directional Measurement of Volatility Spillovers”, *International Journal of Forecasting*, 28 (1): 57 – 66.

Diebold, F. X., Yılmaz, K., 2014, “On the Network Topology of Variance Decompositions: Measuring the Connectedness of Financial Firms”, *Journal of Econometrics*, 182 (1): 119 – 134.

Diekmann, O., Jong, M. C. M. D. and Metz, J. A. J., 1998, “A Deterministic Epidemic Model Taking Account of Repeated Contacts between the Same Individuals”, *Journal of Applied Probability*, 35 (2): 448 – 462.

Ebel, H., Mielsch, L. I. and Bornholdt, S., 2002, “Scale – Free Topology of E – Mail Networks”, *Physical Review E Statistical Nonlinear and Soft Matter Physics*, 66 (3 Pt 2A): 035103.

Erdös, P., Rényi, A., 1960, “On the Evolution of Random Graphs”, *Publications of the Mathematical Institute of the Hungarian Academy of Sciences*, *Series A*, 5: 17 – 61.

Gómez, S., Jensen, P. and Arenas, A., 2009, “Analysis of Community Structure in Networks of Correlated Data”, *Physical Review E Statistical Nonlinear & Soft Matter Physics*, 80 (2): 016114.

Granell, C., Gómez, S. and Arenas, A., 2013, “Dynamical Interplay between Awareness and Epidemic Spreading in Multiplex Networks”, *Physical Review Letters*, 111 (12): 128701.

Huang, Z., Qiu, Y., 2010, “A Multiple – Perspective Approach to Constructing and Aggregating Citation Semantic Link Network”, *Future Generation Computer Systems*, 26 (3): 400 – 407.

Keeling, M. J., 1999, “The Effects of Local Spatial Structure on Epidemiological Invasions”, *Proceedings of the Royal Society of London B: Biological Sciences*, 266 (1421): 859 - 867.

Kong, L. Q., Yang, M. L., 2011, "Improvement of Clustering Algorithm Fec for Signed Networks", *Journal of Computer Applications*, 31 (5): 1395 - 1399.

Lee, J. W., Nobi, A., 2018, "State and Network Structures of Stock Markets around the Global Financial Crisis", *Computational Economics*, 51 (1): 1 - 16.

Liu, J., Zhang, T., 2011, "Epidemic Spreading of an Seirs Model in Scale - Free Networks", *Communications in Nonlinear Science & Numerical Simulation*, 16 (8): 3375 - 3384.

Liu, Q., Li, H., Liu, X. and Jiang, M., 2018, "Information Networks in the Stock Market Based on the Distance of the Multi - Attribute Dimensions between Listed Companies", *Physica A Statistical Mechanics & Its Applications*, 496.

Liu, Y., Slotine, J. J. and Barabasi, A. L., 2011, "Controllability of Complex Networks", *Nature*, 473 (7346): 167.

Long, W., Guan, L., Shen, J., Song, L. and Cui, L., 2017, "A Complex Network for Studying the Transmission Mechanisms in Stock Market", *Physica A Statistical Mechanics & Its Applications*, 484: 345 - 357.

Moreno, Y., Pastor - Satorras, R. and Vespignani, A., 2002, "Epidemic Outbreaks in Complex Heterogeneous Networks", *The European Physical Journal B*, 26 (4): 521 - 529.

Newman, M. E. J., 2004, "Detecting Community Structure in Networks", *European Physical Journal B*, 38 (2): 321 - 330.

Nie, C. X., Song, F. T. and Li, S. P., 2016, "Rényi Indices of Financial Minimum Spanning Trees", *Physica A Statistical Mechanics & Its Applications*, 444: 883 - 889.

Nobi, A., Maeng, S. E., Ha, G. G. and Lee, J. W., 2014, "Effects of Global Financial Crisis on Network Structure in a Local Stock Market", *Physica A: Statistical Mechanics and Its Applications*, 407: 135 - 143.

Pastorsatorras, R., Vespignani, A., 2001, "Optimal Immunisation of Complex Networks", *Computers & Chemistry*, 26 (1): 65 - 77.

Popescul, A., 2003, "Statistical Relational Learning for Link Prediction", *IJCAI Workshop on Learning Statistical Models from Relational Data*, 2003.

Puliga, M., Flori, A., Pappalardo, G., Chessa, A. and Pammolli, F., 2016, "The Accounting Network: How Financial Institutions React to Systemic Crisis", *Plos One*, 11 (10): e0162855.

Sales - Pardo, M., Guimerà, R., Moreira, A. A. and Amaral, L. A. N., 2007, "Extracting the Hierarchical Organization of Complex Systems", *Proceedings of the National Academy of Sciences of the United States of America*, 104 (39): 15224 - 15229.

Sandhu, R. S., Georgiou, T. T. and Tannenbaum, A. R., 2016, "Ricci Curvature: An Economic Indicator for Market Fragility and Systemic Risk", *Science Advances*, 2 (5): e1501495.

Saracco, F., Clemente, R. D., Gabrielli, A. and Squartini, T., 2016, "Detecting Early Signs of the 2007 - 2008 Crisis in the World Trade", *Scientific Reports*, 6 (1): 88 - 94.

Sarukkai, R. R., 2000, "Link Prediction and Path Analysis Using Markov Chains", *Computer Networks*, 33 (1): 377 - 386.

Sharma, T., Charls, A. and Singh, P. K., 2009, "Community Mining in Signed Social Networks - an Automated Approach", *International Conference on Computer Engineering and Applications.*

Shaw, L. B., Schwartz, I. B., 2008, "Fluctuating Epidemics on Adaptive Networks", *Physical Review E Statistical Nonlinear and Soft Matter Physics*, 77 (2): 66 - 101.

Traag, V. A., Bruggeman, J., 2009, "Community Detection in Networks with Positive and Negative Links", *Physical Review E Statistical Nonlinear and Soft Matter Physics*, 80 (2): 36 - 115.

Watts, D. J., Strogatz, S. H., 1998, "Collective Dynamics of 'Small - World' Networks", *Nature*, 393 (6684): 440 - 442.

Xi, X., An, H., 2018, "Research on Energy Stock Market Associated Network Structure Based on Financial Indicators", *Physica A Statistical Mechanics and Its Applications*, 490: 1309 - 1323.

Xia, L., You, D., Jiang, X. and Guo, Q., 2017, "Comparison between Global Financial Crisis and Local Stock Disaster on Top of Chinese Stock Network", *Physica A Statistical Mechanics and Its Applications*, 490: 222 - 230.

Xu, R., Wong, W. K., Chen, G. and Huang, S., 2017, "Topological Characteristics of the Hong Kong Stock Market: A Test - Based P - Threshold Approach to Understanding Network Complexity", *Scientific Reports*, 7: 41379.

Yang, B., Cheung, W. and Liu, J., 2007, "Community Mining from Signed Social Networks", *IEEE Transactions on Knowledge & Data Engineering*, 19 (10): 1333 - 1348.

Zhu, J., Hong, J. and Hughes, J. G., 2001, "Using Markov Chains for Link Prediction in Adaptive Web Sites", *Lecture Notes in Computer Science*, 2311: 60 - 73.